Stefan Bonner • Anne Weiss

Doof it Yourself

Erste Hilfe für die Generation Doof

»Singen ist eigentlich das beste Mittel gegen Doofheit beziehungsweise Doofsein. Denn während man gerade mit Singen beschäftigt ist, kann man ja nix richtig Doofes machen. Lesen ist allerdings auch nicht schlecht. Viel Spaß mit diesem Buch!«

Daniel »Dän« Dickopf von den Wise Guys

Weiterer Titel der Autoren bei Bastei Lübbe Taschenbücher:

60596 **Generation Doof**

Stefan Bonner • Anne Weiss

Doof it Yourself

Erste Hilfe für die Generation Doof

Mit Illustrationen von
Harald Oehlerking

luebbe

Dieser Titel ist auch als Hörbuch bei Lübbe Audio lieferbar.

Das vorliegende Buch beruht auf Tatsachen. Zum Schutz der Persönlichkeitsrechte wurden Namen und Details verändert.

luebbe in der Verlagsgruppe Lübbe
Originalausgabe

Textredaktion: Anke Stockdreher
Illustrationen: Harald Oehlerking
Umschlaggestaltung: Nadine Littig
Einband-/Umschlagmotiv: ©Peter Garfield, Washington
Autorenfoto: Uli Kreifels, Köln
Gestaltung und Satz: Guido Klütsch, Köln
Gesetzt aus der FF Scala
Druck und Verarbeitung: CPI – Ebner & Spiegel, Ulm

Printed in Germany
ISBN 978-3-7857-6005-5

5 4 3 2 1

Sie finden uns im Internet unter: www.luebbe.de
Bitte beachten Sie auch: www.lesejury.de

Inhalt

Einleiting*

Lies die gesamte Einleitung sorgfältig durch. Sie enthält wichtige Informationen für dich.** Dieses Buch ist nicht verschreibungspflichtig. Um optimalen Behandlungserfolg zu erzielen, muss *Doof it Yourself* jedoch vorschriftsmäßig angewendet werden. Wenn sich die Symptome verschlimmern oder nach dem Lesen keine Besserung eintritt, solltest du einen Arzt oder eine Weiterbildungsstätte aufsuchen. Wenn du weitere Fragen hast, wende dich bitte an den Verlag oder den Buchhändler deines Vertrauens.

Was ist *Doof it Yourself*, und wogegen hilft es?

Dieses Buch ist ein Vademekum.*** Du kannst es benutzen, um einfach mal ein Buch im Regal stehen zu haben. Aber es kann noch viel mehr! Gehörst du zur Generation Doof, hilft es dir gegen akuten oder chronischen geistigen Totalausfall und zeigt, wie du in allen Lebensbereichen das Beste für dich rausholst, ohne doof dazustehen.

Also immer dann, wenn ...

- es im Hirn mal nicht so funkt,
- du vor einer Situation stehst, in der Muttis Ratschläge so verstaubt daherkommen, dass du schon bei der Frage husten musst,

* Aus Gründen der Modernität und des besseren Verständnisses für die Generation Doof haben wir bestimmte Begriffe ins Denglische übersetzt. Neben Einleiting finden sich daher im Text die neudeutschen Worte Bewerbing, Erziehing, Liebing etcetering ...

** Da auch wir beide uns im Büro konsequent duzen, haben wir beschlossen, dass in diesem Buch nun auch geduzt werden sollte.

*** Ein Handbuch, ein Leitfaden, ein Ratgeber. Kein Kaugummi. Keine Zahncreme. Kein Gleitmittel.

- dir zwar theoretisch etwas klar ist, du aber praktisch keine Ahnung hast,
- und immer dann, wenn sich mal wieder eine Bildungslücke auftut.

Wer sollte *Doof it Yourself* benutzen?

Keiner kann alles wissen. Für Halbwisser und Nichtskönner mit zeitgemäßem Anspruchsdenken kann Ahnungslosigkeit allerdings zur bösen Stolperfalle werden. Schau dir daher genau an, wer du bist und was du erreichen willst. Interessant ist dieses Handbuch auch dann für dich, wenn du dich schon immer gefragt hast, wie die Generation Doof den Aufprall auf das wahre Leben übersteht: Was wird zum Beispiel aus Super-Nanny-Fall Lukas, der seiner Mutter im Fernsehen das Ständchen »Kleene Fotze« brachte, wenn er in fortgeschrittenem Alter mal eine Frau charmant umgarnen will? Gibt es nach dem handgestrickten YouTube-Hit »Kleiner Hai« für Alemuel noch Aufstiegschancen? Wie kann ein junger Mann im Vorstellungsgespräch überzeugen, den der zukünftige Chef auf Clipfish bereits dabei beobachtet hat, wie er in die Hose macht, als er seinen Furz anzünden wollte? *Doof it Yourself* zeigt, wie es trotz moderner Lebenspannen klappen kann – im Job, im Hirn, in der Familie, in der Liebe und im Alltag. Dieses Buch ist Hilfe zur Selbsthilfe für die Generation Doof. Ein bisschen wie Brunnenbauen in Afrika. Allerdings ohne Afrikaner. Und ohne Brunnen.

Wie wirkt *Doof it Yourself*?

Es ist ein Do-it-Yourself-Buch der besonderen Art. Der Gegenstand: dein Leben. Die Methode: step by step rauf auf die Erfolgsleiter. In diesem Buch haben wir zusammengetragen, was man braucht, um sicher und beschwerdefrei durchs Leben zu kommen. *Doof it yourself* ist eine Mischung aus den Basics, die jeder anwenden können sollte, und den weiterführenden Kenntnissen für Fortgeschrittene und Rechtsüberholer. Du findest hier die größten Stolperfallen unserer Generation und erhältst Tipps und Tricks, wie man sie umgeht oder wieder aus dem Schlamassel rauskommt, wenn's mal danebengegangen ist. Außerdem findest du Antworten auf Fragen wie: Was erwartet dich als gescheiterter Superstarkandidat wirklich? Wie bewegst du beim Bewerbungsgespräch den zukünftigen Arbeitgeber am geschicktesten zum Akt der Einstellung? Wie hinderst du dein Kind elegant daran, vor laufenden Kameras »Du Arschloch-Mama« zu sagen und sich später auf YouTube in betrunkenem Zustand zu filmen? Ist es eine gute Idee, private Daten, Filmchen, Fotos und Blogs im Web 2.0 zu verewigen? Und wie gelingt es dir, als Halbwisser und Bildungsmuffel trotzdem den Erfolg einzustreichen, den wir uns sehnlich erträumen? Das möchtest du gerne wissen? Lesen hilft!

Ist dieses Buch ein Allheilmittel gegen die Dummheit?

Nein. Es gibt keine Patentlösungen gegen Unwissenheit, ein morsches Bildungssystem, Nachwuchsmangel, verpeilte Eltern und ein schlechtes Fernsehprogramm. Auch Handauflegen hilft nicht. Das Ziel des Buchs: die Dinge selbst in die Hand zu nehmen. Entscheidungen zu treffen und zu merken, wann diese von anderen beeinflusst sind. Das eigene Denken langsam in Gang zu bringen. Leider ist Deutschland heute in vielen Bereichen, die den gezielten Einsatz von Hirnkapazitäten angehen, ein Entwicklungsland. Wer will, dass wir mehr mündige Bürger haben, die nicht gleich jedem rechtsgedrehten Gesinnungsberater hinterherlaufen, der muss sich jetzt dafür entscheiden, mehr wissen zu wollen. Wen Superstars und Bauernhof-Soaps im Fernsehen nerven, der sollte einfach nicht mehr einschalten. Wer Politik scheiße findet, sollte selbst welche machen. Und wer die Welt nicht mehr versteht, sollte alles tun, damit er besser durchblickt. Denn die einzige Chance, die ein Entwicklungsland hat, ist Bildung. Wer eine solche nicht erhält, dem bleibt nichts anderes übrig, als sie immer wieder einzufordern und sich nicht hinter der bloßen Forderung zu verstecken, sondern selbst schon mal das zu tun, was er tun kann.

Wie ist *Doof it Yourself* einzunehmen?

Doof it Yourself ist ein Buch zum Lesen. Wie das geht? Eine Seite nach der anderen, vorn beginnend. Die Dauer des Lesens richtet sich nach der Schwere des Unwissens. Falls nicht anders verordnet, ist die empfohlene Dosis: Jugendliche bis einschließlich 14 Jahren lesen ein Unterkapitel täglich. Erwachsene und Jugendliche im Alter von 15 bis 45 Jahren lesen zwei Mal täglich jeweils ein Kapitel. In schweren Fällen kann auch das gesamte Buch an einem Tag gelesen werden. Wiederhole die Behandlung nach Bedarf.

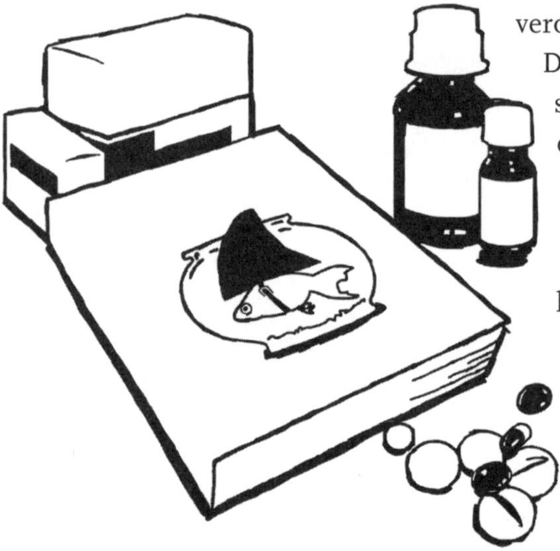

Welche Nebenwirkungen gibt es?

Wie alle Bücher kann *Doof it Yourself* Nebenwirkungen haben, die aber nicht bei jedem auftreten müssen. Sehr häufige Nebenwirkungen: akutes Mehrverstehen, Geistesblitze, Selbsterkenntnisse, spontanes Wiedererkennen. Selten: Wiederauferstehungen, Heiligsprechungen, Nobelpreise, Lottogewinne. Generalisierte Störungen: Schmunzeln (Griemelaria), Lachkrämpfe (Lachtritis). Selten: Abruptes Jodeln (Holerödidödeljödem), Übelkeit, Erbrechen, Durchfall (weniger als 1 von 10 000 Lesern).

Wie ist *Doof it Yourself* aufzubewahren?

Bücher immer für Kinder zugänglich aufbewahren! Warm und trocken in einem Bücherregal lagern. Als Datei nur speicherbar, wenn per Download gegen öffentliche Tauschmittel erworben. Nach Anbruch der ersten Seite ist *Doof it Yourself* bei pfleglicher Behandlung unbegrenzt haltbar und immer wieder verwendbar. Kein Rückgaberecht, außer in Bibliotheken.

Weitere Informationen unter www.generation-doof.com

KAPITEL 1

Bilding

A beautiful mind.
Was gehört da eigentlich rein?

Einsteins Gehirn soll genau 1 230 Gramm gewogen haben. Damit war es erstaunlich leicht, denn dieses Organ wiegt beim Menschen normalerweise etwa 1 400 Gramm. Hier erweist sich einmal wieder, dass es nicht auf die Größe ankommt, sondern darauf, was man damit anstellt.

Auch wenn du mit deiner Hirnmasse nicht den Nobelpreis anstrebst wie Einstein, kannst du mit deinem Denkapparat einiges erreichen. Ob du dich clever oder doof verhältst, liegt durchaus in deinem Einflussbereich – es kommt darauf an, was du dir an Information auf dein Gehirn draufládst.

Dieser Input nennt sich Bildung. Manches davon wird gern Allgemeinbildung genannt. Allgemeinbildung zu definieren ist unglaublich schwierig, darum tun das die meisten Leute nur, indem sie einen Mangel daran feststellen: Immer wenn jemand die Antwort auf eine vermeintlich einfache Frage nicht kennt, heißt es spontan, dass das doch zum Allgemeinwissen gehöre. Aber das kann gar nicht stimmen, denn die Menge des Wissens ist heutzutage so riesig, dass man niemals alles kennen kann. Daher wäre die logische Schlussfolgerung, dass nur die wenigsten Menschen über eine Allgemeinbildung verfügen.

Doch wann kann man eigentlich wirklich von sich behaupten, dass man »gebildet« ist? Der landläufigen Meinung nach ist ein Fall von Bildung gegeben, wenn man über sehr viel Faktenwissen verfügt. Deshalb landet Quiz-Meister Günther Jauch vermutlich bei Umfragen nach dem klügsten Deutschen regelmäßig auf den vorderen Plätzen – obwohl man genau genommen das Redaktionsteam des beliebten Moderators prämieren müsste, da es ihm immer die richtige Antwort auf alle Fragen vorbereitet. Bedeutet das, dass jeder, der bei *Wer wird Millionär?* bis zur Millionenfrage vorgedrungen ist, auch ein Bildungsexperte ist?

Nicht unbedingt. Davon abgesehen, dass ein Test, bei dem man unter vier vorgegebenen Antworten jene aussuchen kann, die mit größter Wahrscheinlichkeit richtig ist, nicht wirklich aussagekräftig ist, ist Bildung etwas anderes.

Auch ein für alle verbindlicher Bildungskanon ist unsinnig, deshalb werden wir in diesem Buch erst gar nicht versuchen, dir einzureden, dass du bestimmte Dinge unbedingt wissen musst. Viel sinnvoller ist es, einen Überblick über die verschiedenen Gebiete des verfügbaren Wissens zu haben.

Es gibt jede Menge kleinere und größere Bildungslügen. Auf deiner Seite könnten sie zu Bildungslücken führen, weil sie dich vom Wissenserwerb abhalten. Wir haben dir die wichtigsten Bildungslügen in Level 1 zusammengestellt und sie unter die Lupe genommen.

Um danach die richtige Füllung für dein Hirn zu finden, erhältst du in Level 2 ein GPS, das dir den Weg zum Wissen ebnen soll. Es zeigt, dass du mit einer guten Ausbildung immerhin die Chance hast, das Geld zu verdienen, mit dem du Computer, schnelle Autos und tolle Klamotten bezahlen kannst. Es gibt also einen guten Grund für Bildung.

Diese sollte jedoch nicht die reine Anhäufung von Wissen sein, sondern die Technik, damit umzugehen. Auf Neudeutsch ist Bildung also Wissensmanagement. Aber als »gebildeter Mensch« verfügst du nicht nur über Wissen und weißt, wie du es beherrschst und anwendest. Du verfügst auch über eine ganzheitliche Bildung inklusive sozialer Kompetenz, Umgangsformen und Stilsicherheit.

»Persönliche Fähigkeiten gehören mit zur allgemeinen Bildung«

Andrea Kilian, ehemalige Schulleiterin, Erziehungs- und Schulberaterin

Was muss ich wissen, um gebildet zu sein?

Ich hatte einmal einen Schüler, der sollte ein halbstündiges Referat über den Verlauf des Zweiten Weltkriegs halten. Er hatte so viel zu erzählen, dass er nach einer halben Stunde noch immer nicht über das Jahr 1939 hinausgekommen war. Insgesamt brauchte er mehr als anderthalb Stunden für seine Ausführungen. Einfach viel zu wissen bedeutet also nicht automatisch, dass man mit diesem Wissen auch umgehen kann. Wenn ich nur wahllos Wissen sammle, werde ich zum Fachidioten.

Gibt es dann überhaupt so etwas wie Allgemeinbildung?

Nein, nicht in dem Sinne, wie wir Allgemeinbildung im täglichen Sprachgebrauch verstehen. Die Vorstellung, dass man über ein breites Faktenwissen verfügen muss, stammt doch aus einer Zeit, als der Transfer und die Verbreitung von Informationen noch aufwendig waren. Da hat man das Wissen, das man bekommen hat, einfach angehäuft oder sogar im großen Stil auswendig gelernt. Das ist durch das Internet weitgehend überflüssig geworden, Wissen ist heute für jeden nahezu unbegrenzt zugänglich. Es ist daher wesentlich wichtiger geworden, es gezielt auszuwählen und nach den eigenen Bedürfnissen zu filtern. Um das zu können, bedarf es natürlich schon einer gewissen Grundbildung.

Und woraus besteht die Ihrer Ansicht nach?

Neben reinem Wissen gehören persönliche Fähigkeiten mit zur allgemeinen Bildung. Ich sollte zum Beispiel über Einfühlungsvermögen und soziale Fähigkeiten verfügen, denn ohne ein ausgeprägtes Sozialverhalten eckt man im Leben nur an und kommt nicht weit. Eine ähnliche Rolle spielt die Kommunikationskompetenz: Ich muss mich meinen Mitmenschen auf verständliche Art mitteilen und zum Beispiel auch Kritik deutlich formulieren können, ohne im Gossenslang zu landen – was für viele zunehmend ein Problem wird. Genauso wichtig ist aber auch ein Überblick über aktuelle Geschehnisse und ihre Auswirkungen auf mein Leben: Wenn die Börse kollabiert und die Wirtschaft ins Trudeln gerät, muss ich wissen, inwieweit das meinen Arbeitsplatz oder meine persönlichen Finanzen gefährdet und wie ich darauf reagieren kann.

Finanzen sind ein gutes Stichwort. Selbst gestandene Banker verstehen ihre eigene Börse nicht mehr. Muss man auf diesem Gebiet überhaupt mithalten können?

Geld ist ja kein Zaubertrick. Es geht nicht darum, dass ich Detailwissen über die Finanzmärkte besitze. Ich muss einfach grundlegende Sachverhalte kennen, damit ich meine eigene finanzielle Situation regeln kann: Ich sollte zum Beispiel wissen, wie ich für das Alter vorsorge oder wie und wo ich mein Geld anlegen kann. Wirtschaften heißt aber auch, den besten Handytarif für mich herauszusuchen oder mir Vertragsdetails durchzulesen, bevor ich im Internet etwas blind bestelle. Das Thema Wirtschaft und Finanzen wird an unseren Schulen aber viel zu oft ausgeblendet. Lehrer verstehen zu selten etwas davon, weil sie sich zu oft in einem Elfenbeinturm befinden.

Das klingt nach der üblichen Lehrerschelte.

Die Schule ist ein Ort des Idealismus, manchmal fast weltfremd. Soziale Werte werden sehr betont, die Wirtschaft und die Unternehmer stehen dagegen zu oft als die Bösen am Pranger. Das ist Unsinn. Wir müssen endlich erkennen, dass unser aller Ziel, aus Kindern und Jugendlichen mündige Bürger zu machen, nicht ohne eine Grundbildung in finanziellen und wirtschaftlichen Sachverhalten gelingen kann. Sicherlich nicht, wenn diese Generation den Lebensstandard halten will, den sie von zu Hause kennt. Es gibt keinen Wohlstand ohne Grundwissen in diesem Bereich. Den richtigen Weg gehen Länder wie Hessen oder Baden-Württemberg, in denen Wirtschaft ein eigenes Schulfach ist und kein Anhängsel des Sozialkundeunterrichts.

Die Generation Doof tut sich mit einer umfassenden Bildung schwer. Denn wir haben zwar überall mal ein bisschen aufgepasst, aber kein wirkliches Wissen erworben. Warum sollte man auch in der Schule und woanders beim Wissenserwerb die Ohren spitzen? Dass wir das für uns selbst tun sollten, leuchtet vielen nicht ein. Da kann es schon mal passieren, dass wir Zeugnisbesitzer die Anden auf Korsika vermuten. Und es kommt vor, dass wir als Studenten Prozentrechnung höchstens in Verbindung mit Alkohol anwenden können. Jeder vierte deutsche Schulabgänger ist ausbildungsunfähig, warnte die Kultusministerkonferenz in ihrem Bildungsbericht 2008. Das bedeutet, ihm fehlen die Grundlagen, um einen vernünftigen Beruf zu erlernen und darin erfolgreich zu sein. Dass dieses Problem tatsächlich besteht, zeigt das erfolglose Bemühen der deutschen Wirtschaft, genügend fähige Berufseinsteiger zu finden, mit denen freie Arbeitsplätze besetzt werden können. »Die Nachwuchskrise ist größer als die Finanzkrise«, fürchtete sogar Andreas Tressin, Geschäftsführer des Arbeitgeberverbandes Metall- und Elektroindustrie Rhein-Wupper, in einem Zeitungsinterview. In einem Bewerbungstest bei *Spiegel TV* kürten die Kandidaten bei der Frage, welcher Horst Bundespräsident ist, dann auch recht konsequent Horst Schlämmer zum Staatsoberhaupt.

Kein Wunder in einer Generation, die von der Schule enttäuscht ist und ihre eigenen Regeln aufstellt. »Ich hab am Anfang dieses Schulding noch ziemlich ernst genommen«, sagte Rapper Sido in Sandra Maischbergers Sendung mit dem Titel »Wie dumm ist Deutschland?« Ende 2008. Doch dann kommt er zu dem Schluss: »Schule war nicht das, was ich für mein Leben wollte, und dann hatte ich kein Interesse mehr.«

Schade eigentlich, denn Schule kann weiterhelfen, wenn man sie richtig nutzt. Unser Wegweiser in Level 2 erklärt dir, welche Kenntnisse du wirklich brauchst und wie du sie einsetzen kannst, um für dich selbst das Beste herauszuholen.

Falls es auf Anhieb nicht klappt mit der Glanzleistung, dann findest du in Level 3 eine kleine Anleitung zum Tricksen – sie zeigt dir, wie du auch ohne profunde Kenntnisse einen tiefen Eindruck hinterlässt.

Und wichtig: Bei Misserfolg nicht gleich aufgeben. Auch Einstein war der Meinung, dass eine gute Bildung oder das Denkvermögen nicht alles sind. »Manche Menschen hätte man nicht mit einem Gehirn ausstatten sollen«, sagte er einmal. »Ein Rückgrat hätte vollkommen genügt.« Wie könnte er damit falsch liegen – der Mann hatte Gehirn. Wenn auch kein großes.

LEVEL 1
Der Bildungslügen-Test. Die neun beliebtesten Ausreden bei Unwissen

Der Mann mit dem teilrasierten Schädel blickt treuherzig in die Fernsehkamera. Sein Name: Bushido. Seine Mission: Gewalt an Schulen verhindern. Seine Botschaft an die Schüler der Theodor-Plievier-Schule in Berlin: »Seid froh, wenn ihr nicht im Heim wart und nicht im Gefängnis wart, und seid froh, dass ihr zur Schule gehen könnt.« Schule sei wichtig, um nicht sozial abzustürzen. Bushido wurde nicht ohne Grund für diese Ansprache ausgewählt: Viele Schüler hören weniger auf ihre Lehrer als auf ihre Idole, so die Direktorin, Angelika Prase-Mansmann. Der Rapper ist für viele ein Vorbild, und er soll die Schüler für ein wichtiges Thema mobilisieren: ihre eigene Bildung.

Viel Spaß damit, denn das kann ganz schön schwer sein. Bei den internationalen PISA-Studien landete Deutschland seit der ersten Auflage im Jahr 2000 immer im Mittelfeld hinter anderen Industrienationen. Für die Generation Doof eine Einladung, ihre Unwissenheit als gemeinschaftliche Erfahrung zu verbuchen. Wir sind Deutschland!

Lernen ist für viele aus der Generation Doof ein ähnlich attraktiver Zeitvertreib wie Rasenmähen, Windelnwechseln oder die Steuererklärung machen. Wir kennen schönere Sportarten:

Senderhüpfen im Fernsehen, Daumenyoga am Gamepad, Bierheben in der Kneipe, Sex. Für den geistigen Schongang haben wir allerdings gute Gründe – manche haben einfach keine Lust, andere ergehen sich lieber darin, für die Unmöglichkeit der Bildung einen externen Verursacher zu finden, und wieder andere schieben die Kleingeistigkeit aufs mangelnde Kleingeld. Gängige Ausreden gibt es viele. Ob wir sagen: »Andere wissen es auch nicht besser als ich« oder »In unserem maroden Bildungssystem kann ich nichts lernen.« Ob wir meinen: »Die Bildungs- und Aufstiegschancen sind in Deutschland ungerecht verteilt« oder »Dumme sind sowieso glücklicher, deswegen lohnt sich ein Ausflug ins Gehirn nicht« – wir haben immer eine Ausrede, warum wir nicht lernen.

»Bildung ist die nachhaltigste Investition, die wir in Deutschland tätigen können.«

Horst Köhler

Sind dies alles gute Gründe, das schwarze Loch im Kopf hinzunehmen, die Schuld bei anderen zu suchen oder auf einen Impfstoff gegen die Bildungspest zu hoffen? In diesem Level kannst du herausfinden, ob gängige Bildungsausreden einer genauen Überprüfung standhalten. Danach darfst du selbst entscheiden, ob die Generation Doof auch doof bleiben muss oder ob aus gefährlichen Halbwissern und Geistesfahrern noch Bilderbuchgebildete werden können.

Wie viel an einem Vorurteil dran ist, sagt dir der Bildungslügendetektor. **Oberstes Licht**: Absoluter Quatsch. **Mittleres Licht**: Kommt ganz darauf an. **Unteres Licht**: Krass, das ist ja tatsächlich so.

Bildungslüge Nummer eins. Das deutsche Bildungssystem ist so im Eimer, dass Lernen unmöglich ist

45 Prozent der Deutschen halten das Bildungssystem auch noch Jahre nach den ersten PISA-Reformen für ungerecht und überholungsbedürftig, das ergab eine Umfrage von Emnid und der Bertelsmann Stiftung im Jahr 2008. Die Schuld daran suchen die meisten wie immer beim Staat und bei der Schulpolitik: Die Mehrheit der Deutschen meint, die Politiker tragen die Hauptverantwortung an der Bildungsmisere. Das wiederum zeigte eine Untersuchung des Forsa Instituts im Auftrag des Stern im November 2008. Mit den Reformen seit der ersten PISA-Studie ist kaum jemand zufrieden. 40 Prozent der deutschen Eltern glauben, dass sich überhaupt nichts verändert hat, ein Viertel denkt sogar, dass alles noch schlechter geworden ist. Haben sie recht?

Für Bildung kann man eigentlich nie genug Geld bereitstellen. Als rohstoffarme Nation sind wir Deutschen auf unsere geistigen Fähigkeiten angewiesen, mit denen wir tolle Apparate erfinden, die wir in alle Welt exportieren können. Ohne Bildung gehen bei uns die Lichter aus. Trotzdem scheinen wir den Schuss nicht gehört zu haben, den die OECD mal wieder abgegeben hat: Die Studie »Bildung auf einen Blick 2008« zeigt, dass Deutschland bei den Bildungsausgaben mit einem Anteil von 5,1 Prozent vom Bruttoinlandsprodukt* deutlich tiefstapelt, jedenfalls im Vergleich mit anderen OECD-Staaten, die im Schnitt 6,1 Prozent ihres BIP dafür ausgeben. Im Zeitraum 1995 bis 2005 sind die

* Das, was die Güter wert sind, die innerhalb eines Jahres von einem Land hergestellt wurden, die vertickt und verbraucht werden können. Es zeigt die Wirtschaftsleistung der Menschen in einem Staat, und damit ist es im Prinzip ein Index für das, was Deutschland wert ist.

deutschen Ausgaben für die Bildung gemessen am BIP insgesamt sogar deutlich gesunken.

Auf den ersten Blick ein bestürzendes Ergebnis. Können die Politiker nicht einfach mehr Geld in die Hand nehmen?

Wie bei allen Dingen im Leben: So einfach ist es leider nicht, denn wir haben bisher nur die prozentualen Angaben angeschaut, und das ist trügerisch. In Wahrheit sind in den vergangenen Jahren die Ausgaben für Bildung kontinuierlich angestiegen: 2005 gaben die öffentlichen Haushalte noch 86,7 Milliarden Euro aus, für das Jahr 2008 waren es nach Schätzungen des Bildungsfinanzberichts 92,7 Milliarden Euro. Dass tatsächlich mehr Geld für Kitas, Schulen und Unis da ist, das zeigen die prozentualen Angaben nicht, da diese sich auf das Bruttoinlandsprodukt beziehen – steigt dieses zeitgleich, kann man zwar mehr Geld unters Volk bringen, gibt dabei aber vielleicht anteilig vom BIP weniger aus als im Vorjahr. »Absolut gesehen wird von Jahr zu Jahr mehr ausgegeben, aber gleichzeitig ist die Wirtschaft stärker gewachsen«, erklärte Thomas Baumann vom Statistischen Bundesamt gegenüber dem Handelsblatt. »Deshalb sinkt der Anteil am Bruttoinlandsprodukt.«

Es ist also nicht grundsätzlich weniger Geld in der Bildungskasse. Wichtig ist allerdings die Frage, ob der Zaster auch sinnvoll eingesetzt wird. Hat sich seit dem ersten PISA-Schock wirklich nichts geändert? Zwar gibt es noch immer überfüllte Klassen, Pädagogen, die zu tief in die Feuerzangenbowle geschaut haben, und Universitäten, an denen man höchstens einen Master in Schimmelkulturwissenschaft machen kann. Aber es gibt Hoffnung, und das könnte mit dem veränderten Bildungsverhalten zu tun haben.

▶ Die Ergebnisse der TIMSS (»Trends in International Mathematics and Science Study«) und Iglu-Untersuchungen 2008 (Internationale Grundschul-Lese-Untersuchung) legen nahe, dass die Reformen der letzten Jahre so doof nicht gewesen sein können. Anders als bei Pisa wurden in der TIMS-Studie Dritt- und Viertklässler getestet, und die Stöpsel lagen in Mathe und Naturwissenschaften über dem Durchschnitt auf Platz 12. Und auch der Bildungsbericht 2008 der Kultusministerkonferenz und des Bildungsministeriums zeigt, dass sich die durchschnittlichen Leistungen der Schüler verbessert haben.

▶ Während viele noch über den maroden Zustand unserer Bildung jammern, hat sich unser Land auch in den internationalen PISA-Studien heimlich nach vorn geschlichen: Vom 21. Platz bei der Lesekompetenz im Jahr 2000 ging es auf den 14. Platz bei der letzten PISA-Studie, und bei den Naturwissenschaften sogar von Platz 20 auf Platz 8.

Damit soll nicht alles schöngeredet werden: Es gibt noch eine Menge Schwächen im Bildungssystem, die man nicht einfach mit einer Statistik wegwischen kann. Wir haben international gesehen noch immer vergleichsweise wenig Akademiker im Land, und immer noch gehen viele Menschen ohne Hauptschulabschluss ins Berufsleben – einen Job zu finden ist für sie fast so aussichtslos wie ein Gewinn am einarmigen Banditen.

Fazit: Fortschritt kommt von Schritt, auch wenn's ein kleiner ist. Es ist nicht alles so schlecht, wie es gemacht wird – aber es gibt auch noch großen Verbesserungsbedarf. Vor allem müssen mehr Chancen für sozial Schwächere geschaffen werden, für die Bildung oft die einzige Chance ist. Das Recht auf Bildung muss jeder für sich einfordern. Wenn die Medien jammern, dass die Bildung in Deutschland kränkelt, ist dies ein Zeichen dafür, dass wir uns auf dem bereits Erreichten nicht ausruhen dürfen.

Bildungslügendetektor:

Bildungslüge Nummer zwei. Die Lehrer sind an allem schuld.

Uwe Ochsenknecht befand 2008 im ZEIT-Magazin, dass Wilson Gonzales und Jimi Blue ihr Schulding allein drehen sollten: »Die sind alt genug, um zu checken, was sie brauchen und wollen und was nicht. Falls sie später merken, dass ihnen ein Abschluss fehlt, können sie den ja immer noch nachmachen.« Wilson war da gerade volljährig, Jimi Blue sechzehn. »Je früher dieser unsinnige, für alle Familienmitglieder aufreibende Schulstress vorbei ist, desto besser. Für alle.«

Auch andere Eltern stresst die Schulpflicht ihrer Kinder, sie lassen kein gutes Haar an der Bildungsinstitution Nummer eins. »Die Eltern sind kritischer gegenüber der Schule geworden«, meinte auch Manfred Prenzel, der Leiter der PISA-Studie gegenüber dem Stern. In der Infratest-Umfrage »Schule aus der Sicht von Eltern« hielten mehr als die Hälfte der Befragten die jeweilige Schulleitung für inkompetent. In einer anderen Umfrage von Infratest dimap und der ZEIT urteilten 58 Prozent der Eltern, dass es zu viele Lehrer gibt, die für ihren Beruf nicht geeignet sind, und 63 Prozent befanden, dass die pädagogische Ausbildung nicht den Ansprüchen genügt.

Bei so viel Gegenwind ist es kein Wunder, dass sich 10 Prozent der Lehrer nach den ersten vier Berufsjahren stark überfordert fühlen, wie der Bildungsforscher Professor Udo Rauin 2008 herausgefunden hat. Schon im Studium achten die zukünftigen Lehrer offenbar wenig darauf, ob sie für den Beruf auch geeignet sind. Nur knapp 38 Prozent der Befragten studierten das Lehramtsfach mit Volldampf und aus Überzeugung.

Wenn Lehrer und Eltern in der Bildungsfrage an einem Strang ziehen würden, stünden die Kinder deutlich besser da. Doch viele der Eltern glauben, dass die Wissensvermittlung allein Sache der Schule ist, und überlassen auch die Erziehungsarbeit gerne den Lehrkräften. Und das wissen sie insgeheim offenbar selbst: In der Studie der ZEIT waren 83 Prozent der Eltern der Meinung, dass Lehrer oft Erziehungsaufgaben übernehmen. Dass diese dann die doppelte Aufgabenmenge zu erledigen haben, also erziehen und bilden, leuchtet vielen nicht ein. Der Bildungsauftrag leidet aber darunter und damit auch die Kinder. Erziehung ist keine Aufgabe, die man delegieren kann. Egal, wie fähig der Lehrer ist.

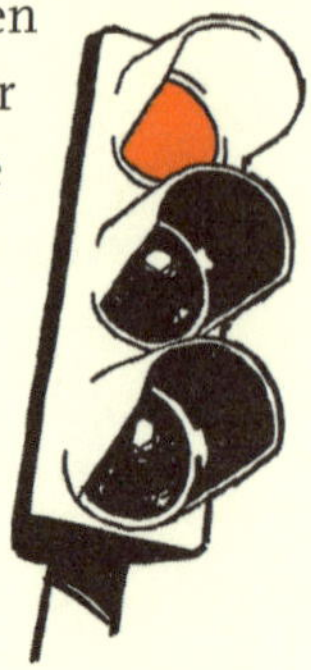

Bildungslügendetektor:

»Lehrer können nicht alles allein leisten«

Dr. Albert Wunsch, Erziehungswissenschaftler und Autor des Buches *Die Verwöhnungsfalle*

Als Kinder fanden wir Lernen immer doof. Warum sollten wir unseren Kindern die gleiche Tortur antun?

Wer nicht lernt, mit Gefahren, Höhen und Tiefen, Erfolgen und Misserfolgen, Freud und Leid umzugehen, dem wird die Handlungskompetenz im Umgang mit den unterschiedlichsten Herausforderungen in Schule und Ausbildung, Beruf, Familie und Partnerschaft fehlen. Eltern haben von der Geburt eines Kindes an die Aufgabe, es handlungsfähig zu machen, damit es als Erwachsener später ein Leben in Eigenständigkeit und Selbstverantwortung führen kann. Lehrer und Erzieher müssen diese Fähigkeiten ergänzen, können aber nicht alles allein leisten.

Und was kann schlimmstenfalls passieren, wenn man sich zu sehr auf andere verlässt?

Wer sein Kind nicht selbst handeln lässt, es nicht angemessen fördert und fordert und ihm seine Grenzen nicht aufzeigt, führt es gezielt zu Misserfolg und Versagen. Wie der Einzelne in den immer differenzierter werdenden Arbeitsfeldern in einer globalisierten Welt klarkommt, hängt davon ab, wie zielstrebig, mutig, geschickt, ausdauernd, ideenreich, verantwortungsbewusst und teamfähig er ist.

Nur selbständige und eigenverantwortliche Menschen werden sich mutig den vielfältigen Herausforderungen des Lebens stellen. Ziel muss es demnach sein, Kinder und Jugendliche stark zu machen, ihre Persönlichkeit auszubilden und ihren Wissensschatz zu mehren. Eine »Generation Doof« behauptet zwar, diese Dinge zu besitzen, aber hinter ihren Worten steckt nur Leere. So wachsen zu viele »Ichlinge« mit mangelhafter personaler und sozialer Kompetenz heran.

Was würden Sie jemandem sagen, der meint, Lernen ist zu anstrengend?

Ich würde sagen: Nur durch Anstrengung wirst du erwachsen. Dadurch, dass du Aufgaben oder Probleme eigenständig meisterst. Denn Lernerfahrungen kann man nicht kaufen oder leasen.

Dies wird zum Beispiel im Sport ganz deutlich. Erst, wenn du an deine Grenzen kommst, wenn es anstrengend ist, erweitert sich dein Können und du entwickelst dich weiter. Auch beim Wissenserwerb ist es unglaublich wichtig, dass du dranbleibst, dass du dich forderst, um deine Kondition zu erweitern oder wenigstens zu halten. Und sogar, wenn du deine soziale Kompetenz entwickelst, ist das so.

Man könnte sagen, dass du »seelische Muskeln« trainieren musst, um fit zu werden und zu bleiben. Fehlt ein solches Training, werden Hürden als angeborene Grenzen oder als störender Einfluss durch die Umwelt erlebt. So können Heranwachsende wichtige Lernerfahrungen nicht machen. In Beruf und Gesellschaft werden sie dann Randpositionen einnehmen oder Bauchlandungen hinnehmen müssen.

Was sollte man als Eltern seinem Kind nicht antun?

Vier Dinge. Erstens: Wer einem Kind Dinge abnimmt, die es selbst erlernen sollte, verhindert die Entwicklung der dazu notwendigen Fähigkeiten. Zweitens: Wer ein Kind vornehmlich in einem Schonraum aufwachsen lässt, sollte sich nicht wundern, wenn es im Leben nicht zurechtkommt! Drittens: Wer seinem Kind keine Grenzen verdeutlicht, zum Beispiel im Umgang mit anderen Menschen, grenzt es aus und sorgt dafür, dass es in Beruf oder Partnerschaft später Probleme hat. Und viertens: Wer einem Kind vorgaukelt, dass Lernen immer nur Spaß machen muss, bereitet es schlecht darauf vor, dass es im Leben meistens viel Mühe, Schweiß und Durchhaltevermögen kostet, etwas zu erreichen. Dies sind Dinge, die Eltern ihren Kindern mit auf den Weg geben müssen. Sie sollten nicht darauf warten, dass andere ihnen diese Aufgabe abnehmen. Es gehört eine Menge Biss dazu, sich diese Fähigkeiten später noch selbst anzueignen.

Fakt ist: Wer nicht von klein auf mit Gefahren, Erfolgen und Misserfolgen, Freud und Leid umzugehen gelernt hat, der wird es mit den unterschiedlichsten Herausforderungen in Schule und Ausbildung, Beruf, Familie, Partnerschaft und Freizeit schwer haben.

Bildungslüge Nummer drei. Nur wer clever zur Welt kommt, kann auch etwas lernen

Das Problem mit der Bildung fängt schon damit an, dass kaum jemand das Wort richtig verwendet. Meinen wir Allgemeinbildung oder Wissen oder Intelligenz? Und wo ist da überhaupt der Unterschied?

Wir sind uns zum Beispiel ziemlich sicher, was Intelligenz ist, und glauben sogar, sie bei jedem einzelnen von uns mit einem Intelligenzquotienten bestimmen zu können. Doch Forscher wie Professor Howard Gardner von der Uni in Harvard wissen: Das stimmt nicht. Gardner ist davon überzeugt, dass es gleich acht Arten von Intelligenz gibt, die jeder von uns besitzt – nur in unterschiedlicher Ausprägung. Dazu zählen die Fähigkeiten, mit anderen Menschen umzugehen und mit sich selbst, genauso wie sprachliches Feingefühl, musikalisches Talent, logisch-mathematisches Verständnis, räumliches Vorstellungsvermögen, Bewegungstalent oder Naturverbundenheit. Jemand, der vorwiegend zwischenmenschliche Intelligenz besitzt, ist vielleicht weniger sprachlich oder logisch begabt. Gardner scheint daher die gängigen Schulkonzepte ziemlichen Blödsinn zu finden: »Ich bin dagegen, dass immer häufiger Tests eingesetzt werden, auf die man nur kurze Antworten geben kann, bei denen es darum geht, Wissen abzufragen, und nicht darum, ernsthaft herauszufinden, was jemand wirklich versteht«, sagte er in einem Interview. »Wo steht geschrieben, dass man nur etwas lernen kann, indem man einen Text darüber liest und dann eine Reihe kurzer Fragen dazu beantwortet?«

Wenn Gardner recht hat, dann wäre es an der Zeit, ein komplett neues Schulsystem zu entwickeln, nämlich eines, das die vielfältige Intelligenz der Schüler berücksichtigt und individuell auf die Fähigkeiten des Einzelnen eingeht.

Bildung und Intelligenz sind also nicht dasselbe. Entgegen dem allgemeinen Vorurteil, dass dumm auch dumm bleibt, ist Intelligenz aber auch nicht entscheidend für eine ausgewogene Bildung. Um erfolgreich zu lernen, musst du nicht als Einstein geboren sein, sondern du brauchst vor allem Ruhe, Geduld und viel Zeit. Eine gewisse Dosis Intelligenz schadet grundsätzlich natürlich nicht, immerhin musst du ja auf die Idee kommen können, etwas wissen zu wollen. Intelligenz ist auch dafür verantwortlich, dass du schnell Lösungen für schwierige Probleme findest.

Muss man deshalb zwangsläufig damit geboren sein? Angeblich nicht – seit Neuestem kann man Intelligenz auch lernen: Mit dem Programm BrainTwister, einem Intelligenztraining einer Gruppe von Psychologen der Uni Bern, soll man sein Gehirn trainieren können, um danach mehr Freude daran zu haben. Die Aufgaben, bei denen man das logische Denken und den Kurzzeitspeicher fördern kann, sollen angeblich die Merkfähigkeit und die Kombinationsgabe steigern. Die gesteigerte Wendigkeit des Gehirns lässt sich messen: Nach etwas mehr als zehn Tagen konnten die Probanden, an denen das Programm getestet wurde, die Aufgaben deutlich besser bewältigen als zuvor.

Man könnte auch sagen: Mehr Denken trainiert die Denkfähigkeit. Und das ist gut so. Die angeeignete Intelligenz hat nämlich einen klaren Vorteil. Du kannst mit der gesteigerten »fluiden Intelligenz«, die du durchs Training dazugewonnen hast, viel besser lernen. Der Nachteil an der Sache – gerade wenn man zur bequemen Generation Doof gehört: Das alles geht nur mit kontinuierlichem Training, das dich immer wieder an deine Grenzen bringt. Ohne Schweiß kein Preis. Doof? Aber nicht so doof, dass man dumm bleiben muss.

Bildungslügendetektor:

Bildungslüge Nummer vier. Dumme leben glücklicher

Abseits aller wissenschaftlichen und empirischen Studien gibt es das Bauchgefühl zum eigenen Bildungsgrad. Wer hat nicht schon mal in seinen Erbanlagen nach einer Ausrede gesucht: »Meine Mutter konnte schon nicht rechnen, das ist bei mir genetisch.« Wir glauben, dass es sich auch nicht lohnt, diese Vermutung einer genaueren Prüfung zu unterziehen. Denn immerhin ist man als Doofer ja sowieso glücklicher.

Forrest Gump, ein erschreckend Unbeleckter, schafft es im gleichnamigen Film mit Tom Hanks trotz Nichtwissen zum Millionär. Und das, obwohl er ein so treuherziger Vollidiot ist, dass er selbst den Vietnamkrieg für ein Spielchen hält. Am glücklichsten ist er, wenn er auf der Parkbank sitzen und eine Schachtel Pralinen verdrücken kann. Doofe führen ein entspannteres Leben, sagt uns der Film, sie machen sich weniger Sorgen, weil sie eh nix kapieren.

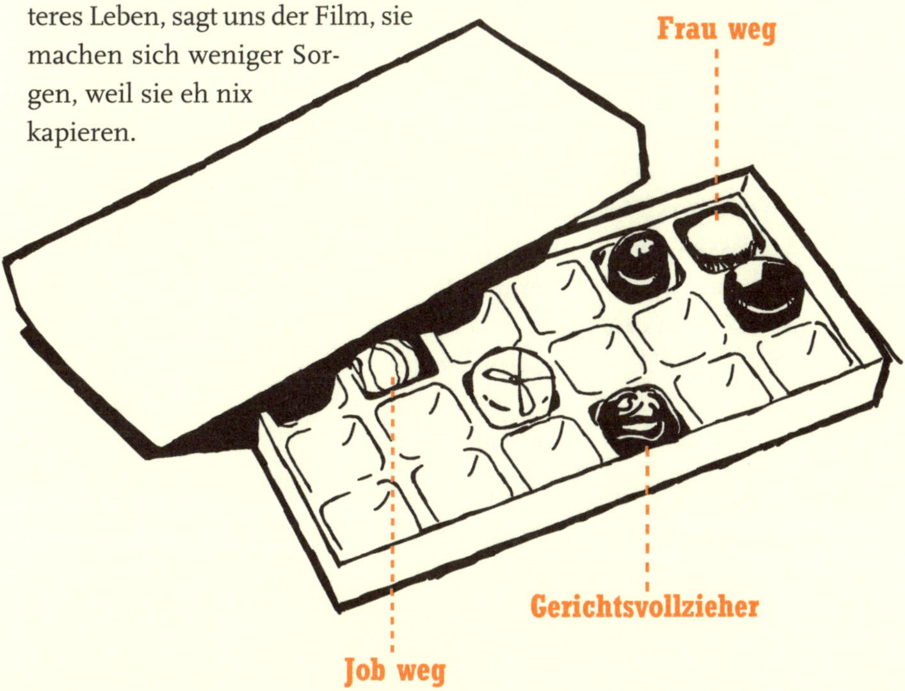

Wäre die Welt nicht schön, wenn das wirklich so wäre? Befreit im Halteverbot parken, weil man das Knöllchen sowieso nicht lesen kann. Mit ruhigem Gewissen besoffen Auto fahren, weil du erstens die Regeln nicht kennst und zweitens auch in nüchternem Zustand nicht besser fährst. Enthemmt den Personalchef beschimpfen, weil du ihn für den Praktikanten hältst und er sich gerade deine Lieblingstasse unter den Nagel gerissen hat. Oder mit Aktien ein Vermögen machen, die du nur gekauft hast, weil dich das Logo des Unternehmens an ein Hütchenspiel erinnert hat.

Ganz so einfach ist es leider nicht. Denn erstens werden nicht alle Dummen zufällig reich wie Forrest. Und zweitens leben Dumme gefährlich, wenn du Dummheit als fehlende Intelligenz definierst. Eine Langzeitstudie der Bristol University und des Karolinska Institutet hat bei Intelligenztests festgestellt, dass die Probanden mit den schlechtesten Testergebnissen dazu neigen, sich selbst um die Ecke zu bringen. Das Selbstmordrisiko war bei ihnen zwei bis drei Mal höher als bei denjenigen, die besser abschnitten und deutlich intelligenter waren. Ein niedriger IQ allein macht also nicht per se zufriedener.

Denn je weniger Grütze wir im Kopf haben, desto schwieriger kommt uns das Leben auch vor. Es gibt jede Menge zu wissen. Je mehr wir über die Dinge erfahren, desto mehr Informationen müssen wir verarbeiten. Viele wollen genau deswegen nichts lernen, weil sie dann plötzlich die größeren Zusammenhänge erkennen und alles zueinander in Beziehung setzen müssen. Wer ein Freund von Kabeljau auf Kartoffeln mit Käse-Kräuterkruste ist, der wird im Restaurant nicht mehr kraftvoll zubeißen, wenn er erkannt hat, dass er damit zur Überfischung und zum Aussterben des eben servierten Meeresgetiers beiträgt. Nichtwisser essen glücklicher. Und das ist nur ein kleines fischiges Beispiel.

Wer Nachdenken anstrengend findet, der wird als Doofer daher vielleicht wirklich ein entspannteres Leben führen. Bevor du traurig sein kannst, dass der Kabeljau ausgestorben ist, bist du selbst Geschichte. Bis dahin hast du ihn jedenfalls genossen.

Bevor du dich nun gemütlich im Sessel zurücklehnst und dein Gehirn in Zahlung gibst, solltest du aber wissen, dass es durchaus schöne Seiten hat, wenn das eigene Gehirn mitspielt, nämlich dann:

... wenn du verstanden hast, was Abseits ist und beim Fußball endlich an den richtigen Stellen stöhnst.

... wenn du kapiert hast, wie man eine Steuererklärung ausfüllt und Geld vom Finanzamt wiederbekommt. Ein bisschen zumindest.

... wenn du bei einem Krimi mitraten kannst und am Ende erfährst, dass »dein« Verdächtiger tatsächlich der Mörder ist.

... wenn du eine fremde Sprache gelernt hast und verstehst, welche Beleidigungen dir die Einheimischen im Urlaub hinterherrufen.

... wenn du ihnen dann einen fetten Spruch reinwürgen kannst, den sie auch verstehen.

... wenn du ausrechnen kannst, dass es sich nicht lohnt, einen Kleinkrieg um die letzte freie Zapfsäule anzufangen, sobald der Benzinpreis um zwei Cent fällt.

... wenn du Briefe und E-Mails so schreiben kannst, dass dich die Leute ernst nehmen und dir auch antworten.

In solchen Momenten ist Wissen eine coole Sache, und dann sind auch Schlaue glücklicher als Dumme.

Bildungslügendetektor:

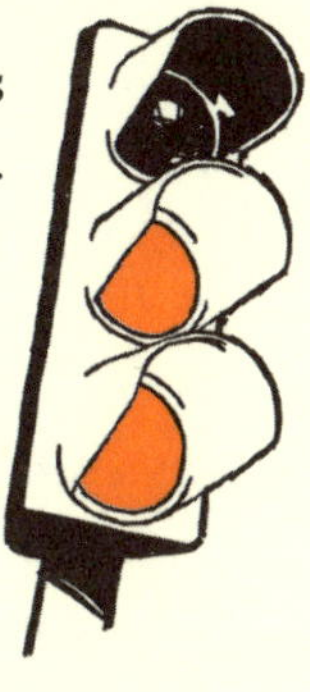

Bildungslüge Nummer fünf. Wer in der Schule nichts gelernt hat, bleibt doof

Bildung ist kein Schulfach, bei dem du deine Stunden absitzt und dich langweilst. Erstens brauchst du Bildung auch später immer wieder. Und zweitens kannst du das ganze Leben lang dazulernen und dich weiterentwickeln. Wer in der Schule nicht gut war, muss deshalb noch lange nicht erfolglos durchs Leben stolpern.

Das Zeugnis ist ein Stück Papier, das dir zwar helfen kann, das aber im Grunde keine Aussagekraft darüber besitzt, was du kannst. Dass das stimmt, beweisen hierzulande gewitzte Promis wie Verona Pooth, die ohne Schulabschluss und abgeschlossene Ausbildung eine eindrucksvolle Karriere in den Medien hinlegte. Auch Fernsehköchin Sarah Wiener und Popsternchen LaFee sind (noch) ohne Fahrschein. Auch Uni-Pleiten enden mitunter im Applaus: Anke Engelke schmiss ihr Studium und wurde zum Ladykracher, Juli-Sängerin Eva Briegel machte erst eine erfolglose Uni-Tournee, bevor sie auf der Bühne durchstartete, und Michael Dell gründete lieber eine Firma, anstatt das Studium zu beenden.

Diese Beispiele sind allerdings kein Freifahrtsschein für Zeugnisverweigerer und Schulschwänzer. Die Schule sollte dich unterstützen. Wenn du sie nicht zu Ende gebracht hast, bist du ganz auf dich allein gestellt. Auch wenn du natürlich die Ausnahme von der Regel bist und dir schon immer eine große Karriere vorherbestimmt war: Die Erfolgsgeschichten von Promis sind Extrembeispiele, hinter denen meist viel Einsatz, Wille, zahlreiche Rückschläge und anstrengende Jahre stecken. Insofern stimmt es nur in den seltensten Fällen, dass du ohne Ausbildung und ohne Anstrengung erfolgreich sein kannst.

Wahr ist hingegen, dass deine Chancen auf einen Job mit der Zeugnisübergabe immens steigen. Das Statistische Bundesamt sprach im September 2008 die Worte der Wahrheit: Im Vorjahr waren fast achtzehn Prozent der Menschen mit einfachem Schulabschluss, also Haupt- oder Realschule, bei der Jobfrage leer ausgegangen. Die Quote arbeitsloser Akademiker und besser Gebildeter lag weit darunter, bei weniger als vier Prozent.

Du solltest jetzt jedoch nicht in blinden Aktionismus ausbrechen. Damit Lernen zu einem sinnvollen Zeitvertreib wird, solltest du dich mit etwas beschäftigen, was du gut gebrauchen kannst, und nicht nur aus Verlegenheit heraus irgendeinen Kurs belegen. »Nicht so, ich hab grad ein bisschen Zeit, und der Makrameekurs war voll, dann lern ich doch ein bisschen Französisch. Wenn man effizient lernen will und auch den notwendigen Zeitaufwand betreiben will, dann muss da ein wirkliches Interesse sein«, meinte der wissenschaftliche Direktor des Deutschen Instituts für Erwachsenenbildung, Ekkehard Nuissl von Rein, in einem Interview mit dem Deutschlandfunk. Interesse kannst du auch später noch entwickeln. Es ist immer der richtige Moment, um etwas Sinnvolles zu lernen. Bundeskanzlerin, VHS-Chefs und Schlagwortfetischisten lieben den Begriff »lebenslanges Lernen«. Ausnahmsweise hat »lebenslang« in diesem Fall nichts mit einer lang andauernden Haftstrafe zu tun. Es geht vor allem darum, offen für Neues zu sein. Da viele Leute nicht wie früher ihr Leben lang den gleichen Beruf ausüben, sondern sich im Laufe ihrer Karriere wegbewerben, wechseln, weiterentwickeln, kommen sie nicht umhin, ihr Wissen laufend zu erweitern. Im Grunde ist jede Erfahrung, die wir machen, etwas, aus dem wir auch lernen können. Wir lernen also ohnehin lebenslang. Wie viel, das hängt ganz von uns selbst ab.

Mit Weiterbildung kannst du jedenfalls nix verkehrt machen, denn die richtig geilen Jobs bekommst du vor allem dann, wenn du die entsprechenden Fähigkeiten vorweisen kannst. Und dafür musst du auf dem Laufenden bleiben. Auch wenn du dich nicht gleich komplett fremdbewirbst: Für den guten alten Quereinstieg, den zweiten Bildungsweg oder die firmeninterne Karriere vom Postboten zum Geschäftsführer musst du bereit sein, dich immer wieder in komplett neue Themenfelder einzuarbeiten. Lernen hört tatsächlich nicht nach der Schule auf. Im Gegenteil: Es fängt dann erst richtig an.

Bildungslügendetektor:

Bildungslüge Nummer sechs. Bildung ist nur was für Reiche

Wissen entwickelt sich scheinbar immer mehr zu einem Luxusgut. Das Pricing* orientiert sich dabei an den Preisen von Mittelklassewagen, und so ist auch eine Premium-Bildung nicht für lau zu haben: Ein zwölfsemestriges Studium kostete nach Berechnungen des Deutschen Studentenwerkes (DSW) 2008 im Durchschnitt mehr als 55 000 Euro, zehn Semester rund 46 000 Euro und ein Bachelor-Studium von sechs Semestern noch 28 000 Euro. Studiengebühren und Zweitwohnungssteuer für Studenten exklusive. Zwar gibt es staatliche Fördermöglichkeiten wie BAföG, doch die meisten Studenten werden von den Eltern unterstützt. »Die individuellen Kosten spielen die Schlüsselrolle bei der Entscheidung für oder gegen ein Studium«, sagt DSW-Präsident Rolf

* *pricing* [praißink]: Neudeutsch für »Preisgestaltung« oder »Tina, wat kosten die Kondome?!?«

Dobischat. Schon vor dem Studium kostet Lernen Kohle: Schulbücher gibt es meist nicht umsonst, sie verschlingen schnell mal ein paar hundert Euro im Jahr. Auch Klassenfahrten und sonstiges Drumherum reißen bei vielen Familien beachtliche Haushaltslöcher.

Mit dem goldenen Bildungslöffel werden anscheinend nur noch richtig Reiche gefüttert. Wer sein Kind nicht zwischen Schimmelpilz und Bröckelputz lernen lassen will, kratzt das Geld für teure Privatschulen zusammen. Privatschulen, die ohne staatliche Zuschüsse auskommen, verschlingen nach Angaben des Handelsblatt durchschnittlich Schulgeld in Höhe von 300 bis 800 Euro im Monat, und in einem Internat kommen zusätzlich noch einmal zwischen 600 und 1800 Euro für Unterbringung und Verpflegung hinzu. Öffentliche Einrichtungen sind kostenfrei, sehen aber auch entsprechend aus: Der Filmspot »Neue Bildung für das Land«, den die Hans-Böckler-Stiftung für den Bildungsgipfel des DGB in Berlin im Jahr 2008 produzieren ließ, zeigte eine Kita, in der zu wenig Kinderfachangestellte arbeiten. »Am schlimmsten ist der Personalmangel«, so die Erzieherin im Video. »Sobald einer fehlt und 'ne Grippe hat und im Urlaub ist, bricht das ganze System zusammen.« Sie zeigt die zwei Toiletten für die 35 Kinder. Wie sie betont, haben die Klos keine Schamwände, die eigentlich Vorschrift sind, und man sieht in Großaufnahme die abblätternde Farbe an den Wänden. Zu Wort kommt auch eine Mutter, deren Sohn an einer Schule in Berlin-Friedrichshain ist, die aus Geldmangel seit Jahren nicht renoviert wurde. So können die Kinder beispielsweise die Turnhalle nicht benutzen, müssen marode Fenster und defekte Toiletten ertragen. Das Bildungssystem kann auch stinken.

Denjenigen, die durch ihre Herkunft oder den richtigen Job privilegiert sind und das nötige Kleingeld haben, bleiben die Sorgen über Gewalt an Schulen, Ausstattung der Klassenräume und Lehrplanlücken erspart. Insofern: Ja, mit Geld kann man sich schönere und auch manchmal bessere Bildungsangebote kaufen. Das bedeutet aber noch nicht, dass man auch zwangsläufig mehr lernt. Man kann auch für viel Geld schlechte Noten schreiben, wenn man sich für nichts interessiert. Ein großer Teil des Lernerfolgs hängt nach wie vor von der eigenen Einsatzbereitschaft ab und von der der Vorbilder. Wer wirklich sein Wissen erweitern will, der kann dies auch ohne goldene Kreditkarte tun, denn Gelegenheiten gibt es zur Genüge: Bibliotheken, »One Dollar House«-Kinos, Tages- und Wochenzeitungen im Lesezirkel, Volkshochschulen, gute Dokus im Fernsehen, Bildungsinitiativen deines Bundeslandes, Vorlesungen und offene Veranstaltungen an der Uni oder einfach Freunde, bei denen man sich ein gutes Buch ausleihen kann.

Bildung muss also nicht immer teuer sein, man muss sie vor allem haben wollen. Und selbst wenn man mal tiefer ins Portemonnaie greifen muss: Bildung ist teuer, mangelhafte Bildung ist teurer. Dieser Gedanke ist nicht neu, so sagte der Präsident der Harvard Universität, Derek Bok: »Wenn du denkst, Bildung ist zu teuer, versuch's mit Dummheit.« Dumm, dass seine Uni gerade ein paar Milliarden an der Börse verzockt hat.

Aus solchen finanziellen Krisen hilft: Bildung. Wer im Jahr 2006 über ein Studium oder eine höhere Berufsausbildung verfügte, verdiente im Schnitt 64 Prozent mehr als ein Arbeitnehmer mit einfacher Ausbildung. Langfristig ist Bildung also noch immer eine der wenigen Geldanlagen mit Renditegarantie, und diese Erkenntnis hat schon einen ziemlich langen Bart: »Eine Investition in Wissen bringt immer noch die besten Zinsen«, hatte Benjamin Franklin, einer der Gründerväter der Vereinigten Staaten, schon im achtzehnten Jahrhundert erkannt.

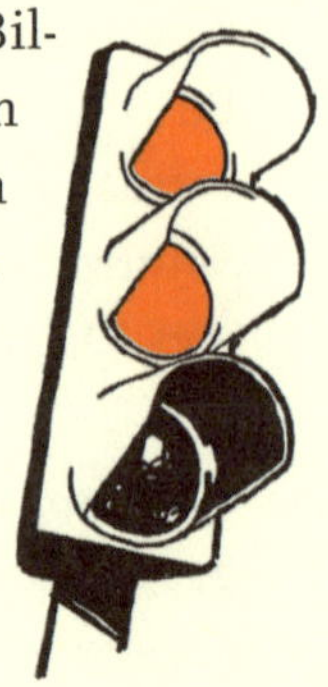

Bildungslügendetektor:

Bildungslüge Nummer sieben. In Deutschland herrscht Lehrermangel. Und wo nicht gelehrt wird, kann man nicht lernen

Denk dir lieber eine bessere Ausrede aus. Die Grundversorgung mit Lehrkräften ist je nach Fach, Standort und Schulart sehr unterschiedlich, darum kann man diese Behauptung nicht für ganz Deutschland aufstellen. Mathe und Naturwissenschaften sind zum Beispiel eher unbeliebte Lehramtsfächer, sodass du dir als Lehrer dieser Disziplinen den Job meist aussuchen kannst. Viele ausgebildete Lehrkräfte wollen auch lieber am Gymnasium unterrichten als an Haupt- oder Realschule. Die höhere Bildungseinrichtung kennen sie am besten, da waren sie nämlich selbst. Was die Standorte angeht: Brandenburg beispielsweise gilt im Vergleich mit anderen Bundesländern lohntechnisch als unattraktiver, außerdem hat das Land andere Arbeitszeiten und Vertragskonditionen, was es schwer macht, geeignetes Personal dorthin zu locken. Die Studie »Teilarbeitsmarkt Schule« der Universität Essen, die sich mit den Lehramtsstellen bis zum Jahr 2015 beschäftigt, bestätigt dies. Die Forscher schätzen, dass über 30 000 Lehramtsabsolventen bei der Stellenverteilung 2007 leer ausgegangen sind. Das bedeutet, wir haben genügend Lehrer, aber viele halten sich nicht in ihrem natürlichen Lebensraum, dem Klassenzimmer, auf.

Falls du den öffentlich immer wieder beklagten Lehrermangel durch beherztes Eingreifen beheben und selbst zum Klassenbuch greifen willst, ist es also wenig ratsam, nach Gusto aufs Lehramtsstudium loszugehen. Genauso wie viele Germanisten »irgendetwas mit Medien machen« möchten, studieren viele »auf Lehramt«, ohne sich vorher erkundigt zu haben, ob in ihrem Fach überhaupt Lehrer gesucht werden: »Der Bedarf an Lehrern ist sehr unterschiedlich verteilt«, so der Bildungsforscher Professor Klaus Klemm schon 2003 in einem Interview. »Wird nur pauschal kommuniziert, wir brauchen mehr Lehrer, kann der Schuss nach hinten losgehen.« Signalisieren die Länder und Schulen jetzt Nachfrage an den falschen Stellen, können wir uns in ein paar Jahren vermutlich mit Deutsch- und Kunstlehrern die Wände tapezieren und haben immer noch keine Ahnung von Physik. Die mangelhaften Jobaussichten schrecken dann Studienanfänger ab, die später wieder fehlen. In der Wirtschaft nennt man das einen Schweinezyklus, und damit sind nicht die Lehrer gemeint.

Und genau da liegt die Sau im Pfeffer begraben. Schätzungen des Philologenverbandes gehen für 2009 zwar von einem Lehrermangel in Höhe von 20 000 Stellen aus. Aber keiner fragt nach den Fächern. Bremerhaven holte sich seine Lehrer schon aus Stettin, die Unis plakatierten »Hauptrollen in Hessen zu vergeben«, um fürs Lehramt Werbung zu machen. Aber die Frage ist vor allem: Welche Rolle ist dir sicher? Altgriechisch? Textiles Werken? Welt- und Umweltkunde? Das kannst du nur klären, wenn du dich vorher informierst.

Hinter dem schlanken Wort Lehrermangel verbirgt sich aber noch ein anderes Problem: Dass immer weniger Lehrer eingestellt werden, um vor immer größeren Klassen zu stehen. Förderung von leistungsschwächeren Schülern fällt aus diesem Grund oft hinten runter, und besonders gute Schüler können auch nicht entsprechend gefördert werden. Schon in der Grundschule führt das zu Problemen. »Ich seh erst gar nicht, wenn ein Schüler seine Hausaufgaben nicht richtig erledigen kann«, sagt Meike Thielenbruch, Grundschullehrerin in Bonn. »Da sind so viele Kinder in der Klasse, dass ich gar nicht auf jeden Einzelnen achten kann.« Das ist besonders in der Grundschule fatal – wer schon dort nicht wahrgenommen wird, fällt am Ende durchs Bildungsraster. Der GEW-Vorsitzende Ulrich Thöne kritisiert die großen Klassen ebenfalls: »Dabei bleibt die Qualität von Bildung auf der Strecke: Schüler brauchen beispielsweise mehr individuelle Förderung und erweiterte Ganztagsangebote. Das klappt aber nur, wenn die Lehrkräfte mehr Zeit für die Kinder und Jugendlichen haben.« Diese Art von Lehrermangel kann man nur mit mehr Geld für mehr Lehrer lösen. Daher: Zwei Probleme, zwei Farben auf der Bildungscheck-Ampel.

Bildungslügendetektor:

Bildungslüge Nummer acht. Jugendliche engagieren sich nicht mehr in Gesellschaft und Politik

Dr. Wolfgang Gaiser, Deutsches Jugendinstitut e.V.

Stimmt es, dass sich die Generation Doof nicht mehr für Politik interessiert – von persönlichem Engagement ganz zu schweigen?

Generell ist die Jugend interessiert, die politischen Parteien haben aber Probleme, Nachwuchs zu finden. Wie es geht, zeigen die USA: Ein junger Mann wie Barack Obama kann auch eine junge Wählerschaft aktivieren. Grundsätzliches Interesse an der Gesellschaft ist also vorhanden, man muss es nur abrufen.

Verschlafen unsere Politiker die Nachwuchsarbeit?

Viele Jugendliche sehen Politik als »Geschäft der alten Männer«. Ich höre oft die Klage: »Politik ist zu kompliziert, da blickt keiner mehr durch.« Die Politiker müssen die Jugend wieder da abholen, wo sie ist – im Alltag, mit konkreten Themen statt endlosen Grundsatzdebatten. Dass das geht, beweisen andere gesellschaftliche Gruppierungen wie Umweltschützer oder Globalisierungsgegner. Sie sprechen den Idealismus der Jugend an, bieten konkrete Projekte und Aktionen. Dort geht es um Menschheitsziele und nicht um Parteistrategien. Viele Jugendliche haben Angst, sich in der Politik zum Instrument fremder Interessen zu machen.

Woher könnte neue Begeisterung kommen?

Wichtig ist der Glaube daran, dass du selbst etwas bewegen kannst. Wer sich das zutraut, engagiert sich auch. Eltern, die ihren Kindern beibringen, dass sie mitbestimmen können, gehen den richtigen Weg. Wer von klein auf in Entscheidungen eingebunden ist, erlebt, dass er etwas verändern kann. Und wir brauchen in den Schulen eine bessere Staatsbürgerkunde: Hintergründe und Zusammenhänge müssen erklärt und Beteiligungsmöglichkeiten aufgezeigt werden.

Bin ich doof, wenn ich mich nicht gesellschaftlich engagiere?

Ich würde nicht den Begriff »doof« verwenden – das klingt zu sehr nach völliger Dummheit. Sagen wir es so: Wer sich engagiert, ist clever. Er tut etwas für die Gesellschaft, in der er lebt, und damit auch für sich selbst. Außerdem kann jemand, der sich engagiert, noch Bonuspunkte verbuchen: Seine Fähigkeit im Umgang mit anderen steigert sich – das ist auch im Beruf ein großes Plus. Engagierte Menschen sind nach Umfragen auch zufriedener und glücklicher als Stubenhocker und Leute, die sich entziehen. Jeder sollte sich engagieren, um die Gesellschaft mitzugestalten. Tun wir es nicht, tun es andere, die vielleicht nicht für alle das Beste wollen, sondern nur für sich selbst.

Bildungslügendetektor:

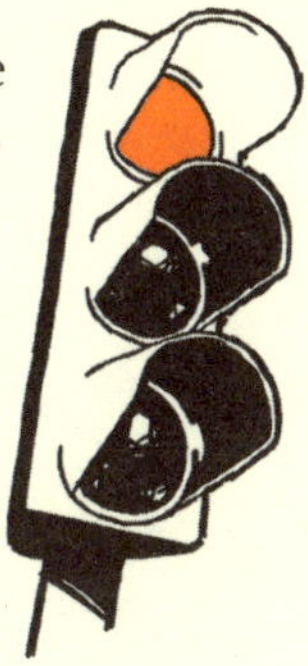

Bildungslüge Nummer neun. Ich will nichts lernen. Das interessiert mich nicht, und ich brauche das alles auch nicht

Warum soll ich mich anstrengen, wenn ich von vornherein keine Chance habe? In einer Forsa-Umfrage der Zeitschrift Eltern bemängelten rund zwei Drittel aller Befragten, dass die Bildungschancen in Deutschland ungleich verteilt seien. Sie bestätigten damit nur das, was auch der PISA-Test 2006 und der PISA-Vergleich der Bundesländer 2008 zu Tage gefördert hatten: Bildung wird einem in Deutschland in die Wiege gelegt, oder eben nicht. Das gibt auch das Bundesministerium für Bildung und Forschung auf seiner Webseite unumwunden zu: »In kaum einem anderen Industriestaat entscheidet die sozio-ökonomische Herkunft so sehr über den Schulerfolg und die Bildungschancen wie in Deutschland.« Dass es sich um ein brenzliges Problem handelt, betonte auch Bundespräsident Horst Köhler in seiner Eröffnungsrede zum Deutschen Historikertag 2008: »Nach Erhebungen verfügt jeder fünfte Fünfzehnjährige nicht über die erforderlichen Fähigkeiten, um erfolgreich eine Ausbildung absolvieren zu können. Knapp acht Prozent aller Jugendlichen verlassen die Schule ohne Abschluss. Unter jungen Migranten ist der Anteil sogar mehr als doppelt so hoch.«

Wie lebenswichtig ein Abschluss sein kann – und Wissen und Bildung sein können –, veranschaulichen Extrembeispiele: Stell dir vor, du wärst der einzige Mensch auf der Welt und du würdest den ausgeschriebenen Job trotzdem nicht bekommen. Stell dir vor, dein Kind weiß mal mehr als du – an sich schon ein beschissenes Gefühl, wenn der Nachwuchs hochbegabt ist –, umso schlimmer, wenn es erst in die vierte Klasse geht.

Was die blöden Beispiele sollen? Wenn du dich nicht anstrengst, wirst du vielleicht eines Tags aufwachen und keine Altersvorsorge haben, du wirst ein Problem haben, sobald deine Kinder ein Mensadach angezündet haben und du feststellst, dass man so was wie eine Haftpflichtversicherung hätte abschließen sollen, denn jetzt hast du drei Millionen Euro Schulden. Du wirst vieeel Zeit damit verschwenden, dass du deinen Kindern erklärst, warum ihr so lebt, wie ihr lebt. Und wenn sich dein Nachwuchs erkundigt, was das für ein Baum ist, vor dem ihr da gerade steht, wirst du mit der Antwort »ein großer« keine Katze hinterm Ofen hervorlocken. Nicht mal eine Küchenschabe.

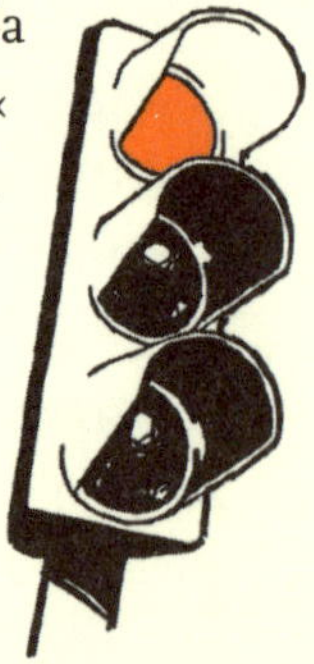

Natürlich kann man auf dieses Wissen verzichten. Nur darf sich dann keiner beschweren, wenn er keinen Job hat und mit seinem Geld nicht über die Runden kommt.

Bildungslügendetektor:

»Wer nichts weiß, kann einpacken«

Vince Ebert, Wissenschaftskabarettist und Deutschlands lustigster Physiker

Wie würden Sie Bildung definieren?

So hart es klingt: Bildung trennt die Erfolgreichen von den Erfolglosen. Und zwar immer gnadenloser. Noch in der Generation meiner Eltern war es möglich, dass man bei Opel an der Stanze fast so viel verdienen konnte wie ein Akademiker. Mittlerweile liegt in den modernen Wissensgesellschaften die einzige lukrative Verdienstmöglichkeit einer ungelernten Kraft im kriminellen Milieu. Das zeigt: Bildung ist der Pulsschlag unserer Zeit. Nicht Handwerk, sondern Kopfwerk hat in diesem Land goldenen Boden. Wer nichts weiß, kann einpacken.

Halbwisser leben also gefährlich?

Wer nur die Hälfte weiß, weiß genau genommen gar nichts, glaubt aber, etwas zu wissen. Und das ist sogar noch gefährlicher als gar nichts zu wissen.

Mindestens genauso wichtig ist es, sich bewusst zu machen, welches Wissen überhaupt wert- und sinnvoll ist. Ein Reiki-Lehrer sammelt ja genauso Wissen an wie ein Chirurg. Trotzdem wüsste ich, an wen ich mich bei nach einem Autounfall wenden würde. Auch das Wissen, das bei *Wer wird Millionär?* vermittelt wird, ist nicht wirklich relevant. Eine große deutsche Zeitung bezeichnete das Wissen, das bei Günter Jauch abgefragt wird, als »Arbeitslosenwissen«. Dem kann ich nur beipflichten. Zu wissen, ob die Titanic drei oder vier Schornsteine hatte, bringt Sie im Leben nicht groß weiter.

Und was sollte ich dann wissen?

Durch die Informationsflut im Internet geht es heute nicht mehr primär darum, Informationen zu beschaffen, sondern aus der Fülle der Informationen die richtigen auszuwählen.

Der Physiker und Philosoph Georg Christoph Lichtenberg sagte: »Es wäre alles besser, wenn man die Menschen lehrte, wie sie denken sollen und nicht ewighin, was sie denken sollen.« Und da sind die Naturwissenschaften eine gute Schule. Den Spaß daran will ich mit meinem; Bühnenprogramm *Denken lohnt sich* und meinem Buch *Denken Sie selbst! Sonst tun es andere für Sie* vermitteln – ich bin so zu sagen in der Erwachsenenbildung tätig. Denn wer Naturwissenschaft betreibt, lernt nicht nur etwas über Formeln und Zahlen, sondern er lernt, wie die Welt funktioniert, wo Erkenntnisgrenzen sind und er lernt vor allem, was Wissenschaft bedeutet: skeptisch zu sein, kritische Fragen zu stellen, Autoritäten nicht blind zu vertrauen. Deswegen ist es auch kein Zufall, dass Wissenschaft und Demokratie zum gleichen Zeitpunkt entstanden sind: im alten Griechenland.

Wissenschaftliches Denken ist die einzige Methode, tiefe Wahrheiten von tiefem Blödsinn unterscheiden zu können.

Level ❷

How to be Bundeskanzler. Was du wissen musst, um erfolgreich zu sein

**************************** READ ME ****************************

Dieses Level ist kein Allgemeinbildungskanon, keine Gebrauchsanweisung für Wissenstests, keine Anleitung, um in Quizshows den Hauptgewinn abzuräumen, kein Universal-Spickzettel für Klassenarbeiten, kein wissenschaftlicher Diskurs über die Unmöglichkeit von Allgemeinbildung in einer von Geld regierten Welt und keine Universalfernbedienung, um das Bildungsproblem auszuschalten.

****

Die Welt der Bildung. Unendliches Wissen. Wir schreiben das neue Jahrtausend. Dies sind die Abenteuer der Generation Doof. Sie ist mit ihrer unwissenden Besatzung schon jahrelang unterwegs, um neue Medienwelten zu erforschen, neue Drinks auszuprobieren und neue Vergnügungen zu testen. Wir sind viele Lichtjahre davon entfernt, in Wissensgalaxien vorzudringen, die schon viele andere Menschen vor uns gesehen haben – wir wüssten auch gar nicht, wozu. Mit einem Wort: Für interstellare Verhältnisse sind

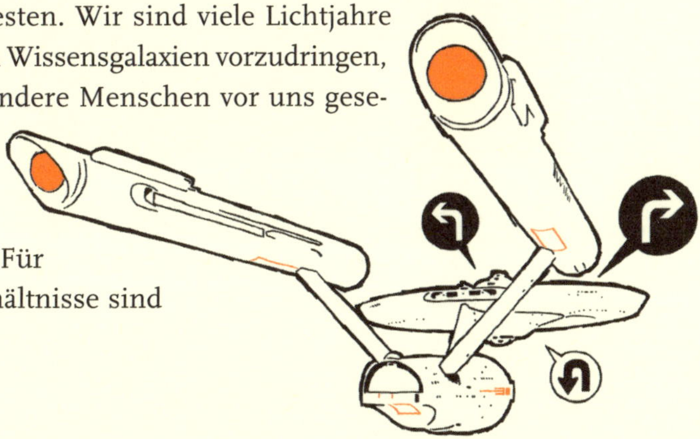

wir so ungebildet, dass wir die Milchstraße für die deutsche Version eines bekannten Schokoriegels halten. Eintrag ins Logbuch des Captains: So kann es nicht weitergehen. Der Einzige, der hier noch was weiß, ist der Bordcomputer. Keiner von uns lernt noch was. Keiner weiß mehr, was wir mit der ganzen Bildung noch anfangen sollen. Alle glauben:

Bildung ist doof. Warum sollst du die Namen aller Bundespräsidenten kennen, die kennen deinen doch auch nicht. Warum im Biounterricht aufpassen, wenn du Dachdecker werden willst? Wieso aktuelle politische Geschehnisse beobachten, wenn du einen sicheren Job und die Rente fest im Blick hast? Und warum überhaupt etwas lernen, wenn man einfach nur seine Ruhe haben will?

Bildung ist anstrengend. Das Wissen in den genannten Bereichen ist bereits auf die doppelte Größe des Blob angewachsen. Was von all dem Gedankenschleim musst du wirklich wissen? Der Weg durch die Wissensgalaxie kann verdammt steinig erscheinen. Dabei geht es eigentlich nicht darum, zum Lexikon zu mutieren, sondern darum, Fähigkeiten zu entdecken und zu entwickeln, die dir im normalen Alltag nützen können.

»In Deutschland würde nie jemand zugeben, nicht zu wissen, wer den *Faust* geschrieben hat. Aber wir haben überwiegend kein Problem damit, vor anderen einzuräumen, keine Ahnung davon zu haben, wie eine Halogenlampe funktioniert.«

Annette Schavan

Bildung ist überflüssig. Solltest du wissen, wer Otto von Bismarck war? Den ersten Reichskanzler des deutschen Kaiserreichs kannten in einer Umfrage des ZDF und der Forschungsgruppe

Wahlen 2008 nicht einmal die Hälfte der Deutschen. Was nützt es dir für den täglichen Broterwerb, wenn du weißt, wann die Mauer fiel – an das markante Datum im Jahr 1989 erinnert sich nach einer Erhebung des Magazins Stern gerade einmal jeder dritte Befragte. Musst du wissen, was Angela Merkel oder Guido Westerwelle dir mit ihren Reden sagen wollen? Jugendliche unter achtzehn Jahren wurden dazu in der Studie »Politikverständnis und Wahlalter« der Uni Hohenheim befragt und zeigten wenig Verständnis für das Geblubber der Politiker. Viele von ihnen konnten mit Begriffen wie »Föderalismus« und »Opposition« wenig anfangen – eher unpraktisch, wenn man richtig wählen will.

Bildung ist öde. Schwierig sieht es auch bei einem Thema aus, das allen lieb und teuer sein müsste: Finanzen scheinen sich zu einer Geheimwissenschaft entwickelt zu haben. Jeder zweite Deutsche hat so wenig Ahnung von Geld, dass ihm genau genommen die Grundlage für vernünftige und selbständige Entscheidungen fehlt. Auch das haben wir uns leider nicht ausgedacht – das ergab eine Umfrage vom Institut für praxisorientierte Sozialfoschung (Ipos).

Doch es gibt auch einen guten Grund für Wissensdurst: **Bildung macht sexy.** Wer viel weiß, ist um Myriaden geiler als ein Fass Gurken. Drei von fünf Deutschen sagten in einer Forsa-Umfrage, dass ein solides Grundwissen die Chancen bei der Partnersuche erhöht. Sie steigen folglich lieber mit einem Bildungsbürger in die Koje. Und nicht nur, was das Liebesleben angeht, auch im Beruf steigt die Attraktivität. Die Mehrheit der Befragten ist davon überzeugt, dass ein großer Wissensschatz wichtig für den Job ist und die Karriere pusht. Wissen kann aber noch mehr. **Bildung ist eine Geheimwaffe.** Wenn wir mit dir fertig sind, weißt du, warum du nie genug wissen kannst. Das Geheimnis: die Langzeitperspektive. Du lebst zwar im Hier und Jetzt, aber ausschließlich daran zu denken bedeutet auch, dass du keine Zukunft hast.

Viele unserer Zukunftsträume verlangen uns nämlich Kenntnisse und Fähigkeiten ab, die wir im Leben nicht vermutet hätten. »Ich will doch Koch werden und nicht Arzt. Dann kann ich Bio und Chemie endlich knicken.« Gedanken dieser Art sind wohl jedem von uns schon mal durch den Kopf geschossen. Das Gute, wenn du vorbereitet bist: Du kannst nützliches Wissen bereits früh ausfindig machen und auf deiner Festplatte speichern. Damit bist du anderen einen Schritt voraus. Welche Fertigkeiten für dein Lieblingsziel in den großen Speicher müssen, verrät dir die Skillz-Wertung am Ende jedes Berufstraums.

How to be Bundeskanzler. Löse Probleme von heute mit Geschichten von gestern

»Eine Generation, die Geschichte ignoriert, hat keine Vergangenheit und keine Zukunft.« Robert A. Heinlein

Herbst 2008. Du bist Angela Merkel und trittst mit deinem Finanzminister vor die versammelte Presse, um zu verkünden: »Wir sagen den Sparerinnen und Sparern, dass ihre Einlagen sicher sind. Auch dafür steht die Bundesregierung ein.« Du weißt, dass dein beschaulicher Staat pleite wäre, wenn alle Sparer dieses Versprechen im Ernstfall der Finanzkrise einlösen würden.

Was treibt dich also zu einer so gewagten Ansage?

Ganz einfach: Du hast in Geschichte aufgepasst. Das Erste, was dir bei der Finanzkrise in den Sinn kam, war aber nicht »Drei, drei, drei, bei Issos Keilerei« und »Sieben, fünf, drei, Rom kroch aus dem Ei« oder »Fünf, drei, fünf, drei, mit Stalin war's vorbei«. Du weißt: **Geschichte** ist mehr als die bloße Aneinanderreihung von Zahlen. Du weißt, dass man sie benutzen kann, um aus Krisen und Vorkommnissen der Vergangenheit zu lernen.

Ein bisschen wie bei *Zurück in die Zukunft*, als Marty McFly in der Vergangenheit erfährt, dass sein Vater schon als Jugendlicher eine Vollmeise hatte und daher in der Zukunft als Erwachsener nur die Arschkriecherjobs machen darf. Das will Marty für sein Leben nicht und verhält sich folgerichtig anders.

Mit dem Wissen von gestern kannst du aktuelle Ereignisse richtig einordnen, sie vielleicht sogar vorausahnen und verstehen, welche Mechanismen am Werk sind. Vielleicht ist dir im Zusammenhang mit der Finanzkrise bereits aufgefallen, dass sich

ein ähnlicher Börsenunfall bereits Ende der 1920er Jahre ereignet hat. Damals rannten die Sparer in Panik zur Bank, um ihr Geld abzuheben, was diverse Banken in den Bankrott trieb und die Krise erst richtig anfachte. Ohne Geld konnten die Banken nämlich keine Kredite mehr an Unternehmen vergeben. Die machten dann ebenfalls pleite. Millionen Arbeitslose standen auf der Straße. Irgendwie logisch, oder? Und im aktuellen Fall unbedingt zu vermeiden. Du sprichst also die goldenen Worte über die Sicherheit der Anlagen und sicherst damit die Anlagen.

Nutzwert ohne Kanzlerjob: Sollte es dich einmal im Urlaub oder auf Geschäftsreise in ein anderes Land verschlagen, weißt du aus dem Geschichtsbuch, wo und wann du die WM-Deutschlandfähnchen an deinem Auto vorher besser abmontierst.

Stefan erzählt

Mein Freund Markus und ich stehen auf dem Bug des alten Plattbodenschiffs »Noordlicht«, als wir in den Hafen von Enkhuizen einlaufen. Wir kommen von einem einwöchigen Törn zurück und freuen uns schon auf die Fischbrötchenbude an Land – eine der besten am ganzen Ijsselmeer.

Markus winkt den Menschen an Land zu, die uns beobachten. Ich frage mich, warum die so finstere Mienen machen, heute ist doch irgendein Feiertag in Holland. Sollen die sich doch mal freuen, die ollen Käsebrecher.

Als wir angelegt haben, springt Markus von Bord und ruft freudig: »Wir sind wieder da!« Auf der Parkbank in der Nähe sitzen ein paar Kopfschüttler mit Betonmiene. Eine alte Oma mit asthmatischem Dackel nuschelt irgendwas von »Moffen«, als wir an ihr vorbei zur Fischbude gehen.

Während ich mir beim Fischdiscounter noch die genaue Zusammenstellung meines Fischbrötchens überlege, beginnt der Verkäufer, plötzlich seinen Laden vor unserer Nase dichtzumachen. »Können wir noch ein brootje haben?«, erkundige ich mich freundlich. Er schüttelt den Kopf, brummt noch »Wegwezen!«* und knallt die Ladenluke zu. Wie unhöflich. So kennen wir unsere Oranje-Partynachbarn ja gar nicht.

Auf dem Rückweg zum Boot hält uns ein älterer Herr an. Er hat unsere Ankunft wohl beobachtet und grinst verhalten. Er bietet eine Erklärung an. »Het is wohl beter, wenn Sie diese Jack uitziehen.« Er deutet auf Markus' Outfit. Da wir beide eine Woche lang die Klamotten nicht

* *wegwezen* [wäch(hust)wäisen]: Niederländisch für »Verpisst euch, ihr Arschlöcher!«

gewechselt haben, habe ich mich bereits an Markus' Anblick und seinen Geruch gewöhnt. Den Holländern geht es da wohl anderes. Markus leistet gerade seinen Wehrdienst ab und hat seine Bundeswehruniform in Tarnfarbe mit auf den Törn genommen. »Schön warm und wetterfest«, hat er gesagt, als er an Bord ging. Auf dem Ärmel prangt die Deutschlandfahne.

»Sie müsse wisse, dass is heute eine Feiertag bei uns«, erklärt der nette ältere Herr weiter. »Wir nenne ihn Bevrijdingsdag. Der Tag, an den uns die Amerikanen von de Duitsen befreit habe ...«

Bundeskanzler-SKILLZ

Geschichte:	✪ ✪ ✪
Naturwissenschaften:	✪
Wirtschaft & Finanzen:	✪ ✪ ✪
Sprache:	✪ ✪
Umgangsformen:	✪ ✪ ✪

How to be Sternenkoch. Essen basteln mit Naturwissenschaften

»Wenn ich im Supermarkt mit einer Pizza an der Kasse stehe, ist das so, als wenn andere mit einem Schmuddelheft am Bahnhofskiosk warten.« Tim Mälzer

Du bist ein virtuoser Herr der Gaumengenüsse, den jeder Gourmet anhimmelt. Lang ist es her, dass du abends in der hässlichen Einbauküche deines Vormieters standest und davon geträumt hast, auch einmal mit Gaumengenüssen à la Johann Lafer, Tim

Mälzer oder Jamie Oliver zu überzeugen. Doch der Eintritt in die Haute Cuisine war nicht einfach. Du musstest etwas Besonderes fabrizieren. Daher bist du wie die Sterneköche Juan Amador oder Joachim Wissler ins Zwiegespräch mit den biochemischen und physikalisch-chemischen Prozessen gegangen, die beim Kochen ablaufen. In deinen Kreationen veränderst du jetzt auf molekularer Basis das Aussehen, die Konsistenz oder den Geschmack der Zutaten. Kaviar aus Holunder und Melonen, Steak mit Schokoladengeschmack oder Gemüse, das nach Gummibärchen riecht. Das ist kein feuchter Traum aus Frankensteins Küche, sondern das gibt es bei dir tatsächlich. Es nennt sich Molekularküche – Kochen mit Pipette und Chemiebaukasten. Voraussetzung: Kenntnisse in ungeliebten Fächern wie Biologie und Chemie. Ganz abgesehen davon, dass du bei normalen Kräutern den totalen Durchblick hast und ihre Namen und Eigenschaften kennst, weißt du eben, dass man seinem Essen nicht nur Majo und Ketchup beimischen kann, sondern auch unaussprechliche Dinge wie Agar-Agar, Carrageen oder Xanthan.

Bonuspunkt **Biologie:** Da du als Küchenchef die Zutaten für Speisen oft selbst einkaufen musst, kennst du selbstverständlich alle Krankheitserreger, die Lebensmittel befallen können, und bemerkst sofort, wenn dir jemand Gammelfleisch andrehen will. Außerdem sind deine Kenntnisse in

Lebensmittelchemie praktisch, wenn du für Vegetarier mit Laktose-Intoleranz oder vegane Fenchelallergiker kochst und der Abend nicht in einem kollektiven anaphylaktischen Schock enden soll.

Nutzwert für die Low Cuisine: Kochwissen und Kenntnisse in Chemie und Bio helfen dir auch dann in der Küche, wenn du dort keine Sterne siehst. Wenn du einen schmackhaften Salat kredenzen willst und dich wunderst, warum das Grünzeug immer so schnell zusammenfällt, wirken ein paar Biokenntnisse Wunder: Wenn du bei den Stichworten »Osmose« und »Membran« nicht gepennt hast, als es um Zellkerne und Zellwände ging, bist du vom Schicksal begünstigt, denn diese unscheinbaren Wörter sind der Schlüssel zu deinem Problem. Die Pflanzenzellen des Salats besitzen eine Außenhaut, die Membran. Diese lässt das Wasser aus den Salatzellen nach außen, aber kaum andere Stoffe hinein. Gibst du jetzt Salz und Essig zuerst an den Salat, ziehen diese Stoffe das Wasser aus den Salatzellen, weil sie sich mit ihm vermischen wollen – in deiner Salatschüssel geht eine waschechte Osmose ab. Die Zellen werden Wasser los, dein Salat fällt zusammen. Des Rätsels Lösung: Zuerst das Öl an den Salat, das überzieht die Zellwände mit einem Schutzfilm und Salz und Essig haben kein leichtes Spiel mehr mit deinem zarten Grünzeug.

Heißer Tipp für kaltes Kalkül: Ob nun Profikoch oder Hobbygrillmeister, die **Grundrechenarten** können beide gut brauchen. Da Rezepte und Mengen immer wieder an eine bestimmte Personenzahl angepasst werden müssen, ist der Dreisatz ein Segen. Wenn du neun bayerische Freunde eingeladen hast und weißt, dass einer von denen in einer halben Stunde vier Knödel vertilgt, dann kann dich in der Stunde der Wahrheit kaum mehr etwas überraschen, wenn du in der Planungsphase den Dreisatz angewendet hast.

Sternenkocher-SKILLZ

Geschichte:	✪
Naturwissenschaften:	✪ ✪ ✪
Wirtschaft & Finanzen:	✪ ✪
Sprache:	✪
Umgangsformen:	✪ ✪

How to be Blubbermann. Mastertalken mit Gemeinschaftskunde und Politikwissen

»*Die wirklich intellektuellen Menschen sind letztlich die, mit denen man über alles reden kann.*« Iris Berben

Du moderierst die Verleihung eines Fernsehpreises und hast dir bislang einen lauen Abend gemacht. Gewitterwolken ziehen erst dann auf, als der letzte Prämierte auf die Bühne schleicht. Als du ihm die Trophäe überreichen willst, lässt er die Katze aus dem Sack. »Ich kann diesen Preis nicht annehmen«, zetert er, »ich kann nur diesen Gegenstand, der hier verschiedenen Leuten verliehen wurde, von mir werfen.« Er beschwert sich ausdrucksstark über den Schund, der im Fernsehen zu sehen ist und mit dem er nicht in Verbindung gebracht werden möchte.

Aber du bleibst ruhig. Denn ...

... **erstens** kennst du diese wichtige Person der Zeitgeschichte, die dir da gerade deinen Preis schlechtredet. Du bist über den Werdegang des Mannes informiert und weißt, dass er in seiner Laufbahn so ziemlich alles schlechtgeredet hat. Er tut also gerade das, was alle von ihm erwarten – somit alles im grünen Bereich.

... **zweitens** sagt dir dein Feingefühl, dass du ihn ausreden lassen solltest.

... drittens machst du den Job beim Fernsehen nicht erst seit gestern und weißt, dass mehr dazugehört, als freundlich in die Kamera zu lächeln. Unterhaltung ist die Ware, die du als Verkäufer an den Mann bringst. Du schaltest, bevor alle abschalten. Du analysierst die Situation mit kühlem Geschäftssinn:

A Der Redner stand schon lange nicht mehr so im Rampenlicht wie gerade jetzt. Er genießt den Auftritt, er will die Publicity.

B Der Sender, der dir monatlich die Schecks rüberschiebt, hängt im Quotentief. Auch er will Publicity.

C Normalerweise würde sich kein Schwein für die Preisverleihung interessieren – das Renommee des Preises steigt mit der Einschaltquote.

D Du bist über aktuelle gesellschaftliche Entwicklungen auf dem Laufenden. Das schlechte Fernsehprogramm ist derzeit eines der heißesten Themen. Das bedeutet unter dem Strich: Der Abend könnte nicht besser laufen. Du musst den Elfmeter nur noch verwandeln.

Du ziehst alle Register deines Könnens und versprichst dem grollenden Promi: »Wir setzen uns gemeinsam eine Stunde im Fernsehen hin, stellen den Preis in die Ecke und reden über all das, worüber man im Fernsehen nicht mehr redet.« Natürlich nimmt er das Angebot an, deine Intendanten frohlocken, die Quotenbox glüht, der Promi auch, und der Fernsehpreis ist in aller Munde.

Nutzwert für die Gartenparty: Wann immer du dich in Gesellschaft befindest – mit deinem Rüstzeug aus Nachrichtenwissen, Küchenpsychologie und Sozialkunde bist du stets ein beliebter Gesprächspartner. Mit ein paar Kenntnissen aus diesen Bereichen glänzt du im Society-Sparring und kannst ein super Netzwerk aufbauen, das dir eines Tages sicher mal zupasskommt, wenn du einen Job, einen neuen Partner oder einen günstigen Gebrauchtwagen suchst.

Blubbermann-SKILLZ

Geschichte:	✪ ✪
Naturwissenschaften:	✪
Wirtschaft & Finanzen:	✪ ✪
Sprache:	✪ ✪ ✪
Umgangsformen:	✪ ✪ ✪

How to be Tintenpisser. Erst lesen, dann schreiben

»*Soll Sprache Geist transportieren, muss sie geistvoll sein.*« Nina Ruge

Du möchtest einen Fantasy-Zweiteiler schreiben. Einen grandiosen Titel hast du bereits. Band eins: Fintentisch. Band zwei: Hintenterz. Für dein Vorhaben kommt es dir sehr gelegen, wenn du die **Grammatik** beherrschst und weißt, dass Sätze im Normalfall aus einem Subjekt, einem Prädikat und einem Objekt bestehen. Dann kannst du auch mal bewusst von der Regel abweichen.

Wenn du gedenkst, für dein Buch einen Verlag zu suchen, wirst du auch mit anderen Leuten über den Text sprechen müssen. Da hilft es sehr, wenn du dich im Fachjargon ausdrücken kannst: »Nein, bei dem Adjektiv vor dem alliterierenden Wortkonglomerat habe ich mir durchaus etwas gedacht!«, denn solche Worte unterstreichen die Seriosität deines Anliegens und helfen dir im Streit mit deinem Lektor über stilistische oder grammatikalische Fragen. Dann ist es nämlich von Vorteil, wenn du dein Anliegen genau benennen kannst. »Das Wiewort vor den beiden Dings, äh, dem Hauptwort und dem anderen Wort dabei, die wo da die gleichen Anfangsbuchstaben haben, also das hatte ich da jetzt extra hingesetzt«, klingt nicht so clever. Im Zweifelsfall weiß keiner, wovon zur Hölle du da gerade redest.

Da dir die Druckfahnen deines Buches auch noch in Papierform ins Haus flattern werden, kannst du die Rechtschreibhilfe in Word vergessen. Schön wäre es dann, wenn du Fehler mit bloßem Auge erkennen kannst.

Bevor du dich an dein Magnum opus setzt, solltest du Vorarbeit leisten: **Lesen**. Dass du das grundsätzlich kannst, beweist du in diesem Moment. Damit hast du anderen etwas voraus. Jeder vierte Deutsche liest keine Bücher, wie die Studie »Lesen in Deutschland 2008« des Bundesministeriums für Bildung und Forschung belegt. Außerdem stellten die Forscher fest, dass das »Lese-Zapping« zunimmt: Immer mehr Leser überfliegen Texte und Bücher nur. Dabei gibt es gute Gründe, sich Zeit für Bücher zu nehmen. Der Beste: Lesen macht einfach Spaß. Und der Bonus: Ob es die Kirchengeschichte und Verschwörungstheorien in Dan Browns *Sakrileg* sind, Sitten, Gebräuche und Mordmethoden des Mittelalters in Umberto Ecos *Der Name der Rose*, oder ob du in John Griesemers *Rausch* bei der Verlegung des ersten Atlantikkabels in der vordersten Reihe sitzt – mit jedem Werk, sei es ein spannender Roman oder ein witziges Sachbuch, eröffnet sich dir eine neue Welt und damit fast spielerisch auch neues Wissen.

Viele, die schreiben wollen, vergessen gerne, dass in einem Buch eine ganze Menge an Hintergrund miteinfließt. Dieser stammt einerseits aus der Recherche, das andere sind Leseerfahrungen und Anregungen durch andere Autoren. Ohne Lesen kein Schreiben. Selbst für eine Fantasygeschichte, die keinen realen Hintergrund hat, solltest du andere Werke kennen. Dann weißt du auch, in welcher Konkurrenz du läufst. Kaum vorstellbar, aber es gibt unterschiedliche Arten von Fantasy: High Fantasy (J.R.R. Tolkien), Historische Fantasy (Marion Zimmer-Bradley), Humorvolle Fantasy (Terry Pratchett), Dark Fantasy (Karl Edward Wagner) und Urban Fantasy (Joanne K. Rowling) sind die Hauptgattungen. Wohin gehört deine Geschichte? Wenn du Schlüsselwerke kennst, kannst du dir, was Stil und Struktur angeht, das Beste abgucken. Und Stile können durchaus sehr unterschiedlich sein, das zeigt meist schon der Auftakt des Romans. Bei Thomas Mann beginnt *Der Zauberberg* mit den schlichten Worten: »Ein einfacher junger Mensch reiste im Hochsommer von Hamburg, seiner Vaterstadt, nach Davos-Platz im Graubündischen.« Stephen King eröffnet *Shining* vergleichsweise blumig: »Schmieriger kleiner Scheißkerl, dachte Jack Torrance.« Wie klingen Geschichten wie die, die du schreiben möchtest?

Eine **geschliffene schriftliche Ausdrucksform** wird dir auch dabei helfen, dein Manuskript an den Verlag zu bringen. Mit unverständlichen Anschreiben, die vor Fehlern wimmeln, klingelt der Postmann nur einmal – nämlich mit dem Absageschreiben.

Bewerbungen hoffnungsfreudiger Autoren an einen nicht näher genannten Verlag

»Es ist tatsächlich an der Zeit mein können unter beweiß zu stellen. Derzeit bereite ich mich auf eine historische

Geschichte vor. So weiß ich schon mal wie der Anfang beginnt und das Ende endet.«

»Das ist der erste Kontakt zu einem Verlag, mit dem ich über mein Romankonzept sprechen möchte. Zu meiner Person: Beruf: Spinner (Ich habe im Traum ein Raffrollowickelsystem erfunden – wirklich – und in zwei Jahren über 100 000 Einheiten verkauft).«

»Ich leidenschaftlich möchte: habe Deutsche Buchverleger und Buch in Deutsche Sprache. Aber ich nicht habe Möglichkeit und Geld. Schade, sehr schade, wie ich bin bettelarm (blutarm), aber vielleicht Sie helfen mir.«

»Ich bin ein guter Autor, wissen Sie, und würden Sie oder jemand aus Ihrem Hause die paar Seiten einfach nur mal gelesen haben, wüssten Sie das auch längst. Mehr muss man da nämlich nicht tun. Lesen. Nur 29 Seiten, die man in ein paar Stunden lesen kann. Meinetwegen in ein paar Überstunden, die auch wiederrum nicht zu viel verlangt sind, weil diese paar Überstunden ein Menschenleben retten würden und vermutlich auch das von vielen anderen gebohrenen und ungebohrenen Kindern und Menschen dieser Welt! Also seh zu, dass du deinen Arsch bewegst, heißt das hier im Klartext, kurz in einem Satz! Mach hinne Mädchen, seh zu, das du inne Pötte kommst und liest, was ich geschrieben habe ...«

Nutzwert für dein persönliches Wort zum Sonntag: Du entwickelst mit der Zeit eine **Lesekompetenz**. Je mehr du liest, desto besser kannst du Inhalte von Büchern und Texten erfassen und zueinander in Beziehung setzen. Es wird dir leichter fallen, den

Wahrheitsgehalt auszuloten, wenn du darauf achtest, wer den Text geschrieben hat. Informiere dich also auch immer über den Hintergrund, dann wird dir klar, warum der Autor die Dinge so darstellt, wie er es tut. Durch Stilübungen lernst du außerdem, wie man Dinge geschickt umschreibt – falls du im Büro unzufrieden bist, kannst du dann zwischen direkter Konfrontation und dezentem Hinweis wählen:

- Stilebene eins – anpupen: »Ihre Arbeit ist unter aller Sau!«

- Stilebene zwei – höflich anscheißen: »Ihre Leistungen sind vielfältig, entsprechen aber leider nicht dem Standard.«

Höhere Schriftkenntnisse machen es dir leichter, Geschäftsbriefe zu schreiben, die nach was aussehen. Für die Auftragsjagd oder freundlich gestimmte Geschäftsbeziehungen durchaus zu empfehlen.

Tintenpisser-SKILLZ

Geschichte:	✪✪
Naturwissenschaften:	✪
Wirtschaft & Finanzen:	✪
Sprache:	✪✪✪
Umgangsformen:	✪✪

How to be Kapitalrentner. Mit Mathe reich werden

»Der Wert von Geld interessiert mich null. Mich interessiert die Freiheit, die das Geld mir verschafft: morgens aufstehen und machen, worauf ich Lust hab.« Dieter Bohlen

Dein Alterstraum ist wahr geworden: guter Whisky und leckeres Essen, eine kleine Finca am Meer und ein Heer von Sportwagen, die du in einer überdimensionalen Garage parken kannst. Der Weg hierhin war schwer. Deine anfänglichen Masterpläne, Superstar werden, Bank ausrauben und im Lotto gewinnen, waren leider nicht von Erfolg gekrönt, aber du hast rechtzeitig deine Strategie gewechselt. Denn du hast lieber andere für dich arbeiten lassen – unter anderem dein Geld. Das war gar nicht so einfach, denn du kennst die Weisheiten über Geld. »Ich kann Ihnen nicht erzählen, wie Sie schnell viel Geld machen«, soll Börsenjournalist Frank Lehmann einst gesagt haben. »Ich kann Ihnen aber sagen, wie Sie schnell viel Geld verlieren können, indem Sie nämlich versuchen, schnell viel Geld zu machen.« Das hört sich gefährlich an.

Als Teil der Generation Doof schien der Traum von der sorgenfreien, geldgeschmierten Zukunft in besonders weiter Ferne zu liegen: In der Schule hast du in **Mathematik** meist abgeschaltet, weil du dachtest, die Zahlenschubserei würdest du nie wieder brauchen. Das Thema **Finanzen** hatte bei dir zu Hause den Stellenwert verbotener Alchemie. Da musstest du zunächst einige Basics nachholen:

Angenommen, du willst tausend Euro für dich arbeiten lassen. Die hohe Kunst der **Prozentrechnung** könnte dir jetzt zeigen, dass dein Geld weniger wird, bevor es mehr wird. Das liegt an der Inflation, der steten Preissteigerung und Geldentwertung. Sie lag in den vergangenen Jahren im Schnitt bei rund zwei Prozent. Das heißt: Liegen deine tausend Euro nur auf dem Girokonto oder unter dem Kopfkissen, werden sie jedes Jahr zwanzig Euro weniger wert.*

Es gilt, das richtige Kontomodell zu finden. Girokonto kostet meist, beim Tagesgeld und Festgeld leihst du der Bank Geld,

* Zur Erinnerung, wie Prozentrechnung ging: a) 1000 EUR x 2 = 2000 EUR b) 2000 EUR ./. 100 = 20 EUR

die dir im Gegenzug dafür eine Gebühr zahlt. Das Ganze nennt sich dann Zins.

Angenommen, die Bank verzinst deine tausend Euro auf einem Tagesgeldkonto mit zwei Prozent pro Jahr, dann bekommst du zwanzig Euro, hast also 1 020 Euro. Da du aber noch die zwanzig Euro Inflation von vorhin abziehen musst, bleiben dir real nur tausend Euro. In dem Fall behält dein Geld also seinen Wert.

Bietet man dir ein besser verzinstes Festgeldkonto an und du kannst eine Weile auch ohne das Geld auskommen, sieht es am Ende ein bisschen besser für dich aus: Bei 4,99 Prozent bekommst du 49 Euro und 90 Cent. Nach Abzug des Inflationsausgleichs von zwanzig Euro hättest du also 1 029,90 Euro – so viel zur mehr oder weniger wundersamen Geldvermehrung.

Nutzwert für den Notgroschen: Um dir ganz einfach den Traum von der Südseeinsel zu erfüllen oder mit vierzig selbständig zu sein, solltest du natürlich ein wenig mehr Geld in die Hand nehmen können und dich außerdem mit der Funktionsweise von Lebens- und Rentenversicherungen, Riester- und Rürup-Rente, Aktien und Fonds vertraut machen. Die Grundregel für Reichtum Marke Eigenbau: Dein Geld ist dort am besten aufgehoben, wo es sicher ist und möglichst viele Zinsen einfährt. In dieser Sache kannst du ruhig einem Megareichen vertrauen, dem amerikanischen Investor und Finanzguru Warren Buffett. »Ich investiere nur in Firmen, deren Geschäft ich verstehe«, sagt er.

Kapitalrentner-SKILLZ

Geschichte:	✪
Naturwissenschaften:	✪
Wirtschaft & Finanzen:	✪ ✪ ✪
Sprache:	✪
Umgangsformen:	✪ ✪

How to be Gutmensch. Die Welt mit Wirtschaftswissenschaft und Ökologie retten

»Die Mehrheit der Kunden interessiert sich nicht dafür, ob der Apfel im Supermarktregal jetzt fair gehandelt, ökologisch oder konventionell angebaut wurde. Die meisten Kunden machen ihre Kaufentscheidung zu neunzig Prozent vom Preis abhängig. Das müssen auch Amnesty International und Greenpeace zur Kenntnis nehmen.«

Ex-Edeka-Chef Alfons Frenk

Eine immer komplexere Welt kannst du nicht mehr retten, indem du dich an einen Baumstamm fesselst. Du musst **ökologische und ökonomische Zusammenhänge** verstehen.

Nehmen wir zum Beispiel an, du willst die Biene vor dem Aussterben bewahren. Kein Scheiß: Überall auf der Welt verschwinden ganze Bienenvölker einfach so, hören auf zu existieren. In Spanien ist es passiert, in Polen und auch in Deutschland. Am schlimmsten ist es aber in den USA: Jedes vierte der 2,4 Millionen Bienenvölker ist bereits vom Erdboden verschwunden. »Na ja«, sagst du jetzt vielleicht, »Bienen sind zwar possierlich anzusehen, aber wenn's die nicht mehr gibt, wen kümmert's – außer Honigfans?«

Der Bienenschwund hat allerdings weitreichende Folgen für das Ökosystem und die Nahrungskette. Bienen bestäuben unzählige Obst- und Gemüsearten, Äpfel, Birnen, Mandelbäume, Paprika, Himbeeren oder auch Viehfutter. Im Grunde hat jedes Nahrungsmittel, das du in dich hineinstopfst, direkt oder indirekt mit Bienen zu tun – selbst das Fleischbrötchen von »Gyros bei Spyros«, weil das Rind, von dem es stammt, sich von Gras und Getreide ernährt hat, die wiederum von Bienen bestäubt wurden. Vom Beilagensalat ganz zu schweigen. Das bedeutet: Ohne Bienen gibt's nichts zu essen. Würden alle Bienen sterben, stünde die Menschheit vor der größten Grillkatastrophe seit ihrem Anbeginn.

Du willst das verhindern? Dann sei gewiss: Ein hübscher Button mit der Aufschrift »Biene Maja darf nicht sterben« hilft nicht.

Mehr erreichst du, wenn du einen Blick auf die Wirtschaft wirfst. Die Landwirtschaft und die gesamte Lebensmittelindustrie leben von den Bienen. Die Vierflügler bestäuben achtzig Prozent der Nutzpflanzen, wodurch nach einer Studie der Cornell Universität allein amerikanische Bienen jährlich Obst und Gemüse im Wert von bis zu vierzehn Milliarden Dollar hervorbringen. Deutsche Bienen bringen es immerhin noch auf einen Nutzwert von vier Milliarden Euro. Die Unternehmen leiden also selbst an dem Bienensterben und scheiden als Umweltfeind Nummer eins dieses Mal aus. Warum ziehst du sie dann nicht auf deine Seite und besorgst dir von ihnen das Geld, um das Artensterben zu erforschen? In den USA geschieht das inzwischen schon: Industriesponsoren und das Landwirtschaftsministerium haben Expertengruppen ins Leben gerufen und Forschungsgelder bereitgestellt, um das Problem aus der Welt zu schaffen. Der erste vage Verdacht: Die Bienen könnten an einer Immunschwäche leiden.

Nutzen für Freizeitökos: Wenn du verstanden hast, dass Ökologie und Ökonomie verzahnt sind, kannst du Einfluss nehmen. Wenn du zum Beispiel weißt, dass Waschnüsse nur auf den ersten Blick eine umweltschonende Möglichkeit darstellen, deine Klamotten zu säubern, kannst du dein Kaufverhalten danach richten: Dadurch, dass die Nüsse durch den Export in westliche Industriestaaten in Indien rar und horrend teuer geworden sind, sind inzwischen viele Inder auf billiges und sehr schädliches Waschmittel umgestiegen. Das bedeutet: Hiesige Waschnuss-Ökos, die es eigentlich gut meinen, sind eher Umweltverschmutzer und Globalisierungsschweine. Schon Kurt Tucholsky sagte: »Das Gegenteil von Gut ist nicht Böse, sondern gut gemeint.« Also: Buy green, auch wenn das dann heißt: Kauf biologisch abbaubares Waschpulver.

Gutmensch-SKILLZ

Geschichte:	✪ ✪
Naturwissenschaften:	✪ ✪ ✪
Wirtschaft & Finanzen:	✪ ✪ ✪
Sprache:	✪ ✪
Umgangsformen:	✪ ✪

»Was mir Biologie nützt? Wenn ich weiß, wie ein Ökosystem funktioniert, kann ich mich an Schmeißfliegen und Mücken freuen, anstatt mir die Nacht damit um die Ohren zu schlagen, sie umzubringen.

Außerdem glaube ich dann nicht an den Mondkalender, Homöopathie und sonstigen eindeutig widerlegten Schwachsinn. Das engt sonst meine Entscheidungsfreiheit ein. Wenn ich beispielsweise weiß, wann ich auch ohne Pille mit meiner Gattin schlafen kann, und wenn ich weiß, warum ich so viel Schokolade essen kann, wie ich will und trotzdem davon niemals Pickel kriegen kann, dann habe ich gleich zwei Sorgen weniger.

Es ist einfach borniert und doof, wenn man denkt, es sei cool, nicht zu wissen, warum eine Pflanze aus der Erde wächst, aber die Erde im Blumenpott dabei komischerweise nicht weniger wird.«

Mark Benecke

How to be Papst. Gut parlieren wie Opi @ obi

»*Words don't come easy.*« F.R. David

Rom, Petersplatz, Windstärke acht, das Pileolus* hält. Du bist Papst, und auf dem Platz vor dir haben sich tausende Gläubige verschiedener Nationen versammelt, um deiner Weihnachtsansprache zu lauschen. Damit deine Rede gelingt, solltest du natürlich über die christlichen Feiertage nicht nur wissen, dass man dann frei hat. Damit hättest du deinen Schäfchen schon etwas voraus: 83 Prozent der Deutschen wussten in einer Umfrage des Stern und des Forsa-Instituts nicht, dass Ostern nicht wegen eines Eier legenden Kaninchens, sondern zu Ehren der Auferstehung Jesu gefeiert wird. In Weihnachten glaubten einige, die Festivität zu Ehren des Winteranfangs zu erkennen, und jeder Zehnte erriet nicht, dass die Geburt Jesu der eigentliche Anlass ist. Andere glauben, dass an Pfingsten ein neuer Papst gewählt wird, fanden die Meinungsforscher von GEWIS für die Zeitschrift bella heraus – dass es sich vielmehr um das Gründungsfest der christlichen Kirche handelt, ist nur einer Minderheit bekannt.

Für deine päpstliche Rede werden dir außerdem deine **Sprachkenntnisse** hilfreich sein – deine Vorgänger haben in Dutzenden Sprachen gesegnet, und du willst ihnen natürlich in nichts nachstehen. Deine Mehrsprachigkeit lässt dich aber nicht nur unheimlich gebildet wirken. Als du die Sprachen gelernt hast, hast du auch eine Menge über die Völker gelernt, die sie sprechen. Du kennst ihre Eigenarten und kannst diese in deine

* Die weiße Scheitelkappe, die du als Papst standesgemäß trägst.

Rede einbinden. Kennst du zudem auch noch die anderen Weltreligionen, kannst du herausfinden, welche Fans da unten auf dem Platz überhaupt zu deinem Club gehören und welche nur zugelaufene Schaulustige sind.

Nutzwert für den Hobby-Nuntius: Wenn du in Feiertagskunde so firm bist wie der Papst, kannst du dir ein ruhiges Weihnachtsfest verschaffen. Du erinnerst einfach deine Mitmenschen daran, dass die Party mit dem Tannenbaum wegen der Geburt Christi stattfindet und nicht zur Ankurbelung der heimischen Wirtschaft. Deine Fremdsprachen werden dir nützlich sein, wenn du dich dann statt in der Messe zu sitzen auf den Malediven sonnst.

Papst-SKILLZ

Geschichte:	✪ ✪ ✪
Naturwissenschaften:	✪
Wirtschaft & Finanzen:	✪ ✪ ✪ plus 1 Klingelbeutel
Sprache:	✪ ✪ ✪
Umgangsformen:	✪ ✪ ✪

How to be Günther. Allgemeinwissen einsetzen, um als allwissend zu gelten

»Ich, der ich weiß, mir einzubilden, dass ich weiß, nichts zu wissen, weiß, dass ich nichts weiß.« Sokrates

Das goldene Feuerwerk spritzt von der Decke, aus den Boxen dröhnt eine Fanfare. Der Kandidat hat die Eine-Million-Euro-Frage richtig beantwortet. Wieder weiß ganz Deutschland, wer der schlauste Mann im ganzen Lande ist. Nein, nicht der Kandidat im Outfit von der Stange. Du bist es, Günther Jauch, der in diversen Umfragen regelmäßig zum gebildetsten Menschen des deutschsprachigen Raums gekürt wird. Was dir diesen Status verleiht, ist nicht dein Inquisitorentalent und dass du auf jede deiner cleveren oder dämlichen Fragen eine Antwort parat hast – die gibt dir sowieso der Computer vor. Entscheidend ist das Wissen, das du zwischen deiner Frage und der Antwort des Kandidaten aufblitzen lässt. Dabei ist jeder Gag dein Freund: lustige Kommentare, Eselsbrücken, kleine Hinweise oder eine Anekdote zum Hintergrund der Frage. Du bist redegewandt, höflich, stilsicher. Und du trägst einen geilen Anzug. Du besitzt so viel Grundwissen, dass du dich auf jedem Parkett zurechtfindest, sei es Geschichte, Literatur oder Politik, aber auch Popmusik, Computer, Film und Fernsehen – du bist ein echter Topchecker. Das unterscheidet dich vom althergebrachten Bildungsbürger. Du hast ein neues Zeitalter des Wissens begründet: das Jauchtum.

Nutzwert für Nerds: Dein Jauchtum taugt einfach für alles. Schule, Beruf, Freizeit. Du bist Günther, du bist Deutschland, du bist cool. Und das verschafft dir über kurz oder lang sogar einen eigenen Fanclub.

Günther-SKILLZ

Geschichte:	✪ ✪ ✪
Naturwissenschaften:	✪ ✪ ✪
Wirtschaft & Finanzen:	✪ ✪ ✪
Sprache:	✪ ✪ ✪
Umgangsformen:	✪ ✪ ✪

Level ③
Halbwissen geschmeidig kaschieren: Keine Ahnung und trotzdem eine gute Figur machen

Wissen tut nicht weh. Halbwissen aber schon. Deshalb brauchst du bei der Evolution zum Kompetenzpaket noch ein wenig Unterstützung für akute Notfälle – eine wichtige Rolle spielt dabei, dass du immer an dich glaubst. Schon Mark Twain kannte das Geheimnis: »Alles, was man im Leben braucht, ist Unwissen und Selbstvertrauen, dann ist der Erfolg sicher.« Mit dieser Mischung kannst auch du punkten, wenn du in eine brenzlige Situation gerätst, in der dein Unwissen dich doof dastehen lässt.

Stell dir ein lockeres Gespräch mit deinem Lehrer, deinem Chef oder dem Vater deiner neuen Flamme vor. Du willst beeindrucken, aber plötzlich steht sie im Raum: eine fiese Wissensfrage, die wie ein Grippevirus direkt auf das Immunsystem deines nicht vorhandenen Allgemeinwissens losgeht. »Meine Frau und ich haben Karten für ein Konzert von Claude Debussy geschenkt bekommen. Haben Sie sich auch schon mit seinem Werk beschäftigt?«

Dein erster Gedanke ist: »Bussi?! Was um Himmels willen will der mir damit sagen?« Der zweite: »Wie komme ich aus der Nummer raus, ohne mich als Kulturprolet für immer in seinem Gedächtnis einzubrennen?«

Der erste Schritt der Krisenbewältigung ist Selbsterkenntnis – akzeptiere dein Nichtwissen als natürlichen Aggregatzustand. Den meisten von uns ist es nämlich grundsätzlich peinlich, keine Antwort auf eine Frage zu wissen, weil wir glauben, bei einem Fehler ertappt worden zu sein. Doch die Frage ist lediglich, wie du damit umgehst.

Du könntest einfach zugeben, dass du keine Ahnung hast. Bekunde aber offen dein Interesse, etwas dazuzulernen. Dann hast du dich nicht blamiert, sondern dich aufmerksam dem Thema gestellt. Sag einfach: »Ich habe mich bisher nie mit Claude Dingsbussi beschäftigt, es hat sich einfach nicht ergeben. Aber ich wüsste gerne, warum Sie so von ihm fasziniert sind.« Wenn du deine Schwäche zugibst und den anderen um Aufklärung bittest, kannst du vielleicht sogar unversehens alle Trümpfe in der Hand halten – nämlich dann, wenn sich der vermeintliche Besserwisser selbst als Fake entpuppt und beginnt, um Worte zu ringen.

In vielen Situationen ist dieses Verfahren aber keine gute Idee: in Bewerbungsgesprächen, auf Stehpartys, vor Fernsehkameras, in Prüfungen – einfach überall dort, wo du gerne Eindruck schinden möchtest. In diesem Level lernst du deshalb, Situationen zu meistern, in denen Wissen verlangt wird, von dem du keinen blassen Schimmer hast. Denn es gibt einige Tricks, mit denen du Gedächtnisausfall geschickt kaschieren und Wissen kunstvoll vortäuschen kannst.

ACHTUNG: Die folgenden Methoden bergen grundsätzlich die Gefahr, aufzufliegen und des Nichtwissens überführt zu werden.

Wenn du also eine der vorliegenden Taktiken anwendest, ist es ratsam, schon beim Sprechen die Reaktion deines Gegenübers sorgfältig zu beobachten. Bei zustimmendem

Nicken kannst du weiter salbadern wie bisher. Bei Kopfschütteln oder beim Wechsel der Gesichtsfarbe solltest du dein Geschwalle schleunigst relativieren. Andernfalls bleibt dir als Mittel gegen Enttarnung nur noch übrig, die Füße in die Hand zu nehmen und dich zu verpissen, was bei gesellschaftlichen Anlässen einen eher seltsamen Eindruck hinterlässt.

1. Das Politiker-Prinzip. Wie du über Dinge redest, von denen du keine Ahnung hast

»Was nun, Frau Merkel?«, fragte das ZDF anlässlich der Finanzkrise im Herbst 2008. Chefredakteur Nikolaus Brender wollte wissen: »Der Staat pumpt Milliarden von Euro in den Finanzkreislauf, um einen Herzinfarkt zu verhindern. Ist die Gefahr gebannt?«

Hätte die Bundeskanzlerin das tatsächlich gewusst, hätten Finanzjongleure und Politkollegen sie weltweit spontan heilig gesprochen. Frau Merkel entschied sich für ein höfliches Ausweichmanöver. »Wir haben das getan, was wir tun konnten. Erst einmal international koordiniert, insbesondere auch unter den Ländern, die den Euro haben, und wir müssen jetzt warten, wie das wirkt.« Das ist auf jeden Fall besser als zu antworten: Woher zum Teufel soll ich wissen, was jetzt passiert? Bin ich Hellseher, oder was?

Politiker sind in Interviews immer wieder bohrenden Fragen ausgesetzt, bei denen sie geschickt parieren müssen, um nicht doof dazustehen. Dabei benutzen sie meistens ein paar einfache rhetorische Finten, die auch du einsetzen kannst, wenn du gerade mal wieder keine Ahnung hast.

Methode Nummer eins.
Ausweichen und Gegenfrage lancieren

Frage: »Wie lautet noch gleich der erste Satz in Melvilles *Moby Dick*?« Mögliche Antwort: »Erste Sätze werden doch häufig überbewertet. Viel zentraler ist die Jagd auf den Wal. Wissen Sie, welche Brisanz in dieser Thematik liegt?«

Der Trick: Laviere dich geschmeidig aus der Bredouille, indem du nicht auf die eigentliche Frage eingehst, sondern leite mit ihrer Hilfe zu einem Thema über, das dir vertrauter ist.

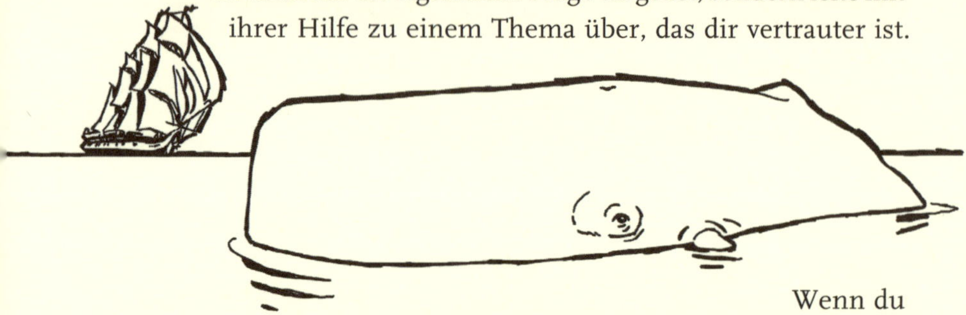

Wenn du wagemutig bist, flüchtest du dich à la Oscar Wilde in ein Bonmot. »Ich würde die Frage anders formulieren: Mit welchem Satz fängt das Buch *nicht* an?« Damit hast du die Lacher auf deiner Seite.

Methode Nummer zwei.
Ablenken und Zeit schinden

Frage: »Meier, könnten Sie mir bitte mal erklären, wie die Qualitätssicherung in diesem Fall versagen konnte?« Mögliche Antwort: »Mensch, das ist ja ein Ding. Da draußen ist gerade ein Rennwagen vorbeigefahren. Wenn ich richtig gesehen habe, saß da Ihre Frau drin!«

Methode Nummer drei.
Vertrösten und Frage parken

Frage: »Können Sie mir auf dieser Landkarte zeigen, wo Ngomedzap liegt?« Mögliche Antwort: »Ja, sicher doch, sehr gerne. Aber sagen Sie, Sie haben das gerade sehr interessant betont – sprechen Sie die Landessprache?«

Der Trick: Beantworte die Frage mit ausgewählter Höflichkeit, ohne sie zu beantworten. Danach versuchst du, durch verwandte Themen mehr über die mögliche Antwort zu erfahren. Auf deine Nachfrage erklärt dir dein Gesprächspartner vielleicht, warum sich das Wort im Afrikanischen auf diese Weise ausspricht, und vielleicht auch, wie man es im örtlichen Dialekt Kameruns anwendet. Dann hättest du schon zwei Anhaltspunkte, wo du auf der Karte suchen musst. Tipp: Afrika ist das große Ding unten in der Mitte.

Methode Nummer vier. Unbekanntes mit Dingen vergleichen, die du kennst

Frage: »Wie finden Sie den neuen Film von Quentin Tarantino?«

Der Trick: In einer Detailfrage keine Antwort zu wissen ist nicht schlimm. Wenn du aber wie ein Kenner wirken möchtest, obwohl du keine Ahnung hast, kannst du einen Vergleich bemühen. Sag zum Beispiel: »Ich sehe den neuen Film in einer Linie mit *Pulp Fiction*, den ich trotz großer Brutalität kongenial fand.«

»Während meiner Studienzeit habe ich vonseiten der Universität relativ wenig gelernt.«

Helmut Schmidt

2. Die Schweigemasche. Wie du andere dazu bringst, die Antwort selbst zu geben

»Wenn man keine Ahnung hat, einfach mal Fresse halten«, hat Dieter Nuhr einmal gesagt. Das ist gar nicht so einfach. Die meisten Menschen empfinden Pausen im Redefluss als unangenehm. Sie leiden unter dem, was Sprachprofis wie Werner Schneyder »Logorrhoe« nennen, ungebremsten Rededurchfall. In Momenten der Unsicherheit verstärkt sich dieser noch, und wir beginnen, hemmungslos zu plappern. Dein Gegenüber weiß dann erst recht, dass in deinem Kopf Unterdruck herrscht und du keinen Plan hast, wovon du gerade redest. Wenn du also nicht genau weißt, was du sagen sollst, dann schweig. Einfach ist diese Strategie nicht, sie erfordert Ausdauer und Selbstvertrauen.

Tipp eins. Durchatmen. Bei schwierigen Fragen lehnst du dich erst mal zurück und denkst in Ruhe nach, was du sagen willst. Die geschwiegene Zeit kommt dir grundsätzlich immer sehr lang vor, lass dich davon aber nicht beirren. Du wirkst gerade sehr souverän und intellektuell.

Tipp zwei. Versuche folgendes Mantra: »Alles, was ich nicht sage, kann schon mal nicht falsch sein.« Je weniger du von dir preisgibst, desto schwieriger ist es für den anderen, dich einzuschätzen.

Tipp drei. Pokerface aufsetzen. Wenn sich in deinem Gesicht Verwirrung und Ratlosigkeit die Klinke in die Hand geben, ist die Nummer gelaufen. Versuche lieber, einen nachdenklichen und abwägenden Eindruck zu machen. Blickkontakt zum Gegenüber halten!

Tipp vier. Kommen lassen. Deinem Gegenüber wird mulmig. Du musst verdammt viel Ahnung haben, wenn du so ausgiebig überlegst. Vielleicht ist das Thema doch komplexer, als er angenommen hat. Da die meisten Menschen Schweigen nur schwer ertragen können, werden sie die Stille brechen und selbst das Wort ergreifen. Im Optimalfall beantworten sie dann ihre eigene Frage, und du musst nur noch wissend nicken.

3. Die Tagesschautaktik. Wie du so tust, als wärst du auf dem Laufenden

Moderatoren wie Tom Buhrow, Gabi Bauer, Ellen Arnhold, Jan Hofer und Caren Miosga machen es vor: Sie wirken stets informiert und scheinen immer den perfekten Überblick über das Weltgeschehen zu haben. Klar, es gibt eine Redaktion, die sie mit Informationen versorgt. Doch auch ohne eine solche kannst du mit ein paar Kniffen effektvoll vorspielen, dass du ein Nachrichtenjunkie bist. Das Einzige, was du dazu brauchst, sind ein oder zwei Tageszeitungen – nicht zum Durchlesen, sondern als Recherchematerial für Wissens-Füllsel.

- Merke dir die Namen von Journalisten oder Kolumnisten, die regelmäßig Artikel veröffentlichen. Das ermöglicht es, Verbalschleim wie den folgenden abzusondern: »Knut Knutsen hat eine tolle Reportage über die Aquaristik-Mafia geschrieben. Die Geschichten von ihm in der FAZ lese ich besonders gerne. Kennen Sie Knutsen?«
- Aktuelle Krisen sind immer prima Gesprächsstoff, weil jeder dazu etwas sagen kann. Die wichtigen findest du in den fett gedruckten Überschriften, meist gleich auf der ersten Seite. Simple Konversationsraketen wie »Meinen Sie, wir sollten

bei der Piratenjagd in Somalia mitmischen?«, sind dann kein Problem mehr. Willst du Besserwissen vortäuschen, solltest du dir kleinere Krisen herauspicken, die anderen nicht so geläufig sind. Vorsicht, das geht nur mit etwas Übung, denn Aussagen wie »Der öffentliche Nahverkehr in Burkina Faso ist einfach eine Katastrophe« können bei deinem Gegenüber statt einem beipflichtenden Kommentar schon mal einen Lachanfall auslösen.

▶ Für Fortgeschrittene: Ordentlich Punkte sammeln kannst du mit den richtigen Stichworten. Präge dir die wichtigsten Begriffe aktueller Schlagzeilen ein und vermische sie zu gewichtigen Aussagen. Ein Beispiel anhand der folgenden Meldungen: »Börsenrally dank Citygroup«, »DAX schießt über 4400 Punkte«, »Ackermann vertraut dem kleinen Mann«, »Keine Steuersenkungen«. Im Nachrichtenmischer ergeben diese einen Satz mit Erfolgsgarantie: »Börsenrally im DAX, da sollten doch Steuersenkungen für den kleinen Mann drin sein!«

4. Die Outfit-Lüge. Wie du dein Nichtwissen in einen Schafspelz kleidest

Kleider sind ein wichtiger Baustein bei deinem Vorhaben, für ein cleveres Kerlchen gehalten zu werden. Accessoires wie eine Brille machen zum Beispiel sogar aus George W. Bush einen Menschen, der aussieht, als hätte er von seiner Schulbildung wirklich profitiert.

Das Klamottengleichnis ist simpel und bringt dir Vorteile, wenn du es für dich verwenden kannst. Elegante Kleidung ist meist nicht billig. Also nehmen andere an, dass du auch das nötige Kleingeld besitzt, wenn du welche anhast. Das Geld dafür musst du mit einem gut bezahlten Job verdient haben – und den hast du bekommen, weil du was kannst. Und du kannst das, weil du ziemlich clever bist. Dabei helfen schon ein paar einfache Regeln, um mit wenig Geld elegant daherzukommen.

Bis zur Gürtellinie

Er: Sakko tragen. Das Farbspiel der Jacke sollte sich allerdings in Grenzen halten, als besonders beliebt beim Betrachter gelten grau, schwarz oder dunkelblau. Weiße Sakkos mit Schulterpolstern, die an holländische Entertainer der Siebzigerjahre erinnern, hat selbst Sonny Crockett in den Neunzigern der Kleidersammlung übereignet. Hemdfarbe und -muster sollten zum Anzug passen. Karos mit Streifen sind keine gute Idee. Prägt sich das Hemdmuster auf deinem Hals ein, sitzt es zu eng, also lass dir ein oder zwei Fingerbreit zum Atmen, und du wirkst gleich entspannter. Trägst du eine Weste, bleibt der unterste Knopf offen. Button-Down-Hemden – die Teile mit den Knöpfen am Kragen – sind nicht gut Freund mit Krawatten. Bitte keine Krawatten mit Mitschäm-Effekt, das heißt: Mickey-Mouse-Applikation, Liebesspielzeuge oder andere Spaß-Motive sind tabu. Die Krawattenspitze solltest du notfalls mit Mutterns Hilfe auf Höhe des Hosenbunds bringen. Die schmale Seite spickt nicht unter der breiten hervor.

Sie: Wenn du eine Allergie auf Kostüme, Hosenanzüge und Blazer hast, solltest du für alle Fälle eine schicke Bluse und eine dekorative Weste parat halten. Fürs Dekolletee gilt: Keine Pailletten, Rüschen, Fellkragen oder andere rotlichtfreundliche Ausstattungen. Tiefe Einblicke lassen für viele auf einen tiefergelegten IQ schließen. Diese solltest du nur in Notfällen anwenden – wenn du den Dozenten zum Beispiel von mangelhafter Leistung ablenken willst. Handtaschen passend zur Statur auswählen: Bist du zierlich, keine zu pompöse Ablage mit dir herumschleppen.

Unter der Gürtellinie

Er: Hosen reichen bis kurz über den Schuhabsatz, solange keine Sturmflutwarnung ausgerufen wurde. Taschen befinden sich in Gesäßhöhe, nicht in der Nähe der Kniekehlen; ein Gürtel und notfalls auch Hosenträger (etwas spießig, aber gezielt eingesetzt auch wieder exotisch) sorgen für sicheren Halt und verhindern unangenehme Überraschungen.

Sie: Wenn du vorhast, einen Rock zu tragen, dann sollte auch dein Knie mit ihm Bekanntschaft machen dürfen. Alles, was mehr als eine knappe Handbreit oberhalb des Beugegelenks beginnt, gilt als öffentliche Anmache. Im Büro sind Strümpfe unter dem Rock Pflicht, und auch abseits des Schreibtisches solltest du nach Anlass entscheiden, ob blanke Schenkel nicht zu aufreizend sind. Krampfadern oder Waden à la Lukas Podolski sind aus humanitären Gründen zu verbergen.

Der Fuß als bürogene Zone

Er: Weiße Tennissocken sind seit dem Ende der Ära Sascha Hehn in der Schwarzwaldklinik strengstens tabu. Der Mann von Welt trägt seine Strümpfe farblich passend zum restlichen Outfit. Die Schuhe dürfen ruhig in Unauffälligkeit glänzen. Chucks und andere Turnschuhe zum Anzug sind nur in den Werbeagenturen hip, die sich noch an den Neunzigerjahren orientieren, sowie bei Rockstars und Late-Night-Talkmastern.

Sie: Die einzige Regel bei Schuhen für Frauen ist: Die Frau macht die Regeln. Wer allerdings ein Schuh-Plus hinlegen möchte, sollte auf FM-Stiefel verzichten, genauso wie auf Riemchensandalen mit Absätzen, über die Menschen wie Marius Müller-Westernhagen Lieder schreiben. Das Preisschild ist von der Sohle zu entfernen. Bei offenen Schuhen im Sommer ist darauf zu achten, dass Hornhaut und Fußnägel sich in zivilem Zustand befinden. Dazu gehört auch der Nagellack. Kleine Glitzerapplikationen oder abgebröckelter Lack führen nicht nur im Kundenverkehr einer Bank zu Verkehrschaos.

5. Die Sympathisantenstrategie. Wie du erfolgreich von anderen abpinnst

Hilft immer: Orientiere dich an Leuten, die glaubwürdig vermitteln, dass sie wissen, was sie tun. Du findest sie in deiner näheren Umgebung wie auch unter den Promis aus dem Literaturbetrieb, den Nobelpreisträgern und berühmten Forschern. Es sollte einfach jemand sein, der von anderen geachtet wird und erfolgreich ist.

Spieglein, Spieglein im Büro. Ein Vorbild kann zum Beispiel dein Chef sein, wenn dieser beliebt und angesehen ist. Zeige deine Sympathie offen, droppe seinen Namen besonders häufig, und kupfere seine besten Tricks ab.

Merke dir typische Floskeln, die dein Vorbild immer wieder gebraucht, und merke dir, in welchen Situationen sie zur Anwendung kommen. Beispiel: Um einen bescheuerten Vorschlag abzuschmettern, verwendet dein Chef immer die einleitenden Worte: »Das finde ich richtig gut. Aber es ist auch irgendwie ziemlich strange.« Deine Kollegen gewöhnen sich an diese Phrase und verknüpfen sie unterbewusst mit der Autorität ihres Vorgesetzten. Das ist deine Chance! Verwende die Formulierung ebenfalls, wenn du etwas nicht gut findest, und deine Kollegen werden dir plötzlich Kompetenz unterstellen. Wichtig: Bleib unauffällig, weil du sonst schnell als Schleimer und Arschkriecher in Verruf gerätst.

Dich selbst befördern. Du nimmst dich selbst in die Führungsriege auf, indem du (wie andere leitende Angestellte) immer im Namen aller sprichst: »Die Geschäftsführung und ich sind zu der Überzeugung gelangt, dass bla bla bla.« Indem du dich mit den Obermafiosi auf eine Stufe stellst, verleihst du deinen Worten Gewicht. Heißt dein direkter Vorgesetzter zum Beispiel Friedwald, sagst du: »Friedwald und ich sind überzeugt, dass eine automatische Bierzapfanlage in der Kantine die Arbeitsleistung steigert.« Vorsicht: Wende diese Strategie nicht an, wenn du Studentische Hilfskraft bist oder die Geschäftsführung bisher nur von weitem gesehen hast.

Deine Gehirnleistung tunen. Nicht nur im Büro, sondern auch bei privaten Feiern, offiziellen Anlässen und bei der Begegnung mit der eingebildeten Freundin deines kleinen Bruders kannst du ein Namedropping der besonderen Art vollführen, damit du verdammt gebildet erscheinst: »Wer Solschenizyn* gelesen hat, wird mir zustimmen, dass die Lagerhaltung von Geflügel eine lange Tradition hat.« Die Wahrscheinlichkeit, dass jemand ihn nicht gelesen hat, ist groß, und das wird er nicht offen zugeben wollen, also pflichten dir alle gerne bei. Oder: »Mit Galilei gesagt: Wer heute noch glaubt, dass es nur eine Frage der Zeit ist, bis uns der Himmel auf den Kopf fällt, der hat den Schuss nicht gehört.« Leicht andere Formulierung, gleiche Wirkung. Auch gut: »Ich möchte mit Albert Einstein sprechen: Der Geschmack dieser Suppe ist relativ.« Dem guten Albert will nun wirklich niemand widersprechen.

Wie auch immer, in Unikreisen und beim Empfang im Bundeskanzleramt ist diese Methode zu vermeiden.

---

* Funktioniert besonders gut mit Philosophen, weil nur die wenigsten Menschen deren Thesen und Werke wirklich kennen und die Namen sich meist klangvoll anhören. Also Kant, Heidegger, Nietzsche, Foucault, Derrida, Luhmann, Habermas, Bakunin, Spinoza – vielleicht nicht in jedem Rahmen geeignet ist: Popper.

6. Die kleine Kultur-Tasche. Wo du Sätze hernimmst, die immer passen

»So ein bisschen Bildung ziert den ganzen Menschen.« Mit diesem Satz erklärt der Dichter Heinrich Heine, worum es bei der ganzen Bildungschose eigentlich geht: gut aussehen. Auch wenn du nicht über den entsprechenden Background verfügst, kannst du ein wenig Scheinkultur bei vielen gesellschaftlichen Anlässen gut gebrauchen, wenn dir kluge Leute Fragen stellen, die aus der Hölle zu kommen scheinen.

1 Fällt das Thema auf Kunst und Künstler, von denen du noch nie gehört hast, solltest du möglichst vage antworten, um nicht auf versteckte Tretminen zu latschen. Unverfänglich sind Sätze wie »Ein bedeutendes Werk und eine konsequente Fortführung seines Schaffens« oder »Der junge Brad Mehldau erinnert entfernt an den frühen Herbie Hancock«. Dazu solltest du beide Namen allerdings vorher mal gehört haben und unfallfrei aussprechen können.

2 Es kann sich auch auszahlen, die Fragestellung genau zu analysieren. Enthält die Formulierung zum Beispiel das schöne Wort »oder«, kannst du zum Beispiel nicht einfach mit Ja oder Nein antworten. »Finden Sie den Putsch auf dem Südseeatoll Bongo-Bongo gut oder schlecht?«, darf keinesfalls mit Ja beantwortet werden, weil du dann an Glaubwürdigkeit verlierst. In diesem speziellen Fall empfiehlt sich »gut« oder »schlecht« mit dem Zusatz »... und Sie?«, um eine nähere Nachfrage zu vermeiden. Wie gesagt, es hilft sehr, die Frage genau unter die Lupe zu nehmen.

3 Stehst du völlig auf dem Schlauch, ist ein schneller Rückzug nicht die schlechteste Alternative, und du solltest dich galant verdrücken. Das solltest du allerdings mit ein wenig Geschick einfädeln. Zum Beispiel: »Oh, ein sehr spannendes Thema. Das sollten wir unbedingt vertiefen. Ich habe da nur gerade einen alten Schulfreund entdeckt. Ich will ihn kurz begrüßen. Können wir gleich in aller Ruhe weiterreden?« Sollte sich eine Fresstafel in der Nähe befinden: »Darüber sollten wir in Ruhe sprechen. Ich hole mir vorher nur noch eine kleine Stärkung am Buffet.« Dort angekommen, kannst du jemanden in ein Gespräch zum gleichen Thema verwickeln und seine Antworten recyclen, wenn du noch mal darauf angesprochen wirst.

5 Expertise vortäuschen, indem du dich auf imaginäre Diskussionen berufst: »Darüber habe ich mit dem japanischen Kulturattaché Wida Früh-Ling schon eine hinlängliche Debatte geführt. Leider ohne Ergebnis.« Herr Früh-Ling sollte in diesem Fall natürlich eine Person sein, die den uneingeschränkten Respekt deines Gegenübers genießt – gerne auch jemand, den er bewundert, aber an den er einfach nicht herankommt. Du auch nicht. Aber das muss ja keiner wissen.

7 Eine absolut übliche Methode ist die Zungenlage. Sie wird dir an anderen auffallen, wenn du sie ein paar Mal angewendet hast. Typisches Beispiel: Jemand hat dich nach dem Namen des Komponisten von Schwanensee gefragt. Die Antwort lautet: »Ach ja, das war doch der ... hach, es liegt mir auf der Zunge ... das war der ... ach, sagen Sie schon.« Mach dabei ein möglichst verzweifeltes Gesicht und warte, bis der andere die Antwort freiwillig zur Verfügung stellt.

8 Gelegentlich wird man dich nach Menschen fragen, die dir suspekt sind oder die du für Vollpfosten hältst. Eine prekäre

Situation. Denk aber daran: Niemand verlangt von dir, dass du dich zu wogenden Liebesbekundungen hinreißen lässt. Dass du es nicht ernst meinst, wäre dann auch allzu offensichtlich. Unbeschadet kannst du folgende Kommentare anwenden:

- »Ein Mensch, dessen Meinung ich sehr schätze.« Anzuwenden auf jede Art von Arschloch.
- »Sehr vielseitig.« Was für ein unberechenbarer Vollidiot.
- »Ein Mann, der zu seinen Wurzeln steht.« Ein hoffnungsloser Spießer.
- »Ihre Entscheidungen zeugen immer von tiefer Emotionalität.« Die hat so was von keine Ahnung von ihrem Job.
- »Ihr Geschmack besitzt große Individualität.« Die zieht sich an wie eine Vogelscheuche.

7. Der Zitator. Wie du glänzt, indem du andere für dich sprechen lässt

Manchmal wollen einem einfach nicht die passenden Worte einfallen, zumindest nicht im richtigen Augenblick. Leidest auch du unter zeitverzögerter Originalität, hilft dir ein alter Trick: Du füllst die peinliche Antwortlücke mit einem weisen Zitat aus Film und Fernsehen. Früher sagte man »Alea iacta est«, heute kannst du sagen: »Make my day!«* Es ist dabei übrigens nicht schlimm, wenn die Zitate nicht passgenau auf die Situation zugeschnitten sind. Folgende moderne Klassiker helfen dir in beinahe jeder schwierigen Lage und vor allem dann, wenn du mal kein Fußballerzitat wie »Nach dem Spiel ist vor dem Spiel« parat hast.

* Clint Eastwood als Dirty Harry in *Dirty Harry* (1971).

1 Du hast eine Führungsposition und ein großes Problem an der Backe. Dein Team wird unruhig, und du musst Stärke beweisen, obwohl du selbst keinen Plan hast. Schlecht: »Hat jemand eine Idee?« Besser: »Ruhig, Männer. Das muss das Boot aushalten!« (Jürgen Prochnow als Kaleun oder Kapitän in *Das Boot*)

2 Jemand will deine Allgemeinbildung testen und befragt dich nach den aktuellen Ereignissen im Irak. Doof: »Irak? War das der Krieg im Dschungel?« Smart: »Das ist nicht mein Krieg.« (Sylvester Stallone als John Rambo in *Rambo I – IV*)

3 Im Job hat es jemand auf deine Position abgesehen und will dich auf der Karriereleiter überholen. Schwach: »Tu mir nix!« Stark: »Hier kommst du nicht vorbei!« (Sir Ian McKellen als Gandalf in *Der Herr der Ringe*)

4 Du wirst gefragt, ob du *Faust*, speziell des Dramas zweiten Teil, gelesen hast. Blech: »*Faust*, das war doch der Boxer-Film mit Robert DeNiro, oder?« Goldene Worte: »Wenn ich mir ein neues Buch kaufe, lese ich die letzte Seite zuerst. Falls ich sterbe, bevor ich fertig bin, kenn ich wenigstens das Ende.« (Meg Ryan als Sally in *Harry und Sally*)

5 Du bist auf einem Empfang, und der Gastgeber bringt dich mit einem Opernfreund zusammen. Der hat nichts Besseres zu tun, als zu fragen: »Und, haben Sie auch schon die neue Inszenierung des Parzival gesehen?« Voll daneben: »Nein, aber ich habe leckere Persipan-Hörnchen dabei. Wollen Sie mal probieren?« Voll dabei: »Also das ist ein Oldie … Wir nennen es jedenfalls einen Oldie, da, wo ich herkomme.« (Michael J. Fox als Marty McFly in *Zurück in die Zukunft*)

Warm-up für Poser

Üben schadet nie. Setz dich in einen Stuhl, beide Beine fest auf den Boden. Atme bewusst tief ein und aus. Lass den Kopf kreisen, zieh die Schultern mehrere Male hoch, und entspann sie wieder. Mahle mit dem Kiefer, um Verspannungen zu lösen. Deine Stimme kannst du mit tiefem Seufzen, Tierlauten oder Stöhnen lockern. Denk dran: Wenn du nicht allein bist, könnte das falsche Signale aussenden. Um letzte Verspannungen zu lösen: Springe wie ein Frosch durch den Raum, und stell dich anschließend fest mit beiden Beinen auf den Boden. Dann rufst du drei Mal aus ganzer Kehle: »Halleluja, Brüder, HALLELUJA!!« Jetzt solltest du warm für deinen Auftritt sein.

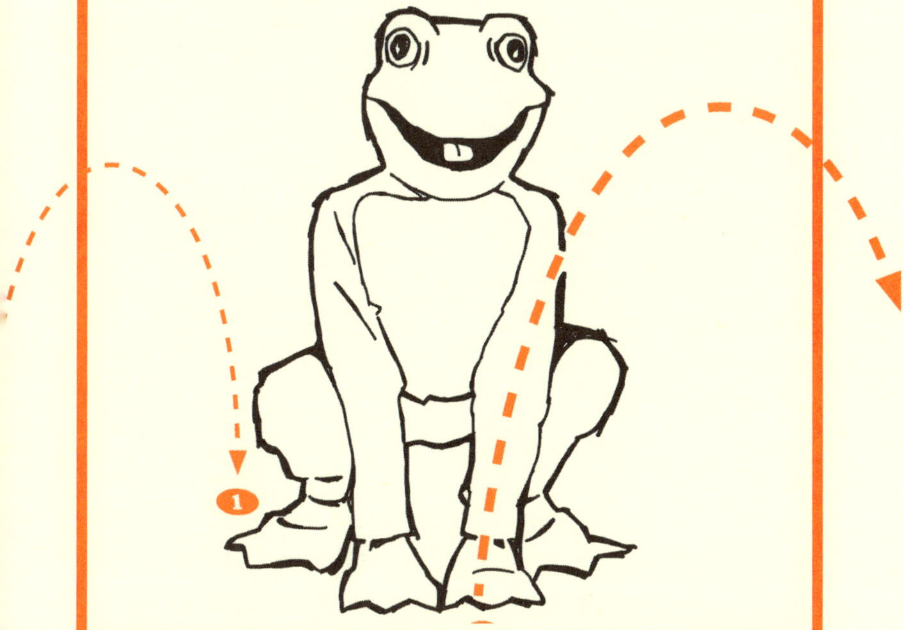

Bewerting.
Was du aus diesem Level lernst

Michael Wirbitzky und Sascha Zeus, die Moderatoren der SWR3–Morningshow und des zeitkritischen Werkes *Die Tagung*, verbringen ihre Freizeit fast ausschließlich in Universitäts-Bibliotheken. Großes Vergnügen bereitet ihnen dabei vor allem das kongeniale Übersetzen zeitkritischer Texte aus dem Aramäischen ins Deutsche. Dankenswerterweise haben sie sich Zeit genommen, unsere Tipps zu lesen, zu analysieren und die faktische Essenz herauszuarbeiten.

Wirbitzky: Ganz nette Tipps. Könnte man gut ins Aramäische übersetzen. Hey, du schreibst da was auf mein Butterbrot!!

Zeus: Entschuldige. Ich dachte, das ist Papyros, die Qumran-Rollen.

Wirbitzky: Also, was hältst du von diesem Level?

Zeus: Brillant! Hat absolut das Zeug zum Kult-Klassiker. Alle Tipps sind ausgesprochen hilfreich.

Wirbitzky: Finde ich auch. Dürfte für die meisten Menschen unverzichtbar sein. Nicht aber für uns. Denn wer wie wir beide auf echtes Wissen setzt im Leben, braucht kein Verschleiern, kein Tarnen, kein Hinhalten.

Zeus: Sehr richtig. Und wir reden hier von absolutem, von lückenlosem Wissen. WIR kennen das Problem des Halbwissens nicht. Und das gibt Sicherheit im Leben.

Wirbitzky: Sicherheit ... das hat doch auch schon dieser Typ gemeint ... wie heißt der noch? ... der dieses eine Buch geschrieben hat ...

Zeus: Das mit dem Wal?

Wirbitzky: Ne, ne, das andere. Das mit dem Wal hat doch der mit dem alten Mann geschrieben.

Zeus: Der mit dem Fisch?

Wirbitzky: Ne, ne, so ein Wal ist kein Fisch. Das hatten die neulich, sonntags, in der Maus.

Zeus: Genau: Der alte Mann und die Maus.

Wirbitzky: Und nachher hat er sich erschossen.

Zeus: Das kommt davon, wenn man nichts weiß.

KAPITEL 2

Arbeiting

Der Job-Generator. Maximaler Erfolg vom Praktikum bis zum Chefsessel

Der Berufseinstieg könnte so einfach sein. »Warum gehst du nicht zu Onkel Werner in die Werkstatt, der gibt dir eine Festanstellung, wenn du ihn darum bittest«, schlagen zum Beispiel Die Ärzte in ihrem Hit »Junge« vor.

Ist das der ganze Trick – Vitamin B und Selbsterniedrigung? Nein. Ein Praktikum ist eine echte Alternative zu beidem und deshalb noch immer der Klassiker unter den Berufseinstiegen. Trotz seines schlechten Rufs ist es ein zuverlässiges Tool, um die Jobwelt auszutesten. Wer sein Praktikum richtig nutzt, findet schnell heraus, ob der angestrebte Beruf das ist, womit er in den nächsten Jahren einen Großteil seiner Wachzeit verbringen möchte.

Mancher Promi hat auf diese Weise seine Karriere gestartet: Nathalie Licard schaffte es vom Mädchen für alles zur Quotenfranzösin in der »'arald Schmidt Show«, und Elton brillierte als Showmaster-Praktikant bei Stefan Raab. Ohne Praktikum kann das schon ganz anders aussehen.

Ein Musterbeispiel für einen gelungenen Fehlstart ist Mirko Brauers – Anfang zwanzig, gerade aus der Schule entlassener Abiturient, der seine Heimstatt noch in der elterlichen Wohnung hat und die neu gewonnene Freiheit gerne mit den besten Freunden in der Kneipe oder angesagten Clubs verbringt. Arbeitsökonomie schreibt er groß und hat bislang schlecht bezahlte Praktika gar nicht erst in die Nähe seiner To-do-Liste kommen lassen. Ein rentabler Beruf wäre für ihn allerdings wirklich wichtig. Das ist selbst Mirko klar, denn ihn verlangt es nicht nur nach einem Cabrio, sondern auch nach einer eigenen Wohnung und schicken Restaurantbesuchen. Da ihn die postabiturielle Fragerei seiner

Eltern, »Was willst du denn jetzt machen?«, nervte, unternahm Mirko vor kurzem dann doch erste Gehversuche als Azubi bei einem bekannten Finanzunternehmen. Doch dort musste er feststellen, dass hinter dem Kundenschalter der schnelle Erfolgskick zunächst einmal ausblieb.

»Get your money for nothing, get your chicks for free.«

Dire Straits

»Die ersten Wochen verbrachte ich mit total langweiligem Kram«, erinnert sich Mirko mit missmutigem Blick. Er sollte kopieren, Ordner anlegen, kleinere Botengänge erledigen und hin und wieder die Sukkulentensammlung seines Chefs gießen. »Dafür hab ich doch nicht Abi gemacht«, beschwert er sich. Konsequenterweise kündigte er nach vier Wochen, noch innerhalb der Probezeit.

Damit ihm solche Stellen in Zukunft erspart bleiben, will er mit einem Praktikum erst einmal genau austesten, welcher Beruf wirklich zu ihm passt, bevor er noch mal eine Ausbildung in den Sand setzt.

Wie Mirko geht es vielen Berufseinsteigern, die vor der Wahl stehen, womit sie sich in Zukunft die Arbeitszeit vertreiben möchten. Die Entscheidung ist nicht einfach, und die vielfältigen Möglichkeiten, die sich heute bieten, machen sie nicht leichter. Würden sich Schulabgänger früher und gezielter auf den Beruf vorbereiten, könnten sie vielleicht auch die Chancen besser nutzen, die sich ihnen bieten: Denn die Vorzeichen auf dem Jobmarkt stehen so gut wie lange nicht. So gab es 2008 zum ersten Mal seit sieben Jahren wieder mehr Lehrstellen als Bewerber – die Bundesagentur für Arbeit meldete ein Plus von 11 Prozent bei den angebotenen Stellen im Vergleich zum Vorjahr.

Dass jedoch zahlreiche freie Stellen unbesetzt bleiben, liegt unter anderem daran, dass Berufseinsteiger vielfach mit vollkommen unrealistischen Erwartungen an das Arbeitsleben herangehen – mit überzogenen Gehaltsvorstellungen und einem Ego, das diese noch übertrifft, so die Klagen vieler Personalchefs.

Typisch Generation Doof? Im Gegensatz zu den Personalern sind offenbar viele von uns davon überzeugt, dass die Welt nur auf sie gewartet hat. Christine Sastro, für die Mitarbeiterauswahl bei einem mittelständischen Unternehmen zuständig, kann von falscher Selbsteinschätzung der Möchtegern-Stars beim Vorstellungsgespräch einige Lieder singen: Egos, die ihresgleichen suchen, Befindlichkeiten, die den Arbeitsfluss stören, und unangebrachte Eitelkeiten stören das Gesamtbild. »Ich komme mir manchmal vor wie Dieter Bohlen beim Superstarcasting«, sagt sie.

Doch wie bekommt man ein realistisches Bild vom Traumjob und gewöhnt sich an die Anforderungen der Arbeitswelt? Nur Doofe beginnen eine Leiter am oberen Ende, denn dann geht es allenfalls noch abwärts. So ist es auch mit Karrieren. Cleverer ist es, wenn du unten anfängst und dir ein Level nach dem anderen vornimmst:

Level 1 zeigt dir die Wunder der Praktikantenwelt; in Level 2 trotzt du den Schrecken der ersten Bewerbung und entschärfst typische Frischlingsfallen. In Level 3 bastelst du dir eine Karriereleiter: mit dem Anzug im Aufzug nach oben!

Hast du es besonders eilig, findest du am Ende jeden Levels den Masterplan. Quadratisch, praktisch, gut!

Level 1
Praktikum.
Finden, machen, nicht verarschen lassen

Ein kurzer Schnupperkurs in Sachen Berufsleben kann dir auf dem weiteren Weg helfen. Da ein Praktikum in der Regel Arbeit mit sich bringt, kann man leicht vergessen, dass es auch Chancen bietet – und tut den Berufsschnupperkurs leichtfertig als notwendiges Übel ab. Sollte dir das auch schon mal so gegangen sein, befindest du dich in guter Gesellschaft. Wir wissen, wovon wir sprechen ...

Stefan erzählt

1991. Alle Lehrer sollten so sein wie unser Geschichtslehrer Herbert Russmüller; da sind sich alle in meiner Klasse einig. Er ist Anfang sechzig und geht mit großen Schritten auf die Rente zu. Bei Russmüller muss man sich nicht besonders anstrengen – ein fairer Interessenausgleich, denn umgekehrt mag er es auch nicht, wenn es zu anstrengend für ihn wird. Lediglich die Kontaktaufnahme zum Lehrkörper ist ein wenig aufwendig: Auf dem linken Ohr ist Russmüller schwerhörig, daher muss man als Sprecher eine Lautstärke wählen, die mit einem Gespräch in einer vollbesetzten Kneipe mithalten kann.

Ich absolviere gerade mein Schülerpraktikum, und heute ist Russmüller laut Schulordnung verpflichtet, sich bei Herrn Kondolek, meinem Chef, nach dem Rechten zu erkundigen.

Seit Anfang der Woche bin ich in einer Elektronikfirma in Bensberg bei Köln zu Gast. Dass Kondolek nicht nur der Chef meiner Mutter, sondern auch ihr Verehrer ist, habe ich meinem Geschichtslehrer verschwiegen.

Herr Russmüller lehnt sich zu mir herüber und deutet auf das kaputte Ohr.

»Stefan, auf dem hier höre ich nischts mehr. Du muss in dat andere sprechen«, erinnert er mich mit rheinischem Singsang.

»Ich sagte, das ist Herr Kondolek, mein Chef!«, röhre ich Herrn Russmüller in die intakte Körperöffnung und deute auf den Mann neben mir.

Herr Russmüller lächelt freundlich. »Einen schönen guten Tach, Herr Konsalik«, grüßt er formvollendet.

Herr Kondolek lässt sich nicht anmerken, dass er gerade mit einem der bedeutendsten Autoren deutscher Nachkriegsliteratur verwechselt worden ist. Konsaliks Meisterwerk *Die Bucht der schwarzen Perlen* ist ein Juwel im Bücherschrank meiner Großmutter. »Wir sind sehr zufrieden mit Stefan«, sagt er. »Er hat sogar schon ein paar kleinere Projekte selbständig bearbeitet.«

Ich grinse in mich hinein. Mein größtes Projekt war es bisher, für die gesamte Belegschaft Speiseeis in der Tankstelle nebenan zu erwerben und beim Transport desselben in die Firma alle logistischen Probleme zu überwinden.

»Schön«, meint Russmüller und setzt ein Häkchen auf seiner Liste. »Und sonst?«

»Ehm, ja toll. Stefan hilft einfach überall aus. Er macht zum Beispiel Telefondienst.«

»Auch schön.«

»Ach ja, und er kümmert sich auch um die Korrespondenz. Ich war ganz erstaunt, dass er mit zehn Fingern tippen kann, und das auch noch blind. Toll, die jungen Leute!«

Ich werfe Kondolek einen flüchtigen Blick zu, er soll mal nicht so übertreiben. Ohne hinzugucken erwische ich höchstens die vier farbigen Knöpfe auf dem Joystick fehlerfrei.

Herr Russmüller nickt anerkennend zu mir herüber. »Fein. Is er auch immer pünktlich?«

»Ja, ja, er war noch nie zu spät.« Dazu muss man wissen, dass wir keinen festen Arbeitsbeginn ausgemacht haben. Also ist es nicht komplett gelogen.

»Schön. Dann ist ja eigentlich alles klar.« Russmüller lässt die Notizen in seiner speckigen Ledertasche verschwinden und erhebt sich. »Weiter so, Jung, dann wird noch was aus dir«, lobt er mich und verabschiedet sich dann.

Als er weg ist, öffnet sich die Tür zum Nachbarbüro. Meine Frau Mutter späht heraus.

»Alles glatt gelaufen?«, fragt sie ihren Chef.

»Alles im grünen Bereich«, meint Kondolek.

»Und, kann ich jetzt wieder nach Hause gehen?«, will ich wissen.

Bevor meine Mutter antworten kann, fragt Kondolek: »Hast du schon das Spiel *Lemmings*? Ich kann's dir ausleihen, wenn du willst.«

Habe ich noch nicht, und so doof, dass ich mich weigere, bin ich nun auch wieder nicht. Alles in allem habe ich in meinem Praktikum wertvolle Kenntnisse und Fähigkeiten erworben: Wie man mit dem Betriebswagen Wendemanöver auf dem Hof fährt und sich beim Faulenzen nicht erwischen lässt.

Das wirklich Doofe an der Sache: Einige meiner Klassenkameraden hatten im Praktikum tatsächlich ausgelotet, ob ihr Wunschberuf eher Traum oder Albtraum war, und konnten sich nun gezielt darauf vorbereiten oder eben den Job suchen, der zu ihnen passte. Ich wusste dagegen immer noch nicht, was ich werden wollte. «

Es ist schlichtweg blöd, die Zeit während eines Praktikums ungenutzt zu verdaddeln. Aber wie sieht die Alternative aus: Sollen wir unbezahlte Überstunden machen, mehr Zielstrebigkeit an den Tag legen – und all das für lau? Vielleicht. Denn damit hätte man zumindest die Chance, einen Job zu bekommen, mit dem man dann auch Geld verdienen kann.

Inzwischen sind Chefs allerorten froh, wenn sie für eine freie Stelle überhaupt jemand Geeignetes finden. Denn es gibt zwar genügend junge Leute, die sich um Jobs bewerben, aber junge Leute, die motiviert sind und über eine gute Ausbildung verfügen, sind offenbar Mangelware.

Die Deutsche Industrie und Handelskammer moniert etwa, dass zwanzig Prozent der Schulabgänger nur auf Grundschulniveau lesen, schreiben und rechnen können. Das sind immerhin rund zweihunderttausend junge Frauen und Männer, bei denen ein einfacher Dreisatz Panikreaktionen oder Aussetzer hervorruft. Kein Wunder also, dass bei der Bundesagentur für Arbeit Zahlenschieber- und vermeintliche Korinthenkackerberufe wie Bankkaufmann oder Einzelhandelskaufmann ganz oben in den Top 10 der unbesetzten Ausbildungsstellen stehen. Auf dem beruflichen Wunschzettel vieler Jugendlicher finden sich eher Jobs wie KFZ-Mechaniker, Verkäuferin oder Friseurin.

Aber auch Studenten oder FH-Abgänger eiern heute auf der Suche nach einem Job wie angeschossene Moorhühner von Firma zu Firma. Diejenigen, die freie Stellen besetzen müssen, sind bei der Talentsuche entsprechend unglücklich. Denn sie wollen aus ihrer Firma kein Dilettantenstadl machen. Lieber lassen sie daher einen Posten unbesetzt, als ihn mit schlecht ausgebildeten, wenig überzeugenden Kandidaten zu besetzen.

Laut dem Institut der deutschen Wirtschaft mangelt es in Deutschland an Ingenieuren, Mathematikern, Informatikern, Naturwissenschaftlern und ausgebildeten Technikern. Doch all diese Berufe erfordern Qualifikationen, die offenbar nur wenige Akademiker besitzen. Die Folge: Die Fahndung nach geeigneten Bewerbern gleicht der Sendung *Aktenzeichen XY... ungelöst.* Drei von zehn Unternehmen finden keine geeigneten Bewerber mit höheren Qualifikationen.

Nach Aussage des Instituts für deutsche Wirtschaft kostet uns dieser Fachkräftemangel jährlich etwa 18 Milliarden Euro. Denn alles, was man vor Ort nicht findet, muss aus dem Ausland eingekauft werden. Zudem müssen Unternehmen lukrative Aufträge ablehnen, wenn ihnen schlicht die Belegschaft fehlt, die den Job machen könnte. Beide Probleme zusammen reißen der Wirtschaft ein finanzielles Loch in den Anzug, mit dem man im Handumdrehen den Bundeshaushalt sanieren, beinahe den Hunger auf der Welt besiegen* oder knapp achtzehntausend Mercedes-SLK-Roadster mit AMG-Ausstattung kaufen könnte.

Wenn du jetzt denkst: »Aber ich hab doch ein Praktikum gemacht, und es hat mir trotzdem nichts genützt!«, dann bist du vielleicht einer von knapp 40 Prozent der Uniabgänger, die erstmal ein oder mehrere Praktika absolvieren, um überhaupt

* Der Generalsekretär der UN-Organisation für Ernährung und Landwirtschaft, Jacques Diouf, hat vorgerechnet, dass zwanzig Milliarden Euro pro Jahr ausreichen würden, um den Hunger zu besiegen.

bei einem Unternehmen am Pförtner vorbeizukommen. Auch das ist leider Realität.

Der freiwillige Experimentierkurs hat also auch seine Tücken und gereicht einem nicht immer zwangsläufig zum Vorteil: Jeder Zweite erhält dafür nicht einmal Lohn; viele fühlen sich daher seit Jahren als billige Arbeitskraft ausgenutzt. Was machen sie falsch?

Personalchefs sehen in der fehlenden Erfahrung vieler Berufseinsteiger und der praxisfernen Ausbildung an deutschen Hochschulen das größte Manko. Trotzdem brauchst du dich von ihnen nicht verheizen zu lassen – vor allem dann, wenn du gute Arbeit leistest und schon einige Talente mitbringst. Es gehören natürlich Mut und ein gutes Einschätzungsvermögen dazu, die eigenen Rechte einzufordern und dabei nicht über das Ziel hinauszuschießen.

»Die jungen Leute, die aus der Hochschule kommen, dürfen nicht missbraucht werden.«

Franz Müntefering

Das Praktikum ist im besten Fall also ein berufliches Überbrückungskabel. Es ist die Schnittstelle, das Bindeglied zwischen Theorie und Praxis. Gute Noten in der Schule oder an der Uni bedeuten nicht automatisch den Durchblick im Job. Wer theoretisch gut ist, kann praktisch ein totaler Loser sein.

Wie fängt man es also mit der praktischen Übung am geschicktesten an, ohne sich gleich beim Einstieg in den Beruf Sodbrennen oder Burnout zu holen?

Vielleicht hast du selbst schon einmal ein Praktikum oder eine Assistentenstelle abgelehnt, weil du es für reine Zeitverschwendung hieltest? Oder aber du würdest gerne ein Praktikum absolvieren und findest nicht den geeigneten Platz? Vielleicht hast du auch eine Stelle ergattert und weißt nun gar nicht, was du dort eigentlich sollst?

Im Folgenden erfährst du, wie du die Praktikumstortur überstehst, ob man sie überhaupt durchmachen muss oder wie man es vermeidet, unfreiwillig zum Kaffeeknecht für ältere Kollegen zu werden. Lerne, wie man mit einfachen Tricks schneller an die ersehnte Stelle kommt. *Get dressing for success,* oder anders gesagt: Da hast du den Chefsalat.

Das Leben könnte so schön sein. Muss ich wirklich Praktika machen?

In einer perfekten Welt könnte jeder Geld mit einem Billigfarbdrucker aus China drucken, wäre »Der Klimawandel« allenfalls ein neuer Film mit Special Effects von Roland Emmerich, und McDonald's würde nicht dick machen. Leider liegen die Chancen, dass dieses Szenario wahr wird, im negativen Bereich. Und deshalb kommt leider auch niemand als Experte für seinen Wunschberuf auf die Welt. Vielleicht wird dies mit einer guten Portion Gentechnik in der Zukunft möglich sein, aber bis dahin ist es noch ein weiter Weg.

Wer groß rauskommen will, muss klein anfangen. Das Berufsleben ist kein Wohltätigkeitsbasar, und niemand darf zum Einstand gleich einen Topjob erwarten. Oder wie Ranga Yogeshwar vielleicht in fünf Minuten erklären würde: Das Praktikum ist so etwas wie ein Einzeller auf der Evolutionsleiter. Auch in der Entlohnung spiegelt sich diese Einordnung meist wider. Wegen der schlechten Bezahlung und weil wir es gewohnt sind, grundsätzlich zu wenig Zeit zu haben, kommt es vielen unsinnig vor, sich überhaupt dieser Tortur zu unterziehen. Schade, denn sie ist höchst sinnvoll. Die Schule und auch viele Studiengänge bereiten nicht gezielt auf einen Beruf vor und entlassen ihre Absolventen mit purem Bücherwissen in die große weite Jobwelt – eine Tatsache, die Personaler kritisch sehen.

Abhilfe schaffen ein oder im besten Fall mehrere Praktika. Hier kann man herausfinden, wie ein Unternehmen tickt und was im jeweiligen Wunschberuf gefordert wird: Wird man als Cop tatsächlich jeden Tag in Feuergefechte verwickelt? Hält meine Haut das ständige Shampoonieren im Hundebeautysalon wirklich aus? Muss man als Bankangestellter Räuber im Alleingang erledigen – und stinkt Geld vielleicht doch, wenn viel davon an einem Ort versammelt ist? Vielleicht darfst du als Journalist heißen Storys hinterherjagen, denn auch beim Jahrestreffen des Kaninchenzüchtervereins oder der Betriebsversammlung des örtlichen ÖPNV geht es ganz schön zur Sache!

Das Schöne ist, dass du als Praktikant (beinahe) einen Freifahrtschein hast. Du darfst Fehler machen, und selbst wenn du morgens am Schreibtisch über deinem Kater brütest, ist das nicht so tragisch. Davor, danach und dabei kannst du lernen, wie die von Personalern oft eingeforderten Soft Skills sich hautnah anfühlen: Was echte Teamarbeit ist, wie man seinen Job organisiert, oder ganz einfach wie Kollegen miteinander umgehen. Lausche dem Raunen des Flurfunks, sieh dabei zu, wie Intrigen geschmiedet werden, oder analysiere, warum manche Kollegen unter der Arbeitslast stöhnen, aber immer einen leeren Schreibtisch haben, während andere still und heimlich hinter einem Aktenberg das Unternehmen retten.

Hast du im Praktikum den Topscore erreicht, winkt dir eine Belohnung: Immerhin könnte es sein, dass du nach der praxisnahen Zeit eine Ausbildungsstelle oder Festanstellung angeboten bekommst, wenn du positiv aufgefallen bist. Nach einer Studie der Unternehmensberatung McKinsey bevorzugen 56 Prozent der Firmen ehemalige Praktikanten als Neueinsteiger.

Heißt das etwa auch: Möglichst viele Praktika sammeln, um bessere Chancen auf einen festen Job zu haben? Nein. Endlosschleifen zu drehen ist nicht sinnvoll. Über den Daumen gepeilt sollte ein Student im Hauptstudium drei bis vier Praxiserfahrungen gesammelt haben, um sein berufliches Profil zu stärken. Denn wenn ein möglicher Arbeitgeber den Praktikumsmarathon im Zeugnis erblickt, soll er sich schließlich nicht die Frage stellen: Ist der Kandidat ein totaler Freak, oder warum will den keiner?

The Time is now.
Wann ist der optimale Zeitpunkt fürs Praktikum? Oder gibt's den gar nicht?

Praktika kann man eigentlich immer machen – solange man noch keine feste berufliche Verpflichtung hat, versteht sich. Auch wen das Verlangen nach dem praktischen Schnupperkurs nicht zwingend überfällt, sollte Zeitfenster nutzen: Wenn die Batterien im Gamepad mal wieder leer sind, wenn im Sommer die Lieblingssoap pausiert oder wenn dein Partner sich nach der Lektüre von *Feuchtgebiete* wochenlang nicht gewaschen hat.

Was das bringen soll? Check deine Berufswünsche, und triff die Entscheidung für einen Job. Oder klopfe die gewählte Ausbildung auf Sinn und Verstand ab. Nach dem Studium ist ein Praktikum der perfekte Ort, um das theoretische Wissen an der Wirklichkeit auszutesten. Jetzt ist auch die Zeit, um wichtige Kontakte zu knüpfen. Du denkst vielleicht: »Ich kopier ja nur für die«, und die denken vielleicht »kopiert ja nur für mich«. Aber sobald du jemandem beweist, dass du was draufhast oder dich jemand einfach sympathisch findet, könnte dieser Schlipsträger oder jene Bürorennschnecke dich weiterempfehlen. Und das erleichtert den Berufseinstieg enorm.

Wichtig ist, dass du dich frühzeitig bewirbst, da es für begehrte Praktika Wartelisten gibt, die in Einzelfällen bis zu zwei Jahre im Voraus gefüllt sind. Zeig dich immer engagiert und verbindlich, selbst wenn das manchmal schwer in die Tat umzusetzen ist. »Ich komm morgens nie vor neun, da bin ich zu verpennt und oft auch noch verkatert vom Vortag« – das ist keine Information, die einem möglichen Arbeitgeber ein Strahlen aufs Gesicht zaubert.

Fünf Mal fit für den Arbeitseinstieg. Worauf muss ich achten, wenn ich mich um einen Praktikumsplatz bewerbe?

1 Schau bei der Bewerbung genau hin. Was können die, was du gerne könntest – bietet der Käsebrötchengeber das, wonach du suchst? Es nützt nichts, sich bei einem Taxiunternehmen zu bewerben, wenn du Rennfahrer werden willst.

2 Zurückhaltung ist eine Zierde. Bescheidenheit kann im Beruf jedoch fehl am Platze sein. Immerhin sollen deine Kollegen dich als interessierten jungen Menschen mit einem Namen in Erinnerung behalten. Der Grat ist jedoch schmal: Stell Fragen, aber nerv nicht, wenn alle Kollegen mit ihrer Arbeit im Rückstand sind. Zeig Interesse, aber erweck nicht den Eindruck, du wärst ein Wirtschaftsspion.

3 Eine Firma ist kein Satiremagazin. Schraub deine Ansprüche an die Humorfähigkeit der Kollegen herunter. Zunächst einmal. Nach einer Weile kannst du dann unbesorgt auspacken, was immer du witzig findest. Für die meisten Sorten Humor finden sich in einer großen Firma Anhänger.

4 Auch wenn man dir einen Computer an den Arbeitsplatz stellt, bedeutet dies nicht, dass du nun acht Stunden lang frei surfen oder online deine Fähigkeiten als Magier in *World of Warcraft* erweitern sollst. Viele EDV-Abteilungen führen Buch: Wer die Firmenserver für private Spielereien nutzt, für den könnte schon bald *game over* sein.

5 Auch wenn du nicht beim BND oder dem Secret Service arbeitest: Geh mit Interna vertraulich um. Das Gleiche gilt für die Zahlung von Naturalien vonseiten des Arbeitgebers. Arbeitest du zum Beispiel bei einer Spielefirma und bekommst jeden Monat die neuesten Games noch vor der Erstveröffentlichung als kostenlose Mitarbeiterexemplare, solltest du diese nicht gleich bei Ebay verscherbeln. Im Zweifelsfall gibt es Kollegen, die den Secondhandler ebenfalls kennen. Und, ja wirklich: Es ist illegal.

Sean Connery wurde für die Rolle des James Bond entdeckt, während er als Bademeister arbeitete. Sollte ich im Freibad jobben, um meinem Traumjob als Filmstar näher zu kommen?

Das ist in etwa genauso aussichtsreich wie mit Peitsche und Hut ins Museum zu gehen, um als Archäologe entdeckt zu werden. Ähnlich erfolgreich wirst du sein, wenn du im Trenchcoat und mit Sonnenbrille vor der Zentrale des BND auf und ab spazierst oder dich in die gelbe Rakete auf dem Kinderkarussell hockst und hoffst, dass dich dann jemand von der NASA anspricht.

Es gibt einfachere und effektivere Wege, an ein Praktikum oder den ersten Job zu kommen. Moderne Klassiker sind mittlerweile Stellenbörsen wie praktikum.de oder monster.de. Statt mühsam den Kleinanzeigenteil in der Zeitung zu durchforsten, suchst du besser hier gezielt nach Stellenausschreibungen. Ein eindeutiger Vorteil: Du bist aktuell informiert, ohne deinen Brausepopo aus dem Haus zu bewegen. Neue Portale wie younect.de gehen genau den umgekehrten Weg: Nach Art eines bohlenfreien Castings bieten hier junge Berufseinsteiger ihre Dienste an, und die Unternehmen können gegen ein hübsches Sümmchen aus einer Reihe geeigneter Bewerber auswählen. Younect ist ein Mix aus StudiVZ, Infoportal des Arbeitsamtes und Stellenanzeige. Neben Praktika findet man hier auch Lehrstellen oder Einsteigerjobs.

Für die Bewerber ist die Nutzung kostenlos. Du kannst dort ein Profil anlegen, ein paar Fragen zu deinen Fähigkeiten und deiner Person beantworten, das Profil deines Traumberufs checken und dann in aller Seelenruhe darauf warten, dass ein potenzieller Arbeitgeber anbeißt und eine Nachricht in deinem Mailfach deponiert.

Da Kontakte immer ernster genommen werden, freuen sich viele über Portale im Internet, die eine Vitamin-B-Spritze für den gelungenen Jobeinstieg darstellen. Dies ist die Stärke von virtuellen Netzwerken wie Xing, formerly known as Open BC (siehe Übersicht in Level 3).

Aber es gibt auch unmittelbarere Wege der Kontaktaufnahme mit dem fremden Planeten Arbeit: Einer davon ist die Bonding-Messe der TU Karlsruhe. Mit Lustpraktiken hat das nichts zu tun. Hier geht es um Bonding statt um Bondage, aber vielleicht fällt dabei für dich genau der Job ab, der dich fesselt: Die Bonding-Messe – ähnlich der Akademika in Nürnberg oder den bayerischen Karrieretagen – ist eine der vielen regionalen und bundesweiten Jobmessen, auf denen man Kontakte knüpfen und Unternehmen unter die Lupe nehmen kann. Nach den letzten Klausuren an der Uni besuchen viele Absolventen auch so genannte Recruiting-Messen wie Konaktiva, Campus Chances, Access oder Career Venture. Hier stehen die Chancen gut, dass man am Ende des Tages ein konkretes Angebot in der Tasche hat. So innovativ die Namen der Messen klingen, der Körpereinsatz dabei ist nicht für jeden etwas.

Von wem auch immer man sich helfen lässt, eine klare Vorstellung, was man beruflich mit seiner Zeit anfangen möchte, hat bei solchen Überlegungen noch nie geschadet. Wenn du zu den Glücklichen gehörst, die wissen, was sie beruflich machen wollen, dann überleg zuerst, welche Schritte und Fähigkeiten nötig sind, um dein Ziel zu erreichen. Wenn du beispielsweise sagst: »Ich will unbedingt Schweinemelker werden!«, gib die Berufsbezeichnung einfach mal bei Google ein oder nerv den örtlichen Arbeitsagenturmitarbeiter. Fragen können sein: Welche sind die einschlägigen Betriebe, die in Deutschland Schweinen an die Zitzen packen, wie viele offene Stellen gibt es am Schwein, und wie muss man so eine Sau eigentlich beim Melkvorgang behandeln?

Innenseitertipp: Nicht immer bietet das größte und bekannteste Unternehmen auch das beste Praktikum. Bei kleinen Firmen gibt es oft eine individuellere Betreuung von Berufsanfängern, Praktikanten und Azubis.

Lernen von Hydranten – fünf Toptipps für Testarbeiter

▶ Der wichtige Teil des Hydranten liegt unter der Erde und ist für den Normalsterblichen unsichtbar. Von Hydranten lernen, heißt siegen lernen: Sie können was, zeigen das aber nicht immer. Man muss seine Kenntnisse und Fähigkeiten nicht immer ständig jedem unter die Nase reiben.

- Im Notfall sind sie da und ein verlässlicher Partner am Brandherd. Sie machen sich dadurch unentbehrlich.

- Sie ermöglichen die Wasserentnahme auch zu anderen Gelegenheiten. Was du daraus lernen kannst? Nicht nur in Notfällen nützlich, sondern allzeit gegenwärtig und eine Hilfe zu sein.

- Ein Hydrant würde nicht mehr Geld verlangen oder einen Aufstand machen, wenn man ihn stark beansprucht. Er weiß, dass ihm Anerkennung und Dankbarkeit auch später noch sicher sind.

- Hydranten ruhen in sich selbst. Sie fallen durch ihre besondere Farbe auf, machen aber kein Gewese um ihre Wichtigkeit. So sollen angenehme Mitarbeiter sein.

Über Geld spricht man nicht. Aber andererseits: Ein offenes Wort hat noch keinem geschadet ...

Wann ist der richtige Zeitpunkt, um anzudeuten, dass du noch viel motivierter an die Arbeit gehen würdest, wenn dabei ein wenig mehr Geld herausspränge? Du bist schon auf dem richtigen Weg, wenn du nicht gleich mit der Abrissbirne in das Vorstellungsgespräch krachst. Fragen wie »Was is jetzt mit der Kohle?« kommen zwar auf den Punkt, sind aber tabu. Ein wenig Selbstbewusstsein kann trotzdem nicht schaden.

Übliche Praktikantengehälter, die meist euphemistisch als »Aufwandsentschädigung« bezeichnet werden, liegen zwischen 300 und 500 Euro im Monat – falls das Unternehmen überhaupt etwas zahlt. Abhängig ist die Zahlungsbereitschaft auch von der Liquidität der Branche: In Medienunternehmen arbeiten Praktikanten oft gratis, da die Plätze rar und begehrt sind, denn das Wort »Medien« besitzt immer noch einen magischen Klang. Einige Unternehmen stecken den finanziellen Rahmen jedoch weiter und zahlen bis zu 1 000 Euro im Monat. Wie groß die Überlebenshilfe am Ende tatsächlich ist, hängt oft vom persönlichen Verhandlungsgeschick und von den Qualifikationen ab, die man mitbringt. Wenn du als Uni-Absolvent gute Leistungen bringst, bist du für ein Unternehmen eine lohnendere Investition als ein Schülerpraktikant, der mit seinem Haarschopf die Tischplatte poliert, weil er die Praktikumszeit verpennt.

Kurz und gut: Lerne, deine Leistungen und die Zahlungsmoral des Unternehmens realistisch einzuschätzen. Wenn eine Firma ein Fixgehalt von 500 Euro zahlt, ist das für Praktikanten ohne Berufserfahrung schon eine veritable Anerkennung und muss nicht um jeden Preis noch mit Extrascheinen vergütet werden. Immerhin verdient die Hälfte der Praktikanten nur sehr wenig bis gar nichts.

In vielen Fällen hat man als Bewerber die Chance, seine Vorstellungen einem Realitätstest zu unterziehen: Erkundige dich im Internet oder bei ehemaligen Praktikanten, was die Firma üblicherweise zahlt, und vergleich diese Summe mit dem, was man dir angeboten hat.

Jammern und Wehklagen stoßen nur in wenigen Gehaltsverhandlungen auf Mitleid – und wenn, dann betrifft das Mitleid eher deinen Geisteszustand. Darum solltest du gegenüber deinem zukünftigen Chef lieber mit deinem Fachwissen auftrumpfen, als schluchzend einzuwenden, dass du deiner siamesischen Baumkatze bei diesem kargen Gehalt keine Leckerlis kaufen kannst.

Ist der Betrieb in den Miesen oder besteht keine Möglichkeit, deinen Verhandlungspartner davon zu überzeugen, dass du mehr verdienst, könntest du dich freundlich nach betrieblichen Sonderleistungen erkundigen: Für Praktikanten bieten einige Firmen günstige oder mietfreie Wohnungen an, und beim kostenlosen Essen in der Kantine geht zwar die Katze leer aus, aber du selbst musst wenigstens keinen Hunger leiden. Fragen lohnt sich.

Auch wenn du gerne herausfinden würdest, ob Geld glücklich macht: An der Zahlung von 100 Euro mehr oder weniger sollte dein Praktikum nicht scheitern, wenn die Erfahrungen, die du dort machen kannst, wirklich ein Gewinn sind. Es geht schließlich nicht primär ums Geldverdienen, sondern darum, Praxiserfahrung zu sammeln und den eigenen Horizont zu erweitern.

Nur Draufzahlen ist doof.

Anne erzählt

»Duhu, Anne«, sagt Sonja, meine Praktikumschefin. Ich mag sie. Sie hat eine Menge drauf, und außerdem habe ich den Schnupperkurs im Lektorat eines Verlags ihr zu verdanken. Es macht Spaß, und ich darf auch schon anspruchsvolle Texte überarbeiten. Weniger schön ist die geringe Entlohnung – 630 Mark sind in Frankfurt am Main nicht gerade üppig, mein Lebensstil ist entsprechend bescheiden: sechs billige Zimmer zur Untermiete – nacheinander, versteht sich –, Wochenendheimfahrten mit waghalsigen bis lebensmüden Mitfahrgelegenheiten und ein geliehenes Fahrrad mit zweifelhafter Bremsfunktion. Was tut man nicht alles für die Festanstellung im Traumberuf?

»Was machst du eigentlich nach deiner Zeit bei uns?«, fragt Sonja mitten in meine Gedanken hinein.

»Ein paar Bewerbungen sind noch offen«, antworte ich, obwohl nur Absagen ins Haus geflattert sind. Am liebsten würde ich hier bleiben.

»Könntest du dir auch vorstellen, bei uns zu bleiben, wenn sich nichts anderes ergibt?«

»Schon«, sage ich langsam. Ja! Ja! Ja! Das ist der Fahrschein zum festen Job. Endlich!

»Toll!« Sonja ergeht sich in einer Lobeshymne, und ich wehre bescheiden ab. In Gedanken gehe ich schon auf Wohnungssuche. Eine richtige Wohnung! Ich bin so begeistert, dass mir gleich ein paar formschöne Möbel einfallen, mit denen ich sie bestücken kann.

»Wenn ihr das so gut findet, bleibe ich natürlich«, sage ich.

»Wir können deine Hilfe im Moment wirklich gut gebrauchen.« Sonja strahlt. »Ich schreibe ich dir auch ein besonders gutes Praktikumszeugnis, wenn du noch einen Monat bleibst!«

Die Schlüsselqualifikation: Wie viel Löffel Kaffee kommen eigentlich auf einen halben Liter Wasser?

Urs Seitzinger leitet eine kleine Werbeagentur in Düsseldorf. Praktikanten sind für ihn praktisch unentbehrlich. Eine der Basisaufgaben der Möchtegern-Sloganizer ist es, die Mannschaft mit Koffein zu versorgen. Zu deutsch: Kaffeekochen. Neulich vergaß ein Praktikant allerdings eine wichtige Zutat. Das Kaffeepulver. Er verwechselte es mit dem Kakaopulver, das in der Dose daneben stand. Bei der Belegschaft stand der junge Mann danach eine Woche lang unter strenger Beobachtung. Wer nicht mal Kaffee kochen kann, so der Konsens, der ist doch nur ein Sprücheklopfer.

In der Werbebranche vielleicht nicht einmal die schlechteste Ausgangsvoraussetzung.

Röstbohnenmehl in eine schmackhafte Tasse Kaffee zu verwandeln ist eine Kunst für sich und kann hin und wieder über Karrieren entscheiden. Wer als Praktikant so richtig was zusammenbraut, der hat gute Chancen, beim Chef und den Kollegen zu punkten und sich für eine Festanstellung zu empfehlen. Unser Tipp: Drei gestrichene Esslöffel auf einen Liter halten die Belegschaft munter und hauen niemanden aus den Socken. Für harte Fälle eine Extrakanne zubereiten: hier die doppelte Menge verwenden und den Defibrillator zurechtlegen.

Geheimtipps und Vertuschungsstrategien

- Situation: Du wirst aufgefordert, jede Woche Protokoll zu schreiben, hast aber keine Lust, dir all die Namen der Anwesenden zu merken, geschweige denn die Projekte, von denen die Rede ist. Lösung: Du suchst dir eine Tätigkeit, die genau zu der Zeit stattfinden muss, wenn du in der Konferenz Protokoll führen sollst. Hier bietet sich die freiwillige Übernahme der Telefonzentrale an.

- Du willst mehr Kontakte? Fang an zu rauchen, und lern dadurch flugs alle Raucher kennen. Behaupte bei den Nichtrauchern, du würdest verzweifelt aufhören wollen. Dann ist dir der missionarische Eifer deiner nichtrauchenden Kollegen gewiss, und du hast das Beste beider Welten.

- Melde dich niemals mit »Praktikant der Abteilung XY« am Telefon. Es könnte ein Headhunter dran sein. Immer bloß den Namen und die Abteilung nennen.

▶ Übe vor dem Spiegel einen bestimmten, emotionalen Gesichtsausdruck, der authentisch wirkt. Du kannst ihn brauchen, wenn du den Chef überzeugen willst, dich im Unternehmen zu halten.

▶ Denk dir einen klangvollen Zusatz zu deinem Namen aus. »Hallo, ich bin Sebastian Beutlin, Beutlin wie der kleine Hobbit mit den großen Füßen in *Herr der Ringe*« kann jedoch kontraproduktiv sein. Dann kennt zwar jeder deinen Namen (die oberste Regel des Selbstmarketings), aber wenn die Körpergröße stimmt, wird dieser Spitzname dich bis ans Ende deiner Tage verfolgen.

▶ Denke groß. Würde Jimi Blue Ochsenknecht jemals für irgendwen Kaffeeautomat spielen? Wahrscheinlich nicht. Und du auch nicht. Wenn du gefragt wirst, immer gleich was Wichtigeres parat haben, das du tun musst. »Ich muss meine Haare toupieren« oder »Mein Wellensittich ist krank« halten nur bedingt als Ausreden her.

Aber ich bin doch keine lebende Kaffeemaschine! Was du tun kannst, wenn neben der Koffeinaufbereitung nichts Heißes auf deinem Tagesplan steht

Das Herstellen eines einwandfreien, mittelstarken und gut bekömmlichen Röstbohnenheißgetränks ist seit Erfindung der Kaffeepad-Maschinen keine Zauberei mehr. So muss man in vielen Fällen gar nicht mehr selbst Kaffee kochen. Dennoch setzen viele Unternehmer Praktikanten als Heißgetränkbereiter ein. Oft müssen die jungen Menschen sogar in Überstunden brauen und werden schlecht dafür bezahlt.

Du ahnst es bereits: Beim Kochen des schwarzen Bürogolds geht es nicht um die Förderung individueller Fähigkeiten oder die Ausbildung zum Junior Coffein Creator. Wer als bessere Kaffeemaschine sein Praktikum fristet, der sollte nachhaken und einen sinnvollen Zeitvertreib einfordern.

Bereits vor dem Praktikum kann man mit der Führungskraft seines Vertrauens absprechen, welche Tätigkeiten das Praktikum umfassen soll. Stell dir neben der »Wieso immer ich?«-Überlegung folgende W-Fragen:

- Welche Fähigkeiten will ich während der Zeit im Unternehmen erwerben?
- Welche Abteilungen würde ich gerne kennenlernen?
- Welche Aufgaben interessieren mich besonders?

Nach dem Ausbrüten der Antworten gehst du zu deinem Praktikumsbetreuer. Vielleicht solltest du ein Kännchen Kaffee zur Güte mitnehmen.

Im besten Fall gibt es einen Praktikumsvertrag, in dem die Tätigkeiten vorgegeben sind, und man hat ein Argument schwarz auf weiß, wenn die Absprachen nicht eingehalten werden. Laut Gesetz ist die Firma bei berufsbildenden Praktika sogar dazu verpflichtet, einen Vertrag abzuschließen. Näheres weiß im Zweifelsfall das Bundesministerium für Arbeit und Soziales oder der Deutsche Gewerkschaftsbund.

Wenn sich dein Chef dazu bereit erklärt, die Ziele der Kurzarbeitsphase in einem Praktikumsvertrag zu fixieren, solltest du ihn also keinesfalls bremsen. Denn dann wird das Gespräch über Vollzeitkaffeekochen und -kopieren zum Spaziergang: Wenn du das Gefühl hast, dass der Vertrag nicht eingehalten wird, wendest du dich einfach an deinen Ansprechpartner im Betrieb. Vom Gang zum Rechtsverdreher solltest du außer in Extremfällen wie sexueller Belästigung oder dem Fund von Sprengstoff unter deinem Schreibtisch besser absehen, und das nicht nur, weil Anwälte selten zu Praktikantengehältern arbeiten.

Hilfreich ist es schon eher, wenn man hin und wieder auch mal Nein sagt. Du musst nicht jede Arbeit übernehmen, die dir angetragen wird. Zum Beispiel bist du nicht verpflichtet, in der Mittagspause für den Chef bei Aldi zwei Tragetaschen mit Grillwürstchen zu füllen. Und da du Anfänger bist, ist es außerdem völlig normal, wenn du das Pensum der erfahrenen Kollegen nicht vom ersten Tag an erledigen kannst. Auf einem Bauernhof würdest du schließlich auch nicht gleich alle hundert Kühe allein melken können. Das werden deine Chefs und Kollegen verstehen.

Als Praktikant ist es verständlich und auch wünschenswert, wenn du die kleineren Brötchen zuerst backst. Es wäre eher ungewöhnlich, wenn einem Praktikanten gleich in den ersten Tagen die Erstellung des Geschäftsberichts anvertraut würde. Und auch wenn er dies mit aller Gewalt einfordern wollte, wird er dafür nur Kopfschütteln ernten.

Hit-Tipp für Top-Trickser: Nimm den Kollegen unliebsame Tätigkeiten und Botengänge ab, dann revanchieren diese sich oft mit interessanteren Aufgaben. Manchmal erzählen sie sogar von ihrer eigenen Zeit als Praktikant und geraten dabei wider Erwarten ins Schwärmen.

Tricky Situations – was im Praktikum alles schiefgehen kann

▶ Nach der Betriebsfeier begleitet dich der Firmen-Casanova, der gleichzeitig Chef der Abteilung ist, in dein Zimmer und kommt dir immer näher. Ihn loszuwerden und dabei gleichzeitig freundlich zu bleiben, ist so schwierig, wie einen Pudding an die Wand zu nageln. Versuch noch zu sagen: »Ich muss leider weg, keine Zeit mehr«, bevor er dir seine Zunge in den Hals schieben kann. Oder zück dein Handy und frage höflich: »Ihr Hosenstall ist offen, darf ich ein Foto für unsere Pinnwand machen?«

▶ Du stehst auf dem Herrenklo und plätscherst ins Pinkelbecken. Die Tür geht auf, und Scheffe stellt sich neben dich. Was tust du? Antwort A: Du bist ein Mann. Also verhalte dich auch so. Grüße freundlich und guck wieder geradeaus. Nicht gegenseitig anstupsen und nicht vergleichen.

Antwort B: Du bist eine Frau. Frag dich ernsthaft, was du hier gerade machst.

▶ Deine Mutter ruft jeden Tag um sechzehn Uhr an, um sich zu erkundigen, wie es dir geht. Das allein würde reichen, damit Attila der Hunnenkönig vor Scham im Boden versinkt. Aber du bist vollkommen von den Socken, als deine Frau Mama am letzten Praktikumstag auch noch mit selbstgebackenen Plätzchen vor der Bürotür steht. Gehe offensiv damit um: Biete deiner Mutter einen Platz und den Kollegen die Plätzchen an, dann brauchst du sie nicht selbst zu essen.

Gibt es die Generation Praktikum überhaupt noch?

Die Generation Praktikum gehört nicht ins Reich der Mythen wie etwa die Bielefeld-Theorie und die »Paul is dead«-Behauptung zur Echtheit des vierten Beatles. Es gab und gibt eine Gemeinde ausgenutzter Langzeitpraktikanten. Sie ist allerdings viel kleiner als angenommen. Nach einer Studie der HIS Hochschulinformations-System GmbH gibt es geschröpfte Dauerpraktikanten nur in bestimmten Fächern und Berufsrichtungen. Während die meisten Absolventen technischer und naturwissenschaftlicher Fächer direkt nach der Verleihung der Abschlusszeugnisse einen Job bekommen, verdingt sich fast jeder fünfte Geisteswissenschaftler als Praktikant. Selbst schuld, denken viele jetzt vielleicht, Mama hat ja gesagt, dass das kein rentables Fach ist. Da es also nur bestimmte Bereiche der Wirtschaft betrifft, kann man nicht von einer flächendeckenden Generation Praktikum sprechen, wohl aber von einer gefühlten. Auch Dauerpraktika sind eher vereinzelte Firmenausrutscher: Rund die Hälfte der Praktikanten arbeitet maximal drei Monate.

Die Beschwerden über die Praktikantenausbeutung werden leiser. Und nicht ohne Grund: Der demografische Wandel hat die Wirtschaft im Griff. In den kommenden Jahren werden die Zahlen der Schulabgänger und Hochschulabsolventen weiter sinken. Weniger junge Leute bedeuten weniger potenziellen Nachwuchs für die Wirtschaft. Wer die Zukunft seiner Firma sichern will, muss die Berufseinsteiger umwerben. Und das könnte rosige Zeiten für diese in Aussicht stellen. Wenn der Personaler drei Mal klingelt – dann bringt er vielleicht Blumen und schon unterschriftsreife Verträge mit. Denn die Kräfte der Zukunft sind heiß begehrt. Willst du wissen, wie du zum feuchten Traum aller Headhunter wirst? Dann lies aufmerksam bis zum Ende, hier kommt der Masterplan:

Der Doof-it-Yourself-Masterplan

**Germany's next Top-Praktikant –
So machst du eine gute Figur!**

1 Überleg genau, wie lang der Arbeitsaufenthalt in der Firma werden soll. Wenn du dabei über zwei bis drei Monate hinauskommst, musst du dich fragen, ob du zum Stamm

der Ausgebeuteten gehörst. Nicht jeder Chef ist ein Sterne-Koch, nicht jedes Unternehmen ist so viel Selbstausbeutung wert. »Wenn jemand sechs Monate unbezahlt bei Paul Bocuse Kochen lernen kann, ist das im Lebenslauf Gold wert und sicherlich ein Angebot, das man gern annimmt«, sagt die Bundestagsabgeordnete Helga Kühn-Mengel. Was sie dabei nicht sagen muss: Am Burgergrill wäre ein sechsmonatiges unbezahltes Praktikum Ausbeutung.

2 Egal wie lange man ein Praktikum macht, eines ist klar: Reich wird man damit nicht. Es sei denn, man verscherbelt die Einrichtung der EDV im Internet. Aber das haben schon ganz andere versucht und sind damit böse auf die Nase gefallen. Falls man dir ein Entgelt zahlt: freuen und den Arbeitgeber unter »Favoriten« sichern. Je nach Branche und Länge des Praktikums sind 500 Euro pro Monat schon eine faire Sache. Wenn du allerdings für 500 Euro im Monat drei Jahre lang die Straße kehren sollst, solltest du dich fragen, ob die Fairness da nicht ein wenig überstrapaziert wird. Ein Tipp: Wenn das Praktikum verlängert wird, bedeutet das, dass der Arbeitgeber mit dir zufrieden war. Du kannst dann durchaus noch einmal über ein Entgelt verhandeln.

3 Und hier noch einige Fragen zum Generalcheck: Was kannst du in der Firma lernen, was darfst du machen? Warum machst du ausgerechnet dieses Praktikum? Wie soll dein späterer Berufsweg aussehen? Gibt es jemanden im Betrieb, der dein direkter Ansprechpartner ist? Ist der Aufgabenbereich abgesteckt wie auch die Vergütung und der Urlaub? Wenn du länger als drei Monate in irgendeinem Büro verbringst, brauchst du freie Tage, glaub uns das. Pro Jahr gilt der Urlaubsanspruch von vier Wochen, das ist so auch gesetzlich verankert. Anteilig hast du den auch fürs Praktikum – also bei drei Monaten wäre das eine Woche Urlaub.

Falls das Praktikum dazu dient, einen konkreten Beruf zu erlernen und nicht nur hineinzuschnuppern, gibt es auch einen Anspruch auf Lohnfortzahlung im Krankheitsfall.

4 Endlich dort angekommen, wo du einen Praktikumsplatz haben wolltest? Super. Ganz großes Kino. Damit du nach Abschluss der Büroprobe eine Chance auf Festanstellung im Traumjob zum Niederknien bekommst, solltest du die Schlüsselbegriffe »Lernen« und »Eigeninitiative« während des Praktikums im Kopf behalten. Deine Fertigkeiten und auch dein Ansehen steigerst du mit komplexen Aufgaben, die du nach und nach übernimmst. Dabei solltest du dies mit den Vorgesetzten abstimmen: Unbeliebt macht sich, wer eigenmächtig Aufträge mit Geschäftskunden in die Wege leitet, die mit den Verantwortlichen nicht abgesprochen sind. Wir haben einen Vertriebspraktikanten erlebt, der sich selbst einen fantasievollen Institutsnamen gab und dann auf eigene Faust eine Umfrage über die Lieblingslektüre der Angestellten durchführte. Also: Zeig Initiative, aber bleib dabei auf dem Boden der Tatsachen!

5 Dein Berufsschnupperkurs wird bunter, wenn du in Absprache mit dem Praktikumsbetreuer bei anderen Abteilungen reinschaust. Der Besuch der scharfen Kollegin aus der Abteilung Qualitätssicherung hat damit allerdings nichts zu tun. Und erst recht nicht, wenn man dabei an der Dame selbst schnuppert. Ein Blick über den Tellerrand beweist deinen überdurchschnittlichen Einsatz, ein Blick über die Bettkante der Kollegin nicht.

Der Doof-it-Yourself-Masterplan

6 Ist das Praktikum vorüber, solltest du Weitblick zeigen und Kontakt halten. Viele Branchen sind klein, und der Kollege, mit dem du dich gut verstanden hast, könnte dich weiterempfehlen oder bei einer frei werdenden Stelle vorschlagen. Wenn du das Praktikum sanft in ein Studium oder die Schulferien eingebettet hast, könnte man nach deinem Abschluss wieder auf dich zurückkommen. Also keine falsche Scheu. Melde dich in regelmäßigen Abständen bei den ehemaligen Kollegen.

7 Das große Finale: Stell dich einer ehrlichen Kritik. Was hast du im Praktikum richtig und falsch gemacht? Im besten Fall kannst du dies in einem Gespräch mit dem Praktikumsbetreuer klären, denn dieser sollte dich am besten kennen. Wundere dich nicht, wenn du das Zeugnis selbst schreiben sollst, und nutze dafür einschlägige Berufsratgeber zur Zeugnisformulierung. Immer noch besser, als ein Standardzeugnis nach Hause zu tragen, in dem gar nichts über deine individuellen Fähigkeiten steht.

Level ❷

Erster Job.
Reinkommen, dabei bleiben und gut aussehen

Vor den Job hat der liebe Gott die Entschlüsselung von Stellenanzeigen und das Bewerbungsgespräch gesetzt. Wer hat sich nicht schon gefragt, was mit »Sie sind flexibel und belastbar« gemeint ist? Wie praktisch wäre ein Stellenanzeigen-Übersetzer. Er könnte die Anzeige für dich in Realsprache übersetzen. In diesem Fall käme heraus: »Du verpfändest uns deinen Hintern und sagst nichts, wenn wir dir pro Woche dreißig Überstündchen aufbrummen.«

Vorausgesetzt, du hast die Stellenanzeige richtig interpretiert, solltest du beim Bewerbungsschreiben folgende Basics und No-gos beachten:

Die Set-Card für den Job. Die perfekten Unterlagen

▶ Die **Essentials**: Anschreiben, Bewerbungsfoto, Lebenslauf, Zeugnisse von früheren Arbeitsstellen, Ausbildung, Studium und Schule, Fortbildungsnachweise, eventuell Arbeitsproben (gut, wenn deine Tätigkeit schriftlicher Natur ist, auf keinen Fall, wenn du Metzger bist).

▶ Das **Anschreiben** sollte maximal eine Seite lang sein. Alles Weitere erfährt der geneigte Leser aus den beigelegten Unterlagen. Mach klar, dass es für die ausgeschriebene

Stelle keinen besseren Kandidaten gibt als dich. Was nicht dabei hilft: Rächtschreifehla und der Saft von Muttis Mortadella auf dem Briefpapier. Lass das Anschreiben vor dem Eintüten und Abschicken noch einmal vom größten Streber, den du kennst, durchlesen.

▶ Nicht mit einem fröhlichen »Hallo!« beginnen. Mehr Freude macht die **Anrede** »Sehr geehrte Damen und Herren«, zum Beispiel bei einer Initiativbewerbung. Im Idealfall hast du dich auf der Webseite oder telefonisch erkundigt, wer der Ansprechpartner für die Bewerbung ist, und kannst ihn direkt ansprechen.

▶ Den **Lebenslauf** nach Themen strukturieren – Beruf, Fortbildung, Ausbildung, Sprachen, Kenntnisse & Fähigkeiten, Hobbys & Interessen – und dann immer mit dem aktuellsten Datum beginnen.

▶ Nur **Erfahrungen und Fähigkeiten** aufzählen, die für die Tätigkeit wichtig sind – welchen Kindergarten du besucht hast oder welche Fernsehserien du am liebsten guckst, interessiert keinen Arbeitgeber, es sei denn, du bewirbst dich beim TV als Super Nanny.

▶ Dich findet jemand toll? Mit einer **persönlichen Empfehlung** kannst du beweisen, was für ein Toptyp du bist. Kleiner Tipp: Das Lob kommt am besten von einer Person, die dir beim Arbeiten schon mal auf die Finger geschaut hat. Familienbande kommen in diesem Fall nicht so gut. Exzellente Referenzen fürs Zimmeraufräumen und Abwaschen zählen nicht.

▶ Wichtig beim **Bewerbungsfoto**: keine Bikinishots vom Strand und nicht das Experimentalfoto vom letzten Komasaufen. Wenn du keinen Starfotografen zu deinen Freunden zählst, geh lieber ins Fotostudio. Das Outfit auf dem Foto sollte der Branche entsprechen, in der du dich bewirbst. Also kein Death-Metal-T-Shirt, wenn du dich in der

Bank bewirbst, und nicht das kleine Schwarze, wenn du auf die Stelle als Gärtnerin scharf bist. Und du solltest weder gelangweilt noch lasziv gucken, sondern einfach so, als ob du dich total freust, bald für ein läppisches Einstiegsgehalt tausend Überstunden zu machen. Achtung: Kein grenzdebiles Grinsen!

Hast du das Anschreiben gemeistert, lauern Gefahren, die einen Blut, Schweiß und Tränen kosten können. Dies musste auch Daniela Lamberts erfahren, die sich mit ihren perfekten Unterlagen unbesiegbar glaubte und dann an einem wahrhaft tückischen Vorstellungsgespräch bei einer Versicherungsgesellschaft scheiterte:

»So, Sie haben also eine Ausbildung in der Bank gemacht.« Die Personalchefin ordnet mit wohl manikürten Fingern ihre struppigen rot gefärbten Haare, während sie den Blick über die Unterlagen vor sich auf dem Tisch gleiten lässt.

Daniela ist irritiert. Natürlich, sie hat in einer Bank gelernt. Danach hat sie jedoch ein BWL-Studium nachgeschoben, ihre Sprachkenntnisse verbessert und zwei Jahre lang bei einem Investmentberater in den USA gearbeitet. Soll sie Einwand erheben? Die Sache klarstellen? Bevor sie sich zu einer Entscheidung durchringen kann, trifft sie ein stechender Blick von der anderen Seite des Schreibtischs.

»Was sind Ihre Stärken und Schwächen?«

Danni fackelt nicht lange. Sie entscheidet sich für eine ehrliche Antwort. »Ich finde viele kreative Lösungen, habe aber ganz ehrlich gesagt ein paar Probleme mit der neuen Rechtschreibung.«

Die Personalchefin lächelt säuerlich. »Mit der Antwort sind Sie bei mir schon unten durch«, lautet ihr ehrliches Verdikt. »Hier bei uns haben Sie jedenfalls keine Zukunft.« Sie steht auf und kommt um den Tisch herum.

Danni ist fassungslos. Der Bewerberschreck bugsiert sie wenig galant zur Tür hinaus. Als sie zu Hause über das Gespräch nachdenkt, nimmt sie sich vor, im nächsten Gespräch bei kniffligen Antworten eher zu lügen, als die Wahrheit zu sagen.

Ist es clever oder doof, wenn der Vorstellungstermin zum Tat-oder-Wahrheit-Spiel verkommt? Sollte man bei allen Fragen lügen, die einem den Run auf den Ruhm kaputt machen könnten? Das Vorstellungsgespräch entscheidet immerhin zu einem gewissen Teil darüber, ob man die Chance auf ein geregeltes Leben mit Reihenhäuschen, Kindern, Hund und Playstation erhält oder nicht.

Beim Gedanken an Bewerbung und Vorstellungsgespräch laufen so manchem Berufsanfänger kalte Schauer über den Rücken. Eigentlich sollte ein Berufscasting für die Generation Doof kein Problem sein. Schließlich gehört mehr Mut dazu, bei DSDS vorzusingen und dann gedietert zu werden, oder?

Weit gefehlt. Die Auswahlverfahren bei vielen Firmen sind heute mindestens genauso hart wie die Jury von Deutschlands beliebtestem Diss-Kurs. Das Ergebnis beim Berufsstart ist ähnlich. Die meisten Bewerber fliegen schon in der Vorrunde raus, denn ihre Unterlagen haben es in sich: Fettflecken, Rechtschreibfehler, Eselsohren oder Bewerberfotos, die den Delinquenten unzweideutig bei der Promillekur auf Mallorca, Deutschlands siebzehntem Bundesland, zeigen.

Wer bis zum Bewerbungsgespräch durchhält, hat also vorher schon mal viel richtig gemacht. Sagen wir es, wie es ist: Falsche Antworten sind ein Risiko. Wer schon bei der 500-Euro-Frage: »Was interessiert Sie an unserem Unternehmen?« antwortet: »Irgendwo muss ich ja mein Geld verdienen«, oder beim Joker: »Warum sollten wir Sie einstellen?« den Ahnungslosen spielt, der geht in den meisten Fällen ohne Job nach Hause.

In der Sprechstunde beim Personal-Verwalter ist außerdem Wachsamkeit angebracht, sonst erlebt man sein blaues Wunder: Gianna Kunze hatte in ihrem Vorstellungsgespräch bislang jeden Ton getroffen. Die Tochter von stolzen Italienpauschalurlaubern, die sich aus einem unerfindlichen Grund gezwungen sahen, ihren Nachwuchs nach einer prominenten Sängerin des Zeugungslandes zu benennen, hatte sich bei einem Marktforschungsinstitut beworben. Das Gespräch näherte sich dem Ende. Gianna war zuversichtlich, dass dies der Beginn ihrer Karriere im Unternehmen war.

Jetzt musste sie nur noch den Endgegner besiegen, die böse Schwiegermutter aller Fragen:

»Wie sind denn Ihre Gehaltsvorstellungen?«

Gianna war sich nicht so sicher, was sie sagen sollte – übertreiben wollte sie natürlich nicht, aber billig wollte sie auch nicht rüberkommen. Sie nannte 40 000 Euro als Einstiegsgehalt.

»Unmöglich.« Der Personalchef schüttelte den Kopf. »Bei uns betragen Einstiegsgehälter nie mehr als 23 000 Euro.« Er machte eine Kunstpause. »Vorher müssen Sie allerdings einen Monat Probe arbeiten, ohne Gehalt, versteht sich. Stellen Sie sich gut an, gibt es eine sechsmonatige Probezeit und danach einen Jahresvertrag. Wenn Sie einverstanden sind, fangen Sie nächsten Monat als Assistant to the Junior Manager an.«

Gianna nickte. Das hörte sich vernünftig an. Aber vielleicht hätte sie vor dem Gespräch doch mit jemandem reden sollen, der sich mit Gehältern der Branche auskennt.

Der Personalchef erhob sich. »Gut. Dann sind wir uns einig. Wir melden uns bei Ihnen. Für alle Fälle haben Sie hier noch meine Karte.«

Gianna betrachtete die elegante Visitenkarte. Das Firmenlogo war hochgeprägt, und die linke Seite zierte ein eingebackener goldener Nadelstreifen. »Human Resources Manager« lautete die Stellenbezeichnung des Kartenüberreichers.

»Wie geil die aussieht«, meinte sie andächtig. »Bekomm ich auch so 'ne fette Karte?«

Auch hier ein Ausrutscher im Gespräch, diesmal sogar in letzter Sekunde. Doch Gianna befindet sich in guter Gesellschaft: Das Internetportal careerbuilder.de hat sich bei Führungskräften und Personalern nach den ungewöhnlichsten Fehlern in Bewerbungsgesprächen erkundigt. Die Top drei: Ein Bewerber

brachte seine Mutter zum Gespräch mit, ein anderer flüchtete mitten im Gespräch auf die Toilette und kam nie zurück, und ein Bewerber bat den Gesprächsführer, sich zu beeilen, da er keine Zeit für ein langes Gespräch hätte. *Try again!* Diese Erfahrungen zeigen: Dabei sein ist nicht alles, beim Vorstellungsgespräch zählt vor allem dabei *bleiben*.

Lampenfieber ist eine Erklärung für die zahlreichen Ausfallerscheinungen. Aber mit ein wenig mehr Vorbereitung und Sicherheit hätte man vielleicht mehr reißen können.

Wenn so mancher Erstjobber merkt, dass sich mit dem Sterbegeld namens Gehalt keine Wohnung bezahlen, geschweige denn die Weihnachtswünsche erfüllen lassen, dann fragt er sich, ob er sich auf das mickrige Einstiegsgehalt wirklich hätte einlassen sollen. Und er wünscht sich, er hätte das Gespräch ein wenig stärker mitbestimmen können.

Wie in einem schlechten Film scheinen die Mitbewerber um eine Stelle immer die passende Antwort auf solche Fragen zu haben. Auch Freunde und Bekannte brüsten sich gerne damit, dass sie ihren Chef so weichgekocht haben wie einen Broccoli nach zwei Stunden Garzeit und als Ergebnis nun ein dreizehntes und vierzehntes Monatsgehalt beziehen.

Falls es ein Gen für Verhandlungsgeschick oder Selbstdarstellung gibt, dann könnten wir uns damit anfreunden, dass die Gene unseres Nachwuchses im Reagenzglas zusammengemixt werden. Wahrscheinlich würden multinationale Konzerne jedoch gleichzeitig auf genmanipulierte Vorstände und Personalverantwortliche setzen. Und dann sieht man auch als Retortenbewerber alt aus. Ob Chefs schon heute über eine natürliche Veranlagung verfügen, Angestellte für Gehaltsbruchteile anzuwerben, wissen wir nicht. Allerdings ist es in Zeiten von Stellenmangel und Bewerbungsmarathons leichter geworden, jemanden zu überzeugen, seine Fähigkeiten auch für einen Apfel und ein Abo der Zeitschrift Coupé zur Verfügung zu stellen. Geht es auch anders? Ja.

Den Personalchef kann man überlisten, indem man sich vorher für das Gespräch gut präpariert: Überleg dir, was du auf Fragen wie »Was sind Ihre Gehaltsvorstellungen?« erwidern kannst. Ein Blick in die Gehaltstabelle gibt dir Hilfestellung und macht deutlich, dass »weiß nicht« keine gute Antwort ist. In diesem Level findest du weitere Tricks aus der wunderbaren Welt der Bewerbung: Bist du unverschämt, wenn du bei deinen Gehaltsforderungen bleibst? Kannst du dich mit dem Babywunsch und dem dafür benötigten Kleingeld herausreden? Stichwort Baby: Wonach dürfen Personaler überhaupt fragen? Und am allerwichtigsten: Wie bereitet man sich so auf ein Vorstellungsgespräch vor, dass der Job zum erreichbaren Ziel wird?

Aber freu dich nicht zu früh. Selbst, wenn du bei all deinen Antworten auf Ausbildungsfragen schon ein imaginäres Publikum klatschen hörst, ist noch nichts gewonnen. Neben den rein fachlichen Qualifikationen sind für die Personalchefs die sogenannten Soft Skills wichtig: Einsteiger sollen Benimm und ein ansprechendes Äußeres mitbringen und sich gegenüber Kollegen nicht wie emotionale Großwildjäger benehmen. Schließlich sollen die Zöglinge das Unternehmen in Zukunft würdig vertreten. Ein Personalchef sollte daher darauf achten, dass der Proband wichtige Grundregeln beherrscht. Zum Beispiel die des gemäßigten Genusses von Alkoholika bei wichtigen Meetings.

Stefan erzählt

»Weite Reisen, Abenteuer, verdeckte Informanten, Titelgeschichten, schöne Frauen, schnelle Autos. So habe ich mir den Job eines Journalisten immer vorgestellt. *The sky is the limit*, wie der Engländer sagt. Der Himmel ist limitiert.

Eigentlich wollte ich gleich zum *Spiegel*, aber das wollten die nicht. Stattdessen arbeite ich bei einem bekannten Boulevardmagazin. Egal. Hauptsache Presseausweis.

Für ein Interview bin ich nach London geflogen. Das ist das wahre Jetset-Leben. Davon habe ich früher geträumt. Auf dem Flug dorthin habe ich aus Glück über den Auftrag mein Frühstück in die Obhut der Fluggesellschaft gegeben. Nach fünf Luftlöchern ist die Papiertüte gut gefüllt. Manchmal gebe ich für den Job einfach alles.

Am Abend werde ich mit der Chefredakteurin und einer Kollegin in einem angesagten Drei-Sterne-Restaurant Pierre Eau-Rouge treffen, einen bekannten Rennfahrer. Wenn ich es nicht verbocke, habe ich die Probezeit bestanden. Vorher muss ich aber noch zu einem Gespräch mit einem Bestseller-Autor, dessen Buch ich rezensiere: Dan Stiefel.

Wir treffen uns im *King's Arms*, einem Pub, in dem man mal ein Bier getrunken haben muss, wenn man im Himmel Freibier bekommen möchte. Dan steht an der Theke. Sein Foto habe ich in seinem aktuellen Buch gesehen – *Bluthund*, ein ultraharter Thriller.

Dan spricht Deutsch nahezu fließend. »Ick heiße dir welcome. Nimm eine Sitz.«

Ich schwinge mich locker auf den Hocker und trete dabei fast auf Dans Hund, der röchelt wie eine Kreuzung aus einer Kaffeemaschine im Brühvorgang und einem sexuell erregten Igel. Ein Mops. Er heißt Praline.

»Ick bin eine große Freund von die Bier«, redet Dan weiter. »Darf ick dir zeigen unsere best Ales?«

Der Mann ist mein Fall. Er bestellt eine Runde, und wir prosten uns zu. Dan berichtet, dass er schon an seinem nächsten Buch schreibt. Die Handlung ist flugs erzählt:

Ein amerikanischer Tourist findet in einem Comicladen eine alte Papyrusrolle, die beweist, dass der Verräter-Apostel Judas ein Außerirdischer war, der Jesus für einen Mossad-Agenten hielt. Ich bin bereits so beschwipst vom Starkbier, dass ich das für eine geniale Idee halte.

Als Dan die dritte Runde bestellt, bemerke ich eine Wärmequelle an einer meiner unteren Extremitäten. Ich blicke hinunter: Praline bearbeitet mit äußerst zufriedenem Gesichtsausdruck mein Schienbein. Ich versuche, den Pornohund abzuschütteln. Ich glaube, ich muss gehen.

Ziemlich angebrütet falle ich draußen in ein Taxi und lalle dem Fahrer die Adresse zu. Viel schneller, als mir lieb ist, rast kurz darauf die bunte Londoner Innenstadt an den Taxifenstern vorbei. Ich muss wieder an den Hinflug und die Papiertüte denken.

Endlich halten wir. Mit weichen Knien stürme ich das Restaurant. Ich bin fast eine Stunde zu spät.

Die anderen warten bereits auf mich. Die Chefredakteurin sieht mich mit stechendem Blick an und verdreht die Augen. Ich schaue verschämt auf den Boden und bemerke dabei, dass an meinem Hosenbein noch Pralinenreste kleben.

Neben Pierre Eau-Rouge sitzt meine Kollegin Frauke. Sie hat schon ein Tonbandgerät aus ihrer pompösen Louis-Vuitton-Tasche gekramt. Bingo, Bonner, du hast dich wieder mal zu blöd angestellt: Sie darf jetzt das Interview führen. Bei aller Aufregung vergesse ich, mich dem Rennfahrer vorzustellen.

Während ich versuche, mich möglichst mittig auf den Stuhl zu platzieren, beginnt die Kollegin mit dem Interview.

Pierre vermag sehr plastisch darüber zu parlieren, wie es sich anfühlt, mit Vollgas durch eine schnelle Links-rechts-links-Schikane zu brettern. Mir wird flau. Ich stelle mir die beschriebenen Kurvenfahrten vor und denke nur: Papiertüte.

Als der Kellner den kleinen Gruß aus der Küche serviert, wird mir ganz anders. Der Stuhl, auf dem ich sitze, verwandelt sich in ein flauschiges Wattebäuschchen. Ich neige mich in eine schnelle Links-Kurve, und der Teppichboden kollidiert hart mit meinem Heck. Als ich wieder zu mir komme, blicke ich auf die pompöse Handtasche meiner Kollegin. Schön. Die hätte ich im Flieger gebrauchen können.

Nach dem Abend in London habe ich längere Zeit kein Interview mehr geführt. «

Ein Benimmunfall der schlimmeren Art. Hier ist es dem Probanden gelungen, seine Chefin dauerhaft zu verärgern. Woanders wäre er seinen Job vielleicht sogar los gewesen.

Sein Fehler: Er hat sich keinen Kopf darum gemacht, ob ein erhöhter Alkoholspiegel seine Jobchancen senken könnte oder nicht. Und damit ist Stefan nicht allein: Noch nie waren Deutschlands Bosse so verzweifelt über die mangelhafte Etikette von Bewerbern und Nachwuchskräften. Ihr Vorwurf: Ihnen fehlt es an Benimm und Umgangsformen. »Viele Firmen haben mir berichtet, dass sie zunehmend Probleme mit Berufseinsteigern haben. Und das gilt nicht nur für Auszubildende, sondern auch für Hochschulabsolventen«, sagt Uwe Döring-Katerkamp vom

Kölner Institut für angewandtes Wissen. Ein Drittel der Arbeitgeber trennt sich schneller als beabsichtigt wieder von Berufseinsteigern, weil es diesen an sozialer Kompetenz mangelt. Das haben das Nürnberger Institut für Arbeitsmarktforschung und die Deutsche Industrie- und Handelskammer herausgefunden. Über fachliche Schwächen klagen nur 38 Prozent der Unternehmen, aber mehr als die Hälfte sieht Schwachstellen im sozialen Bereich.

Für die meisten Schnitzer muss man nicht einmal ins Drei-Sterne-Restaurant gehen. So zerschlagen viele Berufsanfänger schon in der Firmenkantine das Geschirr.

Maria Mostler hat in dieser Hinsicht bereits eine Reihe von Begegnungen der dritten Art hinter sich. Mostler ist Personalchefin bei einem größeren Pharmakonzern und hatte eine neue Praktikantin mit in die Kantine genommen. Die junge Frau war gerade mit dem Studium fertig; das Praktikum sollte der Testlauf für den künftigen Beruf sein.

Am Tisch stand die junge Dame Maria Mostler bereitwillig Rede und Antwort – an ihrer ausgezeichneten fachlichen Qualifikation gab es keinen Zweifel. Das Problem lag woanders: Es gab Spaghetti Bolognese. So weit eigentlich unverdächtig, nur dass die junge Frau beim Essen die Nudeln erst mit Messer und Gabel zerschnitt, dann gut hörbar zu sich nahm und anschließend mit vollem Mund darlegte, was sie sonst noch zu bieten hatte. Dadurch, dass sie den Blick nicht vom Teller wandte, entging ihr außerdem, dass ihre Nudelorgie auf Maria Mostlers weißem Kostüm Spuren hinterließ.

Die Welt mag ungerecht sein, aber eine verärgerte Personaltussi ist einfach keine gute Adresse für Empfehlungen an andere Arbeitgeber. In deutschen Kantinen scheint es vor Schlürfern, Ellenbogenaufstützern und Messerableckern nur so zu wimmeln. Mit Folgen: Immer mehr Unternehmen schicken ihren Nachwuchs auf die Etikette-Schule, und unter Uni-Absolventen sind

Benimm-Seminare so beliebt wie nie. Auch gutes Benehmen gehört zu den Soft Skills, die im Bewerbungsgespräch abgefragt werden.

Wie du »weiche Fähigkeiten« zeigst und dir damit harte Münze verdienst, welche Fragen man beantworten muss, was man lieber lässt, wie man sich erfolgreich bewirbt, auch wenn der eigene Lebenslauf Tücken hat: So geht's.

Vorstellungsgespräche sind kein Hobby von dir. In Ordnung, aber leider geht es selten ohne. Wie bereitest du deine Nerven optimal auf die Bewerbungsfolter vor?

Das Bewerbungsgespräch ist Psychoterror: Du sitzt vor dem Personaler und spürst plötzlich jede einzelne Darmschlinge schmerzlich. Deine Hände werden feucht. Das Deo versagt. Du nimmst die Fragen nur noch als verzerrte, dumpfe Wortfetzen wahr, als hätte deine Soundkarte eine Macke. Deine Antworten verstehst du selbst nicht. Du bist nicht du. Kurzfristiges Ziel: Überleben. Langfristiges Ziel: Nach dem Überleben hoffentlich einen Job haben.

Das muss nicht so sein. Klar, es steht viel auf dem Spiel, und Aufregung ist menschlich. Immerhin ist die Situation eines Bewerbungsgesprächs für die meisten Berufseinsteiger Neuland. Dennoch will man seine Pläne nicht mit der eigenen Nervosität ausbremsen.

Falls du schon immer vor dem Fernseher heimlich davon geträumt hast, Superstar zu werden, könnte dir das jetzt nützlich sein. Aus den einschlägigen Shows kannst du immerhin viel für das Berufscasting lernen: Zum Beispiel, dass man mit einem überbordenden Dekolletee und einem fantasievollen Text nicht notwendigerweise in die nächste Runde kommt. Aber auch, dass man nicht gleich mit der perfekten Performance geboren wird, sondern erst durch gezieltes Training zu maximaler Form aufläuft.

Im Idealfall hast du im Bewerbungsgespräch einen Chef vor dir, der ebenfalls über diese Grundkenntnisse verfügt. So einer erwartet keine perfekte Performance à la Janet Jackson und Justin Timberlake von dir. Und es wäre auch unangebracht, sich während des Gesprächs seine Oberbekleidung vom Leib zu reißen. Ein guter Chef will wissen, ob deine Fähigkeiten ausbaubar sind. Was blöde Chefs wollen, wissen wir nicht. Zu denen gehören die Bosse, die die fünfundzwanzigjährigen Studienabsolventen mit Mehrfachpraktika, Auslandserfahrung und Doktortitel ausbeuten.

Wichtig ist, dass du überzeugst. Versuch mal, einer Freundin oder einem Freund vorher zu erklären, warum ausgerechnet du für diesen Job geeignet bist – sei es nun die Bewerbung als Kartenmischer für die Wahrsagerin von SechsLive oder die als Nummerngirl für Stefan Raabs letzten Kampf. Warum interessiert dich die Firma, bei der du dich beworben hast? Antworten wie »Sie haben eine Chill-out-Zone mit Whirlpool« oder »Ihr Unternehmen ist mir genauso egal wie alle anderen, Sie zahlen nur besser« sollte deine Testperson nicht akzeptieren. Die Antworten sollten zeigen, dass du wirklich am Unternehmen interessiert bist und nicht nur an den Vergünstigungen für dich selbst. Spicken ist bei den Antworten auf diese Fragen wie immer nicht erlaubt, denn das wirkt nicht echt genug. Also im Gespräch mit Inbrunst frei rezitieren, das kommt besser. Vergiss dabei nicht, dass deine Job-Wahlkampfrede mit den Geschichten übereinstimmen sollte, die du in deinem Lebenslauf erzählt hast. Falls du das Verfassen des Anschreibens also an Oma, den aktuellen Sexualpartner oder ehemalige Klassenkameraden delegiert hast, die dir noch einen Gefallen schulden, lern den Schrieb wenigstens auswendig.

Auch andere Situationen des Bewerbungsgesprächs lohnt es sich, mit einer Versuchsperson durchzuspielen. Mach es stilecht: Wickel deinen besten Freund in einen Anzug oder deine Freundin in das spießige Kostüm ihrer älteren Schwester, die seit zwei Jahren bei der Bank lernt, setz ihn oder sie auf einen Stuhl, und bitte darum, dir möglichst ernst und ohne Stottern folgende Fragen zu stellen:

Was wissen Sie über unser Unternehmen?
Warum sollten wir ausgerechnet Sie einstellen?
Was sind Ihre Stärken und Schwächen?
Wo sehen Sie sich in fünf Jahren?
Arbeiten Sie gerne im Team?
Wie arbeiten Sie unter Zeitdruck?

Es ist ein bisschen wie bei Dieter Bohlen: Die glaubwürdigste Variante mit den etwas besser gesungenen Antworten gewinnt. Bei Erscheinungsbild und Benimm solltest du dich allerdings lieber an der Modelshow orientieren.

Wir waren war auf der Linie und haben **Online-Ratschläge** ausgetestet: Hübsch anzusehen und für Mädchen ist das Bewerbungstraining auf www.lizzynet.de/bewerbung/, bei dem man mit einem Avatar ein echtes Gespräch führen kann. Gut, die Grafik lässt zu wünschen übrig, aber das Bewerbungsgespräch ist hilfreich. Auch wenn man über ein X-Chromosom weniger verfügt. Ein Bewerbungstraining der etwas weniger hippen, aber dennoch hilfreichen Art findet sich unter www.jugend-und-bildung.de/webcom/show_jubsl.php/_c-286/i.html.

Für alle, die dann noch nicht genug haben, gibt es im Netz Infos zu den Einstellungstests der verschiedenen Branchen und einen Einstellungstest zum Üben auf www.focus.de/jobs/bewerbung/einstellungstest/. Nicht entmutigen lassen: Ist ein bisschen knifflig, aber man muss ja auch nicht alles können! Fazit: Eher für High Potentials oder solche, die es werden wollen.

Nicht verpassen solltest du www.himmel-oder-hoelle.de – hier wird Bewerbung zum großen Kino.

Lernen vom Fernsehen – Abglotzen statt glotzen. Tricks für dein Bewerbungsgespräch

▶ Ein einfaches Gedankenexperiment: Der Personalchef ist ein Fernseher. Okay, das Programm ist vielleicht nicht so interessant, aber versuch trotzdem, aufmerksam in ihn hineinzuschauen, um Wichtiges nicht zu verpassen. Oder anders gesagt: Halte Blickkontakt mit deinem Fernseher.

▶ Nachrichtensprecherinnen auf jedem Sender machen es vor: Nicht popeln, grinsen, herumzappeln. Dann kommst du seriös rüber. Und Achtung: Was auf NeunLive kommt, zählt nicht als Nachrichtensendung.

▶ Auch der Tatort wird gecastet. Jede Rolle hat ihr Kostüm, auch wenn es erst mal nicht nach Verkleidung aussieht. Ein Penner ist nur dann als Penner zu erkennen, wenn er sich nicht kleidet wie Bruce Darnell. Daher gilt es zu überlegen, was man in dem Job anzieht, für den du gecastet werden sollst. Spielt dein persönlicher Film in einer Bank, geht es förmlicher zu als bei einer Story in der Werbeagentur. Mit Hemd und Sakko, oder Bluse mit einem dezenten Hosenanzug für die holde Weiblichkeit, kann man nichts falsch machen. Der erste Eindruck zählt, und dein zukünftiger Chef will wissen, ob du dich im Notfall für die Firma aufbrezeln kannst, wenn es zum Kundenkontakt kommt.

▶ Think Jack Bauer. Wenn du die Echtzeitserie *24* kennst, weißt du, dass dieser Mann klare Ansagen macht. Damit hat er es immerhin auf sieben TV-Staffeln gebracht. Sein Rezept, das du dir abgucken kannst: Komm auf den Punkt! Klare Ansagen und klare Gedanken. Der Chef erwartet Zeitgefühl, Ordnung und einen Plan im Kopf – Chaos hat er im Zweifel schon genug in seiner Firma.

▶ Stell dir vor, du wärst bei Günter Jauch. Regel Nummer eins: Du erzählst erst, wofür du die Million brauchst, wenn der Meister fragt. Auch wenn es in deinem Portemonnaie brennt, sollten Bescheidenheit und Geduld deine Tugenden sein – zumindest für die halbe Stunde, die das Gespräch dauert. Frag nicht zu früh nach Geld, Urlaub, Rente, Spesen oder Bordellbesuchen auf Firmenkosten. Der Personalverwalter wird das Thema von selbst anschneiden. Ansonsten erkundige dich erst nach solchen Eckdaten, wenn zu erkennen ist, dass aus dem Job etwas werden könnte.

▶ Um kaum jemanden macht das Fernsehen einen größeren Hype, wenn er unterwegs ist: Nimm dir ein Beispiel am Papst. Benni-Boy ist vielleicht der beliebteste Jetsetter der Welt: Gestern Rom, heute Rio, morgen Paris, übermorgen Burkina Faso. Predigen bei Sonnenschein, predigen im Regen, predigen im Wind. Gäbe es den Begriff flexibel nicht, müsste man ihn für Benedikt den Bayern erfinden. Genauso flexibel solltest du sein, wenn der neue Job mit einem Wohnortwechsel verbunden ist oder die Arbeitszeiten nicht zu deinem Biorhythmus passen. Sprüche wie »Zuhause ist so schön, da will ich nicht weg« oder »Vor neun Uhr stehe ich nicht auf« kannst du vergessen.

Ihr seid ja doof – was bitte schön soll ich denn dann auf die Fragen antworten, die ich im Bewerbungsgespräch gestellt bekomme?!

Was würdest du sagen: Mit welcher der folgenden Antworten kommt man auf die Frage »Warum haben Sie sich bei uns beworben?« ins nächste Level:

A Ich brauche dringend Geld.

B Neulich hat meine Katze in die Küche gepfützt, und ich musste aufwischen. Dafür brauchte ich eine Zeitung, und da war die Anzeige drin. Das habe ich für einen Wink des Schicksals gehalten.

C Warum fragen Sie mich? *Sie* suchen doch jemanden, sonst hätten Sie die Anzeige nicht in die Zeitung gesetzt!

And the winner is: Keine dieser Antworten. Es gibt auch keine Standardantwort, weil jedes Unternehmen anders ist. Vielleicht interessiert dich dieser Verlag, weil er dein Lieblingsbuch herausgebracht hat, vielleicht genau diese Restaurantkette, weil du ihre Burger schmackhafter findest als die der Konkurrenz, vielleicht genau diese Bank, weil ihr Hauptsitz in Madrid ist, und du immer schon gerne Portugiesisch gesprochen hast. All das sind gute Gründe, die zusammen mit deiner bisherigen Ausbildung dafür gesorgt haben, dass du über die Briefmarke auf dem Bewerbungsumschlag mit besonderem Elan geleckt hast. Das ist noch relativ basic. Wie aber steht es mit der klassischen Fangfrage, die immer wieder gerne gestellt wird: »Was sind denn Ihre persönlichen Schwächen?« In diesem Moment laufen im Hirn von uns Bewerbungskandidaten mindestens zwei Fragen gleichzeitig ab: Erstens sind wir perplex und wissen nicht, was wir sagen sollen. Denn zweitens fragen wir uns, wie man bei einer so schwachsinnigen Frage eine ernsthafte Antwort erwarten kann. Das Personalungetüm glaubt doch nicht ernsthaft, dass wir uns selbst schlechtmachen? Wie verhält man sich in einer solchen Situation? Kann man die Klippe geschickt umschiffen?

Vielleicht kleinlaut: »Das Pilz-Risotto brennt mir immer in der Pfanne an«?

Oder ganz selbstbewusst: »Schwächen? Der Letzte, der mich das gefragt hat, nimmt sein Essen jetzt mit einem Strohhalm zu sich!«

Oder lieber völlig offen: »Ich hatte eine schwere Kindheit. Meine Mutter hat den Hamster in einen Käfig gesperrt. Seitdem muss ich in geschlossenen Räumen immer weinen. Wäre es bei Ihnen möglich, meinen Schreibtisch in den Garten zu stellen?«

Der Schlüssel zur perfekten Antwort liegt in der Frage selbst. Was will der Personalmensch wirklich von dir wissen?

Personalchefs sind in der Regel nicht gerade die Kreativsten. Ansonsten würden sie nicht die Fragen stellen, die schon Tausende andere dröge Personaler vor ihnen gestellt haben, und sie hätten vermutlich sowieso einen anderen Job ergriffen, als in der Stasi-Zentrale eines Unternehmens zu arbeiten.

Überleg dir also schon vor dem Gespräch eine Antwort auf die beliebte Frage nach den Schwächen. Am besten, du suchst dir ein Manko, das sich für dein Gegenüber durchaus positiv anhört: »Ich arbeite zu viel und nehme dabei meine eigenen Belange nicht so wichtig.«

Oder du wählst eine Unzulänglichkeit, die mit dem Job nicht das Geringste zu tun hat. Dass du eine Schwäche für Süßigkeiten hast, für Fußball oder für deinen muskulösen Nachbarn, gehört allerdings nicht hierher. »Ich bin kein großer Sportfan und mache nur das, was unbedingt nötig ist, um fit zu bleiben« wäre eine durchaus akzeptable Schwäche. Sie zu offenbaren zeugt von einer gesunden Selbsteinschätzung und Kritikfähigkeit.

Ob du mit deiner Antwort Punkte gesammelt hast, zeigt ein Blick in die Miene deines Gegenübers. Hier ist gute Beobachtungsgabe gefragt: Betretenes Schweigen und ein missmutiger Gesichtsausdruck können ein Zeichen dafür sein, dass du mit deiner Antwort danebengelegen hast. Jetzt schnell gegenzurudern bringt nichts. Stattdessen lieber betonen, dass jeder Mensch Schwächen hat und dass man kontinuierlich an sich arbeiten kann, wenn man sie erkennt und danach handelt. *Nobody's perfect!*

Auch andere Fragen werfen Rätsel auf. Dazu gehört auch die Frage aller Fragen: »Haben Sie noch Fragen an uns?« Hiernach die Klappe zu halten und zu hoffen, dass der unangenehme Moment vorbeigeht, oder ein knappes »Nö« als Antwort kommen nicht gut. An diesem Punkt sollst du nämlich noch mal zeigen, dass du weißt, in welcher Firma du dich gerade befindest, und dass du neugierig auf deinen zukünftigen Arbeitgeber bist. Mit ein bisschen Recherche lassen sich Fragen über die internationale Ausrichtung der Firma, die Zukunftsplanung des Unternehmens deiner Träume, die Größe der Abteilung und die Zusammenarbeit dort sehr einfach vorbereiten.

Also: Vor dem Gespräch ist vor dem Gespräch – und diese Zeit sollte genutzt werden. Oft befinden sich auf der Homepage des Unternehmens alle wichtigen Eckdaten: Kerngeschäft, Zahl der Beschäftigten, Umsatz, Struktur des Unternehmens.

Mit ein bisschen Mühe solltest du auf die entscheidenden Momente vorbereitet sein. Sollte der Personaler allerdings etwas eher Ungewöhnliches fragen wie: »Haben Sie schon mal einen erwachsenen Mann nackend gesehen?«, dann bist du im verkehrten Film und solltest schnellstmöglich den Raum verlassen.

Das Gespräch: Typische Fragen und typgerechte Antworten

Frage: *Wo sehen Sie sich in fünf Jahren?*
Beweise, dass du deine Zukunft zielgerichtet planst, oder tu wenigstens so. Vorsicht Falle: Deine Absichten sollten zu der Laufbahn passen, die dir der neue Job und das Unternehmen eröffnen. Bewirbst du dich beim Telefonmarketing, solltest du also nicht eine Stelle in der Geschäftsleitung anpeilen, womöglich noch bei der Konkurrenz. Bewirbst du dich als Angestellter, dann ist der Satz »In fünf Jahren möchte ich selbständig sein« vor allem eines: nicht zielführend.
Mögliche Antwort: Ich möchte mich weiterentwickeln und in absehbarer Zeit mehr Verantwortung übernehmen. Darauf würde ich mich in den kommenden Jahren gerne mit Fortbildungen vorbereiten. Praktische Erfahrung habe ich schon gesammelt: Meine Freundin hat mir zu Hause das alleinige Entsorgungsmanagement für den Bereich Mülltrennung übertragen.

Frage: *Was war Ihr bisher schlimmster Fehler?*
Keine Angst, nun droht keine Therapiestunde wegen der großen Verfehlungen deines Lebens. Der Personaler will nur sehen, ob du Fehler eingestehen kannst und aus ihnen lernst. Eine kleine Anekdote, wie du als Auszubildender Mist gebaut hast, darf ruhig erzählt werden.

Hast du mal versucht, als Stift einen Nagel als Schraube zu verwenden? Dann ist das jetzt die Gelegenheit, dein Gewissen zu erleichtern. Es muss nur deutlich werden, dass du dir bewusst bist, die Situation suboptimal gelöst zu haben.

Mögliche Antwort: Aber klar habe ich schon mal einen blöden Fehler gemacht! Ich habe letztens versucht, die Katze in der Mikrowelle zum Mond zu beamen. Da ist mir das ganze Teil um die Mütze geflogen. Die Katze war auch im Eimer. Aber das war sehr lehrreich. Heute mache ich das nicht mehr. Ich setze jetzt auf altbewährte Holzkatapulte. Statt Katzen benutze ich Hunde; die halten mehr aus und fliegen besser.

Frage: *Warum wollen Sie Ihren derzeitigen Arbeitgeber verlassen? Warum wollen Sie für uns arbeiten?*

Der Personalvogel kann sich insgeheim schon denken, dass du bei ihm anfangen willst, weil du den Job brauchst, oder dass du wechselst, um mehr Geld zu verdienen. Was er möchte, sind ein paar fachliche Argumente. Versuch also, deine Absichten sachlich zu erläutern. Nenn nie mehr als einen einzigen Grund. Kritischer Bereich: Nie über den alten Arbeitgeber herziehen. Du magst es sicher auch nicht, die Sexversagen deines Vorgängers von deiner neuen Schnalle zu hören. Das macht keinen guten Eindruck und wirkt illoyal.

Mögliche Antwort: Meinen letzten Job als Hamsterjongleur im Zirkus *Ziegenpils* habe ich zehn Jahre ausgeübt. Jetzt suche ich nach einer neuen Herausforderung. Da Controlling ja was mit Zahlenjonglieren zu tun hat, reizt mich diese Aufgabe, und ich bringe die besten Voraussetzungen mit: Mir ist noch nie ein Hamster runtergefallen.

Frage: *Was sind Ihre Stärken?*
Antworte in zwei Teilen. Zunächst nennst du Stärken, die zum fachlichen Anforderungsprofil der Stelle passen. Im zweiten Schritt gehst du auf ganz persönliche Stärken ein.
Mögliche Antwort: Für den Job als Feuerwehrmann bringe ich beste Voraussetzungen mit. Ich habe mich schon in frühester Jugend fürs Zündeln interessiert und esse am liebsten Flammkuchen. Mit dem Chemiebaukasten habe ich beinahe mein Elternhaus abgefackelt, warten Sie, da war ich dreizehn. Meine persönliche Stärke ist sicher, dass ich sehr belastbar bin – auf der X-Box nehme ich es auch im höchsten Level mit drei Endgegnern gleichzeitig auf.

Frage: *Was sind Ihre Schwächen?*
Meistens wollen einem ad hoc keine Schwächen einfallen. Versuche daher, dein marodes Gedächtnis zu überlisten: Überlege dir, wo du dich weiterentwickelt hast. Vielleicht hattest du in der Schule Probleme mit Ordnung, heute bist du aber ein penibler Listenverwalter und Ordnerstapler.
Mögliche Antwort: Ich hatte früher große Probleme mit der Pünktlichkeit. Meine Freundin hat sich immer beschwert, dass ich zu früh ... also, das ist heute nicht mehr so. Ich komme immer pünktlich auf die Minute.

Frage: *Haben Sie noch Fragen an uns?*
Zeige, dass du dich mit der Firma beschäftigt hast. Im Zweifelsfall dürfen es auch Fragen sein, auf die du die Antwort eigentlich schon kennst. So mancher Personalchef wird dir auch anbieten, eine kurze Betriebsführung zu machen. Da solltest du auf jeden Fall nicht Nein sagen.

Mögliche Antwort: Mich würde interessieren, ob jeder Mitarbeiter ein eigenes Budget für Schmiergeldzahlungen verwaltet. Ach, und dann wüsste ich noch gerne, ob Ihre Abhöranlagen auf dem neuesten Stand sind.

Ich hab die Haare schön, ich hab den Anzug schön. Und der Lebenslauf?! Den *mach* ich mir schön! Wie du dein Portfolio im Rahmen der erlaubten Lügen aufhübschst

Rea Plum hat sich bei einer bekannten Filmfirma für eine Stelle im Vertrieb beworben. Dem Unternehmen geht es gut, es hat gerade den Kassenschlager *Poppy Jones und die Jagd nach dem rosa Kapuzenmännchen* in die Kinos gebracht.

Rea ist ein echter Filmfreak, und sie hofft, die neuen Blockbuster durch den Job immer als eine der Ersten sehen zu können. Weil sie außer ins Kino zu gehen nur vor dem Computer sitzt, hat sie in ihrem Lebenslauf eine andere beliebte Tätigkeit unter der Rubrik Hobby verschriftlicht: Lesen. Dass sie das eigentlich igitt findet, muss ja keiner wissen.

Als Rea die Einladung zum Vorstellungsgespräch bekommt, ist sie baff. Dass man sich so schnell bei ihr melden würde, hatte sie nicht gedacht.

Beim Gespräch in dem hypermodernen Gebäude erwartet Rea jedoch eine Überraschung. Nach einigem belanglosen Plaudern über Qualifikationen und Aufgabenbereiche fragt die Personalchefin gemeinerweise ausgerechnet nach ihrem Hobby.

»Was haben Sie denn zuletzt gelesen?«, will sie von Rea wissen.

»Ehm, die Brigitte.«

Reas Gegenüber in Bluse und dunkelblauem Pullunder muss lachen. »Ich meinte natürlich, welches Buch.«

»Ehm …« Rea hat das Helmut-Kohl-Syndrom. Sie kann sich nicht erinnern. Es ist einfach schon zu lange her.

»Vielleicht *Poppy Jones*, das Buch zu unserem Film. Das war ja ein großer Bestseller.«

Rea ist erleichtert. »Ja, genau, das kenne ich natürlich.«

»Welches Ende fanden Sie denn besser – das im Buch oder unseres im Film?«

Scheiße. Es gibt ein alternatives Ende?

Während sie sich um Kopf und Kragen redet, wird die Chance auf den Job immer kleiner. Denn die Dame, die Rea hätte einstellen können, mag keine Flunkerei, und da sie selbst gerne liest, hält sie dies auch bei anderen für eine Tugend.

Was man daraus lernen kann? Wenn du keine Schwindelanfälle erleiden willst, dann solltest du besser auf grobe Unwahrheiten verzichten. Wer schummeln will, der braucht eine kreative Ader, Schauspieltalent und ein verdammt gutes Gedächtnis – Fähigkeiten, die nicht jedem gegeben sind. Halte die Person, die dein Chef werden könnte, nicht für blöd, denn meistens rächt sich das.

Wenn du aus einem dreiwöchigen Schüleraustausch nach Barcelona einen sechsmonatigen Bildungsaufenthalt machst, ist das gelogen. Man kann damit aber durchkommen, vorausgesetzt, man verfügt über die oben genannten Schlüsselqualifikationen und bringt ein wenig Hintergrundwissen mit. Der Killer im Vorstellungsgespräch: Dein Gegenüber hat als Zweitfach romanische Sprachen studiert und ist noch immer so von seinen eigenen Fähigkeiten begeistert, dass er dich auf Katalanisch anquatscht. Nur so zum Spaß, versteht sich. Wer dann nicht parieren kann, sondern immer nur mit »Si« und »No« antwortet, für den bleibt vielleicht vonseiten des Chefs nur ein »No« in der Stellenfrage übrig.

Du willst es vielleicht nicht hören, und wir finden es auch nicht besonders prickelnd: Gelegentlich ist es besser, zu seinen Schwächen zu stehen oder Lücken im Lebenslauf plausibel zu erklären. Manchmal gibt es sogar einen Weg aus der Lücke, der diese zum Highlight macht. Vielleicht hast du in der fraglichen Zeit etwas getan, was dich weitergebracht hat. Wenn du ein halbes Jahr deine Geschwister gehütet hast, kann man sagen, dass du deine sozialen Fähigkeiten erweitert hast. Wenn du Computer gespielt hast, könntest du erklären, dich im Hinblick auf die modernen Kommunikationsmittel und Medien geschult zu haben.

Klingt super, oder? Wenn du allerdings drei Monate lang ununterbrochen ferngesehen hast, dann ist es sinnlos, dies als Praktikum beim Fernsehen zu verkaufen. Also nicht zu krass die Wahrheit verbiegen, aber immer positiv über sich selbst denken und kreative Erklärungen finden.

Unsere Freundin Mirja hatte kein gutes Bewerbungsprofil vorzuweisen, als sie sich für eine Ausbildung bewarb: Sie hatte einen miesen Schulabschluss, viele Fehlzeiten im Lebenslauf, in denen sie sich nur mit intensiver Maniküre an den eigenen Nägeln beschäftigt, geraucht und gesoffen hatte. Mirja hatte Probleme gehabt, weil ihre Mutter gestorben und ihr Freund ihr davongelaufen war. Mirjas Ausweg: Flucht nach vorn. Dem Personalchef in einem Handwerksbetrieb gestand sie ganz offen, dass in der Vergangenheit einiges schiefgelaufen war. Sie würde sich ab jetzt aber für ihre Arbeit einsetzen. Den Mann beeindruckte die Ehrlichkeit und Selbstkritik, die Mirja an den Tag legte. Er war gerne bereit, ihr eine Chance zu geben. Und Mirja absolvierte die Ausbildung tatsächlich mit Bravour.

Offenheit und Ehrlichkeit in allen Ehren: Alles musst du jedoch nicht verraten. Der künftige Arbeitgeber ist schließlich kein Beichtvater: Fragen nach Kinderwunsch, Schwangerschaften, Heiratsplänen, Religion, Partei- oder Gewerkschaftszugehörigkeit, selbst nach Vorstrafen (es sei denn, der Job macht eine vorstrafenfreie Vergangenheit erforderlich) kannst du im Raum verhallen lassen.

Entdecke die weibliche Seite an dir – warum Soft Skills für dich so wichtig sind, und wie du sie bekommst

Soft Skills – »Weiche Fähigkeiten« –, dieser Begriff kommt einem auf den ersten Blick schwammig vor. Soft Skills sind im Grunde alles, was über praktische Fähigkeiten und Know-how hinausgeht.

Wer eine Ausbildung abgeschlossen hat oder von der Uni oder Fachhochschule kommt, kennt sich hoffentlich in seinem Fach aus. Die Fähigkeiten, die du speziell für deine Tätigkeit im Unternehmen brauchst, lernst du in der Einarbeitungszeit. Das psychologische und organisatorische Handwerkszeug solltest du schon von zu Hause mitbringen: Wie man sich in einem Team zurechtfindet, wie man mit Gesprächspartnern den richtigen Ton trifft, Kritikfähigkeit, Kreativität, Vertrauenswürdigkeit, Sensibilität, Durchsetzungsvermögen – eben alles Zwischenmenschliche.

Im Job werden diese Skills immer wichtiger, denn Chefs allerorten haben gemerkt, wie wichtig sie sind. Der gesuchte Mitarbeiter soll von Anfang an wissen, dass im Team zusammengearbeitet wird, dass es nicht zielführend ist, schimmeliges Sushi in der Laptoptasche seines Kollegen zu verstecken, wenn man sich über ihn geärgert hat, und dass er nicht hemmungslos herumbrüllen sollte, wenn der Vertragspartner Kritik anbringt. Denn sonst wird der Firmenalltag schnell zur *Stromberg*-Episode.

Wenn du in deinem Beruf hoch hinaus willst, solltest du dich in Situationen, in denen es menschelt, so sicher bewegen können wie Heidi Klum auf dem Laufsteg. Firmen stellen deswegen gerne Menschen ein, die sich mit Menschen auskennen. Sonst könnte man die Arbeit auch von einem Roboter erledigen lassen.

Vielen sogenannten High Potentials fehlt es am Gespür für den richtigen Umgangston. Da sagte zum Beispiel eine leitende Angestellte: »Ich trau mich wenigstens, den Leuten zu sagen, dass ich sie scheiße finde.« Da kann man nur sagen: »Respekt.« Das ist nämlich genau das, was der Dame fehlt. Sie merkt einfach nicht, dass das, was sie sagt, herabwürdigend und verletzend ist. Ein absolut klarer Fall von Soft-Skill-Mangel. Der Chef, der seiner Angestellten sagt, sie könne jederzeit zu ihm kommen, wenn seine Tür offen ist, sie dann aber anfährt, wenn sie es tut, muss sich ebenfalls diesen Vorwurf gefallen lassen. Manche müssen einmal darauf aufmerksam gemacht werden, bei anderen sind Hopfen und Malz bereits vor dem Begrüßungspils verloren. Diese Leute sind selbstverliebte Sozialbehinderte, da helfen keine Pillen.

Kurz vor dem Vorstellungsgespräch bleibt oft nicht genügend Zeit, um Jahre an Sozialisierung und den Kniggekurs nachzuholen. Daher: Wie wird man in wenigen Tagen glaubwürdig zum Socializer und Teamplayer?

Zunächst einmal: So doof, wie sich der Begriff Soft Skills anhört, ist die Sache nicht. Die beliebtesten sind: Teamfähigkeit, Höflichkeit, Zuverlässigkeit, Flexibilität, Kreativität und langer Atem.

Selbst wenn du glaubst, dass du mit leeren Händen dastehst: Einige rudimentäre Fähigkeiten hat jeder vorzuweisen. Im Bewerbungsgespräch werden Soft Skills ohnehin nicht direkt abgefragt, sondern zwischen den Zeilen transportiert: Du hast das Baby der

Nachbarin beaufsichtigt oder den Hund der alten Frau Schmitz ausgeführt? Wunderbare Möglichkeit, Zuverlässigkeit und Verantwortungsbewusstsein zu beweisen. Du hast schon häufiger deine Kumpels vor einer handfesten Auseinandersetzung bewahrt? Dann bist du ein guter Streitschlichter – konfliktfähig. Du bist gerne auf Reisen? Wenn du dabei die Saufexkursionen weglässt, bietet das eine gute Chance, dich als aufgeschlossen und flexibel zu präsentieren.

Typische Fettnäpfchen, in die man als Anfänger gerne latscht, liegen im zwischenmenschlichen Bereich und im Umgang miteinander versteckt.

Wer glaubt, dass er alles richtig macht, liegt nicht so selten voll daneben. So geriet auch Torben Schulzes Karriere ins Trudeln. Der heute 27-Jährige hat im vergangenen Jahr seinen ersten Job als Assistant Art Director Online in einer Agentur für Kommunikation angetreten. Was die Firma genau macht, fand er erst später heraus, doch er war sich von Beginn an sicher, dass er mit seinen Fähigkeiten das Team weiter nach vorn bringen würde. Daher rührte sein immenses Selbstvertrauen: Dem Art Director bot er am ersten Arbeitstag das Du an. Torben dachte sich, flache Hierarchien, kurze Wege und das allgemeine Wohlbefinden stünden im Vordergrund. Der Art Director guckte ein wenig verdutzt. Noch seltsamer kam das Verhalten des neuen Mitarbeiters der Sekretärin vor. Er grüßte sie nur selten und schickte ihr Aufgaben immer nur mit kurzem Kommentar per Mail zu. Als sie ihn freundlich darauf ansprach, erklärte er ihr, das sei eben so. Heute liefe eben alles etwas schneller und der Ball flacher. Kurzum: Torben gab den perfekten Stromberg.

Eines Tages wollte Torben dann eine Praktikantin rauswerfen. Er wollte einen Dokumentensatz beidseitig kopiert haben. Sie gab ihm den Stapel recto-verso kopierten Papiers, wie sie sagte.

Torben dachte, dass es sich dabei um etwas Unanständiges handelte, und bekam einen Wutanfall.

In Torbens Fall ist alles glimpflich abgegangen: Der Chef schickte ihn zum Nachsitzen ins Kommunikationstraining, um Soft Skills zu erwerben.

Heute spielt sich Torben nicht mehr auf und geht anders auf seine Kollegen ein. Das Persönlichkeitstraining würde er jederzeit wieder machen. »Wenn ich mich an Kommilitonen aus meinem Jahrgang erinnere, dann hätten die Nachhilfe in Zwischenmenschlichem dringend nötig«, sagt er.

Torben hat eingesehen, wie wichtig Soft Skills sind.

Und klar, Stromberg finden viele witzig. Aber wenn dreißig Stromberg-Klone die Firma besetzen, in der man arbeitet, würden wohl die meisten Leute Leine ziehen.

Wenn du dir den Trainer nicht leisten kannst, gibt es vielleicht eine ehrliche Freundin oder einen ehrlichen Freund, der deine Stärken und Schwächen besser sieht als du. Und vielleicht fällt euch zusammen noch die ein oder andere Soft Skill ein, die man in der Bewerbungssituation einbringen kann.

»Mit guten Umgangsformen kann man punkten«

Horst Hanisch, Knigge-Coach

Sind Manieren, Stil und Etikette nicht eher etwas für unsere Großeltern?

Junge Menschen werden auch mal Großeltern sein und dann ihre hoffentlich guten Manieren weitergeben. Als Berufseinsteiger kann man sich durch gute Umgangsformen von Mitbewerbern abgrenzen und damit punkten.

Lässt das Verhalten der jungen Generation wirklich zu wünschen übrig?

Vielen Jüngeren (aber auch Älteren) fehlen Sensibilität und Einfühlungsvermögen für ihr soziales Umfeld. Wir haben uns in den Sechzigerjahren von bestimmten Regeln zwischenmenschlichen Umgangs verabschiedet – die Eltern wollten ihren Kindern keine Verhaltensregeln vermitteln, die man als überholt ansah. Dieses Wissen fehlt heute den Nachfahren dieser Generation, und sie stehen vor der großen Herausforderung, diese Lücken zu schließen.

Warum ist gutes Benehmen denn gerade im Job wieder so wichtig?

Zeitgemäße Umgangsformen helfen, leichter und effizienter zusammenzuarbeiten. Kommt man gut miteinander aus, erleichtert das Arbeitsprozesse, spart Zeit und bringt damit mehr Gewinn, abgesehen von einem positiven Arbeitsklima. Deshalb legen viele Chefs zum Beispiel besonderen Wert auf Kommunikationsfähigkeit, Empathie, konstruktives Konfliktmanagement.

»Warum höflich sein – ich sehe den Menschen doch nie wieder!« Was sagen Sie dazu?

Wer so denkt, sollte sich überlegen, ob er nicht lieber als Einsiedler leben möchte. Mir erscheint diese Denkweise relativ egoistisch, vielleicht sogar arrogant.

Ich habe neu in einem Unternehmen angefangen – vor welchen Fettnäpfchen sollte ich mich hüten?

Erstens: Nach dem Prinzip »neue Besen kehren gut« direkt alles Bisherige umzuwerfen. Zweitens: Prahlen und angeben und gleichzeitig den vorigen Arbeitgeber schlechtmachen. Drittens: Sich nicht vorstellen, die neuen Kollegen nicht grüßen, keinen Blickkontakt halten und aufs Lächeln verzichten.

Sind Soft Skills überhaupt noch wichtig, wenn man sich am oberen Ende der Karriereleiter befindet?

Na klar. Nur weil einer »oben« steht, heißt das nicht, dass er besser ist als der Berufseinsteiger. Jeder Mensch ist gleich viel wert, egal wo er auf der Karriereleiter steht.

Die Mannschaft ist der Star, hat Berti Vogts mal gesagt. Wie wirst du zum Teamplayer?

Das Empire State Building wurde von über dreitausendvierhundert Arbeitern errichtet, für den Computerspiel-Hit *Grand Theft Auto IV* waren über hundertfünfzig Entwickler nötig, dem US-Präsidenten steht mit dem Executive Office ein Beraterstab von knapp zweitausend Mitarbeitern zur Verfügung, im Kanzleramt arbeiten rund vierhundertfünfzig Mitarbeiter. An diesem Buch haben mitgewirkt: Zwei Autoren, ein dreiköpfiges Rechercheteam, ein Lektor, eine Textredakteurin, ein Illustrator, ein Layouter, ein Hersteller, zwei Korrektorinnen, ein Cover-Design-Team, eine Druckerei, eine Vertriebsmannschaft, eine Presseabteilung, eine Marketingabteilung, eine Auslieferung und viele Buchhändler.

Bisonjagden, der Pont du Gard, die Turmbauten zu Babel oder zu Pisa, der Europameistertitel von Spanien 2008 – all das wird gerne als Teamwork verbucht. Verschossene Elfmeter und gecrashte Formel-1-Weltmeistertäume, unerzogene Söhne oder Töchter werden dagegen meist einer einzigen Person zugeschrieben.

Da es unter Menschen häufig zu Gruppenbildung kommt, ist unter allen persönlichen Eigenschaften Teamfähigkeit die wichtigste. Laut einer DIHK-Umfrage erwarten 71 Prozent der deutschen Unternehmen diese Fertigkeit von ihren Mitarbeitern.

In Stellenausschreibungen ödet uns diese Anforderung inzwischen an, weil sie zu den Grundqualifikationen zählt. Es fragt schließlich auch keiner danach, ob wir Sauerstoff atmen. Doch mit Teamfähigkeit ist es ein bisschen wie mit Englisch. Jeder meint, er kann es, aber erst in der Praxis stellt sich heraus, ob das stimmt or not.

Teamfähig ist man dann, wenn man seine Rolle ausfüllt, die anderen Teammitglieder unterstützt und sich, wenn dies notwendig ist, auch der Gruppe unterordnet. Ein Beispiel: Ein Kollege wird befördert und ist von nun an dein Chef. Nun hast du zwei Möglichkeiten, die sich auf das Team unterschiedlich auswirken:

Du zettelst aus Neid eine kleine, aber feine Intrige an, um dem Idioten das Leben so schwer wie möglich zu machen. Scheiße für das Team.

Du gratulierst ihm und unterstützt ihn. Insgeheim kannst du dir vornehmen, das Gleiche wie er zu erreichen. Besser für das Team.

Das ist blöd? Klingt nach konfliktscheuem Sitzballbenutzer?

Ist aber wichtig. Viele Chefs verstehen unter Teamgeist vor allem den Betriebsfrieden und die gute Zusammenarbeit. Einzelgänger und Individualisten sind nicht gerne gesehen, verstärkter Einsatz der Ellenbogen und Einsilbigkeit sind eben keine Schlüsselqualifikationen. Das heißt aber nicht, dass man sich ständig unterordnen muss und für alle den Laufburschen spielt. Genauso wenig sollte man sein Licht unter den Scheffel stellen und behaupten, die eigenen Ideen stammten vom Büronachbarn. In einem guten Team sollte auch dein besonderer Einsatz hervorgehoben werden. Falls du im Team mehr geleistet hast als die übrigen Mitglieder, darf dies ruhig beim Teamleiter angemerkt werden. Notfalls solltest du auch dem Chef klarmachen, dass der Geschäftsbericht »von allen« auf deinem Schreibtisch zu Hause entstanden ist.

Wichtig ist es, mit offenen Karten zu spielen. Sprich Probleme mit Kollegen offen und direkt an, sobald sie auftauchen – oft beruhen sie auf einem einfachen Missverständnis und sind schnell aus der Welt geschafft. Du solltest direkte Warnschüsse abgeben, sobald du meinst, benachteiligt oder untergebuttert zu werden. Alles andere wird schnell als Petzing oder Mobbing ausgelegt!

Ist der Teamarbeiter der Doofe?

Dr. Reinhard K. Sprenger, Karrierecoach

Sie sagen, Teamarbeit ist überbewertet. Warum?

Kreative Ideen gehen in einem Team völlig unter. Das ist soziologisch erwiesen und hat auch einen psychologischen Grund: Um überhaupt auf einen Nenner zu kommen, müssen sich die Teammitglieder anpassen und Kompromisse schließen. Geistesblitze eines Einzelnen, radikales Denken oder »anstößige« Vorschläge werden zu Einheitsbrei zerknetet. Zugespitzt: Je besser ein Team zusammenarbeitet, desto unkreativer ist es.

Ziehen geniale Köpfe im Team den Kürzeren?

Ja, denn brillante Einzelleistungen werden vom Team praktisch gekidnappt – alle wollen irgendwie ein bisschen daran mitgewirkt haben. Auf diese Weise können sich auch Minderbegabte mit Hochbegabten auf eine Stufe stellen.

Bin ich im Team also der Gekniffene,
wenn ich es zu etwas bringen will?

Team bedeutet Integration, Harmonie, keine Konflikte. Teamfähigkeit ist vor allem eine politische Vokabel. Der

Appell: Füg dich ein, zeige keine Starallüren, fordere den Chef nicht heraus. Nicht selten ist Teamarbeit einfach eine nette Umschreibung für fehlende Aufstiegsmöglichkeiten.

Und wie mache ich dann Karriere?

Werden Sie Teamchef.

Small Talk – die große Angst vor dem kleinen Gespräch. Was du sagen kannst, wenn dir die Worte fehlen

Schweigen, einfach mal die Klappe halten – wie schön kann das sein. Zwischen all dem SMS-Getippe, Handygequatsche, Chatraumpalaver und dem Geseiber von Videoblogs genießt man in der heutigen Zeit Oasen der Stille. Non-stop wird geredet, und oft dient das Geschwade eher dem Selbstmarketing oder als Partnerlockruf denn der Verständigung mit einem Gegenüber.

Wenn die Generation Doof zum Gespräch gebeten wird, glauben wir uns oft im Vorteil. Doch die Kommunikation ohne Hemmungen, Sinn und Verstand, wie wir sie durch die neuen Medien gelernt haben, ist bei der Arbeit fehl am Platz. Manches Thema eignet sich nicht für den Small Talk mit dem Geschäftspartner:

»Hallo... Ich hab ma ne frage, es gibt ja diese enthaarungscremes ... glaub aba die sin für frauen bzw ... für männer gibt es die nicht. Kann ich diese trotzdem benutzen zum entfernen von haaren im intimbereich??? Ich als MANN???«*

Dabei kann die Kunst des kleinen Gesprächs über deine Karriere entscheiden: Willst du Kontakte zu Menschen knüpfen,

* User im Wieso-weshalb-warum-Forum

die dir den Weg ebnen sollen, musst du mit ihnen ins Gespräch kommen. Im Job steht außerdem oft das möglichst unfallfreie Betüddeling von Kunden und Geschäftspartnern auf dem Stundenplan. Und wenn du neu im Unternehmen bist, werden dich die anderen Kollegen erst einmal beschnuppern wollen. Keine Angst, das ist nicht wörtlich gemeint. Höflichkeit, Interesse am Gegenüber und Zurückhaltung bei intimen Fragen sind in dieser Situation ein Plus. Ja, es gibt ihn, den Mittelweg zwischen Selbstdarstellungsgeblubber und Totenstille.

Ein einfaches Gespräch zu führen, bei dem beide Parteien zu Wort kommen und sich wohl fühlen, ist gar nicht so einfach, und Erfolge in diesem Bereich werden leider nur selten finanziell honoriert. Dennoch wird dich der Small Talk im Beruf weiterbringen, weil es sich leichter arbeitet, wenn man ihn beherrscht.

»Smalltalk« – das ist auch der Name einer Programmiersprache aus den Siebzigerjahren. Im Prinzip ist der Small Talk im Beruf oder auf Partys nichts anderes als ein Tool. Wer ihn beherrscht, kann damit seine Mitmenschen steuern, Sympathien wecken, Brücken bauen. Wer das nicht kann, hat oft das Nachsehen. Kontakte sind heute wichtiger denn je.

»Sprich sanft,
aber trage einen großen Stock bei dir.«

Theodore Roosevelt

Die gute Nachricht: Small Talk ist weniger schwer als gemeinhin angenommen. Stell dir vor, ein wichtiger Geschäftspartner aus China ist bei deiner Firma zu Besuch. Er ist zum ersten Mal in Deutschland. Du sollst ihn abends beim Empfang bespaßen, bis die Geschäftsführerin da ist.

Was sagst du?

»Haben Sie auch schon das neue Buch vom Dalai Lama gelesen?« Das ist kein guter Gesprächsanfang. Politische Themen sind ein No-go.

Da du das ahnst, versuchst du es mit einem Männerwitz: »Die da unten, wir da oben – das ist immer noch die einzig angemessene Position für Männer und Frauen.«

Dein chinesischer Geschäftsfreund würde dir vielleicht recht geben, dennoch bringst du ihn in eine peinliche Situation, wenn soeben deine Chefin aufgekreuzt ist.

Im Grunde ist alles ganz einfach. Themen mit gesellschaftlichem Sprengstoff vermeiden. Krankheiten, Firmeninterna und Referate über das eigene Wohl und Weh sind ebenfalls tabu. Du selbst magst vor Freude außer dir sein, dass du nach der Operation des Furunkels in der Leistengegend wieder fit bist, die Nachricht gehört allerdings nicht in ein unverfängliches Gespräch.

Größeren Anklang finden selbst lahme Sätze wie:

»Ein tolles Wetterchen haben wir heute.«

Langweilig? Finde dich damit ab: Der Satz ist ein Klassiker des Small Talks. Sein Vorteil: Der Angesprochene kann unverfänglich antworten und muss sich noch nicht mal dabei anstrengen: »Wie kommen Sie darauf? Es gießt, als gäbe es kein Morgen!«

Small Talk darf seicht sein. Sehr seicht. Laut Wörterbuch ist Small Talk ein Schwätzen, eine Konversation ohne Tiefgang. Hier geht es nicht um den Austausch tiefschürfender philosophischer Gedanken zur Entstehung der Welt oder der Zukunft der ostafrikanischen Geier-Perlhühner, sondern um eine Reiseroute, das Wetter, das Essen. Appetitlich, flach, ohne Steine des Anstoßes.

Solltest du wider Erwarten bei einer der langweiligen Antworten nicht Bescheid wissen, gib das ruhig zu. Frag nach einer Erklärung – das zeigt Interesse und hält das Gespräch in Gang.

Ein Beispiel: »Ach, aus Katzenfell ist Ihre Tasche. Dann ziehen Sie das ab, bevor Sie die Viecher essen?«

Gut sind offene Fragen, die den anderen einladen, von sich zu erzählen. Schlecht: Fragen, die man einfach mit »ja« oder »nein« beantworten kann. Stell Fragen, die mit »Wo«, »Wann«, »Warum« oder »Wie« beginnen.

Frag zum Beispiel: »Wie gefällt es Ihnen bisher bei uns in Oer-Erkenschwick? Haben Sie sich die Sehenswürdigkeiten angeschaut?«

Dann kann dein Gegenüber antworten, dass es ihm natürlich super gefallen hat und welche Bauten deiner lauschigen Heimatstadt er sich bisher angesehen hat. Vielleicht erwähnt er, dass ihn das Kraftwerk in Oer-Erkenschwick besonders fasziniert hat. Du kannst noch ein Ausflugsziel in der Nähe nennen, das dir besonders am Herzen liegt, und das Gespräch plätschert wunderbar dahin.

Wenn du bereits Expertenniveau im Small Talk besitzt, antworte auch auf Fragen, die man mit Ja oder Nein abhaken könnte, mit ein wenig mehr Infos.

Das Kleingespräch kann sich als nützlich herausstellen, weil man manchmal mehr über den Gesprächspartner erfährt, als dieser eigentlich erzählen will. Stell dir vor, du besuchst deinen Geschäftspartner ein Jahr später. Du wirst vielleicht dort ein neu gebautes Kraftwerk bewundern, das dem in Oer-Erkenschwick sehr ähnelt. Du weißt dann: Das kann kein Zufall sein.

Stolperfallen beim Geschäftsgelage

Wie du dir beim Essen Feinde machst. Ganz leicht, ganz einfach. Ab zwei Spielern. Für Kinder ab drei Jahren.

▶ **Falle Türen**: Halte deinem Gast oder Geschäftspartner die Tür auf, und lass ihm den Vortritt. Bist du der Gastgeber, gehe im Lokal voran. Bist du der Gast, dann stürme nicht gleich an den Tisch.

▶ **Falle Speisekarte**: Beim Bestellen bist du als Gastgeber der Letzte. Nicht mehr Gänge bestellen als alle anderen. Bei einem kurzen Arbeitsessen belässt man es oft bei der Hauptspeise. Beispiel: Bestellen die anderen einen Salat, dann verkneif dir das Drei-Gänge-Menü.

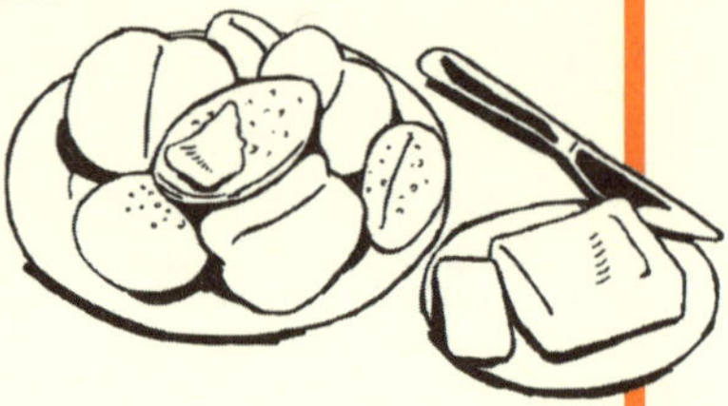

▶ **Falle Brot**: Nicht im Ganzen bestreichen oder zerschneiden. Es gibt ja noch Essen, die Bemmen sind nicht der Hauptgang. Also: brechen (das Brot).

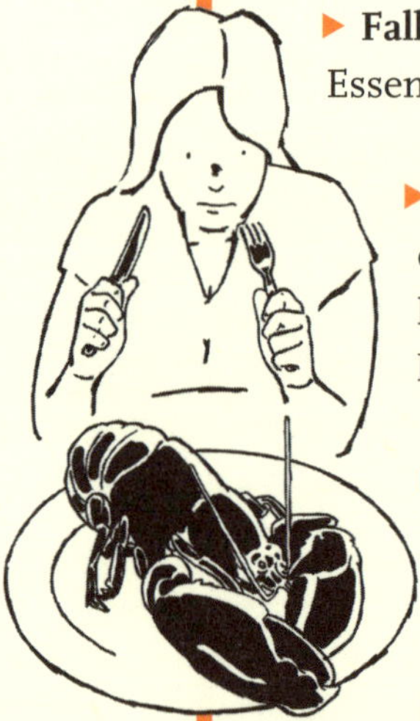

▶ **Falle Essensstart**: Du setzt das Signal, wann es mit Essen und Trinken losgeht.

▶ **Falle Meeresgetier**: Bei Hummer oder Austern dürfen die Finger mitspielen. Bei Fisch nicht. Das Schälchen mit Zitronenwasser ist für die Finger, nicht zum Trinken.

▶ **Falle Suppe**: Suppenlöffel nach dem Essen auf der Untertasse ablegen, nicht in der Suppenschale.

▶ **Falle Wein**: Wird zum nächsten Gang ein neuer Wein eingeschenkt, lässt man den vorherigen stehen und ext ihn nicht in einem Zug weg. Glas immer am Stil anfassen.

▶ **Falle Teller**: Nach dem Essen an Ort und Stelle stehen lassen, nicht von sich schieben.

▶ **Falle Haltung**: Essen nicht mit gebeugtem Kopf in sich hineinschaufeln. Sonst hättest du auch zu Hause bleiben können.

Wer Karriere machen will, muss trinkfest sein. Das galt einmal für Russland, aber stimmt das auch hier und heute noch?

Dass Komasaufen eine reine Männerdomäne sei und dass wer hart arbeitet auch hart trinken müsse, gehört mittlerweile ebenso ins Reich der Legenden wie die Behauptung, Frauen würden sich am Herd am wohlsten fühlen.

Alkohol ist am Arbeitsplatz tabu. Ausnahmen gibt es keine. Außer vielleicht ... bei besonderen Anlässen. Und ... bei Tagungen. Ach ja, und bei Messen, Feierlichkeiten und Geburtstagen, wenn jemand einen ausgibt. Und natürlich dann, wenn jemand zufällig zwei Sektpullen im Kühlschrank findet, die kurz vor Ablauf des Verfallsdatums stehen.

Scherz beiseite. Grundsätzlich gilt: Wenn der Chef sein Glas hebt und auch alle anderen trinken, dann kannst auch du ein Gläschen riskieren. Du stehst aber nicht unter Zugzwang. Es gibt immer noch Leute, die keinen Alkohol mögen. Als Frau kann einem das schnell als Schwangerschaft ausgelegt werden. Aber ob Fötus oder Funbremse, es gilt folgende Faustregel: Je weniger man trinkt, desto weniger kann man sich danebenbenehmen. Wenn es ans Eingemachte geht, zählt vor allem Selbstkontrolle. Du solltest wissen, wie viel du verträgst und wann du genug hast. Mit einem Funken Restverstand gelingt es dir, die typischen Fallen von Trinkabenden zu vermeiden: die Verbrüderungen mit der unsympathischen Kollegin aus der Marketingabteilung, der Flirt mit dem verheirateten Controller, die »Insidergespräche«, die in trunkener Lautstärke auch der Kollege mitbekommt, den sie betreffen.

Ein absolutes Tabu: Im Falle eines akuten Katers am nächsten Morgen krankfeiern. Da musst du durch. In Köln an Karneval kommt das hin und wieder vor, aber hey – wenn man von vornherein weiß, dass man viel trinken wird, sollte man sich den nächsten Tag einfach freinehmen, denn sonst wird man unglaubwürdig und der Chef hat ein Argument mehr bei der nächsten Gehaltsverhandlung.

Falls du keine Lust hast, beim Betriebsbesäufnis die Handbremse anzuziehen, schau genau hin, wenn der sonst seriöse Vertriebskollege plötzlich mit entblößtem Oberkörper seine Assistentin anbalzt und dann zu AC/DC Luftgitarre vor der Chefin der Finanzabteilung spielt. Beobachte beim Abendessen auf der nächsten Tagung (Champagner, Sekt, Weißwein, Rotwein, Bierchen, in genau dieser Reihenfolge), wie zwei leicht beschwipste Kollegen Wiener Walzer um den Tisch der Geschäftsführung tanzen. Wer noch nie mit schwerem Kopf am Morgen nach der Betriebsfeier aufgewacht ist und sich gefragt hat, ob nun Fotos der eigenen Peinlichkeiten im Internet zu finden sind, der ist zwar um ein Gefühl ärmer, hat aber bessere Karten, auch in Zukunft für voll genommen zu werden.

Aber Spaßbremse möchte niemand sein; und beim Trinken lassen sich schließlich auch gut Freundschaften schließen. Ein paar kleine Tricks helfen. Langsame Flüssigkeitsaufnahme ist hier eine Tugend. Sorg immer dafür, dass die anderen mehr trinken als du. Lass die Kollegen ein Bier nach dem anderen wegexen – und freu dich währenddessen aufs Saufen am Wochenende mit den Kumpeln. Oder wenn der Alkdruck in der Firma sehr hoch ist: Bestell dir die Spezialmischung, die du vorher mit dem Barkeeper abgesprochen hast: 1/3 Bier, 2/3 Wasser. Deine Trinkfestigkeit wird in der Firma bald legendär sein!

Der Doof-it-Yourself-Masterplan

Bist du soft genug?
Der Selbsttest für fünf Kernkompetenzen

Die folgenden Fragen solltest du erst sacken lassen und nicht sofort beantworten. Versuche, nach angemessener Zeit ein ehrliches Resümee zu ziehen.

▶ **Kommunikation** – Kannst du ohne zu zögern ein Gespräch anfangen, oder wartest du ab, bis dich einer aus der Reserve lockt? Wie redest du mit anderen: Kannst du dich auf unterschiedliche Gesprächspartner einlassen, oder sprichst du auch mit deinem Vorgesetzten wie mit dem Typen, der in der Kneipe neben dir den Chinesen an die Wand stellt?

▶ **Kritikfähigkeit** – Wie gehst du mit Kritik um? Brichst du in Tränen aus? Brichst du auf den Boden? Oder brichst du deinem Gegenüber die Hand? Was tust du, wenn du feststellst, dass der Kritiker recht haben könnte? Versuchst du, dich zu ändern? Wenn du selbst jemandem die Meinung sagst, wie machst du das? Sagst du deinem Gegenüber einfach nur, er sei »voll scheiße«, oder kannst du ihm vermitteln, was er verkehrt gemacht hat und wie man es besser machen könnte?

▶ **Kontaktstärke** – Kontakte sind wichtig; Eigenbrötler eignen sich selten als PR-Chefs. Darum lauten die Preisfragen: Hast du ein Netzwerk? Schließt du auch fern vom Tresen schnell neue Bekanntschaften? Wie viele Freunde und Bekannte hast du eigentlich, und wie regelmäßig siehst du diese? Spielst du deinen Lieblings-Ego-Shooter lieber im Singleplayer-Modus oder online mit anderen?

Der Doof-it-Yourself-Masterplan

▶ **Leistungsbereitschaft** – Mit welcher Einstellung gehst du montags ins Büro: Willst du das Beste herausholen oder nur pünktlich die Stempelkarte lochen? Wie wichtig sind dir die Aufgaben, die du täglich verrichtest?

▶ **Sozialkompetenz** – Wenn du nicht Polarstationswärter werden möchtest, wirst du in diesem Leben vermutlich mit Menschen zusammenarbeiten. In vielen Situationen kann es also ein entscheidender Vorteil sein, sich in andere hineinversetzen zu können. Versuch's mal am praktischen Beispiel: Verstehst du deine Freundin, wenn sie das dreißigste Paar Schuhe kaufen will? Oder verstehst du deinen Freund, wenn er abends nichts anderes mehr vorhat, als mit seinem Force-Feedback-Lenkrad am PC über die Nordschleife zu brettern? Falls du es bis ins Büro am Ende des Flurs bringen willst: Schaffst du es, andere zu motivieren? Wie ist das, wenn im Büro alle über das neue Prozessmanagement jammern: Jammerst du mit oder versuchst du, der Sache etwas Positives abzugewinnen und die anderen zu überzeugen?

Level 3
Erfolg. Haben, verdienen, überleben

Mein Haus, mein Auto, mein Boot – tot. Nicht wenige Karrieren haben von der tollen Karre schon in die olle Kiste geführt. Denn Erfolg ist meist mit Anstrengung und Stress verbunden, und das bekommt nicht jedem gut. Schließlich ist ein Sechzehn-Stunden-Bürotag nebst Querelen mit den lieben Kollegen mindestens so anstrengend wie eine durchzockte Nacht in *World of Warcraft*. Karrieremachen steht dennoch bei vielen Berufseinsteigern ganz oben auf der To-do-Liste. Warum auch nicht, schließlich will man sich irgendwann die vielen bunten Versprechungen aus der Werbung leisten können.

Doch auf dem Weg nach oben hat man Gesellschaft: Macht, Prestige und Geld locken nicht nur dich, sondern auch deinen Nächsten. Daraus folgt, dass es nicht einfach ist, sich auf dem Weg zur Spitze durchzusetzen.

Die Sache hat einen Haken für all diejenigen, so scheint's, die sich zur Generation Doof zählen: Berufliches Fortkommen erfordert neben einer prallen Menge persönlicher Talente und Fähigkeiten auch eine Streberelitenausbildung samt Allgemeinbildungsrepertoire in Festplattenvolumen. Wer das alles nicht vorweisen kann, wird den Topjobs so fernbleiben wie der Mars der Sonne und macht es sich besser gleich mit einer Tüte Chips vor dem Fernseher bequem. Oder etwa nicht?!

Erstens: Dieses Buch wäre ein schlechter Ratgeber, wenn wir dir hier bestätigen würden, dass du als Halbwisser und Bildungsmuffel tatsächlich keine Chance hast. Zweitens: Auch ohne magna cum lauda kann man rasant in Fahrt kommen. Das beweist jene Berufsgruppe, die die oberen Gehaltsränge besetzt und dabei schon mal gerne das ein oder andere Unternehmen im Klo versenkt – Manager. Die meisten von ihnen spülen auch nur mit Wasser, wie die Personalberatungsfirma HiTec herausfand: Rund die Hälfte der Unternehmensleiter hat eine ganz normale Ausbildung in einem Lehrberuf gemacht und sich dann hochgearbeitet. Zu einer ähnlichen Erkenntnis kam das Nürnberger Institut für Arbeitsmarkt- und Berufsforschung (IAB): Die Mehrheit der Führungskräfte verfügt lediglich über eine betriebliche Lehre oder Ausbildung. Es müssen also nicht immer die Privatschulen Eton oder Harrow, die Kasernierung im Internat Schloss Salem oder Schloss Neubeuern oder das Auslandsstudium in Yale oder Harvard sein.

Es geht was. Auch für uns. Wenn wir wollen.

Auf dem Weg nach oben steht sich die Generation Doof allerdings oft selbst im Weg. Manche versenken ihre Karriere mit peinlichen Eigentoren, andere lassen sich von ihren Kollegen per Blutgrätsche auf Grasnarbenniveau planieren. Wenn du hoch hinaus willst, musst du daher nicht nur die Karrierebasics beherrschen, sondern auch die Mannschaft im Griff haben.

Beim Kollegengerangel stehen viele Angehörige der Generation Doof auf verlorenem Posten. Wir stellen es nicht immer besonders schlau an, und wie sollten wir auch: Gehörten wir während Schule, Ausbildung oder Uni noch alle einer glücklichen Familie an, der im Stuhlkreis Teamgeist und Chancengleichheit eingebläut wurde, sollen wir mit dem Berufsstart plötzlich Einzelkämpfer sein. Kollegen ziehen auf der Schleimspur an einem vorbei. Was soll man tun? Aufhalten? Ausbremsen? Oder einfach mitmachen? Hier lernst du, wie du den Chef auf deine Seite ziehen kannst und mit den richtigen Kontakten selbst Karriere machst, statt andere machen zu lassen – Antworten auf alle wichtigen Fragen, die der Berufsalltag im fortgeschrittenen Stadium stellt, und Rat bei schwierigen Situationen.

Tricky Situations – Wenn das Arbeitscamp zum Dschungelcamp wird

▶ »Wieso haben Sie den Vertrag nicht schon vor Wochen rausgeschickt?« Eine Chefrüge vor allen Leuten kann peinlich sein. Die Situation solltest du klären, indem du einen Termin unter vier Augen mit dem Chef ausmachst, zukünftig um Kritik unter Ausschluss der Öffentlichkeit bittest, nicht ausfällig wirst und sachlich über den Patzer und Lösungsmöglichkeiten redest.

▶ »Der Meier ist eine von Know-how befreite Rampensau!« Du hast gerade deinen Chef beleidigt. Das allein wäre ja noch nicht so schlimm. Aber er hat es zufällig gehört. Dann ist eine ehrliche Entschuldigung fällig. Vielleicht kannst du im dann hoffentlich noch folgenden Gespräch mit ihm sogar Missverständnisse und ein lang gehegtes Problem aus der Welt räumen.

▶ »Die Konferenz ist doch im Gästecasino. Oder?« Du wartest im falschen Konferenzraum auf dein Meeting und bemerkst deinen Fehler zu spät. Das heißt allerdings nicht, dass du dann mit großem Trara in den richtigen Konferenzraum platzen und dich erst mal bei jedem persönlich und wortgewaltig entschuldigen sollst. Sobald es dir auffällt, solltest du den Raum wechseln und dich möglichst unauffällig entschuldigen.

▶ »Frau Schulz, Sie müffeln!« Du fährst mit dem Rad zur Arbeit, weil du gerne sportlich wirken möchtest, stinkst dafür aber den ganzen Tag über grottig nach Schweiß. Das Problem ist, dass die meisten Kollegen zu höflich sind, um es dir zu sagen. Eine Zweitgarnitur Wäsche und Deo auf der Arbeit aufzubewahren ist nie verkehrt. Und man kann sich fragen, ob siebzig Kilometer an einem Morgen nicht doch ein wenig viel sind.

▶ »Also, so genau hatte ich mir das noch gar nicht überlegt ...« Du führst eine Gehaltsverhandlung, ohne die nötigen Argumente gesammelt zu haben. Geht gar nicht. Bitte um Vertagung. Dieses Gespräch ist wichtig. Schließlich hängt davon ab, ob du das Privatfernsehen für die nächsten Monate bezahlen kannst.

▶ »Ja, da hätte ich vielleicht etwas tiefer ins Detail gehen sollen.« Deine Präsentation ist miserabel. Du musst da zwar jetzt durch, aber du solltest dir Fragen notieren und diese später beantworten. Außerdem kannst du anbieten, später ein umfassenderes Handout zu verteilen. Das sollte dann die nötigen Infos enthalten.

▶ »Wo sind diese Scheißakten?!« Du gehst in deinem eigenen Chaos unter. Bevor du irgendetwas anderes tust, räum auf! Dafür lohnt es sich immer, ein wenig Zeit freizuschaufeln. Denn Unordnung ist in den seltensten Fällen mit Genialität gleichzusetzen. Gründlich ausmisten und Überflüssiges in Ablage P wie Papierkorb loswerden, das befreit und schafft Raum für neue Gedanken.

▶ »Ups, das war eigentlich nur für mich bestimmt.« Du hast Unterlagen aus Versehen mit handschriftlichen

Notizen versehen zurück an einen Kunden gegeben, aus denen eindeutig hervorgeht, dass du seine Arbeit total lächerlich findest. Hilft nix. Auch hier: Entschuldigen! Versuche, die Aussagen geradezubiegen. »Hanebüchener Kram!« wird dann zu »Mit Ihrer Aussage gehe ich in diesem Punkt noch nicht ganz überein. Was könnten wir daran verändern?«

▶ »Sag mal, Iris, findest du, dass mein Pulli aussieht wie Rahmspinat mit Eigelbstreifen?« Wenn du selbst keinen Klamottengeschmack hast, dann sagt es dir meistens auch keiner: So kannst du über Jahre hinweg schlecht angezogen sein, ohne es zu merken. Um ganz sicherzugehen, könntest du eine Kollegin fragen, die für ihre Ratschläge in Sachen Styling bekannt ist.

Das Berufsleben ist wie eine Steuererklärung: Es hält nicht nur ständig Überraschungen und unangenehme Situationen für dich auf Lager. Die Zahl der Karrieretücken ist zudem so unüberschaubar wie die der Abschreibungsmöglichkeiten. Ein Teil deines beruflichen Erfolgs hängt davon ab, dass du Fallen geschickt umgehst und zur rechten Zeit am rechten Ort bist. Klar, ein wenig Glück gehört auch mit dazu. Doch viele Irrungen und Wirrungen kannst du dadurch vermeiden, dass du einen großen Bogen um Schaumschläger machst und nur die Karrierestrategien von wirklich guten Leuten abkupferst. Die wahren Profis sind allerdings nicht so leicht zu erkennen: Es gibt Macher und solche, die nur so aussehen – nennen wir sie NANSAs (Niemals Arbeiten Nur So Aussehen): NANSAs strahlen eine enorm hohe Anziehungskraft aus. Sie sehen nach *big success* aus, sind aber nur *big suckers*.

Die Karrierestrategie von NANSAs sieht vor, wenig zu tun und stets besonders emsig zu wirken: Sie sind beständig im

Stress, weil sie so viele wichtige Dinge erledigen müssen. Sie gestalten ihre Arbeit möglichst transparent, indem sie E-Mails an den großen Verteiler schicken, um alle zu informieren, wenn in ihrem Büro ein Sack Reis umgefallen ist. Am Telefon sind sie ausschweifend und dann chronisch kurz bei der Verabschiedung, und sie lieben flache Hierarchien, weil sie darin gut Freund mit Scheffe sein können. Sie nennen sich gerne High Potential oder Top Performer und haben einfach das Gefühl, wichtiger zu sein und mehr zu arbeiten als alle anderen um sie herum. Ihre Lieblingsfrage am Morgen lautet: »Und, wie lange warst du gestern noch hier …?« Bevor du antworten kannst, fügen sie ohne Luft zu holen an: »… ich bis dreiundzwanzig Uhr!«

Lass dich von NANSAs nicht täuschen oder einschüchtern. Antworte einfach: »Ich war bis dreiundzwanzig Uhr dreißig hier. Den Rest hab ich mit nach Hause genommen.« Auf diese Weise kannst du die Strategien der NANSAs aushebeln und dir ihre Techniken zunutze machen.

Level up!
Wie du mit scheinbarer Emsigkeit punktest, ohne dich zu verausgaben

Topleute, die jeden Tag das Rad neu erfinden, hat jedes Unternehmen gerne. Das klingt nach Maloche? Richtig. Der Trick ist deshalb, vor allem *so zu tun*, als wärst du ständig schwer beschäftigt. Aber Obacht! Wer es übertreibt, wird schnell selbst zum NANSA!

Morgen. Du kommst ins Büro, machst den Computer an, stöhnst hörbar: »Schon wieder so viele E-Mails! Und das, obwohl ich heute Morgen mit Telefonaten und Konferenzen zugescheduled [sprich: tsugeskedjult] bin!« An der Wand hinter dir sollte aus Gründen der Glaubwürdigkeit für alle gut sichtbar ein großer, bunter Plan mit deinen Projekten hängen – Mehrfachnennungen sind erlaubt.

Vormittag. Beginne genau fünf Minuten vor der wöchentlichen Abteilungskonferenz ein Kundentelefonat. Während die Kollegen in Richtung Konferenzraum an deinem Büro vorbeidefilieren, deutest du mit entschuldigendem Blick auf deine Uhr und hebst die Schultern.

In der Konferenz. Du kommst zu spät, am besten mit einem Stapel Papieren unter dem Arm, wirkst gestresst (dies solltest du zu Hause vor dem Spiegel üben) und lässt dich auf einen der Stühle fallen. Du solltest dafür sorgen, dass ein guter Kumpel dich mindestens einmal während der Konferenz anruft, damit du dann sagen kannst: »Leider geht es gerade nicht. Kann ich Sie später zurückrufen?«

Mittag. Diese Übung erfordert Vorbereitung: ein Brötchen aus dem firmeneigenen Shop und einen Stapel Papiere, der deinen Monitor möglichst überragen sollte. Wenn die Kollegen, mit denen du normalerweise die Mittagspause verbringst, vorbeikommen, schüttelst du mit trauriger und gleichzeitig gestresster Miene den Kopf. »Kann leider nicht mitkommen heute. Ihr seht ja ...« Erst wenn sie weg sind, schließt du die Tür. Schließlich willst du nicht, dass jemand dich beim Brötchenessen und Zeitschriftenlesen ertappt. Vollführe diesen Trick möglichst in Hörweite des Abteilungsleiters. Am besten einige Tage nacheinander, dann verfestigt sich dein Arbeitseinsatz im kollektiven Bürogedächtnis.

Nachmittag. Für deine Kollegen ist es das Nachmittagstief, für dich ist es die stressigste Zeit des Tages. Und das sollte jeder sehen können. Termine solltest du dir grundsätzlich immer auf diese Zeit legen, die anfallende Arbeit mit wildem Blick, aber stets freundlich ans Sekretariat delegieren und zwischendurch immer hektisch checken, ob Google und Gmx noch auf denselben Seiten sind.

Später Nachmittag. Auf diese Zeit solltest du dir Termine mit dem Chef legen, um mal Grundsätzliches anzusprechen: Dass du schon gerne hier arbeitest, dass du selbst um diese Uhrzeit noch motiviert bist, dass du für deine Projekte stets vollen Körpereinsatz bringst. Es schadet nichts, dabei zu signalisieren, dass du den Job noch lieber machen würdest, wenn sich seine Wertschätzung auch finanziell auf deinem Konto widerspiegeln würde. Kollegen, die um diese Zeit schon fast ihren Computer herunterfahren, flößt du mit einem späten Termin beim Chef Ehrfurcht ein, weil du so wichtig bist, dass du kurz vor Feierabend noch eine Audienz brauchst und bekommst.

Abend. Alle gehen nach Hause. Du nicht. Warte, bis möglichst die komplette Abteilung abgedampft ist. Dass du noch da bist, solltest du deutlich machen, in dem du jedem lautstark einen schönen Abend wünschst. Während der Wartezeit lässt sich im Web ganz gut das Kinoprogramm für später auschecken. Stell sicher, dass dein Chef von deinen Überstunden Wind bekommt. Begegnest du ihm, halte einfach ein wenig die Luft an, bis deine Gesichtsfarbe ungesünder aussieht, und sag mit tapferer Stimme: »Ich mach das hier gerade noch zu Ende!«

Hast du diesen Tagesablauf verinnerlicht, kannst du eine Menge vorgetäuschten Stress produzieren. Doch es gibt natürlich auch die wahren Stressies, und offenbar werden sie immer mehr. Das New York Center for Work-Life Policy hat übermäßig gestressten Menschen eine Studie gewidmet. Typische Vertreter arbeiten mindestens sechzig Stunden die Woche und meist deutlich länger – was sie genau in dieser Zeit machen, ist nicht erforscht worden. Viele von ihnen sind rund um die Uhr erreichbar, stehen beständig unter enormem Zeitdruck, sind an vielen Projekten gleichzeitig beteiligt und verdienen dafür weit über dem Durchschnitt. Für den Arbeitspsychologen Dr. Stefan Poppelreuter aus Bonn hat eine solche Sucht nach Extrem-Arbeiting einen guten gesellschaftlichen Grund: »Ein Workaholic zu sein ist für viele Menschen nichts Problematisches und nichts Krankhaftes, sondern eher etwas Wünschenswertes. Viele denken: ›Das wird heutzutage in unserer Gesellschaft ja so erwartet‹.« Der Gewinn von Ansehen und die Angst vor wirtschaftlichen Nöten ist für viele Menschen der Anreiz, sich zu stressen oder wenigstens so zu tun, als ob sie gestresst wären. »Gerade in Deutschland«, so Poppelreuter, »gehen wir von dem Gedanken aus, wer arbeitet, ist ein guter Mensch, und wer viel arbeitet, ist ein besserer Mensch.« Und daher steht sichtbarer Fleiß auf der Top-10-Lieblingstugendenliste der Personalchefs: »Es wird weniger drauf geschaut, was kommt hinten raus, sondern eher, wie viel Stunden war der Mitarbeiter da.«

Und darum machen sich auch weniger gut bezahlte Angestellte heute zum Extremjobber. Angela Brandt ist ein gutes Beispiel. Sie ist Assistentin der Geschäftsführung in einem großen Konzern und für ihren Chef ständig erreichbar. Sogar an Urlaubstagen kommt sie ins Büro, weil sie sich mitunter zu Hause voller Panik fragt, ob wichtige Mails aufgelaufen sind, die sie dann mal kurz abarbeitet, um am ersten Arbeitstag vor einem kleineren Berg an dringenden Tätigkeiten zu stehen. Die auf Stress angelegte Arbeitszeitgestaltung ihres Chefs färbt auf sie ab, obwohl sie wesentlich weniger verdient als der Entscheidungsträger. Eigentlich doof, oder?

Die Grenzen zwischen Beruf und Privatleben verschwinden für solche Angestellten zunehmend. Hilfreich für die Selbstausbeutung ist beispielsweise eine flexible Arbeitszeitregelung. Man kommt zwar manchmal etwas später, macht dafür aber auch ordentlich Überstunden. An den Tagen, an denen man um neun beginnt, hat man das Gefühl, mehr arbeiten zu müssen, weil man nach dem Arbeitsbeginn der werten Kollegen eingetrudelt ist. Das holt man dann bis abends um acht wieder auf. Eine Stechuhr gibt es nicht – vor allem nicht zu Hause, wo man samstags und sonntags schon mal zu Ende bringt, was in der Woche liegen geblieben ist.

Und so ist es für viele moderne Rund-um-die-Uhr-Arbeiter. Im Flieger oder in der Bahn wird die Zeit genutzt, um noch schnell die Präsentation für den nächsten Termin fertig zu klöppeln. Auf der Sonnenliege wird noch kurz ein Text aus einer Fachzeitschrift gelesen und zusammengefasst. Und zwischendrin erledigen wir Einkauf, Mails an Mutti, Rentenklärungsbescheid. Multitasken, überall und immer – das ist Arbeiting 2.0, und wir nutzen dabei alle Informationskanäle, die wir kriegen können.

Muss man da mitmachen?

Wer Stress nicht vortäuscht, sondern fühlt, sollte frühzeitig die Handbremse ziehen. Gerade der jeweilige Jobstart birgt Gefahren: Wie kommt man beruflich weiter, ohne freiwillige Mehrleistungen bis zum Umfallen und ein klitschkoeskes Austeilvermögen? Muss man wirklich Konkurrenten in Nadelstreifen umnieten oder den Überstundenstress mitmachen, den andere Kollegen schieben? Arbeiten die tatsächlich so viel, oder tun die nur so? Wann ist zu viel wirklich zu viel – schon beim ersten Rauch oder erst bei komplettem Burnout?

In diesem Kapitel lernst du das Wichtigste über Karriere ohne Umzukippen und das, was dabei am Ende finanziell herausspringt. Alles über gute Kontakte, Karriereleitern, heikle Situationen und fiese Kollegen. Und darüber, was passiert, wenn die Personalchefin die Liebe deines Lebens ist.

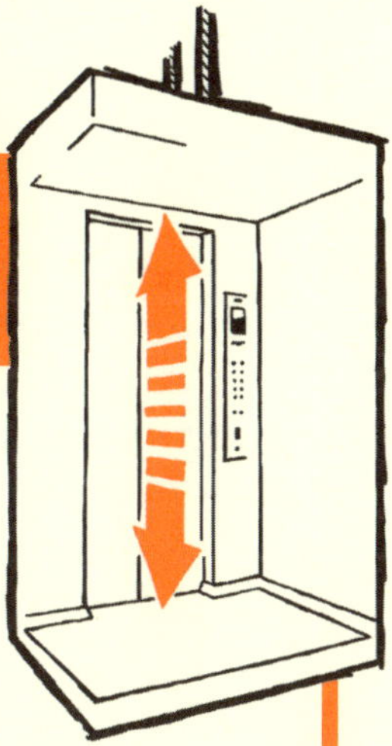

Lernen von Aufzügen – Acht Beförderungshelfer auf dem Weg nach oben

▶ **Ehrgeiz.** Ein guter Aufzug kennt seinen Zweck: Personen befördern. Klar, er will auch mal hoch hinaus, doch seine eigentliche Aufgabe verliert er nie aus den Augen. Denk also zunächst daran, deine Arbeit gut zu machen – gute Leistungen sind die Basis für Beförderungen. Bist du zu ehrgeizig und denkst immer nur an morgen, mehr Geld und mehr Macht, verlierst du deine eigentliche Arbeit aus den Augen und fällst unangenehm als Schluderer und Großmaul auf.

▶ **Selbstvertrauen.** Ist die maximale Beförderungspersonengrenze erreicht, hat ein Aufzug die Kabine manchmal gestrichen voll. Gibt er deswegen auf? Nicht doch. Und davon kann man lernen: Mit Ruhe und Selbstvertrauen wirst du auch schwere Phasen meistern. Hab Geduld, und arbeite dich wie ein Aufzug von Stockwerk zu Stockwerk voran. Und denk daran: Auch wenn man als Aufzug mal runterfahren muss, geht es bald wieder hinauf.

▶ **Konkurrenz.** In vielen modernen Hochhäusern fahren mindestens zwei Aufzüge nebeneinander. Würden diese einen ständigen Konkurrenzkampf austragen und wie geisteskranke Tetris-Kästchen rauf- und runterrasen, wäre die ganze Maschinerie in absehbarer Zeit schrottreif. Daher gilt auch für die Aufsteiger in deiner Nähe: Konkurrenz ist etwas Natürliches. An Konkurrenten kannst du deine Kräfte messen und dein Können beweisen. Mach Konkurrenten zu deinen Verbündeten, falls ihr gleiche Ziele verfolgt. Mit dem Aufzug nebenan kann man gemeinsam schon die doppelte Last schaffen – und muss dabei nicht einmal wie wild ackern.

▶ **Freude**. Aufzugmusik ist leicht und unbeschwert, ohne aufdringlich zu sein. Eine volle Dröhnung gut gespielten Krachs à la System of a Down, Orbituary oder Die Flippers würden wohl nur eingefleischte Fans beschwingt bis ins oberste Stockwerk ertragen. Deine schlechte Laune möchte im Büro auch niemand auf Dauer ertragen. Sie zeigt eine negative Einstellung zu deinem Job und wirkt sich langfristig aufs Betriebsklima und die Teamarbeit aus. Mit Optimismus und guter Laune kommt man weiter. Auch wenn es manchmal schwerfällt: Mundwinkel rauf auf dem Weg nach oben!

▶ **Planung**. Die Stockwerke sind festgelegt. Zwischen der ersten und der zwanzigsten Etage liegen Etage drei und fünfzehn. Diese solltest du als mittelfristige und langfristige Ziele ins Auge fassen. Überleg, wie du sie erreichen kannst, und mach dir einen Plan, bis wann du dort angelangt sein willst. Willst du gleich ohne Zwischenstopp ins Dachgeschoss rasen, brennt bei dir vielleicht was durch und du wirst nicht ernst genommen.

▶ **Offenheit**. Aufzüge haben mindestens eine Tür. Offenheit ist wichtig, weil sonst niemand ans Ziel kommt. Wenn du allzu verschlossen bist, wird dich das auf dem Karriereweg behindern. Anders gesagt: Es kickt, wenn du auf Menschen eingehen und Kritik annehmen kannst, denn dann wird der Weg nach oben zur Spazierfahrt.

▶ **Belastbarkeit**. Aufzüge haben nicht ohne Grund ein maximales Traggewicht. Zu viel Gewicht auf deinen Schultern führt zu Kurzatmigkeit, Seitenstichen, Überforderung und letztendlich zur Scheißegal-Haltung, die dann wiederum nirgendwohin führt. Du hast Grenzen, und die solltest du realistisch einschätzen lernen – ein guter Chef weiß das zu würdigen. Überlade dich nicht mit Aufgaben. Manchmal ist es Zeit, Nein zu sagen.

▶ **Kontakte**. Aufzüge sind Orte der Begegnung. Hat man sich dort schon einmal getroffen, kommt man auch außerhalb einfacher ins Gespräch. Die Regel heißt heute mehr denn je: Du bist, wen du kennst. Knüpfe und halte möglichst viele für deinen Job sinnvolle Kontakte. Ein bisschen Eigenwerbung kann nie schaden, schließlich muss der andere wissen, warum es sich lohnt, sich für dich einzusetzen.

Ohne Vitamin B geht im Beruf nichts. Gute Kontakte findest du aber nicht in der Disco. Wo dann?

Als Daniel Sattler vor drei Jahren einen neuen Job als Texter bei einer größeren Medienagentur in Düsseldorf antrat, glaubte er noch an Karriere durch Leistung. Seine ersten Berufsjahre hatte er in einem kleinen Betrieb verbracht und wollte nun mit den gesammelten Erfahrungen beim neuen Arbeitgeber durchstarten. Zunächst lief alles gut für ihn, seine Projekte wurden gelobt, seine am Wochenende in mühsamer Heimarbeit entwickelten Ideen machten seine Chefs froh. Als dann der Posten des Teamleiters frei wurde, stand für Daniel bereits fest: Der Chefsessel ist ihm sicher! Weit gefehlt. Er hatte Lukas übersehen, einen Kollegen, der bislang eher durch mittelmäßige Leistungen aufgefallen war. Lukas hatte andere Talente als Daniel. Er war spitze beim Kontakte knüpfen. Lukas wohnte im selben Stadtteil wie sein Chef und vertrieb sich die freie Zeit mit denjenigen Kollegen, die ebenfalls dort lebten – und die wiederum gut Freund mit dem Agenturinhaber waren. Lukas bekam den Job, nach dem Daniel sich die Finger leckte, und trifft seitdem eine falsche Entscheidung nach der anderen, die Daniel dann ausbügeln darf.

Du glaubst, das riecht nach Vetternwirtschaft? Du hast recht. Doch Postenschieberei hat längst einen neuen Namen bekommen, der die ganze Sache richtig trendy macht – Netzwerken oder Networking. Das Resultat ist das Gleiche: Wer die besten Beziehungen hat, bekommt meistens auch die coolen Jobs. Eine Umfrage des Arbeitsmarkt-Internetportals Jobware ergab, dass nur in jeder fünften Firma Leistung und Kompetenz über das berufliche Fortkommen entscheiden – viel wichtiger ist es, die richtigen Leute zu kennen.

Fazit: Wirf deine Skrupel über Bord, und hol dir die Vitamin-B-Spritze für deine Karriere. Mach auf dich aufmerksam. Wahrscheinlich zählst du wie wir auch zu den erbärmlichen Kreaturen, deren Vater nicht im Vorstand eines DAX-Unternehmens sitzt und dich daher nicht bei seinen Freunden aus der Macher-Clique unterbringen kann. Aber das erschwert die Sache nur unwesentlich. Es ist gar nicht so schwer, sich sein eigenes Netzwerk aufzubauen, wenn man offen auf Leute zugeht. Beachtet man ein paar kleine Grundregeln, kann auch aus einem Zusammenstoß am Buffet ein echtes Karrierebonbon werden:

1 Kleinigkeiten über den Kontakt merken, notfalls notieren, um beim nächsten Smalltalk noch zu wissen, dass Muschi der Spitzname seiner Frau und nicht seine Katze war.
2 Kontakthalten schlägt Stalking. Melde dich, damit du nicht vergessen wirst, drangsaliere deinen neuen Kontakt aber auch nicht wie ein irrer Verfolger: Drei Tage nach dem ersten Kennenlernen ist das perfekte Timing! Danach in regelmäßigen Abständen in Erinnerung bringen.
3 Fragen statt Ausfragen. Sei interessiert an deinem Gegenüber, und stell Fragen zu seiner Tätigkeit. Die meisten wichtigen Leute hören sich gerne reden. Verzichte aber auf Fragen, die eine ungewollte Intimität herstellen: Tabuthemen sind Krankheit, Tod, Verderbnis (dazu gehört auch, warum sich seine Frau von ihm getrennt hat).

Und wie nutzt du deine Kontakte gewinnbringend? Überleg dir zuerst, wobei sie dir helfen sollen. Beispiel: Du willst unbedingt eine neue Espressomaschine für die Gemeinschaftsküche. Deine Zielperson: der Mensch, der die Entscheidung darüber fällt, dass ein neues Gerät angeschafft wird. Deine Helfer: alle Kaffeetrinker im Büro. Wichtiges No-go: Fang bloß nicht an, ständig auf die alte röhrende Kaffeemaschine hinzuweisen. Andeutungen dieser Art wollen vorsichtig eingestreut werden. Besser: Frag deinen Entscheidungsträger beispielsweise, ob er nach dem Essen noch einen Kaffee mittrinkt und platziere ihn in Hörweite der Maschine. Fragt er oder sie: »Ist das nicht nervig, ständig das Sprotzeln von dem alten Ding?«, dann ist die Gelegenheit da, eine kleine Eingabe zu machen. Besonders, wenn noch andere leidgeplagte Kaffeetrinker danebenstehen, kann dieses Vorgehen schnell zielführend sein. Klappt auch bei Großprojekten!

Ich bin sowieso gerade online. Kann ich nicht auch da nach Kontakten suchen?

Sich in virtuellen Netzwerken wie Xing, Wer-kennt-wen oder LinkedIn herumzutreiben gehört inzwischen mit zum guten gesellschaftlichen Ton. Wirkliche High Potentials findet man hier allerdings nur selten. Das Netzwerken im Internet kann ein Quell der Freude sein – oder einer der Schadenfreude: Entweder man sahnt einen guten Kontakt ab, der auch beruflich Freude macht. Oder – und das ist viel häufiger der Fall, wie Wissenschaftler festgestellt haben – man verdaddelt wertvolle Zeit damit, sich zum Beispiel scheinheilig nach dem Wohlbefinden der ehemaligen Schulkameradin zu erkundigen, die man schon immer für eine dumme Schnepfe hielt und die jetzt einen offenbar langweiligen Job in einem langweiligen Kaff macht.

Xing ist eines der bekanntesten Portale, das inzwischen über eine ähnliche Popularität wie MySpace oder YouTube verfügt. Doch neben dem Netzprimus gibt es eine ganze Reihe anderer Websites: deutschlandweite oder internationale Seiten, auf denen jeder mitmachen kann, Portale, die nur einer erlesenen Benutzergruppe auf Einladung hin zugänglich sind, ebenso wie Plattformen, die sich gezielt mit bestimmten Berufen und Branchen beschäftigen. Während diese hilfreich sind, um fachliche Probleme unter Kollegen zu diskutieren, helfen gemischte Netzwerke vor allem Freiberuflern dabei, Jobs und Aufträge zu ergattern.

What's the name of the game?	Löhnen und latzen	Besonderheiten
Xing.com		
»Ich mag keinem Club angehören, der mich als Mitglied aufnimmt«, sprach einst Groucho Marx. Xing nimmt jeden! Kenner wissen, dass Xing Crossing heißt und ganz früher mal als »openBC« bekannt war. Die Grundidee: Jeder kennt jeden über sechs Ecken. Und davon kann man profitieren.	In der Basis-Mitgliedschaft ist die Plattform für dich mit begrenzten Funktionen gratis; für einen Premium-Zugang mit allen Funktionen musst du latzen, zurzeit jährlich ca. 70 Euro.	Es gibt Rabattangebote für alle, die Premium-Crosser sind. Auf dem »Marketplace« für Premium-Crosser gibt es Jobangebote von Mitgliedern für Mitglieder.
PerformersCircle.de		
Der moderne Poloclub für Führungskräfte und alle, die ihnen nahestehen. Oder für dich, wenn du einen fantastischen Studienabschluss besitzt oder von einem Mitglied eingeladen wurdest.	Eine Aufnahmegebühr von derzeit 15 Euro macht dich auch virtuell zum Performer. Die Vollmitgliedschaft ist kostenpflichtig (ein Jahr zurzeit 50 Euro), die passive Mitgliedschaft ist kostenlos.	Kontakte werden vom Recruiting Dienstleister access geprüft und tolle Profile an hochkarätige Unternehmen weiterempfohlen.

What's the name of the game?	Löhnen und latzen	Besonderheiten
Successity.de		
Die Online-Projektbaustelle mit Wohlfühlfaktor	Wenn du nur dein eigenes Profil pampern möchtest, ist das mit recht vielen Grundfunktionen kostenlos – Firmen löhnen um die 20 Euro für einen sechsmonatigen Werbeauftritt.	In so genannten »Erfolgsteams« kannst du dich gegen ein Entgeld coachen lassen und unter Anleitung an Projekten arbeiten. Die Foren werden von Experten moderiert. Adressen kannst du im Visitenkartenbuch speichern, in etwa wie ein Adressbuch bei Outlook.
TheWeps.de		
Das outgesourcte Kontaktbüro für Existenzgründer, kleinere und mittlere Unternehmen.	Kostenlos kannst du dich registrieren und dafür eine Reihe von Funktionen nutzen: Du kannst alles lesen und bis zu zwanzig persönliche Nachrichten schreiben. Löhnen musst du beim Premium-Account, mit dem du als Jungunternehmer allerdings auch mehr reißen kannst.	Wozu Konferenzschaltungen, wenn es ein LiveMeetingCenter gibt? Diese Plattform besitzt sogar ein Radio, das über aktuelle Wirtschaftsthemen informiert und auf dem man als Unternehmer Werbung schalten kann. Es gibt außerdem eine Online-Messe mit virtuellen Ständen à la Second Life, einen Chat, ein Know-how-Center und Internettelefonie.

What's the name of the game?	Löhnen und latzen	Besonderheiten
Sekretaria.de		
Online zum Diktat. Für Sekretärinnen sowie Management-Assistenzen und Office Manager, also: Sekretärinnen.	Wie üblich ist es kostenlos, wenn man den Standard wählt. Kostenpflichtig wird's, wenn man den Premium-Account möchte, der die Sekretärin von heute mit vielen zusätzlichen Services versorgt, z.B. Musterbriefen, Checklisten und Tools.	Berufstipps und Stellenanzeigen sind kostenlos auf der Plattform zu finden. Neben Tipps, Tricks und Hilfestellungen ist berufliche Wellness ein wichtiger Faktor: »Dass es auch mal um das beste Katzenfutter, einen romantischen Heiratsantrag oder um das Lieblingsessen der Kinder geht, gibt dem Netzwerk die Atmosphäre, in der sich unsere Frauen ›zuhause‹ fühlen«, sagt Nadine Nebert von der Chefredaktion.
myCORNERS.com		
Deine Nische for free. Ein Netzwerk für alle: vom Freiberufler bis zum Pensionär.	Kost (noch) nix.	Es gibt einen Kontaktradar: Du erstellst ein Profil der Kontakte, die du suchst, die Maschine filtert nach deinen Kriterien und meldet dir interessante Personen.

In der Steinzeit haben die Jäger ein Mammut selten erlegt, indem sie einfach mit dem Speer danach geworfen haben – sie sind die Sache gezielt angegangen und haben den Brocken erst mal eingekreist. Auch wenn wir inzwischen evolutionstechnisch weiter sind, solltest du nach dieser lang erprobten Methode vorgehen. Die Frage, um die alles kreist: Welches Ziel verfolgst du in der virtuellen Kontaktbörse?

A Du hast noch gar keine Beziehungen und bist auf der Suche nach einem Job.

B Du bist schon im Geschäft und willst Leute aus deiner Branche treffen, um dich auszutauschen.

C Du bist Freiberufler und prinzipiell schon eine coole Socke. Du brauchst aber dringend einen Auftrag, sonst bekommst du diesen Winter kalte Füße.

D Du bist ein Macher. Du willst zeigen, wie geil du das bisher gedeichselt hast – und du willst noch weiter nach oben.

Wenn du dich in einem der Punkte A bis D wiedergefunden hast, such dir ein passendes Portal aus, wo du Menschen triffst, die dir bei diesen Vorhaben helfen können. Falls du zum Beispiel ein IT-ler bist und dich mit Artgenossen austauschen willst, wäre außerdem das Branchenportal GULP (www.gulp.de) eine gute Adresse.

Egal, für welche Plattform du dich entscheidest – wichtig ist, wie man dort auftritt. Es wäre beispielsweise ungeschickt, deine Absichten im Dunkeln zu lassen. Den Kontakten sollten deine Ziele und der Nutzen des Kontaktes sofort einleuchten. Wenn du jemanden nur fragst: »Darf ich Sie zu meinen Kontakten hinzufügen?«, wird er dich daraufhin weder einstellen noch mit einem Auftrag belohnen. Stell dich und dein Anliegen kurz vor.

Aber auch, wenn die virtuelle Welt es oft vorgaukelt. Die beruflichen Chancen, die eine Kontaktbörse bietet, haben Grenzen. In einer Studie hat der Kommunikationswissenschaftler Florian Renz herausgefunden, dass der tatsächliche Nutzen der Portale ihrem trendigen Ruf hinterherhinkt: Viele Nutzer verwenden die Netzwerke lediglich, um private Kontakte zu pflegen. »Eine typische Verwendung von Xing ist das Surfen durch die Profile von Freundesfreunden, also die Kontakte der eigenen Kontakte«, sagt Renz. Trotzdem hat der Karriere-Push-up sich eingebürgert: »Zumindest in gewissen Kreisen«, so Renz, »wirken Sie schon auffällig, wenn Sie kein solches Profil besitzen und in Social Networks gar nicht in Erscheinung treten.«

Auch eine Umfrage der Kommunikationsagentur Dr. Haffa & Partner unter Führungskräften stellt den beruflichen Nutzen von Netzen in Frage: Lediglich ein Drittel von ihnen ist vom geschäftlichen Nutzen überzeugt; für alle anderen sind die Business-Netzwerke eher ein Spielzeug. Ein Blick auf den geringen Aktivitätsindex vieler Nutzer verrät, dass sich nur wenige regelmäßig um ihr Online-Profil kümmern. Nüchtern betrachtet können Internetportale also nur die Kontakte in der wirklichen Welt ergänzen, aber nicht ersetzen – ein persönliches Treffen ist vielleicht nicht ganz so hip, bringt aber unterm Strich oft mehr.

Und dann ist da noch die vermeintlich öde Sache mit dem Datenschutz. Dein Internet-Profil ist zwar für andere interessant, wenn du viele detaillierte Angaben zu deiner Person machst – ein hübsches Foto verdoppelt zum Beispiel gleich die Chance, angeklickt zu werden. Doch je mehr Daten du preisgibst, desto besser können diese von jemandem genutzt werden, um damit richtig Schaden anzurichten.

Wie auch immer, eine Visitenkarte, die du jemandem mit ein paar warmen Worten in die Hand drückst, ist ungefährlicher und oft auch Erfolg versprechender.

»In manchen Kreisen ist die Mitgliedschaft Pflicht«

Florian Renz, Soziologe und Netzwerkexperte

Sind virtuelle Netzwerke doof?

Für jeden Einzelnen sind sie eine Erweiterung des sozialen Handelns. »Doof« ist daran erst einmal nichts. »Doof« ist es dann, wenn die Nutzer die Netzwerke nicht angemessen bedienen: Eine Headhunter-Schwemme auf Xing, aufs Dating versessene Studenten auf StudiVZ oder talentlose Musiker, die auf MySpace jede Person als Freund hinzufügen, im Glauben, damit doch den großen Durchbruch zu schaffen.

Was machen wir als User falsch?

Viele sind sich nicht über die Nebenwirkungen ihrer Internetprofile im Klaren. Personaler nutzen Netzwerke wie studiVZ und Facebook, um sich über ihre Bewerber ein Bild zu verschaffen. Partyfotos, die mehr Haut als Kleidung zeigen, sind für diese dabei ebenso wenig hilfreich wie offene Beschwerden über Professoren, Kommilitonen oder ehemalige Arbeitgeber.

Ohne Online-Profil kein Erfolg im Beruf – was meinen Sie?

In manchen Kreisen ist die Mitgliedschaft auf solchen Plattformen fast schon Pflicht. Als Student in den ersten Semestern werden Sie auf der WG-Party von Ihren Kommilitonen nicht mehr nach Ihrer Telefonnummer, sondern nach Ihrem studiVZ-Account gefragt. Es besteht also in gewissen Branchen und in gewissen Milieus ein »sozialer Druck«, in den entsprechenden Netzwerken angemeldet zu sein.

Wie sieht die Zukunft sozialer Netzwerke aus?

Wir werden sicherlich verstärkt über Probleme im Umgang mit Social Networks erfahren. Diese Internet-Angebote werden aber ein unverzichtbarer Teil unserer Zukunft sein. Angst davor zu haben oder sie an sich »doof« zu finden ist sicherlich verkehrt. Wir müssen uns aber auf einen »doofen« Umgang mit Social Networks einstellen, bis wir alle eine angemessene Medienkompetenz erlernt haben.

Meine Kollegen sind meine besten Kumpel. Was sollte daran denn doof sein?

Kollegen zu Freunden zu machen scheint für manche die einzige Chance auf ein Sozialleben zu sein. Andererseits scheißt man ja auch nicht dahin, wo man isst. Sollte man Arbeit und Privatleben also strikt trennen?

Sich seine Freunde gleich auf der Arbeit zu suchen ist verlockend: Das Treffen mit den besten Freunden ist schwierig geworden, seit die alle selbst einen Job haben oder in andere Städte gezogen sind. Die alte Clique findet nur noch selten in voller Besetzung zusammen. Kollegen sind einem hingegen durch die tägliche Zusammenarbeit vertrauter, als die alten Freunde es je waren. Man verbringt die meiste Zeit des Tages mit ihnen, man kennt ihre größte Macke und ihr Lieblingsgericht in der Kantine. Im besten Fall fühlen sich Konferenzen an wie ein guter

Kinofilm mit Freunden. Wenn es auf der Arbeit so gut läuft, neigt man dazu, Teamgeist und gemeinsame berufliche Interessen mit Freundschaft zu verwechseln. Doch die coole Socke aus dem Großraumbüro mit den Witzen zum Wegschmeißen kann sich beim privaten Treffen schnell als Würstchen entpuppen, das den Pürierstab nicht von der Klobürste unterscheiden kann.

Bevor man das herausgefunden hat, sollte man es im Arbeitsalltag mit der Kumpanei nicht übertreiben. Allzu enge Bindungen auf der Arbeit sorgen schnell für Missgunst bei denen, die davon ausgeschlossen sind. Wenn du immer mit denselben Leuten in die Mittagspause gehst, bekommst du auch nur Infos, die du meist schon in- und auswendig kennst. Öfter mal fremdzuessen kann daher nicht schaden. Mal neben jemand anderem in der Kantine zu sitzen bringt im besten Fall Aufschluss darüber, wie andere Abteilungen ticken.

Wenn du es richtig anstellst, können Bürofreundschaften ein Turbo für deine Karriere sein. Menschen, die auch privat auf einer Wellenlänge sind, arbeiten besser zusammen, sind kreativer und hängen sich mehr rein. Und nebenbei ist gute Zusammenarbeit das Fundament für ein gutes Netzwerk.

Ich habe mich verliebt. Darf ich im Büro baggern?

Ein neuer Kollege, und Jeannette ging auf einmal gerne zur Arbeit. Bisher war ihr der Job bei einer Versicherung geradezu erschütternd langweilig vorgekommen. Der neue Kollege und Grund für Jeannettes Stimmungswandel hieß Tom und saß im Großraumbüro nur drei Meter Luftlinie entfernt. Seit der Vorstellung durch den Chef lief zwischen ihnen beiden ein heimlicher Flirt.

Doch dann entdeckte Jeannette an der großen Pinnwand eine ihrer Haftnotizen, auf die sie für Tom eine Liebesbotschaft gekritzelt hatte. Was ihr schwarz auf gelb ins Auge sprang, ließ sie rot anlaufen. »Tom-Tom, mein Lieblingsnavi. Findest du den Weg zu mir nach Hause heute Abend? Dann könnten wir später wieder gemeinsam Routen planen – vom Wohnzimmer ins Schlafzimmer ... Du findest bestimmt den Weg in meine Flasche! Deine bezaubernde Jeannie!«

Wie sich herausstellte, hatte ein Kollege den Flirt zwischen Jeannie und Tom beobachtet, weil er selbst Jeannette gerne mal ins Bett navigiert hätte. Dem Eifersüchtigen war leider nichts nachzuweisen, und das Pärchen war enttarnt. Es begann eine Zeit, die Soaps à la *Marienhof* oder *Alles was zählt* alle Ehre gemacht hätte.

Liebe im Büro kann also ihre Tücken haben. Sie sorgt bei geschwätzigen Kollegen schnell für regen Flurfunk, Klatsch und Tratsch. Brennt das Gefühlsfeuerwerk nicht nur zwischen zwei Kollegen ab, sondern wie in Jeannettes Fall auch noch bei anderen, dann sind Eifersuchtsszenen und kleinere Dramen vorprogrammiert.

Du solltest dir also gut überlegen, ob und mit wem du eine Liaison innerhalb des Firmengebäudes beginnst. Tröstlich: Du befindest dich mit solchen Trieben in guter Gesellschaft, oder sagen wir, du bist jedenfalls nicht allein damit. Das Büro ist ein beliebter Balzplatz. Aktuelle Umfragen verschiedener Jobportale ergaben, dass ein Drittel der Befragten schon einmal eine Beziehung mit einem Kollegen oder einer Kollegin hatte. Gar nicht ungewöhnlich, denn der Job ist ein gutes Thema, um ins Gespräch zu kommen. Umständliche Grabungsversuche wie »Kommste mal mit in die Raucherecke, dann frag ich dich nach Feuer« entfallen.

Falls du dich also ernsthaft in einen Kollegen verknallt hast, gibt es keinen Grund, sich die Liebe durch Selbstgeißelung mittels alter Nino-de-Angelo-Platten oder Massagen mit grobem Schmirgelpapier wieder auszutreiben. Ein paar Grundregeln beachten, und der Büroflirt gelingt.

Der erste Schritt ist für gewöhnlich etwas heikel – du musst deine Zuneigung aktenkundig machen. Das ist am Arbeitsplatz noch schwerer als sonst, denn wenn das Liebesbekenntnis nach hinten losgeht, kann man einigen Flurschaden anrichten. Auch wenn das Herzflattern nicht auf Gegenseitigkeit beruht, musst du mit der Kollegin oder dem Kollegen in den allermeisten Fällen noch längere Zeit zusammenarbeiten. Direkte Einladungen zum Austausch von Körpersäften sind nicht empfehlenswert. Vergewissere dich also, dass dein Schwarm auch tatsächlich auf dich steht. Die Brechstange sollte dabei in Opas Gartenhäuschen bleiben.

Clever: »Ah, Mittagspause. Ich hätte Lust auf Pizza, kommst du mit zum Italiener?«

Doof: »Willst du mich hier auf dem Schreibtisch?«

Lehnt dein Zielobjekt nach einigen Winken mit mittleren bis großen Zaunpfählen ab, lass deine Finger lieber bei dir. Du stehst auf der Paarungsliste offenbar nicht ganz oben. Obacht ist allerdings auch dann geboten, wenn das Entzücken beidseitig ist: Ihr solltet eure Beziehung erst dann im Kollegenkreis bekannt geben, wenn ihr beschlossen habt, länger zusammenzubleiben. Für den Fall, dass die große Liebe wieder mal nur drei Wochen dauert, spart man sich dadurch hämische Blicke und scheinheiliges Mitleid.

Aber auch, wenn jeder weiß, dass ihr in der Freizeit unzertrennlich seid: Schmusen, Knutschen und Betatschen sind im Büro ein No-go. Streitereien gehören ebenfalls in die eigenen vier Wände und nicht in den Konferenzraum. Umgekehrt gehört auch die Konferenz nicht ins Schlafzimmer – in der Freizeit besser auf Berufsthemen verzichten.

Der Spezialtipp von Heike Müller, Coach für Führungskräfte und Autorin des Buches *Rendezvous am Arbeitsplatz*: »Eins ist klar: Ein Paar am Arbeitsplatz verändert die Gruppendynamik. Und das kann Probleme geben. Manche Paare katapultieren sich selbst ins Aus, weil sie nur noch im Doppelpack auftauchen, sich von den anderen absondern, ihr eigenes Süppchen kochen oder nur noch in der ›Wir‹-Form sprechen. Dann ist es sehr wahrscheinlich, dass sich die Kolleginnen und Kollegen ihrerseits immer stärker zurückziehen, der Informationsfluss versiegt und Konflikte vorprogrammiert sind. Für alle am Arbeitsplatz Verliebten deshalb mein Tipp: Selbst wenn der Bürohimmel voller Geigen hängt, nicht auf den Partner fixieren, sondern unbedingt Teamplayer bleiben.«

Ich würde mich ja gerne nach oben schleimen – aber wie geht das?

In der Schule haben uns die Typen genervt, die im Unterricht bei jeder Frage hektische Bewegungen mit dem rechten Arm vollführt, geschnipst und unruhig auf dem Stuhl hin- und hergerutscht sind, als würde ihnen gleich die Blase platzen und wie ein Ballon um die Ohren zischen. Solche Angehörige vom Stamme Streb stürmten nach der Stunde erst mal ans Lehrerpult, um beknackte Fragen loszuwerden, auf die sie die Antwort längst kannten. Und natürlich trugen sie Lehrers Tasche und damit die besseren Noten nach Hause. Diesen netten Menschen begegnest du im Berufsleben wieder.

Natürlich muss man zwischen Strebern und Schleimern unterscheiden. Streber sind nicht nur auf die Gunst des Höherstehenden erpicht, sondern sammeln Fleißpunkte und wirkliches Wissen. Das macht Arbeit.

Es gibt aber auch genügend Einschleimer, die nichts auf dem Kasten haben und trotzdem weiterkommen. Tilmann Ries ist einer von ihnen. Er arbeitete in der Qualitätssicherung eines Spielzeugherstellers. Es verging kein Meeting, keine Konferenz, keine Tagung und keine Betriebsfeier, bei der er nicht drohte, sich im Dunstkreis der Geschäftsführung eine Rauchvergiftung zu holen. Schleimer, dachten seine Kollegen. Guter Mann, dachte die Geschäftsführung. Als die Stelle des Abteilungsleiters frei wurde, war Tilmann natürlich erste Wahl. Von dort aus bewarb er sich innerhalb eines Jahres bei der Konkurrenz – und wurde genommen. Nachdem er weg war, fanden seine Kollegen heraus, dass er die meiste Arbeit an seine Sekretärin delegiert hatte. Die frei werdende Zeit hatte er genutzt, um den wichtigen Entscheidern in der Firma nach dem Mund zu reden. Heute arbeitet Tilmann bei einem noch größeren Spielzeughersteller und parkt sein BMW-Cabrio vor seiner Eigentumswohnung. Es ist nicht jedermanns Sache und kostet auch Selbstüberwindung, aber seien wir ehrlich: So kann Karriere gehen.

Einschleimen für Anfänger basiert auf der Erkenntnis: Fachkenntnisse und Fleiß sind zwar gut, aber viel wichtiger ist, dass dein Chef dich wahrnimmt, dich mag und dich für einen fähigen Mitarbeiter hält. Wenn du Karriere machen willst, mach dir deinen Chef zum Freund. Und park deine Selbstachtung im Gefrierfach.

Stufe 1: Um dich zu schätzen, muss er oder sie dich kennenlernen, am besten persönlich. Firmenevents sind ein Anfang, wenn es nicht gleich mit dem gemeinsamen Squash-Nachmittag klappt: Auf einer kleinen Feier oder einer Tagung kommst du ungezwungener mit deinem Chef ins Gespräch als im Büro. Vielleicht erwischst du ihn an der Bar oder sitzt beim Abendessen plötzlich rein zufällig neben ihm. Unter der Woche kannst du ruhig mal mit ihm zum Mittagessen gehen! Sag einfach, du möchtest ein wichtiges Projekt in Ruhe besprechen.

Stufe 2 auf der Schleimleiter erfordert ein gutes Gespür und etwas Geschick. Finde möglichst viel über die Interessen und Hobbys deines Chefs heraus. Steht er oder sie zum Beispiel auf Stierkämpfe und hat dies nach einem Urlaub in Sevilla vollmundig verkündet, kannst du dich über die spanische Unsitte informieren und hast bei der nächsten Gelegenheit ein prima Gesprächsthema. Ist dein Vorgesetzter zufällig im örtlichen Kakteenzüchterverein, könnte es sein, dass auch du zufällig dein Gefühl für Sukkulenten entdeckst. Dies gibt wochenlang Futter für Gespräche in der Kantine oder auf dem Flur und dem Klo.

Schleimstufe 3 erreichst du, wenn du dein Outfit deinem Chef anpasst – das geht natürlich am besten beim gleichen Geschlecht. Solange du nicht zu auffällig vorgehst, kann der Effekt nur positiv sein: Du erinnerst deinen Vorgesetzten an sich selbst, als er noch jung war und auch gerade mit dem Job angefangen hatte. Das Sympathiebarometer steht vor dem Siedepunkt!

Die Kür des Einschleimens findet ihre Vollendung im Konferenzraum. Du musst erspüren, was dein Chef eigentlich will, und danach handeln. Wenn er sagt, das Firmenlogo kommt auf rotem Grund am besten zur Geltung, dann ist das so. Selbst, wenn das Logo rot ist. Am besten du beschränkst dich darauf, verständnisvoll zu nicken und zu hauchen: »Ja, richtig, das ist genau der richtige Ansatz. Das finde ich auch.« Mit John Wayne ist der Letzte gestorben, der eisern den eigenen Standpunkt verteidigt hat.

Die **Profischleimstufe** hast du erreicht, wenn du das Anliegen deines Chefs mit eigenen Leistungen kombinierst: Ist es etwa erklärtes Ziel deines Chefs, die Arbeitsabläufe neu zu strukturieren, sagst du: »Ja, daran habe ich auch schon gedacht!«, und erarbeitest entsprechende Vorschläge.

Wenn dir dieser Weg zum Ziel absurd vorkommt und du denkst, da übertreiben die beiden aber maßlos, müssen wir leider sagen: Guck dich um. Den Drops aus dem Mund des Chefs lutschen andere schon seit Wochen.

Vorsicht und Fingerspitzengefühl sind beim Arschkriechen dennoch hilfreich, und es kommt auf das richtige Maß an. Übermotivierte rutschen schnell auf der eigenen Schleimspur aus:

Anne erzählt

Das Grauen hat einen Namen. Sandra, meine Mitpraktikantin. Sandra hat ein hübsches Gesicht, dunkle Locken und Kulleraugen. Sandra lächelt immer. Sie will es weit bringen, das ist klar. In ihre Bewerbung hat sie geschrieben: »Ich möchte in Ihrem Haus ein Praktikum machen, weil ich es einfach so toll finde!« Dieser Satz, so Sandra, hat die Personalleitung davon überzeugt, dass sie vollen Einsatz bringen wird. Und das tut sie auch. Als Raucherin steht sie in den Pausen im Hof der Firma und ratscht mit den anderen Mitarbeitern. Geschickt hat sie sich innerhalb weniger Tage aller ungeliebten Tätigkeiten entledigt und macht jetzt nur noch das, worauf sie wirklich Lust hat. Bei jedem Kopiergang wünsche ich mir ein bisschen mehr Sandra in mir – bis ich nach dem Praktikum mit Natascha, einer ehemaligen Kollegin, einen Kaffee trinken gehe.

»Was ist eigentlich aus Sandra geworden?«, frage ich beiläufig. »Hat sie die ausgeschriebene Stelle bei euch bekommen?« Ich rechne fest damit, dass nun ein Ja und eine Lobeshymne folgen. Weit gefehlt.

»Sandra?« Natascha stöhnt genervt. »Mann, die Braut war ja wohl der Hammer.«

Mir fließt fast der Kaffee aus der Nase, als ich das höre.

»Arbeitsanweisungen befolgen war ja nicht gerade ihre Stärke. Und dreist war die.« Natascha grinst. »Wir waren alle froh, als sie ging. Oder besser: gegangen wurde ...«

»Warum denn das?«, frage ich.

»Na ja«, fährt Natascha fort. »Erst hat sie sich auf eigene Faust Visitenkarten drucken lassen, mit dem Namen und Logo der Firma. Die hat sie dann an Geschäftskunden verteilt. Einer von denen erkundigte sich beim Chef, wer denn die neue Mitarbeiterin sei. Beim anschließenden Gespräch kam dann heraus, dass sie fest damit gerechnet hatte, übernommen zu werden. Und als ihr klar wurde, dass das gar nicht geplant war, hat sie angefangen zu heulen. Mann, sind wir froh, die los zu sein.«

Im Internet habe ich neulich ihr Profil bei Xing gesehen. Sandra ist inzwischen Head of Sales bei einer großen Firma, die Software entwickelt. Das steht jedenfalls in ihrem Account. Einen solchen einzurichten ist übrigens noch einfacher als Visitenkarten drucken zu lassen.

Leute wie Sandra fangen es doof an, denn sie stellen ihr persönliches Interesse über das der Firma. Dabei ist weniger Geltungsdrang oft mehr: »Führungskräfte, die weniger karrierebewusst sind, sind für Unternehmen ausgesprochen wertvoll«, sagt Wirtschaftsprofessorin Sonja Bischof von der Universität Hamburg. Denn oft führt der verstärkte Ellenbogeneinsatz zu unerwünschten Reibereien in der Belegschaft. Dabei ist der Büroalltag ohnehin schon kompliziert genug – obwohl er vielfach einem Kindergarten gleicht. Punkten kann, wer in solchen Situationen den Überblick behält und bei den Kindereien nicht auch noch mitmacht.

»Das ist aber MEIN Schreibtisch!« – Im Kindergarten der Kollegen

In der wöchentlichen Abteilungskonferenz ist Herr Meier mit seinem Projekt unter der öffentlichen Kollegenkritikdusche abgesoffen. Und das nur, weil Frau Graupel-Sargnagel es so lange schlechtgeredet hat, bis es stank. Den Meier konnte sie noch nie leiden, der mit seiner spießigen Zweikinderreihenhausfamilie! Beim letzten Tagesordnungspunkt rächte er sich und schnappte ihr bei der Neuverteilung der Büros das schönste vor der Nase weg.

Unsere Abteilung ist echt ein Kindergarten – wer hat das nicht schon oft nach einem versiebten Meeting gedacht? Wenn man genau hinschaut, muss man zugeben: Es ist tatsächlich so. Vielleicht liegt es daran, dass die Generation Doof nicht erwachsen werden will. Vielleicht hat es was mit Stress zu tun. Egal, was es ist, wir benehmen uns auch im Berufsleben oft wie Kindergartenkinder. Da fühlt sich das Brainstorming plötzlich wie der Morgenstuhlkreis mit der Erzieherin an, wird die Betriebsreise zur Klassenfahrt mit Dosenbier, und gelegentlich gibt es auch eine Klopperei im Sandkasten. Das Schöne daran: Es gelten die Gesetze des Kindergartens, und die kennen wir alle noch aus der eigenen Kindheit.

Aber was tust du, wenn man dir dein Förmchen klaut und niemand mit dir spielen will? Wie beim Fußball gibt es Standardsituationen, die immer wiederkehren. Auf sie kann man sich vorbereiten und dann entsprechend reagieren. Hier sind die beliebtesten Schmollwinkel und die häufigsten Trotzattacken der Generation Doof im Beruf:

»Das sind alles meine Freunde, nur der Gustav ist doof!«
Auch im Büro bilden sich schnell Gruppen, und der eine schanzt dem anderen die besten Aufgaben zu, obwohl ein weniger beliebter Kollege vielleicht besser dafür geeignet wäre. Klar, man kann sich nicht aussuchen, wen man mag. Wer einige Kollegen ständig bevorzugt und andere außen vor lässt, sollte sich aber fragen, ob sich das auf Dauer nicht eher rächt als rechnet. Du könntest mal auf Unterstützung angewiesen sein, wenn es um ein wichtiges Projekt geht. Und Obacht: Mit offenen Abneigungen beginnen verdeckte Intrigen.

»Heul doch, Thorsten-Peter!«
Der Drucker spinnt, lauter lästige E-Mails, der Chef erklärt, dass du dein Fortbildungsseminar wegen Sparmaßnahmen selbst zahlen kannst. Es ist wieder einer dieser verdammten Tage. Du darfst ruhig mal eingeschnappt sein. Schließ dich im Klo ein, und heul eine Runde. Es hat aber keiner was davon, wenn das zum Dauerzustand wird und du nur noch mit einer Trauermiene durch die Gegend schlurfst. Das Leben ist ungerecht und bleibt es auch. Humor hilft, frei nach Robert Gernhardts Motto: Beklage dich nicht, wenn du im Leben zu kurz kommst, dafür geht es anderen ja besser. Wenn man meint, ungerecht behandelt worden zu sein, hilft ein Gespräch mit dem Vorgesetzten – ganz sachlich. Und nach dem Heulen einfach eine lästige E-Mail nach der anderen beantworten.

»Komm, wir gehn die Claudi ärgern. Die Kindergartentante guckt grad nich.« – »Au ja!«
Mobbing ist keine neue Erfindung. Aber einige Angehörige der Generation Doof haben sie perfektioniert. Was früher der Klau des Turnbeutels war, führt heute vermehrt zu Therapeutensitzungen. Lustigmachen über andere,

Triezen, Telefonterror und giftiges Geläster gleichen oft Hexenverfolgungen und machen den Arbeitsplatz zur Arbeitshölle: Wenn du gemobbt wirst, führe ein Tagebuch über die Schikanen, und sprich dann mit dem Betriebsrat oder dem Staatlichen Amt für Arbeitsschutz darüber. Vereine wie Mobstop e.V. bieten Rat und Hilfe.

»Der Stefan nimmt sich mittags immer zwei Kakao. Und ich krieg nur einen!«
Auch bekannt als: »Ich hatte den Kran ZUERST! Der Leon hat ihn mir einfach weggenommen!!« Du fühlst dich benachteiligt und zu kurz gekommen? Ein anderer Kollege ist der Liebling vom Chef? Heul doch (siehe Punkt zwei), zieh einfach eine Schippe. Wenn du deine Zeit mit solchen Überlegungen vertrödelst, wird Stefan sich das nächste Mal drei Kakao nehmen. Äh, wir meinen natürlich Beförderungen, Projekte, Gehaltserhöhungen, Dienstreisen. Also sei einfach präsent. Melde auch mal einen Anspruch an, oder sag, dass du die Aufgabe gerne übernehmen möchtest, weil du dafür die richtigen Fähigkeiten mitbringst. Wenn du merkst, dass dir diese fehlen: Lieber mal eine Lernstunde für Spezialwissen einlegen, dann hat Stefan nicht dauernd die Nase vorn.

»Helmut, da mach ich jetzt nich mehr mit.«
Man hat vergessen, dich zur Konferenz einzuladen? Deine Idee ist im Meeting verworfen worden? Du musst immer das Protokoll schreiben? Jetzt beleidigt den Rückzug anzutreten wäre falsch. Denn damit schneidest du dir nur ins eigene Fleisch und bekommst im Endeffekt gar nichts mehr mit. Besser: Freundlich bleiben und dich weiter unersetzlich machen. Im besten Fall erhältst du ein Angebot einer anderen Firma und hinterlässt eine große Lücke.

»Vivien spielt nur mit mir, wenn ich Schoki mithabe.«
Du hast das Gefühl, jemand nutzt deine Gutmütigkeit ständig aus? Lässt dich alle lästigen Telefonate führen und immer die ödesten Formulare ausfüllen? Gibt dir großzügig von seinen Scheißprojekten ab? Du bist immer mittags derjenige, der alle mit dem Auto in die Stadt zum Imbiss fahren muss? Dann wehr dich im Stillen. Auch hier hilft es wenig, beleidigt zu sein. Nein zu sagen verschafft dir mehr Respekt. Wende dich eher Kollegen zu, die dich nicht in Vorleistung treten lassen. Geh von dir aus auf andere zu!

Was bringt ein Headhunter? Schrumpfköpfe?

Headhunter kommen uns heutzutage gar nicht mehr so fremd vor. Wir kennen sie aus dem Fernsehen, haben mindestens schon einmal von jemandem gehört, der mit ihrer Hilfe einen lukrativen Job ergattert hat, und inzwischen gibt es von Bremen bis Egmating sogar Dutzende von Friseurläden, die Headhunter heißen. Solange es nicht um eine frische Dauerwelle, sondern um deine nächste Stelle geht, können die Kopfgeldjäger der Berufswelt dir in die Tasche spielen. Topjobs in Unternehmen werden nämlich häufig gar nicht über eine offizielle Ausschreibung besetzt, sondern durch Personalfirmen und Headhunter, die gezielt in

der Branche wildern oder selbst ein großes Portfolio an Topleuten anzubieten haben. Allein für das Jahr 2007 verzeichnete der Bundesverband Deutscher Unternehmensberater rund sechzigtausend Vermittlungen durch Personalagenturen.

Doch wie kommst du an einen Sugardaddy, der dich weiterempfiehlt? Natürlich kannst du darauf warten, dass eines Tages im Büro das Telefon klingelt und eine heisere Stimme fragt, ob du ungestört reden kannst – juchhu, ein Headhunter hat deine Nummer gewählt! Schneller und oft zielführender ist es jedoch, selbst Kontakt zu einer Personalfirma aufzunehmen. Die Chancen auf Erfolg stehen gut. Beim Branchenprimus Kienbaum gehen jährlich beispielsweise um die tausendzweihundert Suchaufträge ein. Da könnte deine Bewerbung gerade recht kommen. Und die sollte natürlich besonders vorteilhaft wirken, also Fettflecken und Urlaubsfotos ade!

Wie bewerbe ich mich richtig bei einem Headhunter?

Nicht jeder Headhunter huntet jeden Head. Ein einfaches Beispiel aus der guten alten Zeit macht es anschaulich: Wenn der Jäger auf Büffel spezialisiert ist, stehst du als Gnu nicht auf seiner To-do-Liste.

Der Headhunter, den du brauchst, sollte also die Branche bedienen, in der du einen Job suchst. Wofür gibt es Internet und Telefon? Schau nach, welche Personaljäger es gibt und wen sie vermitteln. Falls du dir das Porto sparen willst: Bei vielen Beratern kann man sich auch online bewerben und auf der Homepage sein Geseiber in ein Formular eintragen. Wichtig zu wissen ist, dass die meisten Online-Datenbanken mit einem Raster arbeiten und Bewerber ignorieren, die nicht zu den gesuchten Profilen passen. Wenn du also nicht als Karteileiche enden willst, solltest du dich informieren, ob der Headhunter überhaupt Jobs in deiner Branche vermittelt. Arbeitet er ausschließlich für Pharmaunternehmen, gewinnst du als Gärtner keinen Blumenstrauß.

Am besten rufst du erst dort an, um zu fragen, ob du deine Bewerbung schicken kannst und wie sie aussehen sollte. Bei der Gelegenheit kannst du auch erfahren, wie viel Berufserfahrung der Headhunter voraussetzt. In den meisten Fällen sind mindestens zwei bis drei Jahre gewünscht, Ausnahmen werden aber schon mal bei besonders guten Abschlüssen gemacht.

Achtung: Der Headhunter sollte kein faules Ei sein! Eine Liste von Personalunternehmen findest du in der Datenbank des BDU, des Bundesverbandes Deutscher Unternehmensberater. Die darin aufgeführten Unternehmen sind mindestens fünf Jahre am Start und vertrauenswürdig. Was sonst schiefgehen kann? »Ich habe von Fällen gehört, in denen CVs verschickt wurden, ohne, dass der Kandidat das wusste«, sagt Arne tom Wörden von der Personalberatung access in Köln. Auf diesem Irrweg bekommt vielleicht dein jetziger Chef deine Bewerbungsunterlagen auf den Tisch. Außerdem solltest du für eine Vermittlung durch einen Headhunter nie zahlen müssen: Die Vermittlungsgebühr übernimmt der neue Arbeitgeber.

Eine Bewerbung beim Headhunter ist so etwas wie das Vorspiel zum Job. Daher darf es auch ein wenig ungezwungener und formloser hergehen als bei einer direkten Bewerbung. »Keine Zeit!« ist auch im Personalunternehmen ein geflügeltes Wort, daher fasse dich kurz. Das Anschreiben besteht aus Begehr und Begründung: Welchen Job willst du und welche Voraussetzungen bringst du dafür mit? Beiliegen sollten dein Lebenslauf und eine knappe Beschreibung des Jobs, den du bis dato gemacht hast, getippt auf nicht mehr als zwei bis drei Seiten. Bei manchen Unternehmen ist die Aufmerksamkeitsgrenze auch schon bei einer halben Seite erreicht, also besser vorher kurz telefonisch informieren. Auch besondere Erfolge solltest du in deinem Schreiben nicht verheimlichen. Wenn sie nicht ausdrücklich angefordert wurden, können Zeugnisse erst mal daheim bleiben.

Wenn du nach deinem Wunschgehalt gefragt wirst, ist die Verlockung groß, eine ähnliche Summe wie das Taschengeld von Bill Gates zu fordern. Brrr, ruhig Brauner! Du solltest dich vorher erkundigen, was in deiner Branche üblich ist. Am besten gibst du eine Gehaltsspanne an, die zwischen deinem jetzigen Gehalt und einer Stelle liegt, die darüber einzuordnen ist. Außerdem: Halte deine Kündigungsfrist parat.

Wer jetzt seinen Lebenslauf fantasievoll schönen möchte, um sich interessant zu machen, dem sei gesagt: Mogeln ist nicht. Headhunter sind ein bisschen wie ein Business-BND. Sie holen oft Referenzen ein oder arbeiten sogar mit Detekteien zusammen und merken schnell, wenn man zu dick aufgetragen hat. »Wir hatten neulich einen Bewerber, der sein polizeiliches Führungszeugnis gefälscht hatte«, sagt Arne tom Wörden. »Bemerkt haben wir es am Papier, das fühlte sich irgendwie komisch an.«

Wer es besser machen will, für den hat er drei Tipps parat. Erstens: Auslandserfahrung sammeln. Zweitens: geschmeidiges Englisch. Und drittens: Ehrlichkeit.

Letzteres ist besonders wichtig. Wenn du etwa deinen Wohnort wegen deiner Familie, deiner Freunde oder deines Lieblingsfußballteams nicht wechseln willst, solltest du nicht behaupten, total flexibel zu sein. Denn nur wenn du ehrlich bist, kann der Personalagent dir den Job besorgen, den du willst. Falls du eine angebotene Stelle absagst, kann es nicht schaden, einen plausiblen Grund dafür anzugeben. Dann kann der Headhunter dich besser einschätzen, ist nicht eingeschnappt und trifft das nächste Mal ins Schwarze.

Denk bei alledem daran, dass nicht du der Kunde des Berufsmaklers bist, sondern dass er im Auftrag der Unternehmen arbeitet. Es kann ein wenig dauern, bis eine Stelle zu haben ist, die zu deinem Profil passt – und wer quengelt und nervt wird dafür nicht unbedingt empfohlen.

»Ich schaff das alles nicht!« Was tun, wenn du überfordert bist?!

Es hat alles ganz passabel geklappt. Du bist mit deinem Chef gut Freund geworden und hast alle Konkurrenten um einen vernünftigen Job in die Chill-out-Zone gekickt, der Headhunter hat dir einen Job vermittelt, in dem du einigermaßen verdienst, oder du hast dich durch eine Glanzleistung beliebt gemacht. Jetzt würdest du dich gerne zurücklehnen. Doch der Job überfordert dich. Du fühlst dich doof. Du bist ausgelaugt. Du willst raus aus dem Büro und machst doch Überstunden ohne Ende, um der Katastrophe irgendwie Herr zu werden. Der meiste Stress entsteht, wenn man das Gefühl hat, mit zu vielen Dingen gleichzeitig beschäftigt zu sein und keines davon richtig erledigen zu können. Drängen dazu noch andere Termine, ist der Kopfsalat perfekt.

Anne erzählt

Ich liebe mein kleines Büro im Verlag. Ich habe es fest in mein Herz geschlossen, und mir ist wohl bewusst, dass ich die meisten Stunden meiner Wachzeit dort verbringe. Manchmal habe ich das Gefühl, meine vier Arbeitswände inzwischen besser zu kennen als Heim und Herd. Gut, einen kleinen Haken hat die Sache: Ich muss mir mein Arbeits-Eldorado mit Stefan Bonner teilen. Doch Stefan ist nun schon eine ganze Weile mein Büromitbewohner, und ich habe mich an ihn gewöhnt. Er ist im Grunde recht pflegeleicht und stubenrein, und er legt jeden Morgen ein Überraschungsei. Auf meine Tastatur.

Anders war es jedoch bei meinem ersten richtigen Job, der eher einem verlängerten Arbeitsunfall glich. Ich hatte ständig das Gefühl, zu wenig zu schaffen. Und das ging so: Kaum bin ich morgens angekommen, stresst mich schon der erste Anrufer. »Habe Ihnen eben eine Mail geschickt. Ist die angekommen?« Der Computer bootet so langsam wie eine Achtzigjährige beim Sitztanzen. Ich checke die Mails. Achtundfünfzig neue Eingänge. Schockschwerenot. Während ich nach der Mail des Anrufers fahnde, den ich im Hörer geparkt habe, begrüßt mich auf dem anderen Ohr die Sekretärin, Frau Schröder, eine wirklich herzensgute Person. Sie weist mich nonchalant darauf hin, dass mein Postfach in der wirklichen Welt ebenfalls überquillt.

Während mir durch den Kopf schießt, dass ich noch nicht mal eine Tasse Kaffee intus habe, kommt einer meiner wirklich netten Kollegen herein und beglückt mich mit der ausführlichen Performance eines Gedichtes, mit dem er am Wochenende auf dem Schützenfest den dritten Preis bei einem Talentwettbewerb gewonnen hat. Alle zwölf Strophen. Es bleiben fünf Minuten bis zur ersten Konferenz des Tages, und ich habe noch nichts wirklich erledigt.

Drei Team-Meetings später ist Mittag. Während die anderen Kollegen gemütlich zum Italiener schlendern, scheint sich der Stapel von Manuskripten auf meinem Schreibtisch immer bedrohlicher zu neigen. Bevor er mich erschlägt, beginne ich zaghaft mit dem obersten Zettel, dann fällt mir ein, dass ich noch ein wichtiges Telefonat führen muss. Die Ansprechpartnerin ist in der Mittagspause. Hätte ich mir denken können. Ich beginne, eine Druckfahne zu korrigieren, und schreibe zwischendurch noch einige dringende Mails. Puh. Wer ist der Typ, der da ins Zimmer quillt, mit dem strahlenden Sunnyboy-Lächeln und Klamotten, die nach einem Besuch beim Nudelmann duften? Ach, richtig. Mein Kollege Ulf. Er ist aus der Mittagspause zurück.

Als ich alle dringenden Aufgaben so weit erledigt habe, dass ich mir überlegen kann, wie ich den weiteren Tagesablauf strukturiere, steht Ulf auf, verabschiedet sich und geht nach Hause. Ich habe den Gong zum Feierabend verpasst. Wieso darf der schon gehen und ich nicht?

Ich sehe aus dem Fenster. Der Mond scheint über dem kleinen Garten hinter dem Büro – einem Stück Grün, auf dem jemand versucht hat, Stonehenge mit Miniaturhinkelsteinen nachzuempfinden. Ich bin versucht, nach unten zu gehen und einen heidnischen Gott anzuflehen, mir ein Heinzelmännchen zu schicken. Wie schaffen es die anderen immer nur, pünktlich nach Hause zu gehen und trotzdem mit der Arbeit fertig zu werden – arbeiten die weniger, oder sind sie schneller als ich?

So war es damals nicht selten. Inzwischen habe ich einen neuen Job. Dort habe ich den Delegator kennengelernt: Stefan Bonner. Er hat mir gezeigt, dass man nicht alles selbst machen kann und auch mal anderen vertrauen muss. Von Stefan habe ich mir lustige bunte Projektpläne abgeschaut, und ich mache mir weniger lustige, aber notwendige To-do-Listen. Und ich verabrede mich häufiger zu Arbeitsschluss, damit ich auch wirklich fertig werden muss. Feierabend!

Annes Arbeitsgeständnis verdeutlicht vor allem eins: Viele von uns sind zu doof, gut zu sich zu sein. Wir sind ständig erreichbar, und jedes Büro ist ein Auffangbecken für eine Informationsflut, die erst mal sortiert und nach Wichtigkeit geordnet werden will. Manche von uns lernen nie, dass man maximal 60 Prozent

seiner Arbeitszeit verplanen darf – die restlichen 40 Prozent braucht man für Informationsaustausch und Kleinscheiß. Kleinscheiß ist das, was eben anfällt: hier mal ein akut notwendiges Telefonat, ein dringender Auftrag, eine zusätzliche Aufgabe oder eine E-Mail, die flugs beantwortet werden muss. Oder, wie Yoda, der Jedi-Meister es wohl formuliert hätte: »20 Prozent ohnehin für Unerwartetes draufgehen wie retten eine junge Prinzessin. Weitere 20 Prozent du dir aufheben musst für Gespräche und Kreativzeiten mit dem Laserschwert. Übervolle Pläne nicht zu schaffen sind. Frustrieren sie dich werden!«

Würde Yoda gegen die dunkle Macht der Überforderung kämpfen, es würden wohl folgende Leitlinien dabei herauskommen:

Lernen von Yoda – Gebote für einen stressfreien Tag nicht nur für Jedis

- Einen Plan du dir machst. Aufschreibst alle Termine und Aufgaben, die anfallen an einem Tag, du dir. Was du machst, wann und wie lange es dauert. Dann Prioritäten du setzen kannst – das Wichtige zuerst du machst.

- Vor unangenehmen Dingen du drücken dich nicht sollst. Zur dunklen Seite des Zeitplans sie führen. Zuerst du diese

Dinge machst, dann von der Hacke du sie hast. Besser du dich fühlen wirst.

▶ Hüte dich vor dem Multitasking! Ein Hort des Bösen es ist. Nur eine Sache gleichzeitig du erledigen kannst – dann ordentlich dein Ding du machst.

▶ Schwere Aufgaben am besten du morgens erledigst. Die Leistungskurve deiner Macht dann am höchsten ist.

▶ Ruhe, Passivität – Tugenden des Zeitmanagements sie sind. Pausen du machen musst; nicht zu ungeduldig du sein sollst. Medizin-Druiden raten: am besten nach jeder Stunde zehn Minuten Pause.

▶ Eine Stunde pro Tag du dir reservierst für Nachdenken. Keine Anrufe oder Mails du in dieser Zeit empfangen sollst.

▶ Trinken regelmäßig du musst. Großer Stress dich heimsucht, wenn ohne Wasser dein Körper sein muss.

▶ Ausgleich du brauchen wirst. Schlaf, Sport, Unterhaltung und Freunde. Die Warnsignale deines Körper du beachten musst – sonst wie einst der junge Skywalker durchdrehen und eine röchelnde Maschine du werden wirst.

▶ Die Galaxis du nicht allein retten wirst, und nicht alle Aufgaben du selbst musst erledigen. Zu delegieren du lernen, an Arbeitsdruiden und Padawan-Schüler.

Verdiene ich zu wenig?
Wenn ja, was kann ich dagegen tun?

Selbst wenn der Zug zu spät kommt, Herr Mehdorn von der Bahn verdient im Jahr über 3 Millionen Euro. Tiger Woods locht im Vergleich dazu 100 Millionen Dollar ein; und selbst ein Toter kann ein Großverdiener sein: Elvis bringt es mit Tantiemen für seine Werke jährlich immer noch auf 45 Millionen Dollar. Unweigerlich werden sich jetzt die meisten fragen: Was mache ich falsch?!

Wenn du dich mit einem Einstiegsgehalt von 1 200 Euro netto monatlich begnügen musst, befindest du dich zwar in guter Gesellschaft, aber das allein macht nicht glücklich. Vielen jungen Berufseinsteigern ergeht es so: Sie haben eine umfassende Ausbildung hinter sich oder einen Uni- oder FH-Abschluss in der Tasche. Dennoch gleicht ihr erstes Gehalt einem schlechten Scherz. Die Hans-Böckler-Stiftung hat herausgefunden, dass 10 Prozent der Hochschulabsolventen auch drei Jahre nach ihrem Abschluss monatlich nur bis zu 1 000 Euro brutto verdienen. 18 Prozent liegen bei 1 000 bis 1 500 Euro, und nur 6 Prozent verdienen mehr als 4 000 Euro.

Der Verdienst ist nach Branche, Größe des Unternehmens und Bundesland unterschiedlich. Zwischen Postleitzahlen, die mit 3 beginnen, und denen, die mit 6 beginnen, liegen immerhin durchschnittlich knapp 2 700 Euro. Und in der Pharmabranche beginnt dein vierstelliges monatliches Einstiegsbruttogehalt vielleicht mit einer 4, im öffentlichen Dienst mit einer 3. Die begehrten Stellen in den Medien sind, was die Einstiegsgehälter angeht, durchschnittlich schlechter bezahlt als Bauwesen, Elektrotechnik oder Unternehmensberatung.

Düster sieht es aus, wenn man sich die Durchschnittsgehälter nach Berufen sortiert anschaut: Wenn es ums Gehalt geht, verlieren Berufe wie Friseur, dotiert mit durchschnittlich 15 600 Euro pro Jahr, Koch mit 22 680 Euro pro Jahr und Übersetzer mit 36 000 Euro pro Jahr an Attraktivität. Am besten entlohnt sind durchschnittlich Rechtsanwälte, Ärzte, Unternehmensberater, Wirtschaftsprüfer und Ingenieure, die eine goldene 5 am Anfang tragen. So weit die von Personalmarkt und der Hans-Böckler-Stiftung ermittelten Zahlen, und so ist es nun mal: Manche Jobs und manche Ecken von Deutschland sind einfach lukrativer. Ob dein Gehalt dem Standard entspricht, kannst du der Tabelle entnehmen. Man erfährt dort, dass der größte Unterschied zwischen Geschäftsführern und Friseuren in ihrem Gehalt besteht.

Gehaltsvergleich und mehr bietet das Statistische Bundesamt unter www.destatis.de. Nicht entmutigen lassen von dem etwas dröge anmutenden Ambiente der Seite. (Unter Services/Publikationen links auf der Seite gelangst du zu einer anderen Seite, auf der oben der Link »Publikationsservice« zu finden ist. Auf der folgenden Seite gibt es ein Suchfeld, in das man das Stichwort »Gehälter« eingeben kann. Keine Ahnung, warum die nicht einfach ein Gehaltschecker-Icon eingerichtet haben. Guck dir die Seite an, dann weißt du mehr.) Beim Statistischen Bundesamt findest du Infos über die Verdienste in Unternehmen, die etwas herstellen, und kannst dir anschauen, wie hoch die Bruttomonatsgehälter von Angestellten sind. Oft hilft auch ein schneller Blick in die Tarifverträge, um sich über die branchenüblichen Vergütungen zu informieren (www.rechtsrat.ws/tarif/index.htm).

Wie führe ich eine Gehaltsverhandlung richtig?

Miete, Strom, Limo in exotischen Geschmacksrichtungen, Wasser, kuschelige Wärme im Winter, der Flachpreis fürs Telefon, virtuelle Surfparadiese, Brötchen, Marmelade, leckerer Käse, Benzin, Cabrio, Urlaub auf Ibiza, Kind, ADAC, GEZ, Einkommenssteuer,

Pflegeversicherung, Sozialversicherung, Lebensversicherung, Krankenversicherung, Rentenversicherung, Bausparvertrag, Zweitkind, Kücheneinrichtung, Ottomane, Bett, Tische, Stühle, Teppich, Computer, Laptop, Handy, Digitalkamera, LCD-Fernseher, Unterhöschen. All das will bezahlt werden.

»Ich will unabhängig sein.
Und das beste Mittel
für Unabhängigkeit ist Geld.«

André Kostolany

Es ist allerdings ein Trugschluss zu glauben, dass dein Chef dir mehr Geld gibt, wenn du ihm diese Liste vorlegst. Allzu viele Chefs versuchen ihren Angestellten in der Verhandlung glaubhaft zu machen, dass sie mit ihrer Forderung das Unternehmen ruinieren. Ein geschickter Schachzug und genauso unwahr. Ein cleverer Chef macht dir deine Gehaltserhöhung nicht leicht. Dafür wird er bezahlt. Vermutlich wird er dir einreden wollen, dass draußen auf der Straße zehn andere stehen, die sofort deinen Job übernehmen könnten und die Kleinigkeiten, für die du zuständig bist, genauso gut erledigen wie du. Bullshit. Denke mal daran, wie du selbst Personen auswählst: Wie oft begegnet man jemandem, dem man wirklich zutraut, er könnte ein passendes Geschenk für die eigene Schwiegermutter besorgen? Sehr, sehr selten. Selbst mit dem heutigen Arbeitsmarkt ist es für Firmen nicht einfach, gute und vertrauenswürdige Leute zu finden. Lass dich nicht schlechtreden. Du bist kein Perserteppich auf einem Bazar. Dein Chef will meist nur den Preis drücken.

Eine Gehaltsverhandlung ist im Grunde ein Pokerspiel, Bluffs und Finten inklusive. Sieger ist am Ende selten der, der recht hat, sondern meist der mit den besseren Nerven. Bereite dich also gut auf das Gespräch vor.

Das Wichtigste hast du zu diesem Zeitpunkt hoffentlich schon durch Nachfragen und Surfen herausgefunden: Welche Gehälter für deine Position in der Branche üblich sind. Das ist wichtiger, als man glaubt, denn mit überzogenen oder zu geringen Forderungen macht man sich schnell unglaubwürdig. Es gibt ein Preisgespür auch in der bunten Welt der Gehälter, ähnlich wie im Kaufhaus. Was zu günstig ist, muss eine Macke haben, was zu teuer ist, packt man gar nicht erst an. Wenn du schon in eigenen Belangen nicht professionell und hart verhandeln kannst, wird dein Chef denken, dass du sonst in Verhandlungen ebenfalls eine Niete bist. Sei nicht zu nachgiebig und auch nicht so schlitzohrig wie ein Autoverkäufer. Wenn du dir vorher ein Wunschgehalt, eine wirklichkeitsnahe Vorstellung und ein Minimum zurechtlegst, kann weniger schiefgehen.

Dies gilt im Einstellungsgespräch genauso wie bei jeder leidigen Gehaltsverhandlung. Wenn du ein Upgrade für dein Gehalt willst, solltest du deine eigenen Vorstellungen genau kennen. Wenn 300 Euro mehr dein Wunschziel sind, solltest du vorher überlegen, ob du schlimmstenfalls nicht auch mit 100 Euro zufrieden wärst. Beißt du bei deinem Chef völlig auf Granit, sollte man prüfen, ob es eine Möglichkeit gibt, Wertschätzung in Naturalien auszudrücken: Das kann eine bezahlte Fortbildung sein, ein Laptop oder eine Flatrate für zu Hause, vor allem wenn man dort viel arbeitet.

Wer alle ein oder zwei Jahre verhandelt, kann in aller Regel bei einer Verhandlung mit einem Plus von 10 Prozent rechnen, vor allem wenn er zusätzliche Aufgaben übernommen oder sich fortgebildet hat. (Das bedeutet aber nicht, dass man 40 Prozent auf einen Schlag bekommt, wenn man vier Jahre nacheinander nicht verhandelt hat. Es lohnt sich also, einen stetigen Gehaltscheck mit dem Chef zu vereinbaren.)

Leistungen, für die mit 99-prozentiger Garantie ein höheres Gehalt winkt

▶ Du hast eine neue Brötchensorte erfunden, die auch für Senioren ohne Zähne nach Tagen noch essbar ist und die dein Arbeitgeber wie geschnitten Brot verkauft hat.

▶ Du hast einem blinden Milliardär eine Flugzeugflotte verkauft, deren Maschinen er alle nach Gehör selbst einfliegt. Dein Arbeitgeber wird noch jahrelang Ersatzteile liefern und hat nach dem Verkauf zu einem wirtschaftlichen Höhenflug angesetzt.

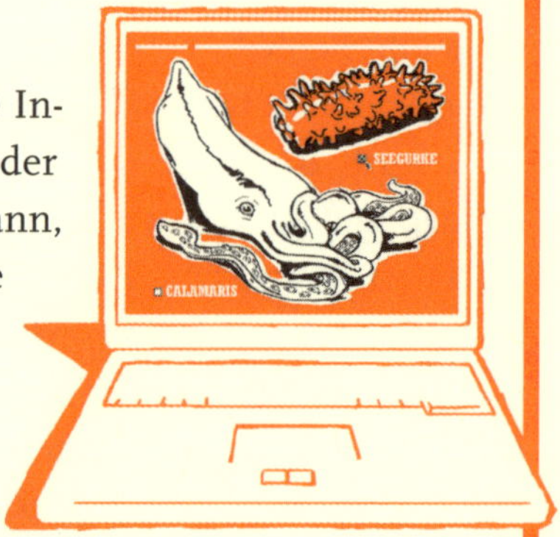

▶ Deine grandiose Idee, eine Internetseite zu gründen, auf der man sich Ekeltiere mieten kann, um unerwünschte Verwandte schneller loszuwerden, hat dem Zoobedarfsladen, in dem du arbeitest, einen kräftigen Schub verpasst. Du hättest auch noch eine Idee für eine Website, auf der man widerwärtige Hautkrankheiten shoppen kann – aber nähere Infos gibt's nur gegen einen Ausschlag auf deinem Gehaltskonto.

▶ Du hast dazu beigetragen, dass deine Kollegen effizienter arbeiten, und wirst auf den Fluren als Heiler und Seher gepriesen, weil du die Zeit, die die Belegschaft jetzt in Konferenzen verbringt, von dreißig auf fünf Stunden die Woche gesenkt hast.

▶ Nach einer Weiterbildung sprichst du fließend Klingonisch und kannst daher in Zukunft für dein Unternehmen neue Welten erschließen.

▶ Du hast mehr Verantwortung übernommen und koordinierst jetzt an jedem ersten Freitagmittag im Monat in der Cafeteria das Erste-Hilfe-Rollenspiel.

Je mehr solcher Punkte dir einfallen, umso besser. Außerdem steigert es die Dramaturgie der Verhandlung, denn du kannst dir den Knüller für zuletzt aufheben. Das Gegenteil von Höhepunkten und ein absoluter Abturner sind dagegen Jammereien, bei denen du die Rolle eines Bittstellers einnimmst.

Die drei schlimmsten Verhandlungsfehlerphrasen:

1 »Ich konnte mir im vergangenen Jahr nicht mal einen Urlaub am Baggersee leisten!«
2 »Ich muss mich um meine armen Eltern und meine vierundzwanzig nigerianischen Patenkinder kümmern!«
3 »Ralf hat aber auch eine Gehaltserhöhung bekommen!«

Merke: Wirklich überzeugen kannst du weder mit der Mitleidstour noch mit Futterneid, sondern nur mit guten Leistungen.

Dann gibt es natürlich noch die psychologische Kriegsführung, bei der du den Augenblick abpasst, in dem dein Chef besonders guter Dinge ist. Natürlich ist das nur bedingt planbar, aber der Moment, in dem weder eine Krisensitzung der Geschäftsführung ansteht noch dir die allseits bekannte Morgenmuffeligkeit deines Chefs dazwischenkommt, ist dein Freund.

Gleich mit der Tür ins Haus zu fallen, also schon im Vorfeld anzukündigen, dass du mehr Geld willst, kann dem großen Ziel abträglich sein. Hältst du dich damit zurück, vermeidest du zweierlei: a) dass dein Vorgesetzter eine Abwehrhaltung entwickelt und b) dass er sich gezielte Gegenargumente überlegen kann. Lieber nur andeuten, worum es in dem Gespräch gehen soll, und nicht zu fordernd und forsch auftreten.

Wenn du nach dem Grund für den Termin gefragt wirst, kannst du dich mit folgendem Blabla wappnen und gleichzeitig sympathisch machen: »Ich möchte gerne über meine Leistungen sprechen« oder: »Ich möchte über die mittelfristigen Ziele reden«. Beide Sätze verheißen gewinnbringende Chancen für die Firma, Motivation und Engagement.

Wenn du gerne mehr bekommen hättest, aber abgeblitzt bist: Bleib cool. Erkundige dich, warum es nicht mehr Geld gibt. Steckt das Unternehmen in einer Krise? Oder hat man dir gesagt, dass du deine Leistungen erst noch verbessern musst? Im ersten Fall solltest du fragen, ob du einen erneuten Termin ausmachen kannst, wenn sich wirtschaftliche Erfolge abzeichnen. Im zweiten Fall liefert dir das Argument eine Steilvorlage – sofort nachfragen, wo genau du dich verbessern kannst. Du kannst mit deinem Chef Absprachen treffen, was du tun musst, um mehr Geld zu bekommen. Vereinbare klare Ziele und einen Termin für das nächste Gespräch.

Der Doof-it-Yourself-Masterplan

Wir basteln uns eine Karriereleiter

Im Grunde ist eine Karriere eine Zwiebel: Bis zum leitenden Angestellten sind es viele Schichten, und es können Tränen fließen, bis man dort angekommen ist.
Was dir dieser Vergleich bringt? Gar nichts. Denn noch niemand hat von einer *Karrierezwiebel* gehört, wohl aber von *Karriereleitern*. Hier eine kleine Anleitung, wie du dir so ein Ding baust:

1. Schritt: Stell dir folgende Fragen: Was musst du tun, um dein Ziel zu erreichen? Welche Stufen gilt es zu beschreiten? Wie lange wirst du bei einer realistischen Einschätzung brauchen, um die Stufen zu erlangen? Wer kann dir bei deinem Plan helfen? Was musst du können, damit dein Traum vielleicht schon bald Wirklichkeit wird?

2. Schritt: Aufmalen, aufschreiben, möglichst an den Kühlschrank zu Hause heften, damit du dein Ziel immer vor Augen hast.

3. Schritt: Auf nach oben!

Und das sind die Stufen deiner Leiter:

Das ultimative Ziel:

- Wie lange brauche ich dafür, ohne mich komplett totzumachen?
- Wen muss ich dafür anquatschen oder mit Gummibärchen bestechen?
- Was muss ich noch wissen oder lernen oder vortäuschen, bis man mir das zutraut?

Stufe 2 – Zwischenziel, fast da:

- Wie lange brauche ich dafür, ohne mir komplett den Tag zu versauen?
- Welchem Teufel muss ich dafür meine jungfräuliche Seele verkaufen?
- Bei welchem Coach muss ich mich auf die Couch legen?

Stufe 1 – erstes, kleines Zielchen:

- Bis wann sollte ich das Ziel spätestens erreicht haben?
- Gibt es jemanden, der mir dabei helfen kann?
- Welche Basics sollte ich dafür draufhaben?

Der Doof-it-Yourself-Masterplan

KAPITEL 3

UNTERHALTING

DoofTube.
Überleben in der Bespaßungszone

Das neue Jahr ist noch frisch, als Alexandra Müller am Neujahrstag 2007 den Überraschungs-Après-Ski-Hit des Folgejahres auf Video aufnimmt. Bei YouTube nennt sie sich Alemuel, und unter diesem Namen stellt sie ihren experimentellen Kurzfilm ins Netz: Die junge Frau sitzt in einem türkisfarbenen Pulli in einem Sessel vor einer weißen Wand. Das Zimmer hat einen typischen Studentenwohnheimlook. Genauso karg ist das Lied, das Alemuel nun singt: »Baby Hai, dimm, dimm, di di di dimm, kleiner Hai, dimm, dimm, di di di dimm, weißer Hai ...« Dann leiser: »Mädchen schwimmt, dimm, dimm, di di di dimm, Mädchen schwimmt ...« Und wieder lauter: »Hai holt auf, dimm, dimm, di di di dimm.« Die Gaga-Operette von einem Hai, der ein Mädchen jagt, endet formvollendet mit einem Schrei. Danach streicht sich Alemuel wohlig über den Bauch. »Hai frisst, dimm dimm, di di di dimm, Hai frisst.«

Die User-Kommentare reichen von »diese frau muss ma zu7m psyhiater gehen die hat doch nicht mehr alle tasten im kopf« über »also früher gabs dagegen mal tabletten« bis hin zu »was hat die wohl eingenommen?? das zeug will ich auch«. Immerhin klickten YouTube-Jünger das Originalfilmchen fast acht Millionen Mal an, es gab im Internet eine Vielzahl von Remixes, Alemuel bekam einen Plattenvertrag mit EMI und trat bei The Dome 46 auf. Merchandising in Form von T-Shirts und Tassen, eine eigene Hai-m-page und Auftritte in Dorfdiscos und mit Mickie Krause auf Malle waren im Erfolg inbegriffen. Der Hai wurde zum Modetanz, und die Studentin Alexandra

Müller über Nacht zum Internet-Popstar – und dabei fand das Star-Casting ganz ohne Jury statt. Alemuel sagte daraufhin zum Musikforum musik-base: »Das Allergeilste am Internet sind echt so Kleiner-Hai-Sachen: Du kannst jederzeit und überall irgendwelchen Scheiß machen – und die Leute schauen es sich an.« Sogar die Öffentlich-Rechtlichen zogen nach: SWR2 nahm den »Kleinen Klassik-Hai« auf.

Aber auch echtes Talent findet manchmal den Weg durchs Netz in die Netze der Talentsucher: Von null auf Plattenvertrag ging es auch für Tila Tequila, laut Time Magazine die »Madonna of MySpace«, und für Colbie Caillat, die über ihre MySpace-Seite mit dem Lied »Bubbly« einen Hit landete. Oder auch für die drei türkischen Web-Stars von Grup Tekkan, die mit ihrem Song »Wo bist du, mein Sonnenlicht?« von Bloggern zum Kult erhoben wurden und sogar die Ehre hatten, von Stefan Raab, Bully Herbig und Christoph Maria Herbst persönlich parodiert zu werden. Ob diese ganze Nummer nur ein Marketinggag von »Kauf den Raab« war, darüber scheiden sich im Internet die Geister. Dennoch sind auch Grup Tekkan ein Beispiel für den schnellen, handgemachten Erfolg per Mausklick. Ist es leichter geworden, per Web 2.0 die große Karriere zu starten – oder setzt sich nach wie vor nur wahres Talent durch?

Dass schrottige Kellervideos und schlecht gegurgelte Songs zu echten Überraschungserfolgen avancieren, liegt vor allem daran, dass immer mehr Medienkonzerne im Internet nach unverbrauchten Stoffen und Typen fischen. Mit dem User-generated-Content wollen sie die Unterhaltung neu entdecken. Und darum stellt die Generation Doof fleißig Daten, Blogs, Tagebücher, Bilder und Filme online, denn darunter könnte immerhin der Hit der nächsten Saison sein. Das Ergebnis ist vor allem eines: Wir werden die erste Generation sein, deren Leben fast lückenlos in Bild und Ton für die Nachwelt dokumentiert ist – und zwar der ganze Film von Geburt bis Kiste.

Wer bei Google beispielsweise den Suchbegriff »persönliche Daten« eingibt, erhielt bis vor Kurzem als ersten Treffer »Sebastian L.* – persönliche Daten«. Sebastian hatte seine Bewerbung online gestellt und packte richtig aus: Anschrift, Telefonnummer, Faxnummer, Mailadresse. Geburtstag und -ort, Familienstand, Staatsangehörigkeit. Namen und Berufe beider Eltern, beruflicher und schulischer Werdegang samt persönlicher Interessen und Hobbys. Seine größten Träume: Eine eigene Segelyacht, ein Haus am Strand und ein Lamborghini Murcielago. Foto selbstverständlich inbegriffen. Sebastian hatte sich virtualisiert.

Soll daran irgendetwas schlimm sein? Viel kann doch nicht passieren – das meinte 2008 zumindest eine Mehrheit von 57 Prozent der Computernutzer in einer Umfrage von Forsa und dem IT-Verband BITKOM. Sie glaubten ihre Daten im Internet sicher.

Stimmt das, oder lauern im Web und speziell in Social Communities böse Fallen? Warum zu viel Eigenwerbung nach hinten losgehen kann, erfährst du in diesem Kapitel.

Aber nicht nur zu viel persönliche Realität im Web kann schräge Folgen haben, auch zu viel Web in der Realität ist nicht ohne: Ebenfalls auf YouTube findet sich das Video einer Liebesgeschichte aus *World of Warcraft* (WoW), die für viele Liebesgeschichten aus dem Web steht: »Ich lernte sie als Syllvia kennen, da hatte sie noch keinen eigenen Account«, schreibt Isarak. »Als Lirida wurde sie zu meiner festen Freundin.« Wir sehen ein Bild aus der virtuellen Rollenspielwelt, auf dem zwei eckige Polygonfiguren Arm in Arm auf der Wiese liegen. »Ich levelte wie ein Wahnsinniger«, beschreibt Isarak seine grenzenlose Hingabe. Doch die sollte nicht belohnt werden. »Sie betrog mich mit einem Nachtelfen.

* Der richtige Name von Sebastian L. ist den Autoren, dem Internet, Google und der Welt bekannt. Aus altmodischen Gründen der Privatsphäre haben wir uns entschlossen, den Namen zu anonymisieren, um Sebastians Privatsphäre wenigstens hier zu respektieren.

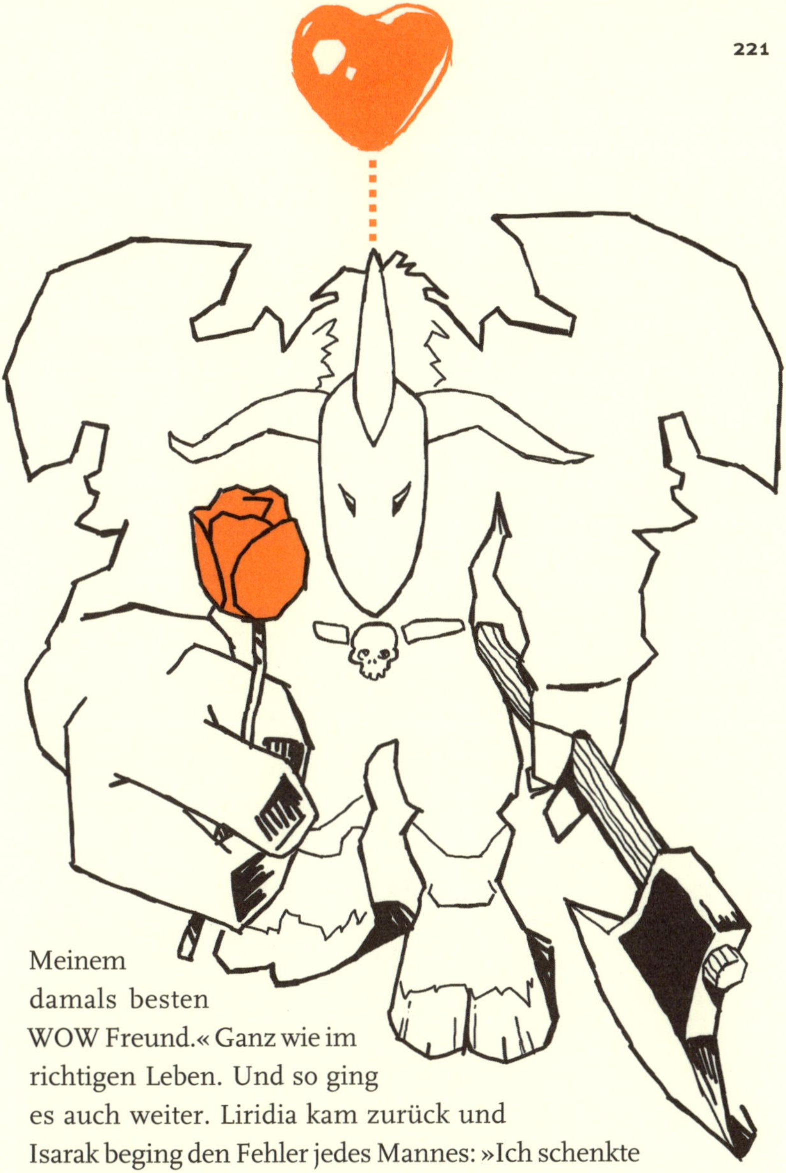

Meinem damals besten WOW Freund.« Ganz wie im richtigen Leben. Und so ging es auch weiter. Liridia kam zurück und Isarak beging den Fehler jedes Mannes: »Ich schenkte ihr wieder Sachen! Aber dann passierte etwas, das ich mir nie hätte vorstellen können. Sie sagte ich weiß nicht ob ich dich noch Liebe und kurze Zeit später löschte sie ihren Charakter ohne mir was zu sagen.« Tragedy. In diesem Fall begeht der WoW-Charakter des Ich-Erzählers Selbstmord. Sein Fazit: »World of

Warcraft ist ein schönes Spiel, aber wenn man nicht aufpasst, spielst nicht du mit WoW, sondern WoW mit dir! *Suchtfaktor*.« Soll noch mal einer sagen, dass Computerspielen nicht den Erkenntnisgewinn fördert.

Die große Menge dieser Videos zeigt, wie häufig Spiele wie WoW der Anbahnungsort für ernst genommene Liebeleien sind, wie viel Freizeit für das Zweitleben draufgeht und wie schmal für viele der Grad zwischen Realität und *virtual reality* ist. Ist es doof, wenn man sein Leben lieber online lebt? Spielejunkies, Superstars, Social Communities, Infoflut und Deppenvideos – die Medienlandschaft bietet uns grenzenlose Zerstreuung, nie endende Informationen. Wir werden zu virtuellen Helden und amüsieren uns dabei bestens. Dieses Kapitel erklärt, wie du jedes Level der Bespaßungszone bestens überstehst.

In Level 1 erfährst du die Wahrheit rund ums Fernsehen: Wie deine Chancen beim Casting stehen und ob Fernsehen wirklich doof macht.

In Level 2 geht es darum, wie Informationsflut entsteht und was ihre Folgen sind. Ein Bestandteil der immer größer werdenden Menge von Daten sind immerhin unsere eigenen Blogs, Beiträge und Posts. Und auch die von Sendern und Plattformen generierte Nachrichtenschwemme will gebändigt sein. Ob Multitasking dabei wirklich hilft, erfährst du hier.

Level 3 legt den Finger aufs Gamepad. Egal, ob du online als Multiplayer unterwegs bist oder lieber allein spielst: Computerspiele können richtig Spaß machen, wenn der Spieltrieb nicht zur Sucht wird.

Fasten your Seatbelts für das Blockbuster-Kapitel – maximaler Spaß mit ausschließlich positiven Nebenwirkungen!

Level 1
Bin ich ein Star, oder bin ich einfach doof? Was das Fernsehen mit dir anstellt

Wer behauptet, Fußball wäre der deutsche Volkssport Nummer eins, der hat die Erfindung des Fernsehers verpasst. Von zehn Deutschen sitzen sieben jeden Tag vor dem beliebtesten Unterhaltungsapparat aller Zeiten. Alle, die nicht davor sitzen, können sich der bunten Bilderflut trotzdem nicht entziehen – irgendwo läuft immer ein Fernseher. In der U-Bahn, im Schnellfuttertempel, in der Kneipe, bei Freunden. Komplett wegschauen kann fast niemand, und selbst wenn wir es versuchen, nimmt unser Unterbewusstsein doch wahr, was dort gesendet wird. Wie kein anderes Medium prägt Fernsehen, was wir denken, wie wir uns kleiden, wovon wir träumen, was wir werden wollen.

Die Jugend hatte schon immer eher Stars als Idole und weniger reale Menschen wie Wulf Bernotat von E.on, Wendelin Wiedeking von Porsche oder den Weltbanker Alan Greenspan. Die kann man auch zweifelhaft finden, und ihre Gehälter besitzen ebenfalls Popstarniveau. Trotz der verlockenden Verdienstaussichten greifen junge Leute heute meist lieber nach der flüchtigen Chance des Starruhms, als sich an den Vielverdienern aus den vergleichsweise unglamourösen Manageretagen zu orientieren. Und das liegt daran, dass der große Traum des Berühmtseins heute greifbarer ist als noch vor dreißig oder vierzig Jahren. Zu unrealistisch war früher die Chance, tatsächlich jemals ins Rampenlicht zu treten.

Seit der Erfindung von Castingshows sieht die Sache anders aus. Da die Anwärter auch ohne Können dort zu kurzer Prominenz gelangen, ist die Versuchung groß, dem schnellen Glück eine Chance zu geben. Leider landen die meisten Höhenflüge schnell auf den harten Bohlen der Realität. Wie schmerzhaft eine solche Bauchlandung sein kann, erfuhr in der fünften DSDS-Staffel der siebzehnjährige Raymund aus Leverkusen. Dieter war von seiner Performance nicht beeindruckt: »Ich glaub, wenn du in die Berge gehst und du rufst dazu ›Hallo Echo‹, da kommt auch kein Echo. Weil Echos haben auch Geschmack.« Raymund klappte vor laufenden Kameras zusammen. Sein Vater hatte vor der Show noch zu Protokoll gegeben, dass er seinem Filius sehr viel zutraue.

Bohlen meinte später dazu: »Ich hätt mir am liebsten den Papa gekauft. Warum sagt so'n Papa da nicht zu seinem Sohn: ›Ey, du brauchst da nich hingehen, du triffst keinen Ton‹?«

Sicher haben Eltern Verantwortung, wenn es darum geht, ihre Sprösslinge vor Schlimmerem zu bewahren. In diesem Fall könnte Vatern theoretisch sogar stolz auf den Sohnemann sein, hat der doch alle Zuschauererwartungen erfüllt. Denn die wollen offenbar nichts anderes als Tränen, Spaß und Häme. Zur neuen Popstars-Staffel titelte BILD: »Die härteste Popstars-Jury aller Zeiten. Tränenausbrüche programmiert«. Dass Jury-Frontmann Sido keine Gnade walten lassen würde, war klar: »Gegen ihn ist sogar Superstar-Sprücheklopfer Dieter Bohlen ein Weichei«, sagte BILD. Böser than Bohlen?! Sido bewies es und verabschiedete beispielsweise eine hoffnungsfrohe Kandidatin mit den Worten: »Du solltest singen für Leute, die sich gerne umbringen möchten.« Seine Anwesenheit verleitete Staranwärterin Yasmina zu einem Pornorap mit zehn gepiepten Wörtern in vierzehn Sekunden. Man kann's ja mal versuchen.

Und die Moral von der Geschicht: Der Gang zum Caster lohnt sich nicht? Wie groß ist die Gefahr, sich als menschliches Gag-Brennholz verheizen zu lassen? Und auch wenn du die Beleidigungswettbewerbe eher vom Fernsehsessel aus genießt, stellen sich Fragen: Hat die fortschreitende Niveaulosigkeit solcher und anderer Formate im Fernsehen auch Einfluss auf deine Cleverness? Macht TV dumm? Please stay tuned!

Mir ist so komisch. Macht Fernsehen krank?

Der typische Ablauf eines Abends, mitten in der Woche, in Deutschland millionenfach praktiziert: nach Hause kommen, schnell was warm machen, Fernseher anstellen und mit der Mahlzeit dann vor dem Bildschirm parken und entspannen. Berieselung total, Ende offen, frittiertes Knollengemüse inklusive. Vor allem die Generation Doof sucht so Entspannung und Unterhaltung, um den langweiligen und stressigen Alltagskram zu verdrängen. Dummerweise fühlen wir uns nach fünf Stunden Fernsehen selten voller Lebenslust, sondern eher ausgelaugt.

Liegt es einfach am Programm, oder geschieht beim Fernsehen etwas mit unserem Körper, das unsere Befindlichkeit in eine Schieflage bringt? Der Medienwissenschaftler Robert Kubey von der University of New Jersey hat Vielseher befragt und dabei herausgefunden, dass es so etwas gibt wie einen Fernsehkater. »Es ist, als ob das Fernsehen meine Energie absorbiert oder aussaugt und mich ir-

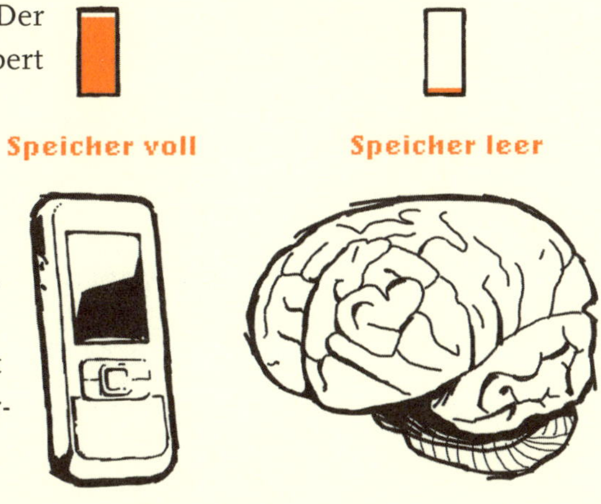

gendwie leer zurücklässt«, so beschrieb einer der Teilnehmer der Forschungen seine Gefühlswelt nach einer Überdosis TV.

Doch Vielsehen macht nicht nur unglücklich, sondern auch ernsthaft krank. Sechsundzwanzig Jahre lang beobachtete Robert Hancox von der Universität von Otago in Neuseeland in einer Langzeitstudie die Entwicklung von eintausend Kindern, die regelmäßig fernsahen. Der Befund: Die meisten TV-Kids litten an Krankheiten, die durch mangelnde Bewegung hervorgerufen wurden, und sie waren oft auch nicht so fit wie ihre Altersgenossen. Die negativen Auswirkungen machen sich ab zwei Stunden Glotzen am Tag bemerkbar – zum Vergleich: Nach Angaben des Christlichen Jugenddorfwerk Deutschland (CJD) und der Programmzeitschrift Gong verbringt jeder Deutsche durchschnittlich dreieinhalb Stunden pro Tag vor dem Fernseher. Das ist gut ein Drittel der gesamten Freizeit und mehr Zeit, als wir mit irgendeiner anderen Tätigkeit außer Arbeiten und Schlafen verbringen. Einem Buch widmen wir zum Beispiel durchschnittlich nur acht Minuten am Tag.

Das lange Sitzen und die extreme Bewegungslosigkeit finden einige Wissenschaftler wie der Hirnforscher Prof. Dr. Manfred Spitzer besonders gefährlich: Er macht erhöhten Fernsehkonsum für 20 000 Todesfälle im Jahr durch Übergewicht, Diabetes und Bluthochdruck indirekt mitverantwortlich.

Auch die Wahrscheinlichkeit, mit dem Rauchen anzufangen, steigt durch den Fernsehkonsum überproportional. Dass Fernsehen fett macht, weiß auch der britische Psychologe Aric Sigman. Er verweist auf Experimente, die belegen, dass Kinder, die fernsehen, täglich 211 Kalorien weniger verbrennen, als wenn sie nur dumm in der Ecke sitzen würden.

Auch wenn du das Fernsehprogramm eher zum Einpennen findest und als aktive Einschlafhilfe verwendest, gibt es keine Entwarnung: Gesunder Schlaf sieht anders aus. Die amerikanische National Sleep Foundation hat an Testpersonen beobachtet, dass langes und spätes Fernsehen den Schlafrhythmus durcheinanderbringt. In der Tat schläft man dadurch schlechter und kürzer, im Schnitt zwanzig Minuten weniger als üblich. Aktive Zeitvertreibe schneiden besser ab: Lesen, Freunde treffen, einen langen Spaziergang machen oder mal ins Theater gehen – und du schläfst wie ein Engelchen.

Ich schalte ein, mein Kopf schaltet ab. Kann ich beim Fernsehen verblöden?

Sendungen wie *Bauer sucht Frau* verzeichnen über sieben Millionen Zuschauer, obwohl sie wie Real-life-Soaps à la *Gülcan und Collien ziehen aufs Land* oder *Jana Ina und Giovanni: Wir sind schwanger* in etwa den Informationsgehalt eines vertrockneten Gummibaums besitzen: Sie sind ausschließlich Amüsement und Zeitvertreib. Das ist nicht unbedingt schlimm, aber wer zu viel davon konsumiert, kann in seinem Gehirn tatsächlich einen ernsthaften Maschinenschaden anrichten. Dies zeigt eine Studie, für die eine Forschergruppe aus Seattle Schulleistungen von Kindern, die oft fernsehen, unter die Lupe genommen hat. Im Unterricht waren sie allesamt unruhiger und unaufmerksamer als ihre Klassenkameraden, und ihre Leistungen hinkten deutlich hinterher.

Das grundsätzliche Problem ist, dass du beim Fernsehen nur Reize konsumierst und nicht aktiv denkst. Dein Gehirn befindet sich praktisch im permanenten Leerlauf. Wenn du für die passive Zeit vor dem Fernseher keinen Ausgleich hast – also Lernen, Joggen, Lesen – klinken sich deine Hirnzellen einfach aus. Ist dein Gehirn nicht auf Leistung eingestellt, kannst du dir weniger merken als andere. Dein Erinnerungsvermögen sinkt und damit auch deine Lernfähigkeit. Gehirnbenutzung für Fortgeschrittene, wie logisches und abstraktes Denken oder das Erschließen größerer Zusammenhänge, fällt dem Ungeübten unglaublich schwer.

Und je länger das Gehirn durchs Fernsehen eingelullt wird, desto blöder: »Wer als Kind viel fernsieht, weist als Erwachsener ein deutlich niedrigeres Bildungsniveau auf«, sagt Psychologe Aric Sigman, der in seinem Buch *Remotely Controlled* erklärt, wie Fernsehen unser Leben zerstört. Je früher man mit der Dauerbestrahlung beginnt, desto stärker sind die negativen Folgen. So meint Robert Freidland, Neurologe der Case Western Reserve University, im Hinblick auf Alzheimer: »Wenn man fernsieht, dann kann man sich in einem halbbewussten Zustand befinden, bei dem man nichts lernt.« In der Tat hatten die meisten seiner Alzheimer-Patienten in ihrem Leben regelmäßig ferngesehen – und das im Durchschnitt länger als Menschen, die nicht erkrankt waren.

Gibt es denn eine Lösung für diejenigen, die sich gar nicht mehr von ihrem Fernseher trennen mögen – wie zum Beispiel intelligentere Sendungen und Bildungsfernsehen? Wohl eher nicht. »Es kommt nicht darauf an, was man sieht«, erklärt Aric Sigman. »Es ist nicht der Inhalt, der krank macht, sondern das Medium.« Fazit: Mit jeder Stunde, die du mit geistig anregenden Aktivitäten wie Lesen, etwas mit Freunden unternehmen, Rasenmähen oder Musik verbringst, kannst du dein Gehirn in Gang halten und vor Krankheiten schützen.

Bei einer Fragerunde im Forum spin.de, in der die Meinung zu den dümmsten TV-Sendungen gefragt ist, gibt Userin DyingBride dann auch die klügste Antwort: »Mir das schnuppe. Ich muss den Rotz ja nicht gucken.«

»Fernsehen bildet. Immer, wenn der Fernseher an ist, gehe ich in ein anderes Zimmer und lese.«

Groucho Marx

Jack Bauer und Lynette Scavo sind mir näher als meine Familie. Bin ich fernsehsüchtig?

Nikos Kopf brennt. Es ist ein Uhr nachts, mitten in der Woche. In den vergangenen sechs Stunden hat er sich die erste Staffel des TV-Krachers *Prison Break* reingezogen und mitgefiebert, ob den Scofield-Brüdern die Flucht aus dem Knast gelingt. Jetzt, nach dem Ende der letzten Folge, weiß er es. Die Erkenntnis befriedigt ihn jedoch nicht, denn wie bei jeder guten Serie endet die Geschichte mit einem Cliffhanger, damit man auch bei der zweiten Staffel wieder einschaltet.

Niko Fischer ist Anfang zwanzig und Mechatroniker, also Neo-Elektromechaniker. Fernsehserien sind sein Hobby.

Da er wie viele andere Serienfans keinen Bock hat, die Folgen mit einwöchigem Abstand und lästigen Werbeunterbrechungen zu sehen, holt er sich lieber komplette Staffeln auf DVD.

Mit Serien wie *Battlestar Galactica, Deadwood, Rome, Serenity, Sopranos, Heroes* oder *24* verbringt Niko viele spannende Stunden vor seinem LCD-Schirm. Niko nimmt sein Hobby sehr ernst: An so manchem Wochenende schafft er eine komplette Staffel. 45 Minuten dauert jede Folge, 24 Folgen hat eine Staffel in der Regel, macht 18 Stunden Fernsehen an einem Wochenende. Ist Niko süchtig?

Tatsächlich haben Wissenschaftler herausgefunden, dass wir uns wie Junkies benehmen, je mehr Zeit wir vor dem Fernseher verbringen – das gilt übrigens nicht nur für Serien. Ob wir als Gewohnheitszapper eine Überdosis TV-Strahlung abbekommen haben, bemerken wir am ehesten, wenn der Fernseher mal nicht läuft: Charles Winick von der City University of New York hat bei Entzugsversuchen mit Fernsehfamilien herausgefunden, dass wir ohne Dauerberieselung die typischen Anzeichen von Drogenentzug zeigen: »In mehr als der Hälfte aller Haushalte gerieten die gewohnten Abläufe durcheinander, die Familienmitglieder wussten mit ihrer neu gewonnenen Zeit nichts anzufangen, Angst und Aggressionen machten sich breit.«

Unruhe bis Übelkeit, Lustlosigkeit und Passivität, die Folgen sind vielfältig, wenn das ordnende Element im Freizeitalltag plötzlich fehlt und man ohne TV völlig auf sich allein gestellt überlegen muss, womit man sich seine Zeit vertreibt. Es ist grundsätzlich überhaupt kein Problem, wenn man hin und wieder ein Wochenende mit der kompletten Aufarbeitung von internationaler TV-Serienkultur verbringt, bei der neuen Staffel von *Nur die Liebe zählt* schluchzend vor der Flimmerkiste hockt oder abends mal beim *Quiz Taxi* mitfährt. Du solltest aber die Kontrolle über deinen Fernsehkonsum behalten. Dass das nicht mehr der Fall ist, erkennst du an folgenden Anzeichen:

1 Du schaltest reflexartig ein, wenn du nach Hause kommst, egal, was da eigentlich läuft.

2 Du verbringst einen Großteil deiner Freizeit vor dem Fernseher.

3 Du planst Freizeittermine wie Treffen mit Freunden oder Anwesenheit auf Familienfesten mit Hilfe der TV Spielfilm.

Der Medienwissenschaftler Robert Kubey hat in seinen Studien etwas Überraschendes entdeckt: »Je länger die Probanden vor der Röhre saßen, umso weniger hatten sie nach eigenen Aussagen davon«, berichtet er. Wer weniger glotzt, dafür aber gezielter auswählt, was er sich ansieht, ist also glücklicher.

So entkommst du der TV-Falle, und der Fernsehen wird wieder zur Happy Box:

Gernsehen: TV-Management mit der Fernseh-Nanny

1 **Scoring.** Führe eine Woche lang Tagebuch über die Sendungen, Serien und Filme, die du dir ansiehst. Genaues Hingucken ist in diesem Fall erlaubt: Du kannst maximal drei Sternchen für Spaß oder Informationswert vergeben. Alles, was nicht die volle Punktzahl erreicht, wird rigoros vom Fernsehmenü gestrichen.

2 **Projektplan.** Lesen bildet, das gilt sogar für Programmzeitschriften: Wähle gezielt die Sendungen aus, die du sehen willst – beachte dabei auch die Empfehlungen des Magazins.

3 **Zeitmanagement.** Lege fest, wie viel Zeit du pro Woche vor der Glotze verbringen willst. Zehn Stunden sind okay. Diese kannst du auf die einzelnen Tage verteilen; auch fernsehfreie Tage sollten dabei sein. Um dein Zeitbudget einzuhalten, stellst du dir ganz einfach einen Wecker. Wenn er klingelt: Fernseher ausmachen.

4 **Lean-Management.** Verschlanke deinen Fernsehabend. Schalte ab, wenn du merkst, dass eine Sendung oder ein Film Schrott sind. Verordne dir selbst einen Zappstopp:

Die Suche nach Alternativen auf einem anderen Programm ist verboten. Um das schnelle Umschalten zu erschweren, kannst du die Fernsteuerung auch bei Freund oder Freundin oder sogar im Gefrierfach bunkern, damit du fürs Zappen aufstehen musst.

5 **To-do-Liste.** Dir fällt nichts ein, was du statt Fernsehen tun kannst? Schaff dir eine Gedankenstütze, und schreib andere Tätigkeiten auf eine To-do-Liste, wann immer dir eine Idee kommt. Diese heftest du an die Pinnwand oder besser direkt neben den Fernseher. So hast du immer Anregungen für deine Freizeit parat.

6 **Outsourcing.** Der Fernseher ist kein Babysitter. Sind die Blagen im Weg, lieber externe Mitarbeiter beschäftigen, die sich damit auskennen. Nicht vergessen: Die Glotze taugt nicht als Belohnung für gute Leistungen in der Schule, das macht die Sache für Kinder nur interessanter und steigert das Verlangen.

Was kann ich gegen doofe Sendungen tun? Habe ich als Zuschauer überhaupt eine Möglichkeit, das Programm mitzubestimmen?

Um es kurz und schmerzhaft zu machen: Beim Fernsehen hast du kein Stimmrecht. Es sei denn, du bist der Herr über eine Quotenbox. Die Zuschauerquote wird nämlich nur in einigen ausgewählten Wohnzimmern erhoben, die einen Querschnitt durch die Fernsehgesellschaft abbilden sollen. Die Gesellschaft für Konsumforschung (GfK) wählt Haushalte nach dem Zufallsprinzip aus. Wer in die Fernsehjury berufen wird, bekommt ein Gerät, das aufzeichnet, welche Sender und Programme gesehen werden: die Quotenbox. Wenn du keine solche Box hast, erfährt leider niemand, ob du in der Werbeunterbrechung wegschaltest oder bei langweiligen Sendungen ganz ausmachst. Da hilft nur ein Protestschreiben an den Sender.

Hilfe, ich bin vielleicht ein Star! Kann Fernsehen auch berühmt machen?

Du würdest auch ganz gerne mal deinen Fuß auf den roten Teppich setzen und im Blitzlichtgewitter stehen? Das ist einer der Träume der Generation Doof, solange er sich ohne großen Aufwand realisieren lässt. Der Job als Superstar vereint nämlich genau das, was die meisten von uns gerne hätten: Erfolg, Beliebtheit, Reichtum und damit Unabhängigkeit. Mit ein wenig Talent und Durchsetzungsvermögen müsste es doch gelingen, die ganz große Karriere zu machen, oder?

Castingshows scheinen der Expresslift zum Ruhm zu sein – keine Schauspielschulen, die dich immer wieder abblitzen lassen, keine Hungerjahre als erfolgloser Klampfenzupfer in einer Kneipenband, keine Komparsenjobs in Kleinproduktionen und kein Klinkenputzen als Nachwuchs-Singstar bei Plattenfirmen. Dass es mit Casting einfach schneller geht, hat zum Beispiel Mark Medlock bewiesen, der Gewinner der vierten DSDS-Staffel. Vor der Sendung hartzte er stramm an der Pleite vorbei – wie übrigens auch der nächste Gewinner Thomas Godoj –, doch mit dem Sieg und der ersten Hitsingle war er plötzlich schuldenfrei. Oder Paul Potts, der auf die Frage, warum er denn beim britischen TV-Talentwettbewerb *Britain's Got Talent* aufschlug, meinte: »To sing opera«, und mit der Puccini-Arie »Nessun dorma« eine Flatrate für Telekomwerbung und volle Konzertsäle erhielt. Musikproduzent und Jurymitglied Simon Cowell zeigte sich nach dem

Auftritt beeindruckt: »Ich mag Shows, in denen Menschen mit einem normalen Job ihr Talent offenbaren.« Wie die Zeitungen später schrieben, sei der Erfolg doch nicht ganz so überraschend, hatte doch Paule zuvor Gesangsunterricht genommen und als Amateur auch an der Oper in Bath gesungen. Schmälert das seinen Gewinn? Er wäre ohne die Show wohl nie ein Star geworden.

Die Wahrscheinlichkeit, ohne vorheriges Zutun wirklich groß rauszukommen, ähnelt auch bei einer Castingshow eher einem Lottosechser. Und wenn man dort gewinnt, ist das wichtigste Fundament für den extrem unwahrscheinlichen Fall einer nachhaltigen Karriere – das ist die schlechte Nachricht – kontinuierliche Arbeit sowie ein breiter und anhänglicher Fankreis. Ob du den mit einem Sieg beim Fernsehcasting bekommst, verrät dir ein kleiner Feldversuch: Erkundige dich in der Fußgängerzone einfach bei ein paar Leuten nach den Gewinnern der ersten *DSDS*- und *Popstars*-Staffeln. Und wer war eigentlich alles *Germany's Next Top Model* – und was ist aus ihnen geworden? Wir haben den Test gemacht. Von einhundert Befragten konnten sich gerade mal fünf an alle *DSDS*-Finalisten der letzten Staffel erinnern, *Popstars* kannten die

meisten nur vom Hörensagen und *Germany's Next Top Model* ist für 95 Prozent der Befragten einfach Heidi Klum. Vereinzelt erinnert man sich an Mark »das Bobbelsche« Medlock, Daniel Küblböck, Lisa Bund, Barbara Meier oder Max Buskohl. Aus den *Popstars*-Staffeln werden höchstens die Bandnamen No Angels oder Monrose genannt. Overground? Room 2012? Nie gehört.

Einen echten Star hat noch keine dieser Shows produziert. Wenn du also Talent hast, solltest du es vielleicht besser woanders einsetzen.

Castingshows sind bewusste Inszenierungen. Auf der Gefühlspalette sollen sie alle Register ziehen: Von Schadenfreude über Eifersucht, Missgunst, Trauer, Freundschaft, Mitgefühl, Freude, Enttäuschung, Gehässigkeit und Überheblichkeit ist alles dabei.

Bei jeder neuen Staffel der Castingshows bewerben sich regelmäßig Zehntausende, von denen jedoch nur ein Bruchteil in die Vorrunde kommt, die dann auch im Fernsehen gezeigt wird. Damit der Entertainmentfaktor stimmt, kommen aber auch Kandidaten weiter, die der Show das gewisse Extra an Unterhaltung verschaffen. Denn auch blamable Leistungen und passende Verbalduschen bringen Quote.

Es kommt also ganz darauf an, was du dir von deinem Auftritt versprichst: Willst du um jeden Preis ins Fernsehen, dann kannst du auch mit Peinlichkeiten punkten. Bist du Vollblutmusiker, könntest du an der falschen Adresse sein.

»Das hat mit Musik machen oft nichts zu tun.«

Noah Sow, Musikerin und Ex-Jurymitglied bei *Popstars*

Nerven schlechte Bewerber in Castingshows?

Genervt hat mich kaum jemand. Es gibt natürlich viele, die

musikalisch nichts draufhaben, und es tut eher ein bisschen weh, wenn sich jemand selbst so vollkommen falsch einschätzt.

Sollten Eltern ihren Nachwuchs vor Selbstüberschätzung schützen?

Ich denke schon. In den ersten Staffeln der Castingshows haben sich junge Leute beworben, die ihr Leben in die Hand nehmen wollten, nach dem Motto: Ist 'ne Chance, probiere ich einfach mal. Mittlerweile werden – wie man ja im Fernsehen sehen kann – oft Kids, die überhaupt kein Talent haben, vorgeschickt. Andere mit sehr viel Talent werden dagegen gar nicht gefördert. Die können zu Hause singen wie Whitney Houston, und manche Eltern sagen nur: »Ey, spül mal lieber ab!«

Wenn ich nicht singen kann, bleibe ich also besser mit meinem Hintern zu Hause?

Nein. Es ist völlig okay zu sagen, ich will ins Fernsehen, auch wenn ich kein Talent habe. Das ist einfach der Wunsch, »groß rauszukommen«, der von den Medien geschürt wird. Neulich lief irgendeine Show, bei der es vollkommen egal war, was man vormachte. Da haben Leute mit ihrem Hund auf dem Rücken gelegen und mit ihm im Duett gepupst. Ich dachte: Oah, das geht jetzt gar nicht mehr. Doch solche Sachen animieren zum Nachmachen. Es sitzen Leute vor dem Fernseher und sagen sich, die Scheiße kann ich auch. Wenn dann so ein Deppencasting in die Stadt kommt, gehen sie selbstverständlich hin.

Kann man durchs Fernsehen ein erfolgreicher Musiker werden?

Das hat mit Musik machen oft nichts zu tun. Unter den Kandidaten sind viele, die einfach nur ins Fernsehen wollen, siehe Menderes und Konsorten – das ist dann aber *Entertainment*. Musik hingegen ist *Kunst*. Natürlich haben viele der Gewinnerinnen und Gewinner schon eine gute Stimme. Wenn sie nicht in eine Fernsehshow gegangen wären, sondern eine normale Musikerlaufbahn eingeschlagen hätten, wäre ihr Weg wesentlich steiniger gewesen. Und genau da liegt der Unterschied. Sie wären vielleicht erst acht Jahre später in die Charts gekommen, könnten aber dafür auf das stolz sein, was sie geschafft haben. Adel von Ich + Ich ist zum Beispiel einer, der alles ausprobiert, nie aufgegeben hat und jetzt einer der erfolgreichsten Künstler Deutschlands ist, weil er etwas macht, das von ihm selber kommt, das ihm entspricht. Wenn der Weg nicht manchmal steinig war, wo bleibt dann die Personality? Die TV-gepushten sogenannten Stars sind meistens völlig austauschbar.

Ist man dick im Geschäft, wenn man es im Fernsehen geschafft hat?

Das Problem ist, dass die Stars und Gruppen aus den Castingshows in einem Sommer in die Charts gepusht werden und der Erfolg nicht mit der Zeit wächst. Die Gruppe wäre nichts ohne die Marketingpower der Sender. Fällt diese Prügelpromo weg, weil die nächste Castinggruppe kommt, sieht es oft düster aus. Wo sind »Nu Pagadi«? Kennt die noch jemand?

Castingshows sind eine riesige Knetemaschine. Ganz viele Leute verdienen daran: Jemand schreibt die Lieder und die Texte, und irgendjemand produziert. Für die Plattenfirmen sind Castingstars gut zu vermarkten: Die Leute wurden in den TV-Shows schon bekannt gemacht, die

Gruppe ist schön fügsam und spurt. Kommt das Produkt in die Top Ten, verdienen alle eine Menge Geld. Das ist so weit auch okay. Aber die astronomischen Produktionskosten tragen die Sängerinnen und Sänger oft selbst indirekt mit. Und sie bekommen erst mal keine Chance, eigene Lieder zu schreiben. Mit Abstand das meiste Geld bei einem Hit verdient man aber, wenn man ihn geschrieben oder mitkomponiert hat.

Was sollte man machen, wenn man mit Musik erfolgreich werden möchte?

Für viele ist Musik nur ein Vehikel, um ins Fernsehen zu kommen. Denen rate ich: Geht da hin, denn das ist eure Chance, auf den Bildschirm zu kommen. Wenn du *Musiker* werden willst, solltest du dir aber vorher überlegen, ob du wirklich davon träumst, dass du zwei Saisons abgehst und hinterher sehen musst, wo du bleibst, und du nicht mehr richtig weißt, wer deine Freunde sind und woher die Miete kommt. Willst du dir etwas aufbauen, eine solide Fanbasis haben, die auch wirklich *dich* meint, eine Marke, eine unverwechselbare Persönlichkeit sein? Da hilft nur Üben und Dranbleiben. Ist zwar anstrengend, aber es macht mehr Spaß, wenn du dir die Zähne ausgebissen hast und etwas erreichst, als wenn du irgendwo reingeworfen wirst, weil du bei der Ibiza-Show so schön im Softporno-Look posen konntest.

Level ❷
Do it Yourself oder Doof it Yourself? Die selbstgemachte Infoflut im Netz

Es gibt Momente im Leben, da zahlt es sich aus, wenn man gut informiert ist. Als kleine Demonstration dieser These möchten wir mit dir zwei Gedankenexperimente machen, bei denen du Fehler der Vergangenheit beheben könntest, wenn du wirklich auf dem Laufenden wärst:

Herbst 2008. Du arbeitest in einer großen Bank und sollst eine Überweisung an die Amerikaner auf den Weg bringen. In der Unterschriftenmappe liegt eine Zahlungsanweisung, die du wie gewohnt abzeichnest. Dass die Summe acht Nullen trägt, kommt dir nicht weiter merkwürdig vor. Schließlich macht ihr das ständig. Du würdest aber vielleicht stutzen, wenn du über längere Zeit den Börsenmarkt beobachtet hättest und zur rechten Zeit die Information besäßest, dass der Partner in Übersee einen Insolvenzantrag gestellt hat. Dann würdest du den Überweisungsauftrag doch lieber in der Luft zerreißen – und würdest am Ende nicht so doof aussehen wie die KfW-Mitarbeiter, die die viel gerügte 300-Millionen-Überweisung an die Pleitebank Lehman Brothers getätigt haben.

Zweites Beispiel, keine Staatsaffäre, aber genauso ärgerlich: Winter 2006. Nachdem du dich im Sommer bei deinem besten Kumpel davon überzeugen konntest, dass die Fußball-WM auf einer LCD-Flachscheibe richtig gut kommt, musst du auch so eine haben. Die rund tausend Euro für das mit »HD Ready« gekennzeichnete Gerät legst du ohne zu zögern auf den Tisch, schließlich ist das Ding der letzte Schrei. Ein solcher entfährt dir ein halbes Jahr später, als die wesentlich leistungsfähigeren »Full HD«-Geräte mit besserer Bildqualität für fast den gleichen Preis angeboten werden. Hättest du vor dem Kauf einschlägige Fernsehzeitungen und Test-Magazine gelesen oder einfach ein wenig im Internet gestöbert, wärst du auf eindeutige Hinweise gestoßen, mit denen du die Marktentwicklung vorausgesehen hättest.

Informationen sind eine schöne Sache. Man kann mit ihnen Geld sparen und oft auch welches verdienen. Wenn es nur nicht so viele gäbe. Die Nachrichtenmeldungen reichen von »Kerker für Chodorkowsky« über »Chavez straft McDonald's: 48 Stunden keine Burger« bis hin zu »Spears: ›Ich bin doch eigentlich clever‹«, »Vogelgrippe bricht erneut in Deutschland aus« und »Bei Pilawa schläft selbst Maximilian Schell ein«.

Keine Frage, Informationen sind das Gold des 21. Jahrhunderts. Alle graben danach. Doch welche Meldungen sind tatsächlich etwas wert, und welche sind nur billige Kiesel? Wie filterst du die wirklich wichtigen Schlagzeilen heraus?

Es gibt viele Menschen, die uns gerne bei der Entscheidung behilflich sind: Freundliche Radiotanten und Fernsehonkel geben sich alle Mühe, uns im Sinne ihres Sendekonzepts zu informieren, Websiten aller Couleur bieten RSS-Feeds* an. Daneben gibt es noch immer die guten alten Printmedien. So werden

* Wir könnten jetzt schreiben, dass RSS in den verschiedenen Dateiformaten die Abkürzung für Rich Site Summary, RDF Site Summary oder Really Simple Syndication ist. Doch muss man das wirklich wissen, wenn man sich nicht auskennt?! Wichtig ist, dass es sich um einen Newsticker für den Browser eines Computers handelt, in dem jede Schlagzeile anklickbar ist und auf die entsprechende Nachrichtenseite führt.

ein Haufen Zeitungen und Magazine auf den Markt geworfen – im Grunde auch nur eine andere Form von Infofilter, in denen bestimmte Nachrichten hängen geblieben sind oder noch mal aufgebrüht werden.

Ein Mangel am Rohstoff Information besteht jedenfalls nicht. Allein die Deutsche Presseagentur dpa spuckt jeden Tag etwa 800 aktuelle Meldungen aus, die selbst nach Aussieben bei einem Internetnachrichtenkanal wie n-tv.de noch immer für rund 100 Schlagzeilen an einem Tag sorgen. Die Zahl der RSS-Feeds geht immer weiter in Richtung Gogool, und auch das Angebot von Internetseiten ist weit davon entfernt, gering zu sein: Im August 2008 gab es rund 73 Millionen aktive Websites, Tendenz steigend. Ganz zu schweigen von den Millionen Videos auf YouTube, MyVideos, Clipfish & Co. und den zahlreichen Internetradiosendern. Die Aufzählung der Fernseh- und Radiosendungen, die nach wie vor über den altmodischen Äther wabern, würde kiloschwere Listen füllen.

Dass es so viel zu wissen gibt, so viele Quellen, die uns mit den Erkenntnissen und Ereignissen der Welt versorgen, ist nicht doof. Ganz im Gegenteil. Potenziell hast du heutzutage die Möglichkeit, über das gesamte Wissen der Menschheit zu verfügen. In der richtigen Dosierung könntest du es optimal für deine Ziele und Belange einsetzen. Doch jemand hat den Stöpsel aus dem gigantischen Trog mit Informationen gezogen, und nun schwallt die Blablaflut ungebremst auf uns ein. Du wirst überschwemmt, wenn du dir nicht beizeiten die Frage stellst: Was *will* ich wirklich wissen? Diese Frage ist ziemlich wichtig, denn du wirst dadurch vom Informationsopfer zu jemandem, der aktiv ist und selbst entscheidet.

Mit der Handhabung des Überangebots sind viele von uns allerdings überfordert: Jeder Zehnte fühlt sich von der Infoflut überrollt, ergab eine Umfrage der Bundesanstalt für Arbeitsschutz und Arbeitsmedizin. Die großen und kleinen Themen der Weltpolitik, der Wirtschaft oder der Finanzmärkte blenden wir vorsorglich aus, wenn nicht eine akute Krise den eigenen Wohlstand bedroht. Trotzdem möchten wir das Gefühl haben, permanent auf dem Laufenden zu sein, wenigstens im Privaten und im Beruf. Über siebzig Prozent der Deutschen ist es wichtig, mobil erreichbar zu sein: So glauben wir, nichts zu verpassen. Gehen an einem Tag mal weniger als dreißig E-Mails bei uns ein, fühlen wir uns von der Welt abgeschnitten. Doch der Gerätekindergarten, den wir mit uns herumschleppen, vergrößert das Problem nur. Wer es doof anstellt, nutzt die mobilen und multimedialen Gadgets nicht dazu, Informationen sinnvoll zu verwalten, sondern vergrößert seine Infoflut nur noch. Überfordert setzen wir uns dann vor den Fernseher und zappen ohne Plan durch die Sender, surfen und chatten und spielen. Damit füllen wir unsere Köpfe noch mehr an, und es bleibt nicht mehr viel Raum für Wichtiges.

»Ich habe noch nicht einmal eine E-Mail-Adresse. Ich habe ein Alter erreicht, in dem meine hauptsächliche Bestimmung nicht im Empfangen von Nachrichten liegt.«

Umberto Eco

Tückischerweise glauben wir bereits eine Strategie entwickelt zu haben, mit der wir wieder Herr im eigenen Kopf werden können: Multitasking. Wir versuchen, möglichst viele Geräte gleichzeitig zu bedienen, möglichst viele Informationen und Aufgaben zur selben Zeit zu erledigen. MTV und Microsoft haben in der Studie »Circuits of Cool« herausgefunden, dass Jugendliche, die per Instant Messenger kommunizieren, noch einiges nebenher erledigen: 67 Prozent surfen im Netz, 64

Prozent hören Musik, 43 Prozent schauen Fernsehen, und 32 Prozent sind gleichzeitig mit einem Spiel beschäftigt. Junge Männer im Alter von 18 bis 21 Jahren verbringen pro Woche durchschnittlich 34 Stunden im Internet; Frauen bringen es auf 24 Stunden. »Die Vierzig-Stunden-Woche ist nicht mehr weit«, urteilt die Studie. Das würde einer strammen Arbeitswoche im Büro entsprechen. In diesem Level klären wir, ob wir mit Multitasken wirklich das moderne Leben bewältigen können.

Denn häufig machen wir es uns selbst unnötig schwer, die Infoflut zu bändigen. Viele Angehörige der Generation Doof lassen sie weiter anschwellen: Blogs, Websites, V-Logs – die Kanäle für unsere Wortmeldung sind eröffnet!

Die Weblog-Suchmaschine technorati.com vermeldete in ihrem »State of the Live Web Report« im Jahr 2008 die Existenz von über 70 Millionen Weblogs. Täglich kommen 120 000 neue Blogs hinzu. Insgesamt sind 600 000 deutsche Blogs dabei, deren Sinn man bei Titeln wie »Mein Leben und ich«, »Volldoll – (m)ein Blog«, »Pas schreibt ... über mich, mein Leben und das Weltgeschehen« oder »Mein privates Leben – iceSkaterHH« durchaus anzweifeln darf. 1,5 Millionen Postings gibt es weltweit in Blogs oder 17 Posts in der Sekunde, und das jeden Tag. Genauso beliebt sind Kumpel-, Kuppel- und Karrierenetzwerke, in denen wir uns herumtreiben und einen Datenstriptease vollführen, in der Hoffnung, dass wir nette Leute kennenlernen oder alte Freunde wiederfinden. Wie stark der Öffentlichkeitsdrang der Deutschen ist, hat jüngst der IT-Branchenverband BITKOM festgehalten: 19 Prozent der Deutschen stellen private Informationen ins Netz, 7 Prozent präsentieren sich auf einer Homepage, 10 Prozent geben in Online-Communities Privates von sich preis. Warum regt sich überhaupt noch jemand darüber auf, wenn bei einem großen deutschen Unternehmen mit dem Anfangsbuchstaben T ein paar Millionen Benutzerdaten an die Öffentlichkeit gelangen?

Was persönliche Informationen im Internet zu suchen oder nicht zu suchen haben, welche neuen Krankheiten es in der Medienzone gibt, und was passiert, wenn wir uns zu sehr an die Geräte gewöhnen, mit denen wir die Infoflut managen: In diesem Level findest du alles, was du im Umgang mit Infos jeglicher Beschaffenheit wissen musst.

Die Multizeitfalle. Kann ich mehr erledigen, mehr sehen, mehr wissen, wenn ich alles gleichzeitig mache?

Eigentlich machen wir ständig mehrere Dinge zur selben Zeit. Schon die Tür aufzuschließen und dabei den Nachbarn zu grüßen, wäre streng genommen Multitasking. Dennoch sind einfache Tätigkeiten gut parallel zu bewältigen, während das Nebeneinander von komplexeren Aktionen uns geistig ausknockt. Laptop, Handy, BlackBerry, mobiler Internetanschluss und aktuelle Meldungen aus dem Fernsehen teilen sich bei jeder Gelegenheit unsere Aufmerksamkeit.

Kommunikationsexperte Karsten Noack, der als Berater in Firmen effektives Arbeiten lehrt, sagte im Februar 2008 in einer Sendung zum Multitasking auf SWR2: »Wenn ich dem Multitasking verhaftet bin, sodass ich gar keine Zeit mehr habe nachzudenken, dann bin ich im Aktionismus, dann mache ich mit hoher Wahrscheinlichkeit ganz viele Dinge, die überhaupt nicht sinnvoll sind.« Am Ende brauchst du für die gleichen Aufgaben mehr Zeit, weil es in deiner Nähe zu viele Störfaktoren gibt und du dich auf keine Information ganz einlassen kannst. Oberflächlichkeit kehrt ein, Frust macht sich breit.

Die mediale Vielfalt ist groß, dabei reicht eigentlich schon eines der Angebote, damit du deine Leistungsgrenzen aus der Nähe betrachten kannst. Ein Beispiel sind E-Mails: In einer Umfrage unter deutschen, österreichischen und Schweizer Unternehmen hat der Mailberater SofTrust Consulting festgestellt, dass der ständige Nachrichtenzufluss elektronischer Art in der Firma nicht nur anstrengend ist, sondern im Extremfall vernünftiges Arbeiten komplett zum Erliegen bringt. Laut der Untersuchung von SofTrust bekommen die Hälfte der Befragten täglich mehr als zwanzig E-Mails, von denen über ein Drittel auch noch überflüssig ist. Die elektronische Post gibt den Arbeitsrhythmus vor: Wir unterbrechen die aktuelle Aufgabe, wenn eine E-Mail mit Ping ins Postfach ploppt. Dadurch geht ein Gutteil Konzentration verloren, die Effizienz leidet. Pro Mitarbeiter gehe damit pro Jahr Arbeitszeit im Wert von 900 Euro verloren, so die Studie.

E-Mails sind ein vergleichsweise harmloses Beispiel. Zu viel Gleichzeitigkeit kann nicht gut gehen, meinen Forscher, die sich mit dem Phänomen beschäftigt haben. Das Problem ist, dass unser Gehirn nicht nur verschiedene Dinge wahrnehmen, sondern auch auf diese reagieren muss. Dass das nicht klappt, zeigt der beliebte Multitasking-Spaß Autofahren und Telefonieren. Der US-Forscher Dr. David Strayer vom psychologischen Institut der Utah University in Salt Lake City hat in Experimenten nachgewiesen, dass ein Fahrer mit Handy am Ohr das Reaktionsvermögen eines Volltrunkenen besitzt. Selbst eine Freisprechanlage ändert an diesem Zustand nichts, da unser Gehirn die verschiedenen Reize nur schwer parallel zu verarbeiten vermag. Es muss ständig bewerten, wie es mit jeder einzelnen Quelle verfahren soll, und diese Entscheidungen blockieren sich gegenseitig. In den Versuchen nahmen die telefonierenden Fahrer Hindernisse auf der Fahrbahn zwar wahr, reagierten aber nicht darauf – statt auszuweichen, produzierten die Probanden Frontalcrashs am laufenden Band.

Vielleicht ist es also doch nicht optimal, beim Lernen für die Schule oder die Uni Musik zu hören und das E-Mail-Postfach alle paar Minuten zu checken. In diesem Fall hättest allerdings nur du das Nachsehen, weil du einfach doof bleiben würdest, doch in der Arbeitswelt kann ein veritabler finanzieller Schaden entstehen: Die New Yorker Beratungsfirma Basex hat vorgerechnet, dass der sinnlose Versuch, mit Multitasking im Job produktiver zu werden, die amerikanische Wirtschaft bei einem Stundenlohn von 21 Dollar jedes Jahr 588 Milliarden Dollar kostet. Die Lösung kennt vielleicht Professor Ernst Pöppel, Hirnforscher aus München. Er äußerte in einem Interview mit dem Spiegel eine geradezu revolutionäre Idee: »Wenn jeder Mensch in Deutschland eine Stunde am Tag ohne Unterbrechung durcharbeiten würde, bekämen wir den größten Innovationsschub aller Zeiten.«

Lernen von Kaffeefiltern. Drei Tipps, damit die Infos richtig zu dir durchlaufen

▶ **Filtern** ist für einen Kaffeefilter die wichtigste Aufgabe. Über eine solche Vorrichtung sollte auch dein Maileingang verfügen, damit Belangloses erst gar keine Zeit in Anspruch nimmt. Fast die Hälfte aller E-Mails sind nicht direkt an dich adressiert, sondern CCs und BCCs und damit für die tägliche Arbeit meist wumpe. Frag dich deswegen beim Anblick deines Posteingangs häufiger: Ist die Information wichtig und betrifft sie mich, oder ist es bloß der Kantinenspeiseplan für die nächste Woche, den ein aufmerksamer Kollege an alle geschickt hat? Die übrigen Mails solltest du streng nach ihrem Aufwand einteilen: Alle Angelegenheiten, die in fünf Minuten erledigt sind, direkt abhaken, alle anderen nach Priorität und Schreibintensität ordnen. **Tipp:** Postfachcheck zu festen Zeiten einplanen und nicht bei jedem Ping den Kopf heben. Wenn möglich, solltest du das akustische Signal ganz ausschalten.

▶ **Beschleunigtes Kaffeesatzlesen:** Einem Kaffeefilter ist es egal, ob er zwei oder sechs Löffel Filterkaffee seiner Bestimmung zuführt. Er schafft das, weil seine Filterporen durchlässig sind. Wie schnell du im Kaffeesatz der Schlagzeilen und Artikel liest, hängt davon ab, wie viele Informationen deine Augen durchlassen. Ob im Studium, im Beruf oder Privatleben – du schaffst mehr, wenn du Texte schnell erfassen kannst. Ein normaler Leser wuppt 200 bis 300 Wörter pro Minute, ein Schnellleser bis zu 1 000 Wörter und mehr.* Seminare in der Kunst des Schnelllesens gibt es bundesweit von verschiedenen Anbietern. Für den Anfang helfen ein paar einfache Tricks. **Do's:** Finde die Kernaussage. In manchen Texten ist diese in Headlines oder fettgedruckten Passagen untergebracht. Weite den Blick, und versuche drei oder vier Wörter gleichzeitig zu erfassen. Lies häufiger, um das Tempo zu steigern. Versuche Störungen wie laute Musik auszuschalten. **Dont's:** Zurückspringen zu gelesenen Textstellen ist tückisch. Bleib nicht zu lange mit dem Auge auf einem Fleck. Lies nicht in Gedanken leise mit. All das bremst dein Tempo.

▶ **Energien nicht verpulvern:** Ein Kaffeefilter filtert Kaffee, weil er das am besten kann – als Luft- oder Ölfilter im Auto taugt er nicht. Was du davon lernen kannst? Dich auf das Wesentliche zu beschränken: auf deine eigentliche Aufgabe und die Top-Interessen. Abonniere daher nur RSS-Feeds oder Newsletter, die unverzichtbar für dich sind. Wenn du für deinen Job über aktuelle Wirtschaftsereignisse auf dem Laufenden sein musst, solltest du erwägen, den RSS-Feed

* Wie schnell du liest, kannst du im Internet unter anderem bei Focus Wissen ausprobieren (www.focus.de/wissen/campus/tid-5531/effizienz_aid_53477.html) oder den Test sogar auf Englisch machen unter www.readingsoft.com/.

der Branchenpresse zu abonnieren. Im Gegensatz zu Nachrichten-Feeds, die dich mit Meldungen zu allen Themenbereichen zutickern, erhältst du dort eine gezielte Auswahl.

Kann man Multitasking lernen?

Ein Lichtblick für den computerspielerprobten Teil der Generation Doof: Es gibt gute Multitasker, und diese halten ihr Hirn mit Games fit. Dem IT-Branchenverband BITKOM vertrauten Jugendliche in einer Befragung an, dass sie nicht immer ein Problem mit der Gleichzeitigkeit haben: Eine kleine Gruppe von zwölf Prozent unter den 14- bis 29-Jährigen sieht in der Informationsflut selten eine Belastung. »Diejenigen, die mit den Technologien aufgewachsen sind, haben anscheinend Schutzmechanismen entwickelt, um sich gegen die Überflutung zu wehren«, erklärt BITKOM-Chef August-Wilhelm Scheer.

Tatsächlich haben Forscher entdeckt, dass Multitasker mitunter die Fähigkeit entwickeln, aus einer Vielzahl von Reizen die jeweils für sie relevante Information herauszufiltern. Wird das Gehirn immer wieder für eine bestimmte Tätigkeit gebraucht, gewöhnt es sich daran. »Wir glauben, dass junge Menschen, die früh mit dem Multitasken beginnen, sich darauf einstellen werden«, heißt es in der Studie »Media Multitasking Among American Youth« der Kaiser Family Foundation. »Es ist denkbar, dass sich unsere Gehirne dieser Aufgabe anpassen und sich unsere Konzentrationsspanne ausweitet.«

Offenbar befördern gerade Computerspiele diese Fähigkeiten. »Es gibt Befunde, die zeigen, dass junge Erwachsene, die schnelle Videospiele spielen, Aufmerksamkeitswechsel schneller vollziehen können als jene, die langsame Spiele spielen«, sagt Professor Torsten Schubert von der Ludwig-Maximilian-Universität München.

Bevor du dich zu früh freust und gleich zum Gamepad greifst: Ganz klar ist allerdings noch nicht, ob die gewohnten Multitasker beim schnellen Aufmerksamkeitszapping auch genügend von dem behalten und verstehen, was sie sehen und hören.

Ich bin drin! Was darf ich denn jetzt im Internet von mir verraten?

Was ist schon dabei, wenn die Internetgemeinde StudiVZ ihre Nutzer per neuer Datenschutzerklärung dazu verpflichtet, persönliche Daten für personalisierte Werbung freizugeben? Wer das nicht will, muss ja nicht mitmachen. Und warum soll der Google-Web-Browser Chrome nicht mitschreiben, welche Internetseiten ich besuche? Ich mache ja nichts Unanständiges im Netz. Und was sollen andere überhaupt mit meinen Daten anfangen – was haben sie davon, wenn sie wissen, dass ich in einer abgerockten WG wohne und auf Tiefkühllasagne stehe? Das interessiert doch keinen.

Stell dir vor, ein Fremder spricht dich auf der Straße an. Er erkundigt sich nach deinen Hobbys, möchte wissen, was du gerne isst, ob du auf Männer oder Frauen stehst. Er hätte auch gerne ein Foto von dir und deine genaue Anschrift sowie deine Geburtsdaten. Was würdest du antworten? Sehr wahrscheinlich: »Verpiss dich, Alter!«

Deine persönlichen Daten im Internet zu verbreiten läuft auf das Gleiche hinaus, nur sind deine Daten dort nicht für einen, sondern für Millionen Fremder einsehbar. Was diese dann damit anstellen, liegt nicht mehr in deiner Hand.

Die meisten von uns stört das nicht. »Wir spüren eine zunehmende Abstumpfung, gerade gegenüber Werbung im Netz«, erklärte Christoph Hardy vom Security-Dienstleister Sophos gegenüber der Computerwoche. Je häufiger die Nutzer nach ihren persönlichen Informationen gefragt werden, desto schneller geben sie sie meist auch heraus. Eine Umfrage der Universität der Bundeswehr in München belegt, dass 45 Prozent der Internetgemeinde personalisierter Werbung gleichgültig gegenüberstehen oder sie sogar begrüßen. Dabei gibt es einige gute Gründe, weshalb du im Internet nicht zu viel über dich verraten solltest.

▶ **Privatsphäre:** Wenn jeder auf Knopfdruck alles über dich erfahren kann, machst du dein Leben öffentlich. Jeder kann darauf zugreifen, nicht nur deine Freunde. Vielleicht sind dir einige deiner heutigen Vorlieben schon in ein paar Jahren peinlich. Während du dich persönlich weiterentwickelst, bleibt dein pubertäres Abbild im Internet für immer bestehen. Das kann dich später wieder einholen. Denn was einmal im Netz steht, ist so schnell nicht mehr zu löschen. Wie die Daten weiterverbreitet werden, kannst du nicht mehr kontrollieren. Wie viel das Internet bereits über dich weiß, kannst du bei Seiten wie www.yasni.de erfahren. Auch dein Surfverhalten verrät einiges über dich: Surf mal einen Tag lang mit dem Fingerabdruckbrowser von http://open-trace.net – du wirst erstaunt sein, was die Auswertung deines Surfverhaltens über deinen Charakter preisgibt. Ein Schelm, wer Böses dabei denkt?

▶ **Gefälschte Profile:** Jemand könnte dein Online-Konterfei per Photoshop in Pornobilder einklinken oder unter deinem Namen und mit Hilfe deiner Daten einen Fake-Account erstellen, den er für Verleumdungen oder Betrügereien nutzt. Durchaus vorstellbar, wie Professor Hendrik Speck von der Fachhochschule Kaiserslautern betont: »Wir werden angreifbarer, und wir verlieren die Kontrolle. Von dem, was wir im Netz über uns herausgeben, entsteht ein digitales Abbild, das sich von der Realität lösen kann.« Gefälschte oder missbrauchte Profile kann man zwar oft durch Seitenbetreiber löschen lassen, doch erstens sind alle

Daten von findigen Informatikern wiederzuholen und zweitens: Viel Spaß beim Suchen deiner falschen Doppelgänger. Nichts hindert den Übeltäter daran, deine veränderten Daten erneut ins Netz zu stellen.

▶ **Gezielte Werbung und Betrug:** Viele Betreiber von Online-Communities und anderen Internetdiensten nutzen deine Daten, um dich zu einer möglichst treffsicheren Zielscheibe für personalisierte Werbung zu machen. Schon mal überlegt, warum GMX bei der Anmeldung wissen will, was du in deiner Freizeit tust? »Verbraucherinfos«, die genau auf deine Bedürfnisse und Interessen zugeschnitten sind, erhöhen die Chance, dass du dir Ramsch bestellst, auf den du allein nie gestoßen wärst.

▶ **Google-Schaden:** Dass du im Bewerbungsverfahren eine Absage erhältst, weil du im Internet keine gute Figur gemacht hast, ist gar nicht so unwahrscheinlich: Wie eine Umfrage des Bundesverbands deutscher Unternehmensberater (BDU) ergab, hat jeder vierte Personaler einem Bewerber abgesagt, nachdem er sich über ihn im Internet erkundigt hat. Jobkiller Nummer eins sind Fotos, verfängliche Details aus dem Privatleben oder nicht ganz politisch korrekte Aussagen in einem Chat. Einige Datenpannen kannst du dir unter www.googability.de anschauen.

▶ **Cyberstalking:** Je mehr über dich im Internet zu finden ist, desto leichter machst du es Psychopathen oder verschmähten Liebhabern, dir im Web Schaden zuzufügen – die Zahl der virtuellen Tools, mit denen man jemanden fertigmachen kann, ist unbegrenzt: von peinlichen Videos über persönliche Hass-Seiten bis hin zu eindeutigen Drohmails. Du kannst dich zwar nicht völlig vor Stalkern im Internet schützen, solltest aber tendenziell eher darauf verzichten, Infos, Bilder und Videos von dir zu veröffentlichen, die andere gegen dich verwenden könnten.

»Manipulierbar und angreifbar – die Stasi hätte große Freude«

**Professor Hendrik Speck,
Fachbereich Informatik/Interaktive Medien,
FH Kaiserslautern**

Bin ich doof, wenn ich zu viel von mir im Internet verrate?

Über Ihren IQ kann ich zuerst noch nichts sagen. Dass Sie zu unvorsichtig sind, hingegen schon. Das ist ein typisches Problem jüngerer Generationen. Sie überlegen nicht mehr: Was setze ich in welche Internet-Plattform, was mache ich da eigentlich öffentlich, und welche Folgen kann das haben.

Und die wären?

Es sind nicht nur Ihre Eingaben, die viel über Sie verraten. Bestimmte Internetdienste speichern auch Ihr Surfverhalten: Welche Seiten Sie häufig nutzen, mit wem Sie kommunizieren, mit wem Sie vernetzt sind. Wenn sich jemand an Ihre virtuellen Fersen heftet, bekommt er schnell raus, wie Sie ticken – Ihre sexuellen Vorlieben genauso wie Ihre politische Gesinnung. Wir müssen jedoch auch zwischen Überwachung und gesellschaftlich beworbenem Selbstexhibitionismus unterscheiden. Die Stasi dagegen würde sich freuen: Die musste die Daten früher mühsam selbst sammeln, heute geben die Leute sie freiwillig her.

Aber ich kann doch zum Beispiel mein Profil bei einem Social Network wie Xing oder StudiVZ für andere unsichtbar machen?

Es ist einfach, an Daten aus diesen Netzwerken zu gelangen. Oft genügt es schon, Mitglied zu werden, und man kann die Informationen anderer einsehen. Selbst Seiten bei Xing, Facebook oder StudiVZ könnten wir innerhalb von wenigen Tagen großflächig abräumen. Alle großen sozialen Netzwerke sind bereits geknackt worden, und es ist davon auszugehen, dass sämtliche ihnen zur Verfügung stehenden Daten auch für kriminelle Zwecke genutzt werden.

Dann veröffentliche ich doch einfach keine Daten mehr von mir im Internet – Problem gelöst.

So simpel ist das nicht. Was andere über Sie im Internet verbreiten, kann genauso schaden. Ein Beispiel: Der letzte Gag auf StudiVZ war eine Galerie von Arschbacken. Durch Verlinkungen können die Backen einzelnen Nutzern und Namen zugeordnet werden – ohne dass diese etwas davon ahnten, wurden ihre jeweiligen Profilseiten mit den Darstellungen verbunden. Selbst eine Totalverweigerung hätte Ihnen dann nicht geholfen: Die Plattformbetreiber zwingen Sie vielmehr dazu, auch am Spiel der Eitelkeiten mitzumachen, da Sie ansonsten derartige Inhalte noch nicht einmal aufspüren und korrigieren können.

Ist doch schön: Im Gegensatz zum realen Hintern altert der virtuelle nicht.

Aber genau das ist das Problem. Das Internet vergisst nicht – das digitale Abbild bleibt bestehen, auch wenn man sich persönlich verändert. Was wir herausgeben, unterliegt also nicht mehr unserer Kontrolle. Unsere virtuelle Persönlichkeit wird manipulierbar und angreifbar.

Was bedeutet das für unser Leben?

Die bisherigen Bereinigungsmechanismen unserer Gesellschaft verfallen. Gesellschaftlich gestehen wir jedem nach einem Fehler eine zweite Chance zu; das gilt im Internet nicht mehr. Hier bleiben Fehler präsent.

Aber wer soll sich schon für mich interessieren? Ich bin doch unwichtig.

Früher geschah es allenfalls Prominenten wie Außenminister Joschka Fischer, dass sie mit Fotos konfrontiert wurden, auf denen sie im Straßenkampf mit zur Faust geballter Hand über schon wehrlos am Boden liegenden Polizisten stehen. Heute ist jeder derartig medial exponiert, und damit gelten für ihn ähnliche Regeln wie für Prominente. Im Grunde bräuchte also auch jeder ein Personality-Management wie ein VIP.

Gibt es einen einfachen Tipp, wie ich mich schützen kann?

Wir müssen Privatleben und Öffentlichkeit streng voneinander trennen. Und dazu müssen wir erkennen, dass alles im Internet öffentlich ist. Ich veröffentliche nichts über mich im Internet, was ich nicht auch auf der Titelseite der BILD sehen will. Und einen absoluten Schutz gibt es nicht: Wenn Sie in diesem Interview etwas schreiben, um mir zu schaden, könnte ich Sie in ein paar Stunden im Internet fertigmachen und Ihren Ruf in diesem Medium zerstören. Ganz einfach.

Was ist Cyberstalking?
Und warum sollte mich das interessieren?

Cyberstalking oder Cyberbullying heißt die neue Freude an einem alten Spiel: andere fertigmachen. Nur findet das nicht mehr in einem kleinen Kreis, sondern vor den Augen der Webwelt statt.

Eines der prominentesten Mobbingopfer ist wohl der kanadische Teenager Ghyslain. Er hatte sich selbst dabei gefilmt, wie er einen langen Stab in Jedi-Manier durch die Luft schwang. Schulkameraden entdeckten das Video, digitalisierten es und stellten es ins Internet. Binnen kürzester Zeit kursierten bearbeitete Versionen des Films im Internet. Mit Special-Effects und unterlegten Sounds gab es Ghyslain als »Drunken Jedi«, er trat in Clips gegen Mr. Smith aus *Matrix*, die Kämpferinnen aus *Kill Bill* oder gegen eine Zeichentrick-Yoda-Figur an, wurde als semi-zurückgebliebener Klon oder zerstörungswütiger neuer Terminator verunglimpft. Diese Videos machten ihn als *Star-Wars*-Kid netzweit bekannt. Etwas, von dem viele andere träumen, nur Ghyslain kam nicht damit klar, dass sich Internetuser weltweit über ihn amüsierten und dass seine Bekannten ihn hänselten. Er verließ die Schule und musste sich in psychiatrische Behandlung begeben.

Es gibt viele Ghyslains. Manche von ihnen trifft es sogar noch härter als den kanadischen Laserschwert-Jongleur – und nicht immer sind die Cyberstalker Jugendliche. In Los Angeles wurde im Winter 2008 die 49 Jahre alte Lori Drew im ersten Prozess wegen Internetmobbing verurteilt. Sie hatte geholfen, die dreizehnjährige Megan, eine ehemalige Freundin ihrer Tochter, mit Onlineattacken in den Tod zu treiben. Drew und ihre Tochter hatten sich eine falsche virtuelle Identität zugelegt: Sie hatten sich als junger Mann ausgegeben, der mit dem Mädchen einen heißen Flirt startete. Eines Tages brach Drew die virtuelle Beziehung abrupt ab. Ihre letzte Botschaft: »Ohne dich wäre die Welt schöner.« Das junge Mädchen erhängte sich noch am selben Tag. Lori wird nun selbst im Internet gemobbt. Auf Seiten wie »People You'll See in Hell« und in verschiedenen Blogs von Selbstjustizfans wird sie gedisst und ihre Adresse und Telefonnummer veröffentlicht.

Clipfish, MyVideo oder YouTube sind prima Verteiler für Filmchen, in denen man sämtlichen Unmut loswerden kann. Und wenn man Betreiber von Online-Enzyklopädien fragt, so gibt es viel zu löschen, nur weil immer wieder Beleidigendes über Lehrer, Freunde und Ex-Liebesobjekte eingestellt wird. In Deutschland werden wöchentlich rund 150 000 Jugendliche mit Mobbingattacken im Internet konfrontiert, ergab eine andere Umfrage unter Schülern von seitenstark.de, der Arbeitsgemeinschaft Vernetzter Kinderseiten.

Drei Tipps, mit denen du größeren Schaden verhindern kannst:

▸ Deine virtuelle Visitenkarte, ob nun per Mail versandt oder als persönliche Seite im Web, sollte keine persönlichen Daten, Infos und Bilder von dir enthalten.

▸ Passwörter oder den eigenen Lebenslauf – also alles, was einen Schlüssel zu deinem Hirn oder deinem Portemonnaie bietet – solltest du niemals auf dem PC hinterlegen, mit dem du im Internet surfst!

▸ Belästigungen beim Provider oder bei der Polizei anzeigen. Als Beweis solltest du den Datenverkehr speichern.

Crank.
Gibt es neue Krankheitssymptome, die mit den Medien zu tun haben?

Ein Mobilfunkmast ist für einige Menschen das Zeichen des Teufels. Allerdings würden wir ohne solche Zeichen heutzutage vermutlich ziemlich doof dastehen. Die Auswirkung von Elektrosmog auf Lernprozesse und Zellschäden durch Handywellen sind zwar untersucht worden, aber so richtig hat sich noch keiner zu einem Verbot der Geräte durchringen können.

Auch wenn wir noch nicht hundertprozentig sicher sagen können, dass unsere Mobilfunknutzung schädlich ist, stellt die Generation Doof zumindest das ein oder andere Symptom bei sich fest. Wenn du eine Vibration zu spüren glaubst, sich da aber bei näherer Betrachtung nichts geregt hat, dann könnte es sein, dass auch du unter einem neuen Phänomen leidest: Krank Reloaded. Symptome 2.0, das klingt komisch, is aber so:

Phantomklingeln kann dir im wahrsten Sinn auf die Nerven gehen. Jeder dritte Handynutzer hört Phantomanrufe, sagt der Hightech-Verband BITKOM, Netzwerk und Sprachrohr der digitalen Welt. Die Gefahr solcher gefühlten Geisteranrufe steigt, je öfter du dein Handy benutzt. Psychologen meinen, dass sich Betroffene einsam fühlen und sich nach menschlichem Kontakt sehnen, kurz: Wenn es dich erwischt, möchtest du gerne angerufen werden und wissen, dass andere an dich denken. Oder dein Gehirn hat sich bereits an die Anforderungen des modernen Lebens angepasst – der Druck, ständig für jedermann erreichbar zu sein, macht dich überempfindlich. Blinder Alarm ist dir lieber als ein verpasster Anruf. »Unser Gehirn prüft ständig, ob wir jemandem antworten müssen«, so erklärt es zumindest der Psychologe Dr. B.J. Fogg vom Persuasive Technology Lab der

Universität Stanford. Wenn es in deinem Kopf oder im Täschchen vermeintlich klingelt, summt oder vibriert, dann hilft nur eins: Entspann dich. Du musst nicht ständig erreichbar sein. Schalte den Vibrationsalarm nur dann ein, wenn du ihn wirklich brauchst. Besonders störungsanfällig bist du, wenn dein Klingelton sehr verwechselbar ist. Bellen, Allerweltsklingeltöne und Presslufthämmer sind keine gute Idee.

Dann gibt es da noch eine Krankheit, die man das **Brokkoli-Ohr** nennen könnte: Längere Handytelefonate können ganz schön heiß werden. Du hast dich mit einem guten Freund unterhalten, und sobald du auflegst, scheint das Audioorgan, das Kontakt zum Hörer hatte, um mindestens die Hälfte gewachsen zu sein. Und nicht nur das, wärmer ist es auch geworden. Die Ursachen für das Gemüse am Hörorgan erklärt sueddeutsche.de: »Eine Studie hat festgestellt, dass ein ausgeschaltetes Handy das Ohr um 1,5 Grad erwärmt, ein aktives Handy bringt es auf 2,3 Grad.«* Letzteres liegt vor allem an den Akkus, deren Temperatur deutlich steigt, sobald du das Mobilteil in der Hand hältst.

Ob Strahlung und Wärme langfristig einen Fallout in deinem Kopf bewirken, werden wohl erst Langzeitstudien eindeutig beantworten. Nach aktuellem Stand der Forschung hat das Deutsche Mobilfunkforschungsprogramm (DMF) Entwarnung gegeben. Es gibt kein erhöhtes Krebsrisiko und keinen Zusammenhang zwischen Handystrahlen, Kopfschmerzen oder Schlaflosigkeit. Was trotzdem nicht schaden kann: Überleg dir, ob der Anruf wirklich nötig ist, bevor du zum Handy greifst. Vielleicht kann man die Sache auch später persönlich besprechen, oder sie ist gar nicht so wichtig. Wenn du dich zu einem Anruf entschließt: Kurz fassen, denn das verlängert die Freundschaft. Nicht nur die mit deinem Ohr.

* Nicht, dass es einen Grund gäbe, sich das Ding in ausgeschaltetem Zustand ans Ohr zu halten ...

Wenn du dich nicht mehr an deine eigene Telefonnummer erinnerst und die Adresse deines besten Freundes nicht mehr kennst, leidest du vielleicht an **Digitaldemenz**. Weil du heute auf Handys, PDAs und Laptops so ziemlich alles speichern kannst, angefangen von Telefonnummern über Anschriften bis hin zum kompletten persönlichen Jahreskalender mit allen Terminen und wichtigen Infos, kannst du dir nichts mehr merken. Wir verlassen uns auf die elektronischen Speichermedien und vernachlässigen unser naturgegebenes Ablagesystem. In einer Studie der Jobwebseite Incruit unter Büroangestellten klagen sechs von zehn Personen über Vergesslichkeit – und die Befragten hatten ihr Verfallsdatum noch lange nicht erreicht. Die meisten von ihnen machten dafür mobile Kommunikationsmittel verantwortlich. Das Gedächtnis ist chronisch unterfordert, weil wir es durch Festplatten, SIM-Karten oder USB-Sticks ersetzen. Ein heißer Tipp gegen Digitaldemenz: Öfter mal was merken. Präge dir fünf Telefonnummern ein, die du häufig benutzt, und lerne zum Beispiel deine Bankverbindung auswendig – das trainiert nicht nur das Gedächtnis, sondern schützt auch vor bösen Überraschungen, falls dir der elektronische Datenspeicher mal abhandenkommt.

Du hast zu viel gesurft und fühlst dich krank? Dir ist schwummrig, nachdem du zu viel mit dem Handy telefoniert hast? Dann könntest du unter **Handyholismus** und **Webhängigkeit** leiden. Die Handy- und Internetsucht ist gerade auf dem Weg vom Internethoax zu einer anerkannten und therapierbaren Krankheit. Das gängige Kürzel dafür ist MAIDS (Mobile and Internet Dependency Syndrome). Eindeutige Symptome sind Nervosität, feuchte Hände und Panikgefühle, wenn das Handy mal streikt oder die Internetverbindung gekappt ist. Außerdem leiden MAIDS-Kranke darunter, dass sie zwanghaft immer wieder ihre Mailbox überprüfen müssen. Eine wachsende Zahl von Menschen glaubt außerdem, ohne ihr Handy nicht mehr leben zu können. Laut einer Umfrage der britischen Bank Lloyds TSB fühlen sich sogar zwei Drittel aller Handynutzer unwohl, wenn sie ihr Handy einmal vergessen haben. Das Abschalten kann zur echten Qual werden und im Extremfall sogar Angstgefühle auslösen. Wenn es dir auch so geht: Mach dich frei. Leg bewusst Zeiträume fest, an denen du völlig ohne Handy und Internet lebst. Das geht gut an Feiertagen oder im Urlaub. Mal sehen, ob du es schaffst, ein ganzes Wochenende lang abzuschalten.

Die Leute werfen immer Gegenstände nach mir und zischen, wenn ich mit dem Handy telefoniere. Mache ich etwas falsch?

Handy – für viele das ideale Tool, um Belanglosigkeiten auszutauschen, Eiferssuchtsszenen in der Öffentlichkeit auszutragen und andere beim Essen zu stören. Handys werden außerdem gebraucht, um das Ego und Wichtigkeitsempfinden ihres Benutzers zu steigern, und in manchen Fällen soll sogar der Vibrationsalarm missbräuchlich verwendet worden sein. Es klingelt und brummt den lieben langen Tag, ob in der Bahn oder im Beichtstuhl.

Der Telekommunikationsverband BITKOM hat sich in Deutschland umgehört, wie sehr Handynutzung tatsächlich die Umgebung stört: Jeder Zweite fühlt sich belästigt, wenn andere mobil ihren Privatkram diskutieren. Uns nervt zum einen, welche Banalitäten in den meisten Gesprächen ausgetauscht werden – zudem werden wir ungewollt zum Spanner, weil wir gezwungen sind, intimste Unterhaltungen mitanhören zu müssen. Der britische Psychologieprofessor Andrew Monk von der University of York glaubt, dass es einen psychologischen Grund für den

Nervfaktor gibt: Wir mögen keine halben Informationen. Bei einem Handytelefonat hören wir aber meistens nur Bruchstücke mit – uns fehlen Teile des Gesprächs und meistens auch der Kontext. Unser Gehirn muss ständig versuchen, die Lücken mit logischen Erklärungen zu füllen. Das lenkt ab und geht vielen kräftig auf den Geist.

Den Relaxtarif fürs Handy findest du im Folgenden. Der kleine Selbsttest zeigt dir, ob du es mit dem Telefonieren schon mal übertreibst und wann du besser die Taste mit dem kleinen roten Telefon drücken solltest.

Handy für Sandy –
Der Selbsttest mit den fünf größten Mobilfallen

Nur eine Antwort pro Frage ist richtig.
Die Auflösung am Ende verrät dir, welche.

1 *Du telefonierst in einer überfüllten Bahn und kannst deinen Gesprächpartner schwer verstehen. Was nun?*

A Tief Luft holen. Dann rufst du so laut es deine Lunge erlaubt: »WAS??! Ich VERSTEHE dich NICHT! SCHEISS VERDAMMTE HANDYS VERDAMMTE!!!« Um deinen Unmut zu unterstreichen, schüttele das Mobilteil kräftig hin und her.

B Du erklärst in normalem Tonfall, dass du wegen der schlechten Verbindung später zurückrufst. Dann beendest du das Gespräch.

C Du fragst höflich bei den anderen Fahrgästen nach, ob jemand ein Handy von einem Netzbetreiber mit besserem Empfang besitzt und es dir kurz ausborgt.

2 *Euer erstes Date.*
Ihr seid in einem lauschigen kleinen Restaurant, die Stimmung ist romantisch. Dein Handy klingelt. Und was machst du?

A Du zwinkerst dem Objekt der Begierde mit wichtiger Miene zu und nimmst den Anruf selbstverständlich an. Während du sprichst, versuchst du mit der freien Hand, weiter lässig die Spaghetti aufzudrehen, als wäre nichts.

B Du tust so, als würdest du das Klingeln nicht hören. Wenn die anderen Gäste zu dir hinübersehen, richtest du den Blick vorwurfsvoll auf deine Tischgesellschaft.

C Du drückst den Anruf weg, drückst die Hand der Angebeteten, schaltest das Handy aus und entschuldigst dich für die Störung.

3 *Ein Geschäftstermin. Plötzlich blubbert dein Handy – eine SMS. Schaust du nach?*

A Natürlich nicht. Denn dein Handy ist ausgeschaltet und liegt bestimmt nicht auf dem Tisch – du willst dein Gegenüber achten und ehren. Der Anruf kann warten.

B Du klappst dein Handy auf und beantwortest die Anfrage, wenn es sich um etwas Berufliches handelt. Bei privaten Textern verschiebst du die Antwort auf später. Du lässt deine Geschäftspartner aber nicht darüber im Unklaren, wer so freundlich war, dir da zu schreiben und was sein Begehr war.

C Du liest die SMS und schreibst auch gleich zurück. Dass die Tastentöne eingeschaltet sind und es tausend Mal piepst, stört dich nicht im Geringsten.

4 *Konferenzen können sich ewig hinziehen. Du wartest auf einen Anruf, der ausnahmsweise wirklich dringend ist. Und du weißt, dass das Gespräch etwas länger dauern könnte. Wie deichselst du die Situation, wenn es klingelt?*

A Du fragst die Runde, ob sie die Konferenz unterbrechen können, bis du fertig bist.

B Du hast bereits vor der Konferenz einem Vorgesetzten mitgeteilt, dass du auf ein Telefonat wartest. Während des Palavers im Konferenzraum schaltest du das Handy auf stumm und gehst unauffällig raus, wenn der Anruf kommt. Du führst das Gespräch auf jeden Fall draußen, ganz egal, wie lange es dauert.

C Du tust möglichst überrascht. »Oh, was ist das? Ein Handy? Das muss mir jemand zugesteckt haben! Vielleicht ruft ja gerade der richtige Besitzer an. Moment, ich höre mal kurz nach.«

5 *»Live is Life« ist dein Klingelton.*
Wie lange lässt du es klingeln, bevor du rangehst?

A Dein Lieblingssong. Den hörst du auf jeden Fall bis zum Ende!

B Bevor du dir *den* Song als Klingelton holst, wird Helge Schneider Bundeskanzler!

C Egal, welchen Klingelton du hast, Endlosklingeln nervt. Du stellst es so ein, dass nach dem vierten Klingeln die Mailbox rangeht.

Auflösung: **1B, 2C, 3A, 4B, 5C**

Level 3

Gamestar oder Game over? Ein Ausflug auf die virtuelle Spielwiese

Computerspiele sind der spaßigste Zeitvertreib seit der Erfindung des Fortpflanzungsaktes. Auch Marc-Oliver findet das. Er hängt oft zu Hause im Bürostuhl und spielt *World of Warcraft*. Tastatur und Maus fest im Griff, steuert er sein virtuelles Alter Ego durch die bunte Rollenspielwelt. Eigentlich ein super Nachmittag, würde nicht seine Mutter mit einer beknackten Bitte ins Zimmer platzen. Marc-Oliver soll im realen Leben seinen Bruder abholen.

»Kein Bock!«, gibt er nur kurz zurück und dreht sich wieder zum Monitor.

»Machst du das bitte?«

»Neeiiihen!«

»Wann geht denn dein Quest los?«, fragt seine Mutter.

»Bin mittendrin, hab keinen Bock, dir jetzt zu helfen!«

»Tu, was deine Mami dir sagt«, schaltet sich plötzlich sein online zugeschalteter Mitspieler aus dem Lautsprecher ein.

»Halt's Maul, Exo!«, schnauzt Marc-Oliver. Er sperrt sich gegen die mütterliche Verfügungsgewalt und Exos Einfluss, bis seine Mutter einsieht, dass sie in diesem Spiel der Verlierer ist.

Diese Szene stammt aus der 2008 gesendeten ARD-Doku *Spielen, spielen, spielen ... Wenn der Computer süchtig macht.*

Interessierte konnten hier die Geschichte von Marc-Oliver erfahren, einem süchtigen Computerkid, das sich per Mausklick in eine virtuell seligmachende Welt flüchtet. Marc-Oliver spielt jeden Tag mindestens sechs Stunden, und am Wochenende auch mal gerne die Nacht durch. Wegen der Spiele hat er das Gymnasium geschmissen, die Hauptschule nur mit viel Mühe geschafft und am Ende sogar seine Führerscheinprüfung versiebt, weil er statt zu lernen lieber im Rollenspiel auf Punktejagd ging.

Bedeutet das, dass jeder, der zu viel Zeit mit Spielen verbringt, ein paar Schrauben locker hat? In Deutschland kommt uns Marc-Oliver wie ein Freak vor, ein Süchtiger, den die öffentliche Medien- und Meinungsmaschine gerne in Therapie schicken würde. Woanders wäre Marc-Oliver vielleicht ein Star, der Millionen verdient. In Korea wimmelt es zum Beispiel von Marc-Olivers; das ganze Land ist verrückt nach Computerspielen. Einer der bekanntesten Gamer ist Mae Yae-yoon, Anfang zwanzig. In einer Woche leistet er sechs Tage Fron am Computer, wohlgemerkt ununterbrochen von High noon bis drei oder vier Uhr morgens. Statt ihn für verrückt zu erklären, haben seine Landsleute und die Spieleindustrie ihn zum Millionär gemacht, weil er sein Lieblingsspiel *Starcraft* so virtuos beherrscht wie kein anderer. Mae ist Profi-Gamer im E-Sport-Team CJ Entus, das sich auf das Strategiespiel mit Weltraumarmeen spezialisiert hat und bei Wettkämpfen gegen andere Spielertrupps antritt. Dem Gewinner winken Preisgelder, bei denen sich ein Bundesligaprofi wahrscheinlich überlegen würde, ob er die Stollenschuhe nicht lieber an den Haken hängt und zum Gamepad greift. Die Spiele werden in Korea vom Fernsehen live übertragen; die Spieler sind so populär wie David Beckham oder Michael Schumacher.

Asien ist weit weg, aber auch bei uns gibt es Profi-Gamer. Zu den bekanntesten gehören Dennis und Daniel Schellhase, die Deutscher Meister, Europameister und Weltmeister in ihrer Disziplin sind: dem virtuellen Rasenschach. Zuletzt traten sie sogar in der deutschen E-Sports-Nationalmannschaft bei den World Cyber Games an, der WM für Computerspieler – Preisgeld über 500 000 Dollar.

Computerspiele sind eine Goldgrube. Während uns professionelle Bedenkenträger, plüschige Talkshows und rührige Dokusendungen einreden wollen, dass der digitale Spaßerwerb etwas für weltfremde Nerds ist, werden Milliarden mit der virtuellen Unterhaltung umgesetzt: Knapp 42 Milliarden US-Dollar waren es im Jahr 2007 nach Angaben von PricewaterhouseCoopers weltweit, und 2012 sollen es schon 68 Milliarden Dollar sein – in ihrer Studie »Entertainment & Media Spending« berichteten die Analysten schon 2007, dass mit Spielen mittlerweile mehr Geld verdient wird als mit Musik. Deutschland ist dabei der zweitgrößte Markt für den bunten Zeitvertreib: BITKOM geht für das Jahr 2008 von einem Umsatz von über 2,5 Milliarden Euro aus. Und Spielen ist längst kein Jugendphänomen mehr, das fand der Branchenverband gemeinsam mit Ernst&Young in der Studie »Digitale Spiele in Deutschland« heraus. Auch Ältere und vor allem Frauen greifen immer öfter in die digitale Spielekiste. Die Games sind dabei, dem Fernsehen als Lieblingsfreizeitsport den Rang abzulaufen. Wer immer noch glaubt, Ballerspiele seien etwas für potenzielle Psychopathen und *Grand Theft Auto* eine Schnellanleitung für zukünftige Autoknacker, der sollte den Realitätscheck bei den Käufern am Spieleregal im Technomarkt machen oder selbst mal ein Gamepad zur Hand nehmen. Normaler geht's nicht.

Wer sein Spiele-Hobby zum Beruf machen will, kann das inzwischen ganz bodenständig tun: Diverse Universitäten haben Computerspiele mit Studiengängen und Lehrangeboten geadelt. An der Donau-Universität Krems gibt es den akademischen Grad für Experten in »Game Design & Development« oder den »Master of Arts in Game Design & Development«, und auch das Games College Wien bildet im Vollzeitstudium Spiele-Entwickler aus.

Kein Problem also, wenn du nach der Schule, der Vorlesung oder einem schlechten Tag im Büro abends eine Spiele-DVD in den Laptop schiebst oder mit guten Freunden einen *Rock-Band*-Abend einberufst. Spielen macht Spaß. Doch was ist, wenn du nicht mehr davon loskommst? Der virtuelle Bilderrausch ist verführerisch – und du wärst nicht der Erste, der ihm erliegt.

Anne erzählt

Montagmorgen im Büro. Stefan ist schon munter, und während ich noch versuche, gegen die Müdigkeit anzukämpfen, erzählt er mir sein schönstes Wochenenderlebnis: »Gestern, das war echt geil. Da bin ich mit dem BMW M3 GTR über die Nordschleife gebrettert. Drei Stunden lang. Hammer.« Ich werfe ihm einen verständnislosen Blick zu. Wie auch immer das Automobil heißt, das er im Moment fährt, es ist eher in die Kategorie »knapp an der Schubkarre vorbei« einzuordnen. Er präzisiert: »Mit dem ForceFeedback-Lenkrad natürlich, nicht in echt!«

GTR Evolution heißt die Rennsimulation, die sein Herz gewonnen hat. Ich muss zugeben, so richtig interessieren mich seine Fahrabenteuer nicht. Ich bin ein Fan der Wirklichkeit, Stefan passionierter Computerspieler.

»Und dann?«, frage ich ein wenig angeödet. Hoffentlich kommt jetzt nicht die Beschreibung der nächsten Rennkarre.

»Nichts«, meint er.

Irritiert sehe ich von der Arbeit auf. »Nichts?«

»Na ja. Maja hat irgendwann einfach den Stecker rausgezogen. Dann haben wir zusammen noch was anderes gespielt.«

Um Gottes willen. Jetzt bloß keine Schweinereien. Es ist doch erst neun Uhr. Stefan denkt allerdings an etwas anderes: »Ich habe dabei die ganze Zeit überlegt, ob ich mit einer flacheren Flügeleinstellung noch ein paar Zehntel rausholen kann.«

Typisch. Könnte mir nie passieren. Seitdem ich vor Jahren mit *Tetris* aufgehört habe, bin ich clean.

Abends freue ich mich auf einen gemütlichen Ausklang des Tages mit einem Buch auf dem Sofa oder einem netten Abendessen ... nur nicht auf das, was mich erwartet. Mein Freund Rodrigo spielt mal wieder *Hitman*. Leute abballern. Wie hirnlos.

»Willst du auch mal?«, fragt er nach einer Weile und schaut mich mit braunen Rehaugen an. Er ist ein Lieber, und er teilt gerne seine Spielsachen. »Ich helf dir auch.«

Nö, danke.

»Ach, komm schon. Nur ein Mal, damit du Stefan etwas entgegensetzen kannst, wenn er dich wieder mit seinen Rennerlebnissen foltert.« Eins muss man ihm lassen, der Mann hat eine bestechende Logik.

»Ok, aber nur ganz kurz.«

Meine ersten Schritte üben wir in einem Zwischenlevel, einem Keller, in dem an Säulen verschiedene Waffen prangen. Ich stelle mich selten dämlich an. Wer hätte gedacht, dass das eine Aufgabe für motorische Wunderkinder ist? Es dauert eine gefühlte Ewigkeit, bis ich nicht mehr gegen Wände laufe und an jedem Hindernis hängen bleibe.

»Jetzt könntest du langsam mal das Schießen üben.«

Das erste Ballerutensil meiner virtuellen Killer-Karriere sieht für mich ganz gewöhnlich aus. Aber ich lerne willfährig, dass es in Profikreisen »Sniper Rifle« genannt wird.

Nachdem ich eine Zeit lang wahllos auf Wände, Mauern, Erdwälle und Säulen geschossen habe, suche ich nach einer neuen Herausforderung. Es gibt Ratten in dem unwirtlichen Kellergeschoss. Ratten!

»Knall sie ab!«, sagt Rodrigo.

»Meinst du wirklich«, sage ich mit einem leicht gezierten Unterton. »Das sind doch Lebewesen!«

»Ist ja nur ein Spiel.«

Und auf einmal macht es richtig Spaß. Ich bin im Blutrausch und ballere sie alle nieder. Gnadenlos komme ich mir vor und habe doch das gute Gefühl, bloß Pixel niedergemäht zu haben.

Am nächsten Morgen muss ich mir alle Mühe geben, meine Augenringe zu übertünchen. Es ist spät geworden mit meinem neuen Freund Hitman. Stefan schaut erstaunt, als ich unser kleines Büro betrete. »Was ist denn mit dir passiert?«

»Och, nichts«, sage ich mit einer lässigen Handbewegung. »Ich hab mich gestern nur um Rodrigos Haustiere gekümmert.«

Falls du auch hin und wieder zu allen passenden und unpassenden Gelegenheiten darüber sinnierst, wie man bei Bioshock den Endgegner besiegt, welche Taktik bei *Command & Conquer* zum Erfolg führen könnte und welches Painting dein Ferrari in *Forza2* haben soll, dann bist du in diesem Level richtig. Wir lüften das Geheimnis, ob Computerspiele tatsächlich süchtig machen und ob es eine negative Auswirkung auf dein Bewusstsein hat, wenn du ganze Wochenenden durchzockst. Und wir werden auch der Frage nachgehen, ob jeder, der in virtuellen Räumen auf Ratten, Ölfässer oder Zombies ballert, das Zeug zum Profikiller hat.

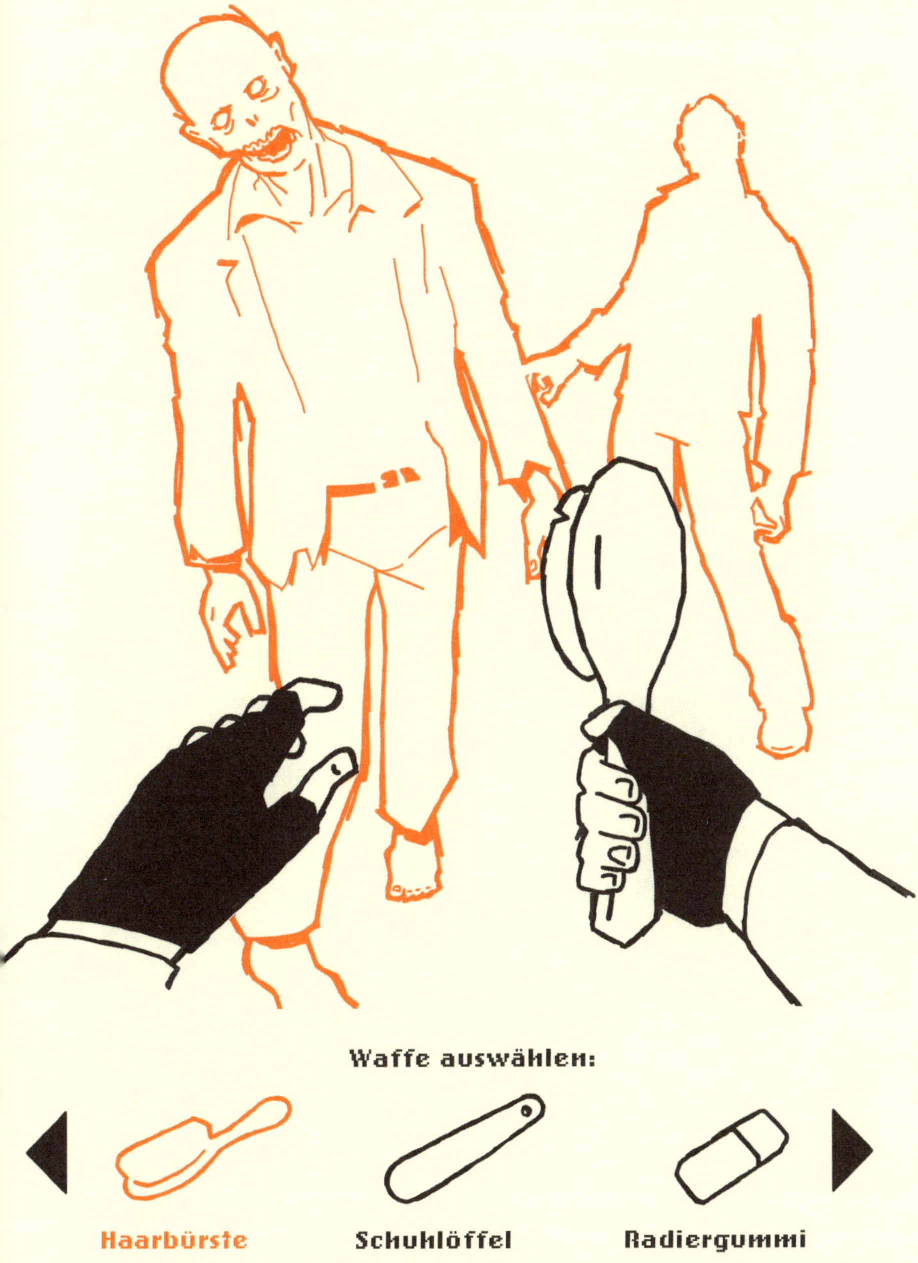
Waffe auswählen:
Haarbürste
Schuhlöffel
Radiergummi

Computerspiele sind nur ein harmloser Spaß. Aber warum nervt es so, wenn ich dabei unterbrochen werde?

Du hast den Rollenspielzwerg gerade mit einer neuen Kampfaxt ausgerüstet und möchtest sie am nächsten Waldelfen ausprobieren? Du hast eine neue Rennstrecke freigespielt und willst noch schnell eine Runde darauf drehen? Du wirst nicht eher ruhen, bis du die Welt oder noch besser das ganze Universum unter deine Kontrolle gebracht hast? Einer der schlimmsten Befehle ist jetzt: »Essen kommen!«

Eigentlich verständlich, dass man nicht aufhören möchte, wenn es gerade am schönsten ist. Das Dumme: Computerspiele machen irgendwie immer Spaß, und der Zeitpunkt, an dem man das Spiel verlassen möchte, kommt leider nur selten. Daher sind Computerspiele nicht nur Zeitfresser, sondern können auch die Luft aus unseren Leistungen in Schule, Studium, Ausbildung und Beruf lassen: Erreichen wir im Spiel ein bestimmtes Ziel, schüttet unser Gehirn den Botenstoff Dopamin aus und belohnt uns so mit Glücksgefühlen. Auf diese Weise verschaffen uns Games einen ähnlich schnellen Kick wie ein Ginfizz durch den Strohhalm. Ein ähnlicher Prozess läuft aber auch in deinem Gehirn ab, wenn du im Beruf eine Aufgabe erledigt hast oder beim Lernen erfolgreich warst. Hast du zum Beispiel nach zehn Fahrstunden endlich von allein kapiert, dass das Auto, das von rechts kommt, vor dir dran ist, teilt dein Gehirn geistige Schokoladenhäppchen aus. Der Haken an der Sache: Die Glücksdusche stellt sich wesentlich langsamer ein als beim Computerspielen, weil du dich für die Erfolge anstrengen musst. Klappt es dagegen im Spiel nicht so schnell, kannst du immer einen Level runterschalten.

Das geht im richtigen Leben leider nicht. Und umso frustrierender kann es werden, wenn sich dein Gehirn durchs Spielen an die Leichtigkeit des elektronischen Erfolgs gewöhnt hat und langwierigere Wege zum Erfolg dann nur noch anstrengend und blöde findet. Vokabeltraining, komplexe Gleichungen oder umfangreiche Kosten-Nutzen-Rechnungen können da schnell verdammt langweilig werden.

Damit nicht genug: Oft droht bei übermäßigem Spielekonsum der Blackout. Der Neurologe Professor Henning Scheich hat in Versuchen nicht nur die Dopamin-Dusche beim Spielen belegt, sondern auch herausgefunden, dass die Erlebnisse aus Computerspielen in der gleichen Ablage landen wie Gelerntes und dieses dann löschen. »Das summiert sich über Tage, Wochen, Monate auf«, sagt er gegenüber dem ZDF-Magazin *Frontal 21*. »Dann können Sie mit Sicherheit erwarten, dass so jemand in seinen Schulleistungen gegenüber früher abfällt.« Tatsächlich beweist die Studie »Die PISA-Verlierer – Opfer ihres Medienkonsums« des Kriminologischen Forschungsinstituts Niedersachen aus dem Jahr 2008, dass die Leistungen von Vielspielern im Schnitt deutlich unter denen derjenigen liegen, die wenig bis gar nicht Computer spielen.

»Der virtuelle Mensch,
bewegungslos vor seinem Computer,
macht Liebe per Bildschirm
und hält seine Vorlesungen
per Telefonkonferenz. Er wird
ein Bewegungsbehinderter,
und zweifellos auch
ein geistig Behinderter.«

Jean Baudrillard

Tausche Freunde und Familie gegen Computer. Habe ich ein Problem?

Wenn wir ein Spiel richtig gut finden, bescheinigen wir ihm gerne Suchtpotenzial. »Sucht« ist dabei zutreffender, als der coole Beigeschmack des Wortes es vielleicht erwarten lässt. Suchtforscher bestätigen, dass wir uns schnell an die einfache Belohnung im Spiel gewöhnen und sie bald nicht mehr missen mögen. Ob Ballerspiel, Rollenspiel oder Strategiespiel, alle lösen den gleichen Effekt bei dir aus: Die Dopamindusche, die dein Körper beim Spielen ausstößt, lässt dich immer wieder zum Gamepad greifen in der Hoffnung auf den schnellen Kick.

Vermutlich sind Computerspiele auch deshalb in allen Jahrgängen der Generation Doof beliebt – nicht nur nach der Schule, sondern auch nach einem nervigen Bürotag bringt uns eine Runde *GTA IV* wieder auf Touren. Weil wir uns dabei gut fühlen, nehmen wir die digitale Dienstleistung gerne wieder in Anspruch: »Je mehr die virtuelle Welt für den Spieler im Verlauf an Attraktivität zunimmt und der Selbstwertsteigerung dient, desto schwieriger wird es, sich mit den alltäglichen Problemen der realen Welt auseinanderzusetzen«, sagte die Suchtforscherin Professor Sabine Grüsser-Sinopoli in einem Interview mit dem bekannten Spielemagazin PC Games.

Die meisten Abhängigen trifft man derzeit wohl in Onlinerollenspielen wie *Warhammer Online*, *Guild Wars*, *Dark Age of Camelot* und *Herr der Ringe Online*: Rund zwanzig Prozent der Spieler gelten laut empirischer Untersuchungen als süchtig – bei weltweit zehn Millionen registrierten Benutzern macht das gut zwei Millionen Abhängige. Die Universität Koblenz-Landau hat in der Studie »Merkmale pathologischer Computerspielnutzung im Kindes- und Jugendalter« von 2008 untersucht, warum gerade die virtuellen Abenteuer eine so große Anziehungskraft auf uns haben: Im Gegensatz zum herkömmlichen PC-Spiel gehst du soziale Verpflichtungen ein, weil an einem Quest immer mehrere Personen teilnehmen. Geschehen und Geschichte verwickeln dich in eine real wirkende Welt, eine virtuelle Parallelwelt. Im schlimmsten Fall haben wir große Angst, dort etwas zu verpassen. Außerdem locken in den Rollenspielen Erfolg und Anerkennung von den Mitspielern – in der richtigen Welt oft ein rares Gut. Das macht die Realitätsflucht umso verlockender. Die viele Zeit, die wir vor dem Monitor verbringen, kommt uns nicht verloren vor, da wir unseren Avatar weiterentwickeln und Aufgaben lösen.

Das Verhaltensmuster eines Computerspielsüchtigen gleicht der Abhängigkeit, die durch Alkohol und andere Drogen entstehen kann. Je attraktiver die virtuelle Welt und je wohler du dich dort fühlst, umso schwieriger wird es, sich zu entziehen und mit den alltäglichen Problemen zu beschäftigen. Die Folgen: Du bist nervös, leidest unter Schlafstörungen und fühlst dich einsam, brichst den Kontakt zu Freunden und zum Partner ab oder hast ohne vernünftigen Anlass Wutausbrüche.

Natürlich ist nicht jeder, der viel und gerne spielt, süchtig. Es läuft vor allem dann etwas schief, wenn du die Spiele dazu benutzt, Probleme zu verdrängen oder aus der Realität zu fliehen. Manchmal musst du die Zeichen nur richtig deuten können, um der Falle zu entkommen.

I saw the sign.
Fünf eindeutige Zeichen, dass es Zeit wird, vom Computer aufzustehen

▸ **Schmutzbefall.** Selbst eine Atombombenexplosion würde keinen Lichtstrahl durch deine völlig verdreckten Fenster treiben. Die Staubschicht auf dem Fußboden ist perfekter Brutplatz für den Einzeller-Zoo, und die Milch in deinem

Kühlschrank geht als Mischung zwischen Butter und Harzer Käse durch. Keine Frage: Du verbringst zu viel Zeit vor dem Computer und vernachlässigst alltägliche Erledigungen.

▶ **Tag-Nacht-Defekt.** Jemand hat die Tageszeiten geschrottet. Wenn du dich nachts ins Bett legst, ist es neuerdings taghell. Außerdem verlassen deine Nachbarn jetzt mitten in der Nacht, wenn du noch schläfst, das Haus und gehen arbeiten. Es könnte daran liegen, dass du nachts zu lange spielst.

▶ **PC-Speaker.** Die anderen scheinen sich neuerdings in einer fremden Sprache zu verständigen. Du kannst dem Inhalt ihrer Gespräche nicht mehr folgen und denkst lieber an andere Dinge: Ob du dir ein neues Template für die Plastik-Gitarre holst, wie du die Slicer im Dungeon mit dem Hyperblaster ausräucherst und wie du den Unterboden an deinem Porsche GT3 für das League-Rennen tunen kannst.

▶ **Bodygold.** Dein Körper entwickelt mit der Zeit einen beachtlichen Eigengeruch. Der Bürostuhl, der vor dem Computer parkt, riecht nach dir, selbst wenn du nicht darauf sitzt. Ein Deo wäre eine echte Offenbarung, eine Dusche hätte den Charakter einer Wiedergeburt. Du verwendest zu viel Zeit mit Spielereien statt mit Wasserspielen.

▶ **Personalisierte Pizza.** Seit Neuestem wirst du zu italienischen Großfamilienfeiern eingeladen – der Pizzadienst deines Vertrauens hat dir die Ehrenmitgliedschaft für die tausendste Bestellung verliehen. Als kleines Dankeschön gab es ein vergoldetes Knusperhaus. Ein Gang vor die Tür, und sei es nur zur Nahrungsaufnahme, ist oft eine Bereicherung für den Spieleralltag. Mellon – die Tür zu deinem persönlichen Moria geht bestimmt noch auf, Gandalf!

Tausend Terroristen, hundert Stormtrooper und fünfzig Moorhühner stehen auf meiner Abschussliste – habe ich das Zeug zum Amokläufer?

Littleton, Erfurt, Emsdetten. Die Amokläufer an den Schulen hatten virtuelle Leichen im Keller, die sie als Killerspieler mit Kettensäge, Pumpgun und Flammenwerfer zu Pixelbrei verarbeitet hatten. Mit den Tätern wurden auch Spiele wie *Half-Life* oder *Counterstrike* zu Symbolen für eine gestörte Persönlichkeit. Weltweit wurden Computerspieler zu wandelnden Zeitbomben abgestempelt, und das sind nicht wenige: Laut der JIM Studie 2008 spielt rund die Hälfte der Jungen im Alter zwischen zwölf und neunzehn Jahren täglich anderthalb bis zwei Stunden Computer. Am beliebtesten sind Shooter oder Actionspiele, und im Schnitt haben über achtzig Prozent der Jungen bereits Spiele im DVD-Laufwerk, die wegen ihrer Brutalität noch gar nicht für das betreffende Alter freigegeben sind. Bei älteren Semestern sieht es nicht viel anders aus. Forscher der Johann-Wolfgang-Goethe-Universität in Frankfurt am Main ertappten die über Dreißigjährigen in einer Studie dabei, dass sie mindestens genauso oft und viel Computer spielen wie Schüler. Online-Spieler verbringen dabei pro Woche schon mal mehr als dreißig Stunden im Netz – wo Ego-Shooter wie *Counterstrike* ebenfalls angesagt sind. Und ganz Deutschland ballert laut Studie mit: Den Finger am Abzug haben vor allem Selbständige, Hausmänner, Angestellte, Arbeitslose und Auszubildende. Nur Mädchen und Frauen kommen bei den diversen Untersuchungen glimpflich weg: Sie beschäftigen sich seltener mit der elektronischen Schießbude, und wenn, dann spielen sie lieber Rollen- oder Abenteuerspiele. Die Chancen, dass dein Zahnarzt virtuelle Erfahrungen mit Flammenwerfern und Kettensägen hat, sind also ziemlich gut. Aber bedeutet das automatisch, dass er beim nächsten Besuch Amok läuft und dir ein Loch in den Kopf bohrt?

Falls du regelmäßig den virtuellen Peacemaker sprechen lässt, ansonsten aber eher das Gemüt eines Golden Retrievers besitzt, können wir Entwarnung geben. Es gibt zwar diverse Studien, die beweisen, dass das Aggressionspotenzial grundsätzlich steigt, je mehr Zeit du mit Ballerspielen verbringst. Ein eindeutig wissenschaftlicher Beleg dafür, dass Computerspiele allein der Auslöser für Gewalttaten sind, existiert aber nicht. Vielmehr kann der Konsum von Ballerspielen umgekehrt ein Zeichen für persönliche Probleme sein. In den bekannten Fällen waren Schwierigkeiten in der Familie, der Schule oder dem Freundeskreis der wahre Grund für die Taten der Amokläufer. Zu diesem Schluss kamen auch die Psychologinnen Barbara Krahé und Ingrid Möller nach einer Umfrage unter fünftausend jugendlichen und erwachsenen Vielspielern. Als sie der Frage nachgingen, was nun zuerst da war – das Ballerspiel oder der Amoklauf –, fanden sie heraus, dass sich aggressive Jugendliche zu Gewaltspielen besonders hingezogen fühlen. Wer schon in der eigenen Familie Gewalt erfährt oder grundsätzlich erst zuschlägt und dann redet, ist empfänglicher für aggressive Spiele und kann diese auch schwieriger von der Realität abgrenzen.

Zu einem ähnlichen Ergebnis ist auch Maria von Salisch gekommen. Die Professorin für Entwicklungspsychologie an der Leuphana Universität Lüneburg hat in der Längsschnittstudie »KUHL Kinder CompUter Hobby Lernen« die Auswirkungen von Computerspielen auf die Persönlichkeitsentwicklung von Kindern untersucht. »Eine wichtige Erkenntnis dieser Studie war, dass eine Zunahme von Aggressivität durch den Gebrauch von gewalthaltigen Spielen bei den untersuchten Kindern nicht festgestellt werden konnte«, bestätigte sie in einem Interview mit der ZEIT. »Sie suchen nach den Spielen, die zu ihnen passen.«

Jugendliche mit einem intakten Umfeld haben weniger Probleme mit brutalen Spielen. Eltern sollten ihren Nachkömmlingen dennoch klarmachen, dass Spiele nicht die Wirklichkeit abbilden, und ihnen beibringen, wie man Gewalt verarbeitet. Dann herrscht eitel Sonnenschein, wenn Pete-Noel nach dem Abendessen sagt: »Ich geh jetzt noch ein paar Terroristen erschießen.«

KAPITEL 4

LIEBING

Pimp my Love. Eine einfache Triebanleitung in sechs schnellen Schritten

Was ist eigentlich Liebe? Das fragte sich kürzlich auch Boris Becker in einem Interview mit der Illustrierten BUNTE. »Ich wäre froh, wenn mir jemand mal die Liebe erklären könnte. Soll ich in Zukunft nach meinem Herzen oder meinem Kopf gehen?« Lieber Boris: Für die Generation Doof kann Liebe sein, wenn dich ein Emoticon nett anlächelt, eine SMS mit HDGDL eintrudelt oder eine Flirtmail verkündet, dass da einer an dich denkt. Liebe ist, wenn dir jemand seine Brüste als jpg oder tif schickt oder sich nach deiner Lieblingsstellung erkundigt und gleich Ort und Uhrzeit dafür vorschlägt. Liebe sollte am besten real sein, für viele ist sie heute allerdings erst einmal virtuell – irgendeine Spielart der Liebe ist bei der Single-, Partner- und Tauschbörse deiner Wahl immer rund um die Uhr verfügbar. Ihr Versprechen: Jeder hat die Chance, seine Liebe fürs Leben oder zumindest einen Teil davon zu finden – einfach und unkompliziert. Aber gibt es den schnellen Liebesklick wirklich?

Der Generation Doof kommt die digitale Kuppelbude jedenfalls entgegen. Wir sehnen uns in allen Lebensbereichen nach praktischen Lösungen, auch in der Beziehung. Wer hat noch Lust, sich mit den Problemen seines Partners abzumühen, wenn seine Beziehung das Verfallsdatum überschritten hat – es gibt doch überall Ersatz? Und wer ohnehin nur auf schnellen körperlichen Ersatz aus ist, muss heute nicht mehr das Wagnis Beziehung eingehen. Einfacher geht's mit YouPorn, denn dort können wir die *Feuchtgebiete* anderer unter die Lupe nehmen. Seitdem uns Frauenarzt Bushido und das türkisch-deutsche Fräuleinwunder Lady

Bitch Ray die Leichtigkeit der Ferkelei erklärt haben, ist unsere Hemmschwelle in den gefühlten Minusbereich gesunken. *Deutschlands sexuelle Tragödie* ist nicht nur ein Buch, sondern auch die Tatsache, dass uns im Internet, im Fernsehen und in der Musik so viel Porno angeboten wird, dass wir für die zarten Seiten der Liebe unempfänglich geworden sind. Umfragen zeigen, dass viele der Meinung sind, Sex sollte nach Möglichkeit immer wie ein Stelldichein mit Gina Wild vonstattengehen. Ohne Tabus wissen wir immer seltener, wo unsere Grenzen eigentlich sind und was wir fühlen. Schneller, weiter, Höhepunkt?! So geht Liebe 2.0 wirklich!

SCHRITT EINS: **Finden**

1. Liebe 2.0: Wie du sie findest und dich im Internet interessant machst

Geschafft. Nach langer Bastelei hast du dein Profil in der Community NimmmichVZ und der Partnerbörse eins-und-eins-sind-zwei.de eingestellt. Nun wartest du auf die Liebe deines Lebens. Du hast dir alle Mühe gegeben: Der Aufmacher ist ein cooles Partyfoto, auf dem du und ein übergroßer Sombrero vom letzten Karneval zu sehen sind. Auf dem Bild bist du schon etwas angebrütet, und überdies verpasst dir jemand gerade eine Weizenbierdusche. Daneben steht eine ausführliche Beschreibung mit allem, was es über dich zu wissen gibt: Du magst Mohnbretzeln, hältst beim Schnellpopeln im Freundeskreis den Rekord, würdest gerne mal die Füße von Frodo kraulen und liest abends auf deiner Single-Ikea-Couch langatmige Romane über die Selbstfindung von Pop-Poeten. Deinen Status hast du auf »bin zu haben« gesetzt.

Doch leider greift niemand zu.

Why goes this not? Dein Problem haben heute viele, und es gibt einen Grund dafür: Wir kommen auch außerhalb der Kiste latent zu früh. Viel zu leichtfertig geben wir viel zu viele Informationen über uns preis und möchten am liebsten immer direkt aufs Ziel los. Wozu Dessous tragen, wenn man sich gleich nackig machen kann, warum über Lieblingsfilme reden, wenn man auch fragen kann: »Du und ich – Geschlechtsverkehr?!«

Leider bringt uns die Methode nicht den erwünschten, leichten Erfolg. Ganz im Gegenteil: Die Hoffnung, ich mache mich interessant und werde dann von möglichst vielen gemocht, geht nicht auf. Denn bei zu viel Freizügigkeit regt sich gar nichts mehr. Jemand, über den man mit wenigen Mausklicks alles erfahren kann, wirkt uninteressant und reizlos.

Wie gelingt es dir, dass andere dich für sich entdecken und mehr über dich erfahren wollen?

Um es nüchtern zu sagen: Flirten ist reines Selbstmarketing. Es kommt darauf an, dass du dich als heiße Ware anpreist und bei deinem Gegenüber Begehrlichkeiten weckst wie ein guter Werbespot. Er oder sie muss dich haben wollen, am besten um jeden Preis der Welt.

Man kann von Online-Dating halten, was man will. Für die Generation Doof ist es jedenfalls längst gängige Praxis. Und wenn schon, dann richtig:

▶ Ob in Communities oder der Partnerbörse – **weniger ist mehr, auch beim Foto**. Indem du jeden Muskel deines Waschbrettbauchs ausgeleuchtet in die Kamera hältst oder dem Betrachter zwei pralle Tatsachen entgegenreckst, signalisierst du kein Temperament, sondern allenfalls, dass du leicht zu haben bist. Bilder aus dem Fotostudio wirken hingegen oft zu gestellt. **Besser: ein Foto, das authentisch ist**. Ein Schnappschuss, den jemand gemacht hat, als du angezogen und nüchtern warst, wirkt weniger steif oder furchteinflößend. Wenn es dich so zeigt, wie du wirklich bist, ist das schon die halbe Miete.

▶ Verrate bei den **Infos über dich** nicht zu früh zu viel. Lass deinem Gegenüber die Möglichkeit, Fragen zu stellen. Dass du schon mal einen Lapdance hingelegt hast oder einen Fortbildungslehrgang als Messdiener gemacht hast, ist eher zum Abgewöhnen. Simple Infos wie das gute alte Sternzeichen oder deine Vorliebe für Mangas von Judith Park taugen eher als Gesprächsstoff, jedenfalls wenn ihr länger miteinander kommunizieren möchtet als: »Willst du mich, ja oder nein, kreuze an.«

▶ Denk bei der **Gestaltung deines Profils** an ein gutes Kinoplakat – ein mieses Poster kann dir die Lust auf den Film gründlich verderben. Schlechte Bilder, ein verwirrender Aufbau oder veraltete Infos sind absolute No-gos. Auch **das Hintergrundbild spricht eine eigene Sprache**. Ist es rosa und voller kleiner Herzen, ist das aufdringlich, selten stilvoll und wirkt außerdem eher infantil. Willst du das wirklich rüberbringen?

▶ »Man muss nicht unbedingt besser, aber auf jeden Fall anders als andere sein«, lautet eine der wichtigsten Marketingregeln. Das gilt auch für **Interessen und Hobbys**. »Freunde treffen, ins Kino gehen, Fernsehen«, das kann und will jeder. Verzichte also lieber gleich auf leere Worthülsen. **Ausgefallene Hobbys sind spannender**. »Halte mich liebend gern in Jazz-Kellern auf« oder »Räume in meiner Freizeit Gestrüpp von der Straße« klingt zwar etwas merkwürdig, bringt dir aber bestimmt einige Nachfragen ein. Zu viele freakige Dinge solltest du allerdings nicht in eine Reihe stellen, sonst giltst du schnell als verschroben.

▶ Keine Marketingkampagne, ohne dass man etwas über die Zielgruppe weiß. **Wen willst du mit deinem Profil ansprechen?** Wenn du gerne zu Hause Früchte im Ofen trocknest und auf regnerische Tage stehst, weil du da mit Musik und Kerzen den Tag verbummeln kannst, suchst du sicher keinen Partyhasen oder Weltenbummler als Lebenspartner. In diesem Fall ist von Fotos, die dich bei der Ausübung anstrengender Sportarten zeigen, abzuraten. Sie locken die falsche Zielgruppe an.

▶ **Sei du selbst.** Wenn du noch niemals in den Anden zum Trekking warst, macht das ja nichts. Wenn du das allerdings in deinem Profil behauptest, musst du damit rechnen, dass du von Kundigen oder Interessierten auf die genaue Reiseroute angesprochen wirst. Oder wenn du als Spinnenphobiker damit prahlst, du würdest gerne mal eine Tarantel mit der Hand aufziehen, könnte es sein, dass du echte Spinnenfreunde anlockst, die dir diesen Traum nur zu gerne erfüllen möchten. Und auch bei geringfügigeren Versprechern auf deiner Seite merkt dein Flirtpartner schnell, dass du in deinem Profil gemogelt hast. Wenn du im Internet wirklich die Liebe finden willst, musst du ihr auch die Gelegenheit bieten, dich kennenzulernen. Vertrau darauf, dass du genug zu bieten hast, um jemanden auf dich aufmerksam zu machen.

»Unser Denken hat sich entwickelt, um ziemlich spezifische Aufgaben zu lösen, wie einen Partner auszuwählen, Bären mit einem spitzen Stock zu töten und eine Mahlzeit zu kriegen, ohne eine zu werden.«

Terry Pratchett

2. Partnerscan. Bei der Suche nach echter Liebe hilft wie bei gutem Kaffee der richtige Filter

Sicher ist: Du sitzt an deinem Ende der Internetleitung und bist du selbst. Nicht sicher ist: Wer sitzt auf der anderen Seite vor dem Monitor? Jemanden kennenzulernen ist heute kein Problem mehr – ganz anders als früher, als man die eigene Fassade aufrüschen musste, um sie in der Disco der Allgemeinheit zu präsentieren. Heute genügen einige

Klicks in Netzwerken wie LOVE@LYCOS und Flirtkugel oder Singlebörsen wie Finya, Parship und neu.de. Bei Attraktivitätschecks auf Plattformen wie wiesiehstduaus.de, xxl-voten.de oder angesagter.de stellen sich Paarungswillige gerne dem öffentlichen Urteil per Eigenbild – schließlich will man ja wissen, was man bekommt. Der Haken an der Sache: In Chats und Börsen kommen wir zwar schnell zur Sache, doch wen wir da wirklich anmachen, erfahren wir erst später. Viel zu bereitwillig sagen Angehörige der Generation Doof »*knutsch* an meine super KnuddelMietze« zu jemandem, den sie kaum kennen. Liebe 2.0 ist erst mal eines: anonym – deshalb trauen sich viele von uns im Internet auch viel unverblümter an den Schnuckispeck als auf freier Wildbahn. Wenn dein Internetflirt auch in Realtime halten soll, was er verspricht, kann es nicht schaden, ihn genau zu scannen. Wenn er sich merkwürdig verhält, ist er mit großer Wahrscheinlichkeit einer der folgenden Kategorien zuzuordnen:

Virtueller Trickser

Dein Flirt ist nicht der, der er vorgibt zu sein. Statt einer achtzehnjährigen vollbusigen Blondine sitzt am anderen Ende der Verbindung ein kahlköpfiger Nymphomane mit Minipli-Brustbehaarung. Er schickt dir Bilder seiner Großnichte, und du chattest mit ihm ahnungslos darüber, was ihr bei einem Treffen alles anstellen könntet. Ähnlich peinsam: Statt des heißen Ashton-Kutcher-Lookalikes sitzt dein nerviger kleiner Bruder vor dem Rechner im Zimmer nebenan und lacht sich über deine unbeholfenen Flirtversuche seinen kleinen Ast ab.

Um dem Dilemma zu entgehen, solltest du möglichst bald mit ihm oder ihr telefonieren. Zumindest die Stimme deines Bruders solltest du dabei erkennen. Ob dein Date ein Psychopath ist, der sich seine Opfer im Internet sucht, findest du am besten in einer belebten Örtlichkeit heraus, wo du dich wenn nötig schnell absetzen oder auf die Scharfschützen auf den umliegenden Dächern verweisen kannst.

Der Schnelltipper

Dieser Typ macht einen Privatraum mit dir auf, kaum dass du einen vorsichtigen Fuß ins Forum gesetzt hast. Er entpuppt sich schnell als echter Abstauber und Loveshopper, noch ehe du sein Emoticon richtig unter die Lupe nehmen kannst. Meistens will er gar nicht genau wissen, wer du bist, solange du einige Grundeigenschaften erfüllst: Jung und unbedarft ist ihm lieber als ein altes Internethasi. Ob du in sein Beuteschema passt, hat er mit ein paar schnellen Tastenanschlägen aus dir herausgekitzelt. Mach den Privatchatraum also einfach wieder zu, wenn nicht auch du auf seiner imposanten Abschussliste landen willst. Er wird dir nie lange Liebes-Mails schreiben, denn er will nur eines: bei dir die Enter-Taste drücken.

Der Tastaturvollschleimer

Nachdem ihr euch im Chat oder in einer Online-Community kennengelernt habt, schreibt er dir E-Mails von der Länge eines ausgewachsenen Geschäftsberichts, die so einfühlsam und verständnisvoll wie ein Gespräch mit deiner besten Freundin sind. Wenn er dir dazu noch ein tolles Foto à la Dr. Macdreamy von sich schickt, sollte das bei dir Alarm auslösen. Seine Performance ist einfach zu perfekt, um echt zu sein. Im One-to-one-Kontakt könnte sich der Kerl als Netznerd entpuppen, der seit Jahren kein Tageslicht gesehen hat. Was du tun kannst, um herauszufinden, ob er dennoch zum Liebh@ber taugt: Nimm zum ersten Treffen eine Knoblauchzehe mit.

Die Windows-Fehlstarterin

Kann sich als annehmbarer Betthase entpuppen, wenn du ihr etwas Zeit gibst. Sie kriegt nichts gebacken, was Technik angeht, und verschwindet daher oft mitten im Chat von der Bildschirmfläche. Manchmal geht sie auch einfach so weg, weil Mutti »Essen kommen!« ruft. Aber mach dir nichts draus: Immerhin kann man beim ersten Treffen ja versuchen, gemeinsam abzustürzen.

Die L@szive
»Sei mein Loverboy«, flüstert sie dir durch das Chatraumgeseiber hindurch zu. Diese Frau kennt keine Hemmungen, schickt dir überirdisch schöne Fotos und gibt dir sofort ihre Handynummer, um dir Lieblichkeiten ins Ohr zu säuseln. Das allein sollte dich misstrauisch machen. Wenn du auf deine SMS nur ausweichende Antworten erhältst und deine nächste Telefonrechnung nach sehr realer Vergeltung schreit, dann weißt du, dass diese Frau im Postleitzahlenbereich 0190 wohnt.

Die Heimliche
Sie ist süß, schreibt sehr unregelmäßig und versichert dir schon in der ersten Mail unaufgefordert, dass sie volljährig ist. Wenn du dich mit ihr treffen willst, reagiert sie zurückhaltend, aber woran das liegt, weißt du erst, wenn ihr Vater dir eine E-Mail schreibt, die mit der Anrede »Sie Perversling!« beginnt, darüber hinaus die Aufforderung »Dreckige Finger weg!« und einen nicht sehr dezenten Hinweis auf Jugendschutz und den Familienanwalt enthält.

Was du noch tun solltest, bevor dein Herz endgültig entflammt:
Location abchecken. Wie weit seid ihr voneinander entfernt? Es mag zwar im Überschwang der Gefühle bedeutungslos erscheinen, aber die Realität ist so konstruiert, dass jeder trennende Kilometer ein Treffen in der Realität erschwert und es darüber hinaus auch finanziell zu einem Wagnis macht, die Beziehung einer Standprobe auszusetzen. Sie ist aus

Wilhelmshaven, du aus Laichlingen? Das ist sicher gut, um kulturelle Befindlichkeiten auszutauschen, aber nur eine beschränkt gute Voraussetzung für eine längerfristige Beziehung. Am besten steuerst du gleich lokale Chats an und suchst dir jemanden, der aus derselben Gegend kommt wie du. Wenn es sich partout nicht vermeiden lässt, müssen auf dem nächsten Geburtstagstisch eben ein Fernbeziehungsratgeber und eine Bahncard liegen.

Gezielt ins Netz gehen. Welche Singleseite die richtige für dich ist, kannst du auf Datingdschungle.de herausfinden. Senioren, Heiratswillige, Blinddater, Blindfische, Seitenspringer, Schwule und Lesben sowie Gläubige finden hier die Adresse, auf der sie der Partnersuche im geeigneten Biotop nachgehen können. Und für den Realitätscheck gibt es noch ein Team aus Datern, die im Blogverfahren ihre ganz persönlichen Erkenntnisse mit den Datingseiten schildern.

3. Der Analogflirt. Wo schenkt man dir ein Lächeln, wenn es im Internet nicht klappt?

Die Generation Doof möchte alles von zu Hause aus erleben. Deswegen kommt es uns sehr entgegen, dass die Liebe nun auch aus der 16 000-Bit-Leitung kommt. Aber was tun, wenn wir uns mal nicht auf diese Weise bei jemandem einloggen können? Immerhin sind wir die menschliche Masche nicht mehr gewohnt und präsentieren uns inzwischen lieber als Avatar und Avatrine wie beim venezianischen Maskenball. Hier findest du einige Tipps zum Analogflirt. Keine Angst: Jemandem gegenüberzusitzen – das kann auch viel Schönes haben!

Die Singleparty. Wird meistens von Radiosendern Marke Billigantenne Zuffenhausen ausgerichtet, die das Zweitbeste der Achtziger, Neunziger und des neuen Jahrtausends spielen. Achte auf Plakate, die mit klangvollen Namen wie »Heartbreaker's Ball« oder »Seitensprung- und Singleparty« werben. Eines oder mehrere der folgenden Features sollten all inclusive sein: Herzaufkleber, SMS-Liebespost, Foto-Kontakt-Anzeigen, hilfreiche Liebespostboten und Chiffrenummern, Kontaktanzeigenwand und Begrüßungssekt für die Ladys. Du bist hier richtig, wenn du rein gar nichts mehr zu verlieren hast. Meisterzählte Lüge des Abends: »Ich begleite nur eine Freundin.«

Der gute alte Kneipenflirt. Damals, als durchgemachte Wochenenden noch zum guten Ton gehörten, Kneipen selbstverständlich verraucht und Bryan Adams noch nicht für eine singende Levis-Hose gehalten wurde, suchten wir unseren Lebenspartner noch in verqualmten Spelunken. Am Morgen waren die Klamotten stinkig, der Kopf vernebelt und die Gefühle in Aufruhr. Warum sollte das heute nicht auch noch gehen? Mach das Experiment, und zieh mal wieder um die Häuser! Seitdem Rauchen öffentlich geächtet wird, lohnt sich der Kneipenausflug auch biologisch wieder – man kann seinen Flirtpartner endlich wieder riechen. Warum das wichtig ist, erklärt der Biologe Dr. Mark Benecke: »Der Geruchssinn sorgt dafür, dass sich nur Menschen miteinander fortpflanzen, die genetisch verschieden genug sind. Andernfalls würden wir am Ende alle gleich aussehen, gleich denken und gleich reden, was der Evolution nicht gefällt: Diversität rulez!«

TV-Show. Du bist Teil einer Generation, die ihr Glück im Fernsehen sucht. Warum also nicht kleckern, sondern glotzen, wenn es um die Liebe geht? Gib bei Google die Stichwörter »TV-Show sucht Gäste« ein, und flugs erscheinen eine Reihe Links, auf denen Fernsehsender verzweifelt nach dem Inventar für ihre Low-Brain-Produktionen suchen. Die Formate *Nur die Liebe zählt* oder *Bauer sucht Frau* sind bekannt – und wenn du Glück hast, entwickelt gerade jemand eine Show mit dem klangvollen Titel *Flug ins Glück*, bei der Wagemutige auf einer Weltreise in zehn Tagen herausfinden können, ob sie zueinanderpassen. Im schlechtesten Fall landest du bei einer drittklassigen Talkshow, aber selbst dort sollten Reisekosten und Übernachtung inklusive sein, sonst ist es wirklich doof gelaufen.

Speed-Dating und Dinnerflirt. Für den Versuchsaufbau benötigst du das Internet, aber nur kurz. Denn um dich bei Meetya,

Jumpingdinner oder Speed-Dating anzumelden, genügen ein paar Klicks, danach soll es ohne Kasten in die Kiste gehen. Das Suchen erledigen die Networker gegen einen Obulus, dann kommt es beim Kochen, Kennenlernen und Partyevent darauf an, wie gut du dich live präsentierst. Sei es beim Essen oder beim schnellen Gespräch, du musst nichts weiter tun, als zu zahlen und nett zu sein.

Robert Regn von Dinner-flirt.de hat Verständnis, wenn jemand nicht lange suchen will: »Wenn ich vom Job geschlaucht bin, ist es anders kaum machbar, wenn ich jemanden kennenlernen möchte«, sagt er. »Die moderne Welt verlangt einem eben viel ab. Speed-Dating ist der direkte Weg – *what you see is what you get!*«

Die Tragik des modernen Menschen
ist nicht, dass er immer weniger
über den Sinn des eigenen Lebens weiß,
sondern dass ihn das
immer weniger stört.

Václav Havel

Und wenn das alles nichts nützt: Lass dich einfach mal von einer Freundin zum Blind Date mit einem Bekannten verkuppeln oder such dir ein Hobby, bei dem du auf jeden Fall vielen Menschen vom anderen Geschlecht begegnen wirst. Es muss ja nicht gleich ein Origami-Seminar, ein Besuch am Boxring oder der Töpferkurs für Frauen in der Toskana sein. Der Besuch einer kölschen Kneipe zu Karneval (nichts für Klaustrophobiker, Hygienefreaks und Fremdknutschallergiker) oder eine Runde Einlochen mit Papas privatem Golflehrer wirken manchmal auch bei scheinbar hoffnungslosen Fällen Wunder.

Schritt zwei: Bequatschen

4. The real deal. Vom Chat ins Separee in drei einfachen Schritten

Der heiße Draht zu telefonschnittchen78 oder dark_angel hat dich zum Glühen gebracht. Du möchtest mit dieser Person ins Separee, egal ob virtuell oder in ein reales Einzelzimmer.

Tipp Nummer eins. Du hast den Chat gerade betreten und willst gleich richtig loslegen. Was schreibst du, um nicht gleich weggeklickt zu werden? Es hilft, wenn du die anderen Chatter mit Namen ansprichst. Also nicht »Hier schon wer länger da?«, sondern »Hey acerola83, alte Flatratte!« Nimm deinen Chatpartner mit Humor. Witz und Aufrichtigkeit sind laut Deutschlands einzigem Berufsflirter und Autor des Bestsellers *Das Geheimnis des perfekten Flirts,* Phillip von Senftleben, im Verein die beste Mischung. Aufrichtig ist vor allem das, was von Herzen kommt, nicht aus der Hose. Wenn du also dark_angel ansprichst, dann frag nicht: »Wolln wir im Dunkeln angeln gehen – allein?«, sondern »Hallo dark_angel, willst du mal Licht sehen? Ich hab's schon mal angemacht: im Privatchatraum.«

Phillip von Senftleben

Das funktioniert, weil es dich und den Chatpartner verbindet und euch zu etwas ganz Besonderem macht. Die direkte Ansprache wirkt aphrodisierend, weil der Flirtpartner sich in seinem Wesen als etwas Besonderes wahrgenommen fühlt.

Tipp Nummer zwei. Nach ein paar Bahnen im Chat-Pool ist dir klar: Du willst Verkehrschaos. Und zwar eines, in dem der Verkehr *im* Auto stattfindet. Okay, das ist ein ernstes Anliegen. Aber das als Erstes anzusprechen ist keine gute Idee. »Kommst du zu mir, soll ich zu dir kommen, oder kommen wir gleich gemeinsam?« – das ist nur in wenigen Fällen eine gute Idee. Kaschiere dein Anliegen und verteile lieber virtuelle Blümchen, statt auf das Gegenteil von Blümchensex zu hoffen.

Phillip von Senftleben

Vollkommen richtig: Wortspiele mit dem Verb »kommen« sind verboten, weil sie unfassbar abgedroschen sind. Man gewinnt immer dann, wenn man die Fantasie des anderen anregt und Bilder in seinem Kopf entstehen lässt. Das Unausgesprochene ist das Spannende.

Tipp Nummer drei. Du bist schon mit einer Person ins Gespräch vertieft. Jetzt ist es wesentlich, dass du dich für dein Gegenüber interessierst. Ein oder zwei allgemeine Fragen zur Befindlichkeit, dem Ort oder der familiären Situation haben noch keinem geschadet. Wenn du auf eine Antwort mal nachfragst, ist die Chance groß, dass dein Gegenüber dir das als Plus auslegt.

Phillip von Senftleben

Genau: Empathie ist gefragt! Was will der andere jetzt am liebsten? Richtig, etwas von sich erzählen. Eleganter als eine Frage wie aus einem Verhör ist immer eine witzige Unterstellung: »Du wohnst also noch zu Hause und deine Mami bringt dir jeden Morgen das Frühstück ans Bett.«

Tipp Nummer vier. Ihr wollt euch zu einem Treffen im Real Life verabreden. Jetzt musst du deinen potenziellen Partner noch durch einige SMS anregen, dir wohlgesinnt zu sein. Hier kann sich das Handy als dein bester Freund, aber auch als eine der größten Flirtfallen entpuppen. Zu viele SMS vor und nach dem ersten Date werden vom Objekt der Begierde schnell als Stalking ausgelegt. »Sag mal – waren wir als Kinder nicht auf verschiedenen Schulen?«, kann gut sein, wenn der andere Handybesitzer Humor besitzt.

Weniger vorteilhaft ist ein dreister Spruch wie »Ich bin ein hervorragender Koch. Am besten kann ich Frühstück im Bett.« Vor allem dann, wenn es bereits der zehnte Spruch in dieser Richtung ist. Auch mit SMS-Romanen solltest du dich zurückhalten. Das merkst du daran, wenn dein Handy sagt: »Nachricht senden 1/6«. Bleibe zurückhaltend, und schreibe nicht eine Nachricht nach der anderen, sondern immer nur dann, wenn dein SMS-Partner zurückgeschrieben hat.

Phillip von Senftleben

SMS sind großartig! Beim Absenden sollte auch der Zeitabstand gespiegelt werden: Schreibt er/sie erst nach vier Stunden zurück, sollte man sich genauso viel Zeit lassen. Und niemals, niemals (!) mit »LG« unterschreiben. Das ist die Abkürzung für »LanGweiler«.

Tipp Nummer fünf. Bist auch du allzeit bereit am Telefon? Oder weißt du nie, wann es an der Zeit ist, mit anzüglichen Anspielungen anzufangen? Eigentlich sollte eins das andere ergeben. Das heißt, ein leicht flirtiger Unterton sollte schon da sein, damit man eine Anspielung auf das sexy Gestell des anderen machen darf.

Phillip von Senftleben

Richtig! Als Mann niemals mit sexuellen Anspielungen beginnen! Aber: die Anspielung einer Frau sofort parieren. Und zwar mit dem Unterton sanfter Begeisterung.

Tipp Nummer sechs. Dir gehen die Ideen aus? Selbermachen ist besser, weil es weniger abgeschrieben klingt. Lieber was Unoriginelles, als ständig Sprüche von Internetzitatseiten zu reißen. Das wirkt authentischer – und wenn hier wer gemocht werden soll, dann doch du, und nicht irgendein Fuzzi, der Sprüche sammelt.

Phillip von Senftleben

So ist es! Es ist absolut verboten, Sprüche zu klauen, es sei denn, man zitiert sie, um sich darüber lustig zu machen. Ein simples, herzzerreißend aufrichtiges »Ich mag dich« ist 40 000 Mal wirkungsvoller als »Im Himmel fehlt ein Engel« oder ähnliche Billigst-Lyrik.

Wenn du weitere Tipps für deinen Flirt brauchst, schau mal bei Phillip vorbei: www.der-flirter.de

Bevor es ernst wird

Schreiben. Eine E-Mail sollte vor allem eines: lesbar sein. Dabei können Punkt und Komma sowie die gute alte Groß- und Kleinschreibung entscheidend helfen. Nett ist auch eine Anrede statt gleich in die Tastatur reinzublöken, und eine Grußformel für den Abschied gibt dir darüber hinaus auch die Möglichkeit, deinen Flirt ein wenig zu verstärken. Der kleine Unterschied zwischen »Tschö, Sigismund!« und »Ganz liebe Grüße! Schlaf gut, bis morgen, freu mich schon, Jeanine!« sind nicht nur ein paar Wörter, sondern auch ein Gefühl der Zuneigung, das zwischen den Wörtern hängen bleibt und dafür sorgt, deiner Mail ein wenig Persönlichkeit einzuhauchen. Zu nackte oder anzügliche Kommentare, Wimmelbilder aus Emoticons und unverständliche, satzzeichenbefreite Ausdrucksformen tragen nicht zum Verständnis der Geschlechter bei!

Nicht schreiben. Absolute No-gos sind Fragen nach körperlichen Unzulänglichkeiten. (Dazu gehört auch der Kontostand.) Unsere Freundin Ines berichtet immer noch mit Kopfschütteln von einem ersten Anlauf per Mail, in dem der eifrige Anwärter auf ihre Gunst wissen wollte: »Hast du Cellulite? Und wenn ja, wo?« Besonders unverschämt fand sie es, dass er dann noch mal nachhakte, als sie sich nicht befleißigt fühlte, ihm zu antworten.

5. Funkloch?! Wie dein Partner versteht, was du sagen willst, ohne dass du viele Worte machst

Es ist vollbracht. Nach mühevoller Überzeugungsarbeit, langen Chats und Telefonaten ist der große Moment endlich gekommen: Du sitzt deinem Flirt live und in Farbe gegenüber. Doch merkwürdig: Der heiße Draht, den ihr übers Netz eindeutig zueinander hattet, kühlt unter realen Bedingungen schnell ab. Du hast deine besten Komplimente ausgepackt, und mit den Ideen, was man alles zusammen machen könnte, könntest du einen ganzen Freizeitpark bestücken. Doch plötzlich wirft die heiße Schnitte das Handtuch und verkündet entschlossen: »Ich will nichts von dir, kapier das doch endlich!« Schon mal gehört?

Vielleicht ist es dir auch schon mal umgekehrt passiert: Du hast dich redlich bemüht, dem Gegenüber deine Abneigung kundzutun, doch das Objekt deiner Begierde versteht dich einfach nicht. Dabei hast du doch Eindeutiges gefunkt. Irgendwie ist er jedoch zufällig gerade nicht auf Empfang gewesen.

Woher kommt das Funkloch zwischen euch – redet ihr auf unterschiedlichen Wellenlängen? Keine Bange, es ist eigentlich ganz natürlich. Liebe und Partnerschaft sind das größte Gesellschaftsspiel der Welt, und das schon seit vielen Jahrtausenden. Das besondere Problem unserer Generation ist, dass uns durch die ungefilterte Kommunikationsflut das gewisse Einfühlungsvermögen abhandengekommen ist. Wir mögen es gerne schnell und praktisch, finden aber nur noch selten die richtigen Worte – SMS, E-Mail, Chat und Instant Messaging haben uns die Sprache verschlagen. Beim virtuellen Sprachverkehr haben wir die Zwischentöne verlernt – sowohl beim Hören als auch beim Sprechen. Dein Gegenüber sagt vielleicht: »Ich mag dich.« Du verstehst: »Ich habe sexuellen Notstand.«

Dabei könnte schon ein flüchtiger Blick auf die Körpersprache so manchem Missverständnis vorbeugen. Der Psychologe Andrew Clark von der Universität Bristol hat in Tests herausgefunden, dass es beim Flirten nicht auf das gesprochene Wort ankommt. Wir überzeugen nämlich nicht mit dem, *was* wir sagen, sondern *wie* wir es sagen. Und dabei hat deine Haltung und Mimik eine ganze Menge mitzureden. Eine kleine Hilfe: Wenn du die folgenden Signale richtig interpretierst, kannst du emotionale Kollateralschäden vermeiden.

▶ Sie sitzt mit **verschränkten Armen und übereinandergeschlagenen Beinen** vor dir, macht ein Gesicht, als könnte sie mit dem Hintern Nüsse knacken (vor allem deine). Außerdem findet sie immer einen guten Grund, warum sie keine Zeit für das Vollbespaßungsprogramm hat, das du vorschlägst. Du willst mit ihr Joggen gehen – sie ist bestimmt Asthmatikerin. Du möchtest ins Kino, sie ist plötzlich blind. Fazit: *She loves you not!*

▶ **Sie berührt dich** während des Flirtens öfters flüchtig und hält immer **Blickkontakt** mit dir. Ihre Körperhaltung ist locker und offen. Sie sieht dich leicht verträumt an, während du erzählst. Das und ihr **leicht geneigtes Köpfchen** (die typische Wellensittich-Haltung) verraten dir, dass ihre Aufmerksamkeit auch dann ganz dir gehören würde, wenn neben euch ein Meteorit den Reichstag planiert. Die Körpersprache ist mehr als eindeutig: *She's interested!*

▶ Er **antwortet nur einsilbig** mit »ja, ja«, lässt seinen **Blick im Raum umherschweifen**, in Gedanken ganz beim aktuellen Bundesligaspieltag oder auf der Suche nach anderen interessanteren Gesprächspartnern. Er trinkt sein Bier schneller aus als ein Elefant ein Wasserloch. Wie ein menschlicher Dickhäuter sitzt er auch auf dem Stuhl: breitbeinig, Hände in den Hosentaschen. Eindeutiger geht's nicht: *Get lost!*

▶ Er **sitzt aufrecht und entspannt** im Stuhl, **lehnt sich zu dir hinüber** und hält den Zeigefinger an die Wange oder die Finger ans Kinn. Es sieht ein wenig affig aus, aber wenn du ihn magst, wirst du das verzeihen. Immerhin: Er bemüht sich um Gelassenheit, die er gar nicht hat. Das kann für dich die Startrampe sein. Schenk ihm ein **sanftes Lächeln** mit geschlossenem Mund und zeig ihm deine **geöffneten Handflächen**. Beides bedeutet Hinwendung und Offenheit. Damit machst du den eindeutigen Schritt: *Come closer, Baby!*

SCHRITT DREI: Begatten

6. Generation Porno – Die größten Missverständnisse über Liebe & Sex

Es ist so weit! Du hast dich mit dem scharfen Gerät verabredet und freust dich auf einen romantischen Abend, der optimalerweise zwischen den Bettlaken sein krönendes Finale finden sollte. Das sieht der Mann deines Herzens genauso, doch zu deiner Überraschung hat er seine zwei besten Kumpel mitgebracht, die auch gerne mitspielen wollen. Außerdem stellt ihr fest, dass eure Fantasien noch an anderen Punkten keine gemeinsame Schnittmenge haben: Er kennt das Kamasutra auswendig und alle Teile von »Best of Dolly Buster« noch dazu – ohne Liebesschaukel und eingesprungenen Rittberger bleibt das Ding in seiner Hose eine Milchschnitte. Wahre Liebe hattest du dir anders vorgestellt? Willkommen im Swinger-Club Deutschland!

»Ich bin für mehr Sex – mehr Schweinereien, keine Tabus. Ich glaube, dass es vom echten Sex, dem Sex, der riecht und schmeckt und schmutzige Geräusche macht, nie genug geben kann.«

Charlotte Roche

In der Generation Doof steckt eben auch ein wenig Generation Porno. Und die weiß nicht so recht, wo der Unterschied zwischen Sex, Hardcore und Liebe ist. Das ist zumindest das Ergebnis der Sexstudie des Kinderhilfsprojekts »Die Arche«, das die Autoren Bernd Siggelkow und Wolfgang Büscher in dem Buch *Deutschlands sexuelle Tragödie* verewigt haben. Ihr Fazit: Wir haben immer ungezügelter Sex, und dabei lernen viele nicht mehr, was Liebe eigentlich ist. »Im Schnitt haben Mädchen zwischen elf und zwölf Jahren ihren ersten Verkehr, Jungen ein Jahr später. Aufklärung findet in der Regel über Pornos statt. Den Kindern wird ein völlig herzloses Bild von Sexualität vermittelt«, so die Autoren. Frei zugängliche Pornos im Internet und auf Handys verrohen unsere Wahrnehmung und suggerieren nicht selten, dass nur erniedrigende Sexpraktiken Frauen Befriedigung verschaffen.

Die Frage ist also: Wie Porno bist du? Damit der schönste Moment zu zweit nicht zur Dienstleistung oder zum Berufsverkehr zwischen dir und deinem Partner wird, solltest du wissen, was sie oder er wirklich will, und du solltest auch deine eigenen Wünsche kennen. Suchen Männer zwangsläufig das Weite, wenn sie nicht bekommen, was sie wollen? Ist die Zustellung durch die Hintertür tatsächlich der heimliche Wunsch aller Frauen? Und war es nur dann so richtig gut, wenn sie deinen Lollypop vernascht hat? Überraschende Antworten bringt ein Gespräch mit dem Partner.

Was du über sie wissen solltest:

▶ Sie steht nur mit fünfzigprozentiger Wahrscheinlichkeit auf gefühlloses Gerangel. Wahrscheinlich steht sie nicht auf: Deep Throat, Anal, Gangbang, Sex mit Taschenlampen, Cola-Flaschen, Bananen oder Fernbedienungen, Bukkake, Earshot, Eyeshot, Faceshot, Mouthshot, Noseshot, Hairshot. Für nähere Erklärungen steht dir Fickipedia zur Verfügung.

▶ Geht gar nicht: Als geruchsintensiv zu bewertende Socken erst im Bett ausziehen, Fußbekleidung anlassen, Achselschweiß-orgien, Mundgeruchattacken und kleine Freunde, die lange nicht in der Waschanlage waren. Als Gefühlskiller gelten immer noch heimliche oder halböffentliche laute Entlüftungsaktionen.

▶ Was sie erwartet, ist eigentlich ganz einfach: Zärtlichkeit und Einfallsreichtum. Schnödes Rein und Raus und das immer in der gleichen Stellung in der fünf Minuten Werbepause katapultiert dich nicht in die erste Begattungsliga!

Was du über ihn wissen solltest:

▶ Wenn dir gleich drei Jungs auf einmal ihre Liebe beweisen wollen, ist es mit Letzterer unter Garantie nicht weit her.

▶ Abstrahieren können ist eine Schlüsseleigenschaft. Halte Alternativvorschläge bereit. Wenn er dich wirklich liebt, wird er auf obskure Sex-Praktiken verzichten, ohne gleich fluchtartig den Raum zu verlassen.

▶ Was er nicht prickelnd findet: Wenn seine Herzdame in der Mumien-Position ruhig daliegt und Geduld beweist, bis alles vorbei ist. Und das auch noch am besten bei ausgeschaltetem Licht unter der Bettdecke.

▶ Was ihn anmacht: Wenn du die Initiative ergreifst und sagst, wo es langgeht – das hat eine Umfrage von Bild der Frau ergeben. Danach würden sich auch zwei Drittel nach wie vor über den guten alten Blowjob freuen. Außerdem liebt er Abwechslung bei der Lokalität – öfter mal was Neues!

Schritt vier: Behalten

7. The Gift of Love. Liebe verschenken, ohne dass einer tot umfällt

Es ist Zeit für ein Geschenk. Dein Freund oder deine Freundin, die nette Vegetarierin aus der Firmenkantine oder der Typ aus dem Comic-Shop mit der kuscheligen Batwäsche hat Geburtstag. Vielleicht möchtest du deinem Lebenspartner auch einfach nur deine Liebe beweisen? Klingt altmodisch, soll aber in den besten Familien vorkommen. So oder so: Es muss etwas her, was ihr oder ihm so richtig Freude macht. Das ist nämlich ein guter Weg, um a) sich wieder in Erinnerung zu bringen, wenn man für den anderen schon mit dem Muster der Tapete verschwimmt, b) Mitwirkender eines romantischen und/oder sexuell belebenden Moments zu werden oder c) sich einfach beliebt zu machen. Die Bedingung: Der Beschenkte sollte möglichst den Eindruck haben, dass die Opfergabe von Herzen kommt.

Und da liegt das Problem. Ihm einfach die neue *Booom 2009 – The First* zu schenken, die er sich sonst selbst kaufen würde? Nein, das ist dir zu simpel, zu seelenlos für den liebsten Menschen in deinem Leben. Eine gute Freundin von uns glaubte, einen Ausweg aus der Zwickmühle gefunden zu haben: Sie schenkte ihrem Freund einfach die Karaokemaschine, die sie sich selbst schon immer gewünscht hatte. Die erhoffte Freudenarie blieb leider aus. Die Maschine landete neben dem Popcorn-Automaten und dem Gesichtssolarium mit Farbwechselspiel im Einbauschrank. Was hatte sie falsch gemacht?

Sagen wir es ganz offen: Wir meinen es eigentlich gut, werden aber stets missverstanden. Wir wollen unser Bestes verschenken, unsere Liebe. Doch was unser Partner will und womit wir ihm wirklich Freude bereiten, das wissen wir nicht, und es erscheint uns auch sehr mühsam, das herauszufinden. Daher sind wir dankbar für Geschenkartikel wie flauschige Stoffmäuse oder hässliche Kaffeebecher mit Herzen drauf. Sie gaukeln uns vor, dass wir etwas mit Liebe schenken – denn wo Liebe draufsteht, ist doch auch Liebe drin, oder? Weil noch keiner Diddl den Gnadenschuss gegeben hat, greifen wir viel öfter zum Portemonnaie als zum Zeichenstift oder Bastelmaterial. Echte Überraschungen oder Liebesbeweise, die feuchten Auges entgegengenommen werden, gelingen auf diese Art selten.

Wenn du geschickte Geschenke machen möchtest, gibt es eine Grundregel: Das Geschenk muss zum Beschenkten passen. Fährst du irgendeinen Plunder auf, mit dem dein Partner nichts anfangen kann, wird er auch nicht glauben, dass es mit deiner Liebe besonders weit her ist. Wenn du dich wirklich für den anderen interessierst, dann weißt du, was ihn bewegt und was nicht.

Allen Anfänger-Schenkern sei gesagt: Die meisten Liebespartner freuen sich erwiesenermaßen eher über einen gedankenvoll gebastelten Wegwerfartikel als über einen gedankenlos gekauften.

Wer zwei linke Hände hat, sei entschuldigt. Er darf ruhig mal etwas kaufen, sollte dann aber überlegen, was dem Partner wirklich gefällt. Vielleicht hilft dir dabei eine Umfrage der Gesellschaft für

Konsumforschung (GfK). Die hat nämlich Leute gefragt, was sie sich kaufen würden, wenn sie tausend Euro einfach so geschenkt bekämen. Urlaub und Accessoires zum Anziehen, Ausziehen oder Einschalten lagen ganz vorn. Einer der Renner war auch Essen – vermutlich eher ein schönes Abendessen beim Lieblingsitaliener als Dosenravioli. Mit diesen Dingen kann man den meisten Leuten eine Freude machen und deinem Partner sicherlich auch.

Wenn du ernsthaft in den Geschenke-Zirkus einsteigen willst, kannst du dich zunächst auf deine Beobachtungsgabe und nostalgische Erinnerungen verlassen: Das orangefarbene T-Shirt mit Zwiebackwerbung aus den Siebzigern, das deine Freundin irgendwo bewundert hat, ein Falafel-Sandwich beim Imbiss um die Ecke, wo ihr euch das erste Mal einen Sesamsaucen-Kuss gegeben habt, oder das romantische Zeltwochenende am Meer, das ihr schon lange mal machen wolltet.

Was gerne gesehen ist, kannst du auch herausfinden, wenn du dein Gegenüber so intensiv beobachtest wie einige Konzerne allem Anschein nach ihre Mitarbeiter. Viele Damen lassen durchaus mal ein paar Andeutungen fallen, wenn sie sich einen Diamantring zu Weihnachten wünschen.

Wenn dir partout keine eigene Idee kommt, findest du kleine Aufmerksamkeiten für beide Geschlechter auf vielen Internetseiten wie www.geschenke-wegweiser.de.

Hast du diese ersten Hürden erfolgreich gemeistert, kannst du einen Gang raufschalten. Für Profi-Schenker: drei Ideen, die sie in Entzücken versetzen, und drei Ideen, die ihn zum Rasen bringen.

Für sie

1 Frauen sind Teilzeitmaterielle. Sie mögen Selbstgebasteltes, Selbstgetextetes, Selbstgesummtes (ist von der Natur so vorgegeben, damit sie sich später auch über die ersten Zeichen- und Bastelunfälle ihrer Kinder freuen) – aber manchmal auch teu-

ren Schmuck oder etwas Exklusivität. Lies ihre Zeitschriften und beachte, welche Seiten tränenfleckig sind oder Eselsohren haben. Einen guten Tipp kann auch ihre beste Freundin oder ihre Mutter geben.

2 Schenk ihr einen Abend lang deine ganze Aufmerksamkeit. Du musst dir dann zwar sämtliche Konflikte mit ihren Freundinnen wirklich anhören, anstatt nur darüber zu lästern, aber hinterher wird sie dir viel gewogener sein als vorher. Funktioniert garantiert!

3 Schenk ihr eine Sache, vor der sie lange steht und überlegt, ob sie sich das wohl leisten sollte. Das kann ein Anhänger für ihr Bettelarmband sein oder ein Glas Senf im Urlaub in Dijon. Fast alle Frauen haben Momente, in denen Sparsamkeit und Wunschdenken in den Ring steigen – meist gewinnt die Sparsamkeit. Wenn sie dir die tollen neuen Schuhe mit den Megaabsätzen verdankt, kannst du dir sicher sein, dass sie nichts dagegen hat, wenn du diese mal vor dem Straßeneinsatz mit ihr austesten möchtest. Möglichst im Bett und bei Kerzenlicht und Prosecco.

Für ihn

1 Schenk ihm einen Gutschein fürs Kartfahren mit seinen besten Kumpeln, stell dich im Bikini an den Streckenrand und juble ihm zu, wenn er vor dir in die Bande kracht. Wenn du für dein bestes Stück mehr Geld anlegen willst, kannst du ihm auch einen Abenteuertrip mit Adrenalin-Garantie schenken, bei dem er sich wie ein ganzer Kerl fühlen kann: ein Flug im Kampfjet, Fallschirmspringen, Baggerfahren, ein Tag als Stuntman oder einen Formel-1-Schnupperkurs. Die Planung des perfekten Eventgeschenks wird durch zahlreiche Shops im Internet zum Online-Spaziergang.

2 Wenn du deinen Freund richtig kennenlernen willst, hilft nur eine Methode: Clustering. Keine Angst, das ist kein Schweinkram. Schreib den Namen deines Liebsten mittig auf ein leeres Blatt. Bitte ihn, seine Lieblingsbeschäftigungen um seinen Namen herum zu schreiben: Hobbys, Vorlieben, Fernsehsendungen, Freizeitbeschäftigungen und und und. So kommen dir schon bald jede Menge Ideen, über die er sich garantiert freut – versprochen. Ein Beispiel? Er ist Fußballfan und liebt seine Spreewalder Kicker. Eine Mitgliedschaft in seinem Verein für ein Jahr bringt meist Freikarten und andere Vorteile mit sich!

3 Lass ihm seine Freiheit, und schenk ihm Zeit für ein Wochenende mit seinen besten Freunden. Er wird zwar verdreckt und verkatert zurückkommen, aber nicht minder glücklich. Große Jungs brauchen das – sie müssen hin und wieder zusammen im Sandkasten spielen, um sich gegenseitig zu versichern, dass sie auch tatsächlich Männer sind.

8. Gemeinsam einsam. Was tun, wenn eurer Freizeit die Luft ausgeht?

Miriam wollte eigentlich mit ihrem Freund Jan Essen gehen, dann ins Kino und danach noch auf einen Absacker in ihre Lieblingskneipe. Stattdessen sitzt sie allein vor dem Fernseher und sieht sich zum zehnten Mal *Was Frauen wollen* an. Aus Jans »Arbeitszimmer« erklingt derweil Motorengeräusch und Reifenquietschen – er ist auf einer virtuellen Rennstrecke unterwegs. Es ist Jans Dankeschön für den letzten Samstag: Da musste er mit Miriam und ihren Freundinnen *Carcassonne* spielen – bisher die fünf langweiligsten Stunden seines Lebens. Ein Fest für Miriam, eine Tortur für ihn.

Das kommt dir vage bekannt vor? Dann hat eure Beziehung ein Freizeitloch. Ihr verbringt selten noch Zeit miteinander, die ihr auch wirklich genießt. Die Freizeit ist zur Pflichtübung geworden.

Ein typisches Problem der Generation Doof. Wir sind bequem und hängen am liebsten vor der Unterhaltungselektronik ab. Das wirkt sich auch auf unsere Partnerschaft aus: Viel zu oft kommst du dir in deiner Lebensgemeinschaft vor wie ein Goldfisch, den jemand nur zufällig mit einem anderen in das gleiche Glas geworfen hat. Wie es euch gelingen soll, wieder zu einem Paar zu werden? Sechs Tipps für Quality-Time:

▶ **I can't live, if living is without you.** Wenn ihr Zeit miteinander verbringt, dann solltet ihr das auch merken. Zeiten vor dem Fernseher oder dem DVD-Player und Phasen, in denen beide in einem Raum, aber jeder mit seinem Rechner im Internet ist, zählen nicht als gemeinsame Unternehmung.

▶ **With or without you.** Akzeptiert, dass ihr nicht alles zusammen machen könnt. Sie geht gerne in die Kneipe, er mag kuschelige Abende vor dem Fernseher – sie liebt Computerspiele, er tränenreiche Verfilmungen von Jane-Austen-Romanen. Manchmal muss man sich eben trennen, wenigstens vorübergehend. Aber nicht an allen Tagen. Eine Lösung könnte sein, dass ihr gemeinsam einen Zoo aufsucht, vor allem, wenn ihr euch wegen des Wohnsitzes Großstadt keinen Alligator halten könnt.

Ideen könnt ihr euch ansonsten auch im Internet auf Seiten wie www.gidf.de/tolle_freizeittipps abholen.

▶ **The simple things.** Ihr solltet einfach etwas zusammen machen, das a) keinen von euch beiden langweilt, b) euch unterhält und euch mit ein bisschen Glück c) zusammenbringt. Für Ausflüge in die nähere Umgebung gibt es beispielsweise an

Tankstellen Freizeitkarten, die euch die Wunder von Ostfriesland oder die krassesten Sachen in und um Ulm zeigen. Miteinander reden hilft beim Herausfinden der gemeinsamen Vorlieben schon entscheidend. Vielleicht stellt ihr dabei überraschend fest, dass ihr sogar eine oder mehrere Leidenschaften teilt.

▶ **Nur zesamme simmer stark FC Kölle.** Die Vorschläge für gemeinsame Unternehmungen sollten nicht nur von einem von euch kommen, damit der andere dann ablehnen oder zusagen kann. Am besten, ihr überlegt gemeinsam, was ihr am Anfang eurer Beziehung – außer Sex – noch gemacht habt. Vielleicht habt ihr tatsächlich ein gemeinsames Interesse oder geht einfach gerne mal raus. Zusammen einzukaufen, dann etwas zu kochen (geht auch mit Fertigpizza) und danach tanzen zu gehen kann auch eine Möglichkeit sein.

▶ **This is how we do it.** Schafft euch kleine Rituale, zum Beispiel spazieren gehen und vorher schätzen, wie viele gepiercte Leute ihr wohl treffen werdet. Wer gewonnen hat, bekommt zu Hause eine Belohnung.

▶ **Toy boy.** Wenn Sex wirklich euer einziger gemeinsamer Nenner ist: auch gut. Hier kann man kreativ sein. Geht gemeinsam in die Wanne, schmiert euch mit Nutella ein oder treibt es im Funktionssessel. Allerdings solltet ihr euch ehrlich fragen, ob euch diese eine gemeinsame Vorliebe wirklich auf längere Zeit zusammenhält.

9. Checkliste Zukunft. Was wichtig ist, damit eure Beziehung eine Chance hat

Du sitzt mit deinem Partner in der ersten gemeinsamen Unterkunft und streckst die Füße auf dem Kunstledersofa »Billik« aus. Ihr habt es euch schön gemacht, aber während du dich umsiehst, tauchen Fragezeichen über deinem Kopf auf: Ist es das jetzt? Wird jemals wieder heißes Gefummel auf dem Kunstleder stattfinden? Und wenn ja, mit wem? Und wenn nein, werde ich es auch in zwanzig Jahren noch süß finden, wenn der andere morgens mein Kopfkissen bespeichelt? Mit einem Satz: Hat eure Beziehung Zukunft?

Während du dein Herzblatt im sanften Schein der Papyrusstehlampe »Gesmaklös« betrachtest, hast du auf einmal das Gefühl, dass da ein fremder Mensch neben dir sitzt. Was hat der vor? Was für Wünsche und Träume hat der eigentlich? Keine Ahnung. Aber keine Angst. Der Grund für diese Unsicherheit ist, dass du dich bislang eher gefragt hast, ob dein Partner zu deinem Leben passt, und nicht, wie ihr gemeinsam glücklich werdet. Die Generation Doof ist nun mal ziemlich mit sich selbst beschäftigt.

Eine Umfrage des Online-Beziehungsstifters ElitePartner von 2008 ergab, dass der böse, böse Seitensprung erstaunlicherweise den wenigsten Beziehungen den Garaus macht. Er erhält nur Platz sechs auf der Rangliste der beliebtesten Trennungsgründe. Wesentlich mehr fällt ins Gewicht, wenn die Beziehung kein gegenseitiges Geben und Nehmen ist oder wenn die Kommunikation nicht funktioniert.

Die meisten Beziehungen scheitern allerdings an unterschiedlichen Vorstellungen. Da kollidieren zum Beispiel die Nestbaupläne unseres Partners mit dem eigenen ungebremsten Hunger auf Leben und Erleben. Oder die überbordende Zärtlichkeit des einen stößt schmerzhaft auf die eher kühle Art des anderen. Was ist zu tun, wenn die Liebe deines Lebens ein rastloser Weltenbummler ist und du selbst von einer Großfamilie träumst?

Bevor du deinen Partner heiratest oder aus Verzweiflung eine Parallelexistenz gründest, gibt es einige Dinge, über die ihr dringend reden solltet. Hier die drei wichtigsten Fragen jeder Langzeitbeziehung:

Noch Träume? Darf es für euch das Bausparheim mit gebürstetem Vierkantrasen oder lieber eine Frittenbude mit kuscheligem Bambusanbau am Strand von Bora Bora sein? Wollt ihr gemeinsam sechs Kinder in die Welt setzen oder zusammen drei Jahre lang um die Welt segeln? Für eine glückliche Beziehung gibt es nichts Besseres als einen gemeinsamen Traum, auf dessen Verwirklichung man hinarbeiten kann. Ihr solltet euch nur sicher sein, dass ihr das Gleiche träumt.

Ganz gleich, was euch die Zukunft versüßt: Meist kostet es was, und der Traum kann nur mittels eines soliden und langfristigen Finanzplans umgesetzt werden, an den sich beide halten müssen. Das klingt langweilig, ist aber so. Wer lange sparen muss, sollte schnell herausfinden, ob sein Sonnenschein eine unverbesserliche Kohleschleuder ist: Sammelt sie oder er gerne Schuhe oder schicke Sportwagen, rückt das gemeinsame Ziel in weite Ferne. An seine Stelle drängt sich ein übler Streit in Form einer Grundsatzdebatte. Den könnt ihr nur umgehen, wenn ihr euch einig seid und das gemeinsame Ziel für beide gleich wichtig ist.

Heiraten?! Auch schon einmal in peinlichen Restaurantszenen miterlebt, wie Einbahnträume zerplatzen?

»Willst du mich heiraten?«

»Äh, nee danke.«

Heiraten muss man heute nicht mehr zwingend, aber Einigkeit über die Frage, wie ihr dazu steht, ist wichtiger für das gesunde Fortbestehen einer Beziehung, als man gemeinhin annimmt. Die alten Rollenbilder erweisen sich dabei als erstaunlich hartnäckig: In einer Umfrage des BAT-Freizeitforschungsinstituts gaben knapp 50 Prozent der Männer zwischen 18 und 39 Jahren an, dass ihnen Reisen und Freizeit wichtiger sind als Ehe und Familienplanung. Bei Frauen verhält es sich anders, wie das Gewis-Institut in Hamburg erfahren hat: 41 Prozent wollen ohne verbriefte Zusammengehörigkeitsbescheinigung gar nicht an Kinder, Küche, Kreditbelastung denken. Es lohnt sich also, das prekäre H-Wort schon vor dem ersten offiziellen Antrag anzusprechen. Will dein Partner lieber eine offene Beziehung ohne eheliche Ansprüche in einer Kommune leben, sind alle Versuche, ihn vom Gegenteil zu überzeugen, im wahrsten Sinne des Wortes vergebliche Liebesmüh. Stimmt er aber grundsätzlich zu, kannst du schon mal mit den Proben für den Antrag beginnen.

Neben romantischen Gründen wie Liebe, Zuneigung und Geborgenheit gibt es übrigens immer noch erstaunlich viele praktische Gründe für den Treueschwur. Sorgerecht oder Erbansprüche sind für Paare mit Schein all inclusive, andere müssen sie erst beantragen und vertrödeln im Spiel des Lebens wertvolle Zeit mit dem Ausfüllen von Formularen. Im Todesfall hat der Verbliebene ohne Ehe grundsätzlich keine Ansprüche und geht leer aus. Abhilfe schaffen ein Testament, eine Schenkung zu Lebzeiten oder ein Erbvertrag, doch dann hält der Staat die Pranke auf. Unverheiratete Gefährten müssen beim Erbe erheblich mehr abdrücken als hinterbliebene Ehepartner.

Eine Heirat spült auch bei der Steuer bares Geld in die Haushaltskasse. Das Zauberwort heißt Ehegatten-Splitting. Verdienst du beispielsweise deutlich mehr als dein Partner, kannst du eine günstige Steuerklasse wählen, während er höhere Steuern auf sein Gehalt zahlt. Unter dem Strich bleibt so oft mehr übrig. Auch bei Krankenversicherung und Altersvorsorge sind Verheiratete im Vorteil.

Einzig bei den Beihilfen ist der Staat rigoroser mit den verheirateten Paaren. Das Gehalt des Ehepartners wird auf Ansprüche wie BaFöG, Arbeitslosengeld und Wohngeld angerechnet.

Und die lieben Kleinen? Was ist, wenn du kein Kind willst, dein Partner aber jedes Mal wie eine gestörte Heulboje losgeht, sobald ein Kind sein Blickfeld kreuzt: »Ooooch, ist das Baby aber süüüüüß! Machen wir auch so eins?«

Da hilft nur eins: In Sachen Vermehrung solltet ihr deutliche Worte reden. Denn selbst, wenn ihr euch über die Zeugung eines Mini-me einig seid, liegen zwischen Wunsch und Wirklichkeit unendliche Weiten. Sobald die süßen Zwerge die Widerstandskraft kleiner Orks entwickeln, stellt sich heraus, ob dein Partner Kinder lediglich als Zimmerdeko oder fürs Image wollte oder es mit der Mission Erziehung ernst meint. Kinder bedeuten Verantwortung, Arbeit, Grübelei, Einsatz – und das 24/7 ohne Sommerpause und Weihnachtsurlaub. Kurz: Es wird anstrengend. Aus eurer gemütlichen Zweisamkeit wird Familienleben, und ihr seid auch noch die Vorsitzenden desselben. Darüber müsst ihr euch beide im Klaren sein. Denn nur wenn ihr beide hinter dieser Sache steht wie einst Olli Kahn im Rücken der bayrischen Abwehrkette, könnt ihr die Aufgabe Aufzucht meistern.

Bonuspunkt: Verlässlichkeit. Treue ist ein dehnbarer Begriff. Für den berühmtesten Blowjob der Präsidentschaftsgeschichte musste Bill Clinton auspacken und viel einstecken, dabei war das, was ihn mit Monica verband, nach seinem Dafürhalten noch gar kein Sex. Die Billgate-Affäre zeigt vor allem eins: Treue ist eine Frage des persönlichen Empfindens.

Wenn dein Freund seinen kleinen Bill mal bei einer anderen parkt, will er sich vielleicht einfach nur austoben, ist dabei aber in Gedanken ganz bei dir – in einer Studie der Göttinger Georg-August-Universität von 2008 gaben immerhin achtzig Prozent der Fremdgeher an, ihren festen Partner dennoch zu lieben. Das ist doch beruhigend, oder nicht?! Der gleichen Prozentzahl befragter Nichtfremdgeher war es allerdings wichtig, dem Partner treu zu bleiben, und sie erwarteten das auch von ihm.

Wie auch immer ihr drauf seid: Damit es nicht wie bei den Clintons zum Clinch kommt, solltest du mit deinem Partner festlegen, was der Treuebegriff für euch bedeutet. Hier gilt es, Grenzen abzustecken. Für einige ist Fremdknutschen schon ein Grund, um sich abzuseilen, für andere ist ein regelmäßiger Seitensprung völlig okay, solange er für beide erlaubt ist und man offen darüber spricht. *Talk, talk, talk!*

SCHRITT FÜNF: Überleben

10. Der große Streit. Wie sagen wir uns, was uns nicht passt?

Für jeden gibt es einen Punkt, an dem er ausrastet. Ein typischer Anlass für Streit und Zwietracht aus weiblicher Sicht könnte zum Beispiel folgendes Szenario sein:

Du bist in höchster Eile, stürmst ins Badezimmer, willst dringend etwas loswerden. Gerade, als du auf die weiße Erleichterungskeramik plumpsen willst, stellst du fest, dass ER es wieder getan an. Auf der Toilettenbrille sind überall kleine Sprenkelchen, und auf dem Boden hat sich eine unübersehbare gelbe Lache gebildet. Klarer Fall: Dein permanenter Hygienekurs in Sachen Toilettensitz hat nichts bewirkt. Das gibt Ärger.

Sie sagt: »Ich fass es nicht! Immer schiffst du neben das Klo, du Strahlversager!«

Auch für ihn gibt es Momente der Unbill:

Ein perfekter Samstagabend, du hast dich mit deinen Kumpeln zum Vertilgen einer neuen Rekordliterzahl Bier verabredet. Um der alten Zeiten willen zieht ihr dazu immer die alten Holzfällerhemden an, die ihr in der Oberstufe mal im Dreierpack gekauft habt. Du liebst den alten Flusenfänger, auch wenn er mittlerweile eher einem Öllappen als einem Hemd gleicht. Viele gute Erinnerungen hängen daran: In diesem Hemd hast du zum ersten Mal bei Mandy richtig einen versenkt, und du hattest es an, als du bei der Abschlussfeier dem Rektor auf die Schuhe gereihert hast. Als du die Schranktür öffnest, um es herauszukramen, stellst du fest, dass SIE es schon wieder getan hat. Sauberwoman hat das Teil weggeschmissen. Das gibt Ärger.

Er sagt: »Lass deine Finger endlich von meinen Lieblingssachen, du manische Putze!«

Beide Fälle bieten die perfekte Ausgangslage für einen anständigen Streit. Dabei könnte man alles so einfach klären, und ihr könntet nebenbei noch sehr viel über den anderen lernen. Das Gegenteil ist allerdings der Fall: Viele Probleme werden in einer Zeitspanne ergebnislos diskutiert, die so lang ist, dass währenddessen zwei Mal die James-Bond-Darsteller ausgetauscht werden. Woran liegt das? Nicht nur die genetischen Anlagen von Mann und Frau sind verantwortlich, sondern auch die Einzelkindergesellschaft. Mangels nerviger Geschwister oder aus gefühlter Wichtigkeit heraus sind wir nicht gezwungen, Antennen für die Bedürfnisse anderer zu entwickeln. Und da wir in der modernen Fußtritt- und Ellenbogengesellschaft vorwiegend als

Einzelkämpfer unterwegs sind, können viele von uns ihre Wünsche und Bedürfnisse auch nicht mehr konfliktarm in Worte kleiden. Chats, E-Mails und SMS haben uns darauf gepolt, möglichst ohne Umschweife auf den Punkt zu kommen. Doch diese direkte Art wirkt beim Beziehungsstreit wie eine Zehn-Megatonnen-Bombe, bei deren Explosion der Feinfühligkeit die Luft wegbleibt. Anstatt gemeinsam eine Lösung zu suchen, verlieren wir uns in Vorhaltungen und Schuldzuweisungen und entfernen uns im Streit voneinander. Das Ergebnis: Am Ende vom Tag fühlen wir uns wie Einzelkämpfer und nicht mehr wie ein Paar.

Aber wie soll es denn anders gehen? Wenn du dich das auch fragst, findest du hier eine kurze Bedienungsanleitung zu den beiden oben genannten Worst-Case-Beispielen.

»Es gibt zur Partnerschaft und Zusammenarbeit zwischen den Nationen keine Alternative.«

Barack Obama

Schritt 1. Kritik so verpacken, dass der andere nicht ausflippt

Kleine Formulierungshilfe für sie: »Ist ja nicht schlimm, wenn mal was danebengeht. Würde mir im Stehen auch passieren. Wenn ich mich auf eine versiffte Klobrille setzen muss, finde ich das allerdings eklig. Könntest du netterweise hinterher aufwischen, wenn du schon im Stehen pinkeln möchtest?«

Kleiner Wortschatzerweiterer für ihn: »Ich kann ja verstehen, dass es dich stört, wenn das Holzfällerhemd zwischen deiner Spitzenwäsche liegt und den ganzen Kleiderschrank zumüffelt. An dem Teil hängen aber für mich sehr viele schöne Erinnerungen.* Jetzt ist es, als hätte ich einen Teil meiner selbst verloren. Das macht mich einfach traurig.«

Wichtig: Sprich von deinen Gefühlen in der **Ich-Form**. Wenn du sagst: »Du Miststück hast mein schönes Hemd getötet!«, dann wirkt das wie ein Vorwurf. Wenn du von deinen Verlustgefühlen sprichst, kannst du damit deinem Partner verständlich machen, was in dir vorgeht, wenn er bestimmte Dinge tut. So versteht er auch besser, warum du in der Situation überkochst. Gesteh auch mal einen eigenen Fehler ein, das bringt dir Sympathiepunkte. **Sei konkret.** Kritisiere eine Situation oder ein einzelnes Problem und nicht fünf gleichzeitig. Dann kann der andere besser nachvollziehen, was du meinst, und gezielt antworten. **Vermeide Killerphrasen.** Floskeln wie »Du warst schon immer ein echter Toilettenversager« oder »Bei dir kommt einfach jede Gebrauchsanleitung fürs Hirn zu spät, du Lusche« lösen beim anderen eine Abwehrhaltung aus. So kommt ihr nie zu einer gemeinsamen Lösung für das Problem.

Schritt 2. Spielregeln für den Streit einhalten

Das Match soll auf dem Feld bleiben. Deswegen ist es wichtig, dass man einige leichte Regeln beachtet: **Lass den anderen ausreden**. Nehmt euch Zeit für euer Gespräch, am besten, wenn die Gemüter ein wenig abgekühlt sind. Du solltest deinem Gegenüber **zuhören** und ihm zu verstehen geben, dass du seine Wünsche und Kritikpunkte ernst nimmst. Einfach mittendrin wortlos den Raum verlassen oder dem anderen ständig ins Wort fallen geht gar nicht. Ist dein Liebling eine Seiberbacke, könnt ihr auch feste Redezeiten vereinbaren. Damit es keine Missverständnisse gibt: In **eigenen Worten zusammenfassen und wiederholen**, was

* Um des lieben Friedens willen solltest du Mandy an dieser Stelle nicht erwähnen.

der andere gesagt hat, dann redet ihr nicht aneinander vorbei. Dabei nur den Papagei zu spielen, hilft aber auch nicht und macht den anderen aggressiv. Versucht auf Zimmerlautstärke zu bleiben und verprügelt euch nicht gegenseitig mit dem Käscher vom Aquarium.

Schritt 3. Gemeinsam nach der optimalen Lösung suchen

Dabei solltet ihr zusammenarbeiten und aufeinander zugehen. Bring deine eigenen Wünsche und Lösungsvorschläge ein, aber beharre nicht darauf, als wären sie dir vom Propheten gesandt. **Kompromisse** sorgen dafür, dass ihr bald wieder auf zärtliche Tuchfühlung gehen könnt. Rechthaberei hat hingegen wenig Chancen auf Erfolg. Und hüte dich vor Fouls: Aus alten Streitigkeiten kennen wir die Strafräume des anderen und schießen ihm dann gerne Reizworte entgegen, die ihn erst so richtig in Wallung bringen. Eine langfristige Lösung des Problems findet ihr so nicht. Stattdessen endet der Streit oft nach bekanntem Muster: Einer schmollt, der andere gibt nach. Oder einer verlässt wütend die Wohnung, und der andere wirft die CD-Sammlung und die gemeinsamen Leguane durchs Fenster hinterher. Sprecht lieber offen über Möglichkeiten, den Streit beizulegen. Auch unkonventionelle Ideen sind erlaubt.

Sie könnte zum Beispiel anbieten: »Hör zu, ich verstehe ja, dass es bei dir im Sitzen nicht gut läuft – wegen der Prostata und so. Du kannst also gerne stehen. Aber wie wäre es, wenn du das dann drüben bei Müllers am Kastanienbaum machst? Oder wir basteln uns einen Trichter als Aufsatz für die Toilette?«

Er könnte zum Beispiel sagen: »Hallo, das war mein Lieblingshemd! Ich kann ja verstehen, dass du alte Sachen gerne entsorgen möchtest. Wegschmeißen ist ja auch was Schönes. Pass auf, wir gehen zu Onkel Hugo ins Haus, da kannst du jetzt ganz viel wegwerfen. Der wohnt ja jetzt aufm Friedhof.«

Schritt 4. Das Wichtigste ist immer die Versöhnung

Die Wiedervereinigung kann gerne auf körperliche Art und Weise herbeigeführt werden. Alternativ könnt ihr euch ein schönes gemeinsames Erlebnis in Aussicht stellen, das an die guten Seiten eurer Beziehung anknüpft.

11. Vorsicht Schnuppelchen, du bist auf Sendung! Wie viel von eurer Beziehung in die Öffentlichkeit gehört

Nach der bislang besten Party deines Lebens liegst du mit Kopfschmerzen und einem schwummrigen Gefühl in der Magengegend auf dem Krankenlager. Aussicht auf Besserung ist nicht in Sicht, doch da platzt dein Liebster ins Schlafzimmer. »Die Martha meint, ein Glas Cola mit einer Sprudeltablette Aspirin hilft. Der Mageninhalt kommt dann zwar so schnell durch den Schlund wie der ICE von Köln nach Frankfurt, aber danach geht's erfahrungsgemäß besser!«

Martha ist die Arbeitskollegin deines Freundes. Er findet sie adrett, du findest sie ungefähr so berückend wie einen Pickel am Hintern. Er hat kurz zuvor per E-Mail deine genaue Schieflage skizziert und dafür gerade ein paar Ratschläge von ihr empfangen. Ob das alte Hausrezept wirkt, weißt du noch nicht, aber eins weißt du sehr wohl: Am nächsten Tag wird dein Quadratschädel das große Thema in seiner Firma sein.

Das ist dir ein wenig zu viel Öffentlichkeit für deine Privatangelegenheiten? Dann gehörst du vermutlich nicht zu den Ausläufern der Generation Doof, die ihre privaten Erlebnisse und Missgeschicke mit der ganzen Welt teilen möchten. Vielleicht hilft es, mit deinem Liebespartner ein klärendes Gespräch darüber zu führen, wie viel von eurer Beziehung ihr im Internet, übers Telefon und in anderen Medien verbreiten wollt. Die Möglichkeiten, sich öffentlich zu entblößen, sind vielfältig. Hier sind die drei nervigsten Love-Streams, denen du garantiert nicht zum Opfer fallen möchtest – und einfache Gegenmittel.

Platz Nummer eins. Hochauflösende Videos bei Youporn mit Titeln à la »Meine Ex im Zwiegespräch mit einem Dildo« oder »Mein Blasehase bei der Arbeit«. Wenn du es nicht selbst kannst: Sofort jemanden suchen, der weiß, wie man solche Videos löscht. Und ihn zum Stillschweigen verpflichten.

Platz Nummer zwei. Detaillierter Blog über die gemeinsamen Hochzeitsvorbereitungen. Wie's heißt: »Das gemeinsame Leben von Kuschelwuschel und Schneckenhase«. Was drin steht: »Heute haben wir noch einmal eine Stunde Unterricht für langsamen Walzer bei Frau Hähner in Saalfeld.« »Heute haben wir uns die Tischdeko ausgesucht. Superschön!« »Unsere Eheringe haben wir im Internet bestellt, da sind sie viel preiswerter als beim Juwelier! Cool, oder?« »Drama, Baby! Schneckenhase passt nicht mehr in seine Anzughose!«

Lösung: Einfach nicht machen. Das ist entwürdigend und interessiert sowieso keinen. Lieber eine Runde mit der besten Freundin oder Mami telefonieren. Die können sich nicht wehren, und es bleibt ja in der Familie.

Platz Nummer drei. V-Log auf YouTube über das eigene Leben. Anzulehnen an zweifelhafte Geschmacksmuster wie den V-Log »Man spricht Schwänkisch. Folge 4: Luxusvilla zur Hochzeitsnacht«. Ein Zitat aus der Einführungsszene: »Wir haben über sechshundert Euro ausgegeben für die Reise, für zwei Tage, wohlgemerkt. Ich zeig euch jetzt mal das Hotelzimmer. Also hier ist erst mal der Eingang … und hier ist gar nix mehr. Das ist ’n Schrank.« Manches muss die Welt nicht wissen. Wenn du darauf verzichten möchtest, deine langweiligen Urlaubs- und Erlebnisvideos der buckligen Verwandtschaft zu zeigen, dann mach einfach keine. YouTube ist bereits übervoll mit solchem Blödsinn.

12. Stolperstein Schwiegereltern. Eine Bedienungsanleitung für besonders harte Fälle

Judith hat ein Problem. Ihre Eltern können mit dem neuen Freund der Tochter nichts anfangen. »Mit dem willst du doch nicht länger zusammen sein?«, fragen sie direkt nach dem Erstkontakt. »Der ist doch nur Schlosser! Ihr habt doch nichts gemeinsam.« Judith mag allerdings die Art, wie Nils an ihr herumschlossert. Und sie will unbedingt länger mit ihm zusammen sein. Er teilt ihren Humor und spielt Schlagzeug in einer Band. Cool. Weniger cool ist es, dass ihre Eltern zwar oberflächlich immer freundlich zu Nils sind, ihn aber nie zu Familienfesten einladen oder mehr als drei Takte mit ihm sprechen, während sie mit dem Mann der Schwester sogar in Urlaub fahren und

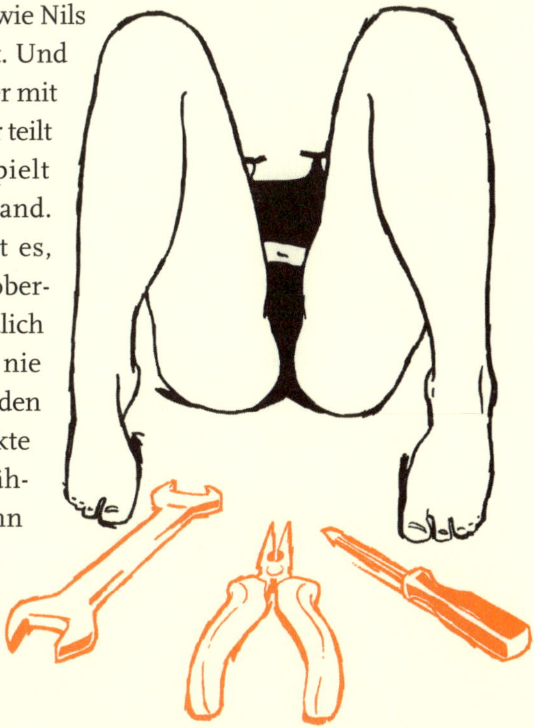

diesen ständig über den grünen Klee loben. Nils hat das Gefühl, nicht dazuzugehören. Auch Jahre nach der Hochzeit der beiden noch.

Manche Schwiegereltern sind so. Damit der Familienkontakt ohne größere Kollisionsschäden und Gesichtsverluste vor sich geht, findest du hier einen kleinen Schwiegereltern-Typomat mit Bedienungsanleitung für besonders schwierige Fälle.

Die Eifersüchtigen

Glauben, dass du ihnen ihr Kind wegnimmst. Hassen sich meist gegenseitig, sind aber einer Meinung, wenn es um dich geht. Du bist nämlich einfach nicht gut genug für ihr geliebtes Kind. Du musst dir ständig anhören, wie toll dein Vorgänger war, den sie aber mit hundertprozentiger Sicherheit auch vergrault haben.

Abhilfe: Lade sie zum Kaffee ein, oder lade dich selbst bei ihnen ein. Keine Scheu vor Gesprächen über die Zukunft des Prinzen, immer schön Kochen für den Junior und Rezepte austauschen. Bei Prinzessinnen immer ganz das Alphamännchen mimen – das signalisiert, dass du wahrscheinlich ein guter Ernährer bist. Wenn möglich, solltest du dich mit einem beliebten Familienmitglied anfreunden, das dich dann in Schutz nimmt. Achtung: Niemals auch nur eine Sekunde darüber nachdenken, in ihre Einliegerwohnung einzuziehen! Und: Alle Situationen, die dir schwierig erscheinen, sind mit asiatischer Freundlichkeit am besten zu bewältigen. Klappe halten und lächeln.

Die Großfamilienvorsitzenden

Erheben die Verwandtschaft zur Religion und laden *jeden* Sonntag zum Kaffeetratsch. Besonders schlimm werden diese Exemplare, wenn ihr bereits Nachwuchs habt, denn dann werdet ihr sie überhaupt nicht mehr los. Sie sind keine Großeltern, sondern Vollzeit-Möchtegernmiterzieher. Da bereits beide pensioniert sind oder sich auf diesen gloriosen Zustand vorbereiten, musst du dir allerlei »Als wir in eurer Situation waren«-Tipps anhören und vom schrecklich harten und trockenen Selbstgebackenen der Schwiegermutter quellen bereits alle Abfalleimer über.

Abhilfe: In seltenen Fällen ist es hilfreich, das Problem anzusprechen und klarzumachen, dass man Zeit für sich braucht oder sonst bald nicht mehr zur Familie gehört. Dezent zurückziehen, wann immer es möglich ist. Und tatsächlich mal für vierzehn Tage verreisen und die Kinder einfach bei den Schwiegereltern ins Babyhotel geben. Das hat gleich zwei Vorteile: Es gibt ihnen das Gefühl für die Realität zurück, und ihr habt endlich mal wieder Zeit für euch!

Die Ignoranten

Sie lassen dich in Vollzeit links liegen und merken sich nicht mal deinen Namen, weil du nach ihrem Dafürhalten ohnehin nur eine Phase und kein menschliches Wesen bist.

Abhilfe: Immer alles dreimal wiederholen, bis es dir selbst aus den Ohren wieder hinausquillt. Bei jeder sich bietenden Gelegenheit dezent auf den Ehering oder die bereits stattgefundene standesamtliche Trauung hinweisen. Oder einfach selbst ignorieren und die Namen der beiden beim nächsten Mal miteinander verwechseln, zum Beispiel: »Hans-Friedhelm, das ist aber ein schöner Rock, den du da trägst!«

Die Streithähne

Wenn du mit Schwiegerpapi gut klarkommst, ist Schwiegermami sauer und umgekehrt. Du kannst es nie beiden gleichzeitig recht machen, denn sie können sich auf den Tod nicht ausstehen.

Abhilfe: Versuche ihnen so weit wie möglich aus dem Weg zu gehen. Bloß nicht laut fragen, warum sie jemals geheiratet haben, das führt nur zu noch mehr Streitereien. Mach dein eigenes Ding – und ganz wichtig: Niemals wertende Aussagen treffen. Statt den Kuchen der Schwiegermutter mit blumigen

Adjektiven zu loben, lieber auf das Wesentliche beschränken: »Das ist ein Kuchen. Ich nehme ein Stück.«

Die Oberflächeneiskratzer

Diese beiden haben es drauf. Oberflächlich behandeln sie dich genauso freundlich wie alle anderen und stellen interessierte Fragen. Doch hinter deinem Rücken wird getuschelt und geflüstert, werden deine Qualitäten mit denen des anderen Schwiegersohns oder der anderen Schwiegertochter verglichen.

Abhilfe: Genauso zurückschleimen, weil es auch Spaß machen kann, den Fisch nicht merken zu lassen, dass er vom Kopf her stinkt.

SCHRITT SECHS: Loswerden

13. »Es ist aus. HDTGDL*, Katja!« Wie sagen wir uns, dass Schluss ist – unmissverständlich, aber charmant?

»Lieber mit dem alten Partner etwas Neues, als mit einem neuen Partner wieder das Alte«, rät die Partnerschule Dr. Sanders auf ihrer Webseite. Vielleicht war deine Liebesbeziehung von Beginn an nicht für die Ewigkeit gedacht, und du hast innerlich schon einen Schlussstrich gezogen. Mit etwas Glück hast du schon einen Ersatz in der Hinterhand. Doch wie sagst du es deinem Herzblatt? Es ist nicht leicht, die Kündigung höchstpersönlich auszusprechen – zu oft werden wir um der alten Zeiten willen

* SMS-Sprache: Hab dich trotzdem ganz doll lieb

rückfällig und landen ungewollt wieder im Bett. Oder es kommt zum Crash, bei dem wir uns gegenseitig Mutters Erbporzellan an den Kopf werfen.

Viele von uns möchten sich daher schnell und unpersönlich des Partners entledigen: per SMS oder per Mail. Forenqueen Ängeli schreibt, dass sie von ihrem Exfreund wie folgt verabschiedet wurde: »Hör mal katharina! Es tut mir verdammt leid, aber mit uns geht es den Bach hinunter! Mir geht es schlecht dabei und dir auch! Darum ist es besser, wir vergessen uns! Es hat nichts mit dir zu tun! Sorry!« Damit hatte der Gute für 201 Zeichen noch nicht mal zwei SMS verbraucht. Die sparsame Variante also. Man könnte sich das Ganze sogar als Werbung für Mobilfunk vorstellen: »Mit dem Lebenspartner Schluss machen schon ab zehn Cent in alle Netze!«

Je kürzer die Beziehung, desto kürzer die Verabschiedung – ein solcher Grundsatz lässt dem anderen keine Chance, mit der Situation ins Reine zu kommen, wenn ihr euch nur ein paar Wochen geliebt habt. Laut Userin VeVi aus dem Forum Familienhandbuch.de befindet sich jemand, der per SMS Schluss macht, »auf dem Niveau einer ›Naddel‹, die selbiges mit Schlagerkönig Ralf Siegel durchgezogen hat«. Im Forum MyProblems.de findet Mortician allerdings, dass es eine ausgezeichnete Ausgangssituation ist, um mit dem Abschied klarzukommen, und rät einem betroffenen Forenmitglied: »...wer per SMS Schluss macht, der kann es nicht wirklich ernst gemeint haben! Das ist nun wirklich das unpersönlichste was es gibt! Wenn man eine Problem mit dem Partner hat,dann sagt man das im persönlichen Gespräch un rotzt ihm da nihct sone SMS hin! Vergess ihn, du hast was Besseres verdient!!«

Wenn du dich nicht zum elektronischen Erlebnis-Schlussmachen durchringen kannst, dann erklärt dir TV-Dschungelüberlebende Desirée Nick in ihrem neusten Buch, dass du am besten Schluss machst, indem du deinem Partner glaubhaft vermittelst,

dass *er* es war, der sich getrennt hat. Diese Situation kannst du laut »der Nick« mit einer kleinen Affäre herstellen – die du für ihn oder sie arrangierst. Dein Partner soll sich schließlich schuldig fühlen, dann kannst du ihm besonders großzügig verzeihen.

Als besonders unfein gilt es, seine/n Ex öffentlich zu diffamieren, also beim offenen Gespräch in der Bahn oder am Arbeitsplatz. Ein Gespräch in den eigenen (oder fremden) vier Wänden ist vorzuziehen, bei dem über alle guten und schlechten Aspekte der Beziehung ausführlich gesprochen werden kann. Behutsam vorgetragene Ehrlichkeit ist dabei eine Zier, genauso wie Verständnis.

Fazit: Wenn du dich entschieden hast, dass es mit euch so nicht weitergehen kann, dann zieh die Sache durch. In deinen Plan solltest du mit einberechnen, dass du diesen Menschen geliebt hast oder zumindest mal überdurchschnittlich interessant oder attraktiv fandest. Auch wenn er dir jetzt lästig ist. Und deswegen solltest du das walten lassen, was du auch dir gegenüber erwartest: Respekt. Stell dir vor, du wärst in seiner oder ihrer Lage.

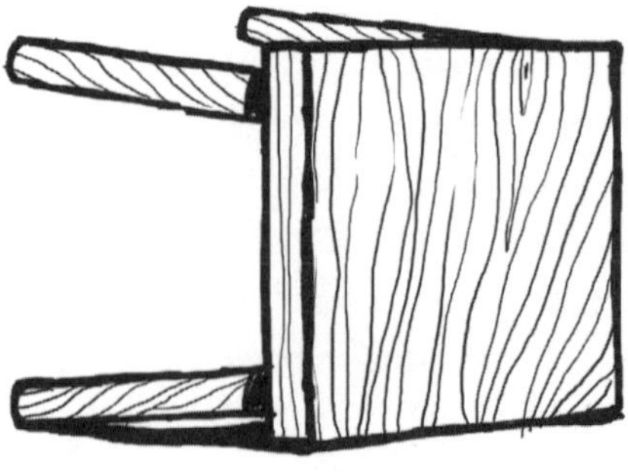

Dies gilt nicht für die Fälle, in denen du übelst behandelt wurdest. Dazu gehört per definitionem: Du bist schlimm betrogen worden (mehrfach und ohne Reuebezeigung), man hat dich finanziell über den Tisch gezogen (du bist ohne Eigenverschulden pleite) oder ins offene

Messer laufen lassen (dazu zählen Treffen mit Bekannten, die bereits wissen, dass ihr getrennt seid, bevor du es weißt).

Böse Schlussmachen. Fünf Wege, wie du der oder dem Ex richtig vors Schienbein trittst.
Vorsicht: Juristisch bedenklich.
Kann ins Auge gehen oder woandershin!

1 Per öffentlichem Aushang inklusive peinlichem Foto von der Nacht, als ihr sein bestes Stück mit Sahne eingerieben habt. Damals habt ihr gemeinsam darüber gelacht, dass »Er« so klein aussieht, mal schauen, ob seine Arbeitskollegen jetzt auch darüber lachen ... Großes Vorbild dieser Methode ist Wikipedia-Gründer Jimmy Wales, der seine Trennung im Internetlexikon bekannt gab. Die Ex reagierte darauf mit dem Versteigern seiner Klamotten bei Ebay, inklusive genauer Artikelbeschreibung.

2 Per neuem Freund oder sogar per Schluss-mach-Dienstleister (www.schlussmachen.com) dem Schatzi lässig unter die Nase reiben, was für einen Spaß du in der Nach-Beziehungsepoche hast. Cry, Baby!

3 Per Video bei YouTube, das zeigt, was für ein Vollversager der oder die Verflossene ist. Den Link solltest du nicht zuletzt an alle@schatzis-arbeitsplatz.de und deine ehemaligen Schwiegereltern schicken.

4 Einen Flohmarkt mit den Sachen veranstalten, die ihr euch geschenkt habt. Der Flohmarkt sollte an einem gut einsehbaren Ort stattfinden, an dem möglichst viele Leute vorbeikommen, die euch kennen. Immerhin willst du keine Zeit damit verschwenden, hinterher jedem einzeln zu erklären, dass ihr kein Paar mehr seid.

Achtung: Du solltest dir kein Eigentor schießen, weil du aus Rachelust nur noch rotsiehst. Überleg vorher, ob du die Wohnung teeren und federn willst, wenn es sich um den gemeinsamen Bau handelt und eine Renovierungsklausel für beide im Mietvertrag vereinbart ist. Auch andere wichtige Dinge, die ihr gemeinsam gemacht habt, wie ein Konto eröffnet oder Kinder gezeugt, solltest du berücksichtigen. Also: Bevor du dich austobst, deine Hälfte vom Konto leer räumen. Und bei allen Rachespielchen die Sprösslinge aus dem Spiel lassen. Es ist wichtiger, dass es den Kindern gut geht, als dass du Genugtuung erhältst. Immerhin ist das auch gut für dich: Kinder, die ein Trauma erlitten haben, könnten zu Psychopathen werden, die ihre eigenen Eltern zerstückeln und in der Kühltruhe aufbewahren.

14. Hitsingle. Zehn Gründe, warum es besser ist, allein zu sein

Du bist frei wie ein Vogel. Du kannst so viel geschützten Geschlechtsverkehr haben, wie du willst.

Du darfst dich die ganze Nacht in verruchten Kneipen herumtreiben, ohne dass jemand nachfragt.

Du musst keine Zweitfamilie ertragen, die dir die kostbaren Wochenenden raubt.

Du musst im Urlaub nicht um jeden Ausflug feilschen.

Du kannst dein Geld ohne Reue für dich ganz allein ausgeben.

Du brauchst dich nicht in Bekleidungsabteilungen fürs andere Geschlecht zu langweilen.

Du musst keine Karten mehr für die Geburtstage der öden Verwandten deines Partners schreiben.

Du kannst jetzt deine Freunde einladen, ohne dir hinterher einen Sermon anhören zu müssen, wie viele Kippen auf dem Balkon liegen und wer auf dem Klo danebengepinkelt hat.

Keiner lässt seine Sachen überall rumliegen, vor allem nicht seine ungewaschenen Socken auf deiner Lieblingszeitschrift.

Du brauchst nicht die Tür abzuschließen, wenn du Pornoseiten im Internet aufrufst.

Kapitel 5

Erziehing

Kids Rock.
Sind sie zu stark, bist du zu schwach

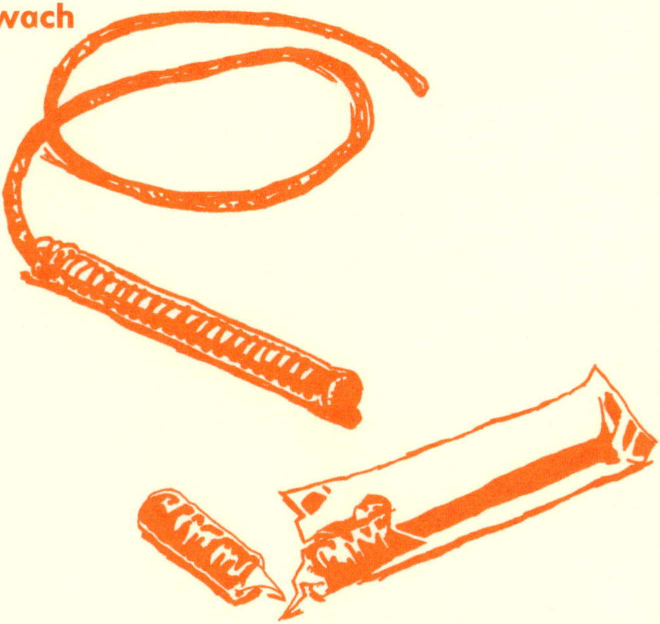

Köln-Sülz. Arielle Schmidt (ja, nach der Meerjungfrau) ist heute vier Jahre alt geworden, und dies ist ihre Geburtstagsfeier. Im großelterlichen Wohnzimmer genießt sie die volle Aufmerksamkeit von Uroma Ursel, Oma Maren, Opa Jürgen, Papa Andy, Mama Jeanine, Onkel Kai und dessen aktueller Beschälerin Sigrid, genannt Siggi.

Arielle hat schnell gecheckt, dass sie im Mittelpunkt steht. Ihr stolzer Papa überwacht jeden kleinen Handgriff des Wunderkinds, und Mama Jeanine jauchzt verzückt, als ihre Kleine mit den Filzstiften Omas Spitzentischdecke verschönert. Dann ist die Bescherung an der Reihe, das erforderliche Auspacken grenzt an Kinderarbeit. Ein Geschenk nach dem anderen landet vor Arielle auf dem Boden. Sie kommt mit dem Aufreißen gar nicht nach, geschweige denn, dass sie sich überhaupt in Ruhe anschauen könnte, womit sie überhäuft wird. Als Oma Maren ihre Aufmerksamkeit abwendet, um in der Küche den Kartoffelsalat in Wallung zu bringen, beginnt Arielle ein Heulkonzert, weil sie sich vernachlässigt fühlt. Doch es kommt noch schlimmer: Die Geschenke sind alle. Arielle muss sich nun entscheiden, ob sie sich lieber mit einem der vier Videospiele oder einer der fünf Better-than-Barbie-Puppen beschäftigen soll. Richtig Lust hat sie zu keinem von beidem. Um ihre Mundwinkel beginnt es, gefährlich zu zucken, und alle Erwachsenen scharen sich mit sorgenvollen Blicken um das Kind, um zu ergründen, was die arme Kleine wohl plötzlich hat.

Dieses Szenario ist echt. Wir haben es selbst erlebt, als das Kind einer ehemaligen Kollegin sein Wiegenfest feierte. Das

Chaos war perfekt, als Arielle am Ende der Veranstaltung in Geheul ausbrach, weil sie ins Bett sollte, aber nicht wollte, zumindest nicht ohne ihre neue Nintendo DSi. In der Not krallte sie sich an Uroma Ursels Gehhilfe fest, die daraufhin ungewollt Fahrt aufnahm und die ältere Dame in die nahe gelegene Blumenbank katapultierte.

Typisch. Die jungen Eltern sind doch doof. Keine Ahnung mehr von Erziehung. Jeder Möchtegern-Erziehungsexperte, der jetzt genickt hat, sollte sich fragen, ob er es besser gemacht hätte und Kindererziehung wirklich so einfach ist. Klar, Erziehungsexperten wie Bernhard Bueb oder Michael Winterhoff fordern, dass Kinder klare Regeln brauchen, und dieser Forderung schließen sich viele gerne an. Vor allem die, die keine Kinder haben. Doch welche Regeln sind eigentlich umsetzbar? Und wer soll sich darum kümmern? Etwa wir? Nicht doch, mein Name ist Biber – ich habe zwar einen ganzen Stall voll Nachwuchs, aber den Chef will ich nicht raushängen lassen. So geht es vielen Eltern der Generation Doof, darum dilettieren wir lieber hoffnungslos vor uns hin und stehen uns beim Kindermanagement selbst im Weg.

Schon die Entscheidung, Kinder zu kriegen, ist für uns schwierig: Wer sich den Erziehungsnotstand bei Bekannten und Freunden ansieht, bekommt oft kalte Füße. Vielleicht macht ein Kind mehr Ärger und bringt weniger Freude, als wir denken? Oder ist es doch eher umgekehrt? Ein Großteil der Generation Doof meint die Antwort zu kennen und setzt lieber gar keine Kinder in die Welt oder wälzt die Entscheidung so lange vor sich her, bis die Rädchen der biologischen Uhr zum Stillstand kommen. Wir fühlen uns jung und wollen unsere gerade gewonnene Freiheit und unser erstes eigenes Geld nicht gleich von kleinen Durchlauferhitzern verdampfen lassen. Doch stimmen all die Vorurteile, die uns flüssig über die Lippen sprudeln, wenn wir eine Ausrede für den Vermehrungsboykott suchen: Machen

Kinder arm? Kann man Kinder später immer noch kriegen? Versauen Kinder die Figur? Ob diese vermeintlichen Weisheiten wirklich als Grund gegen Kinder taugen, testen wir in Level 1 dieses Kapitels.

Wer sich von Vorurteilen nicht Bangemachen lässt, steht vor einem anderen Problem. Denn selbst wenn wir grundsätzlich Kinder wollen, nagen plötzlich Selbstzweifel an uns: Taugen wir überhaupt als Eltern, sind wir der Herausforderung gewachsen? Als Einzelkinder, Single-Großstadtmenschen und Weltenbummler sind wir den Umgang mit Kindern nicht mehr gewohnt – die süßen Kleinen sehen wir allenfalls aus der Ferne, doch wie sie sich im Infight benehmen, was sie wollen und wie sie ticken, wissen wir nicht. Auf eigene Erfahrungen können wir nicht bauen, unsere eigene Kindheit ist mit einem Mal viel weiter weg, als uns lieb ist.

Wer das Wagnis eingehen möchte, Kinder in die Welt zu setzen, kann sich in Level 2 anschauen, wie das in der Praxis aussieht und wie es sich anfühlt, Kinder zu haben. Der Härtetest für Eltern- und Familientauglichkeit ist noch immer der Versuch am lebenden Objekt. Im Dienste der Wissenschaft haben wir uns für dich dem Test gestellt und uns zwei Kinder für einen Ausflug ins Elternleben ausgeliehen. Kein asiatisches Kind aus dem Katalog, sondern den Nachwuchs eines befreundeten Paares, Katrin und Thomas. Wenn wir einige Grundregeln beachten, so dachten wir, dann müsste es uns doch gelingen, die Kinder nach Ablauf der Probezeit zufrieden zurück zu den Erzeugern zu bringen.

Wenn du das Experiment ebenfalls machen möchtest, solltest du einige Grundsätze beachten. Der erste Grundsatz: Die Eltern des Mietkindes sollten Bescheid wissen. Zweiter Grundsatz: Damit ist kein Erpresserbrief gemeint. Dritter Grundsatz: Die Zeit mit Kind funktioniert wie ein herkömmliches Computerspiel. Du musst dafür sorgen, dein Kind sicher durch den Tag zu steuern. Vitalitätsbalken, Essensbalken und Atemluft sollten stets am oberen Anschlag sein. Nicht zu vernachlässigen ist der Munitionsbalken des Kindes, der in den ersten Altersstufen aus nur einem besteht: Kaka. Wie es ist, Eltern für einen Tag zu sein, erfährst du also in Level 2.

Ein Tag mit Kind wirft mehr Fragen auf, als er beantwortet. Wer sich trotzdem bewusst für Zuwachs entscheidet, den stellt die Praxis schnell vor große Anforderungen. Erziehen ist für uns nämlich ein Gewissenskonflikt: Wir wollen als Eltern gerne Spielgefährten, Partner oder Belustiger sein, aber auf keinen Fall Vollzugsbeamte – das macht wenig Spaß und dafür mehr Mühe. Die wenigen Regeln, die wir aufstellen, weichen wir selbst in Windelseile wieder auf. Wer vorher noch für gesunde Ernährung war, stopft seine Kinder mit Süßigkeiten voll, während diese träge, aber zufrieden vor der Mattscheibe gammeln. Keiner wagt es, der dreijährigen Gina-Laura zu sagen, dass man das Riesenkarnickel des Nachbarn nicht als Reittier missbrauchen darf, weil sie ihrem Unmut dann lautstark Luft macht. Wer sich dennoch der Anstrengung aussetzt, dem Treiben ein Ende zu bereiten, bevor Meister Lampe zur Osterhasenhölle fährt, fühlt sich bemüßigt, Gina-Laura genau zu erläutern, warum nun Schluss ist: Weil Hasi das gar nicht lustig findet und es außerdem zu einer komplizierten chronischen Er-

krankung namens Rückgratverkrümmung aufseiten des Nagers kommen könnte, durch die er dann anderen Karnickeln gegenüber sozial benachteiligt wäre.

Wir meinen es zwar gut mit unserem Nachwuchs, verzetteln uns aber ungewollt zwischen Kumpel- und Elternrolle. Bekennen wir uns endlich zu unserer Verantwortung, ist es meistens zu spät: Wir haben unsere Kinder so lange verwöhnt, dass sie uns den plötzlichen Gesinnungswandel zum autoritären Erziehungshardliner nicht abkaufen. So machen wir uns und unseren Kindern Erziehung selbst schwer.

»Erziehung ist zwecklos;
die Kinder machen den Eltern
ohnehin alles nach.«

Karl Valentin

In Level 3 haben wir deshalb alles zusammengestellt, was dir hilft, Angel, Silvio, Margot und Friedhelm sicher durch den Alltag zu steuern. Verantwortung übernehmen kann so schön sein, wenn man gewappnet ist und Ratgeber zur Hand hat, die einem die wichtigsten Tücken erklären. Die Experten sind in diesem Fall Erziehungsprofis, die wir für dich um Rat gefragt haben.

Selbst wenn du keine Kinder willst, bietet dir das Kapitel Erziehing viel Wissenswertes. In drei leichten Leveln bekommst du alle wichtigen Infos zum Mitreden auf Stehpartys. Während Eltern ihr Erziehungsdilemma in Alkohol ertränken, kannst du ihnen allerhand nützliche Tipps geben und dich dabei freuen, dass du dir keine Sorgen machen musst, zur verabredeten Zeit zu Hause zu sein, weil dir der Babysitter sonst die Freundschaft kündigt.

LEVEL 1

New Kids und kein Bock? Ob die größten Vorurteile gegen Kinder wirklich stimmen

Der Gedanke an geruchsintensive Windeleinlagen und Baby-Geplärr von der Lautstärke eines Maserati Quattroporte treibt dir den Angstschweiß auf die Stirn? Dann sei beruhigt: Es scheint genügend Gründe zu geben, keine Kinder in die Welt zu setzen – einige davon kannst du dir bequem im Internet anschauen. Dein ganz persönlicher Grund könnte zum Bespiel »Lukas, das Terrorkind« sein. So heißt bei YouTube die Videoauskopplung aus der beliebten TV-Serie *Die Super Nanny*. Lukas hatte seine Eltern so weit gebracht, dass sie freiwillig die Vorzeigeerzieherin um Hilfe anflehten. Doch Frau Saalfrank wirkte in dieser Folge relativ hilflos: Der Fünfjährige schlägt um sich und beschimpft seine Mutter so erfolgreich als »alte Schlampe« und »kleene Fotze«, dass er gute Chancen hätte, als neue Terrorwaffe auf die Adoptionsliste von Osama bin Laden zu kommen.

Beispiele wie Lukas bestätigen uns in dem Glauben, dass Kinder anstrengend sind – vor allem die eigenen, weil man die nicht mehr abgeben kann. Und es gibt noch weitere Gründe, auf die wir uns gerne berufen, wenn es gilt, sich gegen Nachwuchs zu entscheiden: Späte Mütter wollen nur ihr Ego befriedigen.

Nur Reiche können sich noch Kinder leisten. Kinder haben heute alle keine Manieren mehr. Kinder zerstören die Beziehung. Kinder blockieren die Playstation.

Anstatt ins kalte Wasser zu springen und das Abenteuer Erziehung einfach einzugehen, verschanzt sich die Generation Doof gerne hinter solchen Vorurteilen. Was davon wirklich stimmt und was kompletter Humbug ist, kannst du dir in diesem Level ansehen, bevor du in die Kiste springst und dich vermehrst – oder in der Überzeugung kinderlos bleibst, dass das K in Kinder für spezielle Kosten steht und das Wort »kinderreich« in eine Reihe mit asozial, arm und ausgebrannt gehört.

Und so funktioniert der große Vorurteils-Check: Je mehr Punkte ein Vorurteil abräumt (maximal drei Kondome, minimal ein Kondom), desto besser kannst du es verhütend in heißen Diskussionen mit deinem Lebenspartner, Eltern, Schwiegereltern und anderen Nachwuchs-Dränglern anwenden.

Vorurteil 1: Mit vierzig ist man zum Kinderkriegen eh zu alt

»Ich habe ein Patenkind, und das reicht mir. Eigene standen für meinen Mann und mich nie zur Diskussion. Und nun bin ich sechsunddreißig, will immer noch nicht und fände mich langsam auch zu alt dafür.« AnNa R., Rosenstolz

Ina, die gerade als Praktikantin in einer großen Werbeagentur angefangen hat, will einmal Kinder haben. Das weiß die Fünfundzwanzigjährige ganz genau, als sie in der Firmenkantine sitzt und tönt: »Mit vierzig ist man immer noch jung, hat aber schon alles erlebt und kann als reife Mutter seinem Kind wirklich was bieten!«

Neben Ina sitzt Wibke, Anfang vierzig und Marketingleiterin. Sie verkneift sich ein bitteres Lächeln. So wie Ina hatte sie sich das auch einmal vorgestellt. Aber dann war alles anders gekommen: Nach der Uni bekam sie einen Job in der Marketingabteilung einer großen Brauerei und dachte erst mal jahrelang eher an Alkohol als an Abkömmlinge. Eine Beziehung reihte sich an die andere, nach Marc kam Maik, dann Udo. Wibke seufzt kurz und schaufelt sich ein Stück Kantinenschnitzel mit Sahnesoße rein. Sie erinnert sich noch gut an den Tag, als sie fünfunddreißig wurde. Auf ihrer Party hatte ein Bekannter Jörg angeschleppt. Liebe auf den ersten Blick und endlich der geeignete Kandidat, um es doch noch mit dem Nachwuchs zu versuchen. Doch auch neun Monate später träumte Wibke noch immer davon, endlich Dauergast im Stillcafé zu sein. Denn nun, da sie wollte, wollte es einfach nicht klappen. Künstliche Befruchtung kam für sie nie in Frage, und so gab Wibke den Traum vom eigenen Kind schließlich auf.

Wie der kinderlosen Marketingfrau geht es vielen Wunschmüttern aus der Generation Doof. Sie zögern oft so lange, bis sie das Gefühl haben, nun ohnehin nichts mehr ändern zu können.

Kein Wunder, dass wir glauben, wir hätten genug Zeit: Das Vorbild der glücklichen VIP-Mamis im fortgeschrittenen Alter schreit uns überall aus den Boulevardmagazinen und Klatschspalten entgegen. Von Madonna über Marcia Cross, Sandra Maischberger und Bärbel Schäfer können wir überall im TV sehen, wie schön, fit, erfolgreich und entspannt späte Mütter sind. Alles nur ein Traum aus der Glamour-Welt der Prominenten? Nein. In Deutschland liegt das Durchschnittsalter fürs erste Kind inzwischen bei fast 28 Jahren – vor zwanzig Jahren lag es noch bei 24,6 Jahren. Und die Zahl der Schwangerschaften über vierzig steigt, obwohl der Höhepunkt der Fruchtbarkeit mit dreißig überschritten ist und eine werdende Mutter ab 35 Jahren als Risikoschwangere gilt. Dass das Risiko von Fehlgeburten und Erkrankungen des Kindes in diesem Alter höher ist, muss heute keine Frau mehr an der Schwangerschaft hindern, wenn man dem Bochumer Gynäkologen Dr. Lothar Loch glaubt, der Landesvorsitzender beim Berufsverband der Frauenärzte ist. »Frauen in der Altersgruppe zwischen 35 und 45 entscheiden sich bewusster für eine Schwangerschaft und sind bereit, alles dafür zu tun, um auf natürliche Weise schwanger zu werden und es zu bleiben«, sagt er. »Natürlich gibt es Risiken, doch die können mit einer aufmerksamen und gewissenhaften Betreuung minimiert werden.«

Späte Mütter sind außer Risiko- nämlich auch Musterschwangere. Sie trinken keinen oder wenig Alkohol, parken finanziell oft auf der sicheren Seite, muten sich weniger zu, treiben in Maßen Sport und achten mehr auf ihre Gesundheit.

Bei regelmäßiger Vorsorge durch den Gynäkologen deines Vertrauens kann also auch im fortgeschrittenen Alter wenig schiefgehen. Zu lange solltest du allerdings nicht warten: Unangenehm könnte es werden, wenn du ständig für die Großmutter deines eigenen Kindes gehalten wirst und wenn du im Rentenalter noch mit den Nöten pubertierender Teenager zurechtkommen musst. Auch alte Väter bekommen hin und wieder ihr Fett weg. Die Studie »Männer leben« der Bundeszentrale für gesundheitliche Aufklärung ergab jüngst, dass die meisten Deutschen finden, Babyväter über fünfzig sähen wirklich alt aus. Der Klassiker aller Babygespräche aus dem Film *Harry und Sally* lehrt ein Übriges: »Charlie Chaplin hat noch Kinder bekommen, da war er schon 73!«, sagt Sally, die sich zu alt für eine Schwangerschaft glaubt. Und Harry antwortet: »Aber er war zu schwach, sie noch auf den Arm zu nehmen!«

Vorurteilscheck: 

Vorurteil 2: Kinder ruinieren die Figur

»Haben Sie im Film Alien die Szene gesehen, in der sich aus dem Körper einer der Darsteller ein Monster herauszwängt und ihm dabei den Bauch zerfetzt? Wissen Sie, weshalb diese Szene weltberühmt ist? Weil sie den Umständen einer Geburt erschreckend nahe kommt.«

Corinne Maier, *No Kid. 40 Gründe, keine Kinder zu haben*

Es ist amtlich. Schwangerschaft hat körperliche Folgen. Große Artikel in Zeitschriften wie Healthy Living und Maxi widmen sich in letzter Zeit gerne Frauenkörpern nach dem Geburtsvorgang: »Die nackte Wahrheit nach der Geburt«, »Mama-Kilos. Warum der Schwangerschafts-Speck so hartnäckig ist« oder »Baby, hast du mich verändert«. Eigentlich sind sich alle der fotografierten und befragten Mütter einig: Die Figur ist danach nicht mehr dieselbe. Von hängenden, Dreifach-D- oder A-Minus-Körbchengrößen über Dellen an Bauch und Po über zu viele Kilos um die Hüften gibt es jede Menge Schwangerschaftssouvenirs. Von den Dehnungsstreifen auf den Nerven der Väter mal ganz abgesehen.

Als Gewichtsreduzierer nach der Niederkunft empfehlen viele Hebammen das Stillen. Die Ernährungsberaterin Gabi Eugster erklärt in der Fachzeitschrift Laktation und Stillen: »Die Stillzeit ist an sich eine ideale Zeit, um Gewicht zu verlieren. Denn Stillen selbst kostet Energie, sogar eine namhafte Menge.« Studien haben ergeben, dass eine Mutter, die stillt, einen zusätzlichen Energieverbrauch von täglich 635 Kalorien in den ersten vier Monaten hat, danach rund 100 weniger. Auch wenn viele Mütter glauben, kräftig zulangen zu müssen, weil sie ja schließlich noch ein Baby durchfüttern müssen, »nehmen stillende Frauen im Durchschnitt innerhalb eines Jahres mehr Gewicht ab als nicht stillende«, sagt Eugster.

Ob das auch bei dir wirkt, wissen wir nicht, aber zumindest das Fettabsaugen solltest du dir bis zu einem Jahr nach der Geburt verkneifen, weil das Gewebe sich noch nicht zurückgebildet hat und sonst unansehnliche Dellen wirft.

»Die meisten Probleme entstehen, weil Frauen in der Schwangerschaft viel zu viel zunehmen«, sagt Privatdozentin Dr. Ulrike Korsten-Reck von der Deutschen Gesellschaft für Sportmedizin. »Frauen sollten schon mit Wohlfühlgewicht und fit in die Schwangerschaft gehen.« Korsten-Reck hat festgestellt, dass heute immer mehr Frauen mit jedem Kind dicker werden – und das ist auch schlecht fürs Kind: »Wenn die Mutter sich in der Schwangerschaft gehen lässt, wird auch das Kind hinterher eher zu Übergewicht neigen«, erklärt sie. »Ein großes Problem ist, dass Schwangerschaft heutzutage zu einem transzendenten Zustand hochstilisiert wird und von allen Seiten gesagt wird, dass die Mutter sich schonen solle, und dass die Frauen dann zum Wohle des Babys die Füße hochlegen und nicht genug für ihre Fitness tun.« Also Augenmerk auf die Startsituation: Das Gewicht muss vorher und während der Schwangerschaft stimmen, an Bewegung solltest du ebenfalls nicht sparen.

Wenn du vor und während der Schwangerschaft für zwei gegessen hast, helfen dir hinterher leider nur eiserne Disziplin und FDH. Der Griff zum Joggingschuh, der Besuch des Gymnastikkurses, des Schwimmbads oder der Yoga-Klasse sind unvermeidlich.

Und was ist mit den Models, Moderatorinnen und Boxenludern aller Art, die sich kurze Zeit nach der Entbindung wieder im alten Look präsentieren: Fitnessoma Madonna, Gwyneth Paltrow oder Angelina Jolie? Lass dich davon nicht irritieren – diese Vorbilder haben meistens nämlich den Effekt: »Das schaff ich ja sowieso nicht!« Promis wie Heidi Klum haben im Gegensatz zu Uschi-Normalverbraucherinnen schon vorher eisern an den Kalorien gespart – und sie haben oft einen Fitnesstrainer und einen gut bezahlten Freund, der alle Fotos mit Dehnungsstreifen retuschiert. Diese hübschen weißen Gewebeschäden hat man übrigens, oder man hat sie nicht: Viel davon ist Vererbung, und nur ein bisschen kann man mit Zupfmassagen oder Einölen vorbeugen.

Wichtig: Eine gute Figur machst du vor allem mit viel Geduld. Überfordere deinen Körper nicht. Eisern am Rückbildungskurs teilnehmen, erst später dann am Ironman! Schonendes Ausdauertraining ist erlaubt. Und bei der sanften Fitness darf auch Papi mitmachen und dich anfeuern. Denn immerhin hast du ihm das Beste geschenkt, was deine Lenden und deine nun schlaffe Haut am Bauch hergeben.

Ein Trost für alle die, die's mit dem Kinderkriegen trotzdem probieren wollen: Mit zunehmendem Alter wird die Haut ohnehin selten straffer, im Gegenteil. Und wenn du dereinst im Altenheim sitzt, interessieren deine Dehnungsstreifen ohnehin keinen mehr, und du selbst hast es – Demenz sei Dank – auch vergessen. Dafür kommen dich deine Kinder dann auch besuchen und wischen dir den Haferschleim aus dem Gesicht. Das ist doch was, oder?

Vorurteilscheck: 

Vorurteil 3: Kinder machen arm

»Nicht Kinder machen arm, sondern Kinder leben in Armut, wenn die Eltern keine Arbeit haben und wenn die gezielten finanziellen Hilfen des Staates nicht wirkungsvoll genug sind.« Ursula von der Leyen

Um es gleich zu sagen: Kinder kosten Geld. Sie sind von der Baby-Erstausstattung bis zum Auszug ein Fixposten. Dazu zählen die erste Windel, Babynahrung, Süßigkeiten beim Jahrmarktbesuch, Geburtstagsgeschenke und das rote Hüpfpferd Rody genauso wie

Schulbücher und Nachhilfeunterricht, Taschengeld, Reitstunden, Tanzkurs, Klassenfahrten, Auslandsaufenthalte, Studium oder Ausbildung und die Süßigkeiten, die als Trostpflaster gegen den ersten Liebeskummer gekauft werden.

Allein im ersten Lebensjahr summieren sich die Ausgaben für den Nachwuchs auf etwa 3 000 Euro, hat der Deutsche Sparkassen- und Giroverband in Berlin errechnet. Jeden weiteren Monat kostet ein Kind dann fast 550 Euro, und es wird mit dem Alter tendenziell eher teurer, sagt das Statistische Bundesamt. Das leppert sich: An seinem achtzehnten Geburtstag hat der kleine Pupser von einst bereits 110 000 Euro gekostet – Geld, das man sich hätte sparen und dafür einen Porsche 911 GT3 kaufen können.

Das ist richtig viel Kohle. Die Chancen, sich durch den Kindersegen zu ruinieren, stehen also auf den ersten flüchtigen Blick nicht schlecht. Aber wann kann man von sich eigentlich offiziell behaupten, dass man mittellos ist? Der Armutsbericht 2008 des Bundesministeriums für Arbeit und Soziales sagt es uns: Arm sind in Deutschland diejenigen, die als Alleinstehende 781 Euro netto oder weniger im Monat haben.* Für jeden Erwachsenen im Haushalt erhöht sich diese Grenze um 391 Euro, für jedes Kind unter 14 Jahren um 235 Euro. Eine Familie, Vater, Mutter, zwei Kinder unter vierzehn, gelten also noch als arm, wenn sie bis zu 1 642 Euro zur Verfügung haben – was in der Tat nicht so viel ist, wenn man allein bedenkt, wie teuer eine angemessen große Bleibe für eine Familie ist.

Reich sind hingegen alle Alleinstehenden, die monatlich mehr als 3 418 Euro netto auf dem Konto oder in der Tasche haben, genauso wie Familien mit zwei Kindern, die über mehr als 7 178 Euro im Monat verfügen.

* Bitte nicht merkeln: Netto ist immer noch das, was du hinterher wirklich raus hast. Das andere heißt Brutto, sieht schön aus, ist aber trügerisch.

Der Armutsbericht zeigt, dass das größte Armutsrisiko durch Kinder vor allem für Langzeitarbeitslose und Alleinerziehende mit Kindern besteht. Und auch eine Studie des Instituts für Wirtschaft und Gesellschaft Bonn kam zu dem Schluss, dass Alleinerziehen oft arm macht: »Unsere Studie ›Von Verlierern und Gewinnern‹ zeigt, dass fast drei von vier Deutschstämmigen, die in den zurückliegenden zehn Jahren in den Armutsbereich abstiegen, Alleinerziehende sind. Daraus kann gefolgert werden, dass das Alleinerziehen ein hohes Armutsrisiko darstellt«, sagt der Chef des Instituts, Professor Meinhard Miegel. Damit könnte man Mirja, eine Sechzehnjährige, die wir in Köln trafen, vielleicht doch überreden, noch einen Abschluss zu machen. Sie meinte nämlich: »Ich will so bald wie möglich Kinder haben, dann brauche ich nicht zu arbeiten!«

Wenn du bislang ein Beziehungsmuffel warst und ein trautes Familienleben eher spießig fandest, entfacht der G-Punkt (G für Geld) vielleicht deine Begeisterung für eine funktionierende Partnerschaft, denn sie bietet finanzielle Sicherheit und Stabilität. Lebt ihr als Eltern nicht nur zusammen, sondern habt darüber hinaus auch noch beide einen Arbeitsplatz, sinkt das Risiko zu verarmen immens. Wer ernsthaft ein oder zwei Kinder finanzieren will, bekommt das in den meisten Fällen auch gebügelt. Das Elterngeld beträgt derzeit rund zwei Drittel des letzten Nettogehalts, maximal 1 800 Euro. Man bekommt es für zwölf, maximal vierzehn Monate, wenn sich der zweite Elternteil in den letzten beiden Monaten ebenfalls um das Kind kümmert. Fast 600 000 Mütter und Väter erhalten inzwischen Elterngeld, und die Tendenz ist steigend. Davon sind es in 12,4 Prozent der Fälle Väter, die sich um die Kinder kümmern und dafür das Elterngeld erhalten. Die Antwort auf die Frage, wie viel Geld herausspringt, kannst du auf www.bmfsfj.de/Elterngeldrechner/ ausrechnen lassen.

Studenten oder Arbeitslose müssen mit weniger auskommen und erhalten lediglich ein Mindestelterngeld. Es gibt vierzehn Monate lang einen Sockelbetrag von 300 Euro. Dafür hat, wer weniger als 340 Euro verdient, die Chance auf 100 Prozent seines letzten Einkommens. Föderalismus sei Dank sind die Stellen, bei denen man in Deutschland den Staat ums Geld angehen kann, von Bundesland zu Bundesland unterschiedlich. Infos findest du auf der Seite www.bmfsfj.de. Erkundige dich vorher genau, welche Unterlagen du mitbringen sollst, sonst dauert's unnötig lange. Wir leben schließlich in Deutschland, einig Formuland.

Fazit für Familiengründer: Wer eine intakte Partnerschaft führt, in der beide einen sicheren Job haben, und ernsthaft bankrottgehen will, der sollte einen Kredit nach dem anderen aufnehmen und auch sonst über seine Verhältnisse leben. Kinder kriegen allein reicht nicht. Jeden Abend auswärts essen, die Heizung auch bei fünfundzwanzig Grad schon laufen lassen und sich einen Handyvertrag nach dem anderen aufschwatzen lassen, wirken als heftigere Wasserstöße, wenn man sein Geld die Toilette runterspülen möchte. Für Alleinerziehende und Geringverdiener gilt hingegen: Sind Kinder im Anflug, wird die Familienkasse ähnlich stark strapaziert wie der Bundeshaushalt bei der nächsten Bankenpleite. Daher solltest du vorher genau überlegen, ob du bereit bist, für den Nachwuchs auch Entbehrungen in Kauf zu nehmen.

Aber all das lohnt sich, wenn man Kinder mag. Vor allem, wenn man seine eigenen mag. Sobald das Würmchen in der Wiege liegt, merken nämlich viele von uns, dass Reichtum nicht immer nur was mit Geld zu tun hat.

Vorurteilscheck für Normalverdiener: 

Vorurteilscheck für Alleinerziehende und Geringverdiener: 

Vorurteil 4: Kinder knicken die Karriere

»Ich denke, wir beide haben vor, nur noch ein paar Jahre zu arbeiten. Brad und ich haben viele Kinder. Und wir wollen noch mehr Kinder haben, und das erfordert Zeit. Man kann nicht alles unter einen Hut bekommen.« Angelina Jolie

Wer nicht wie Brangelina für jedes Kind ein Kindermädchen anheuern kann, muss Beruf und Kind anders unter einen Hut bringen. Gerade in den ersten Jahren wirst du dann auf die Hilfe von anderen angewiesen sein, also auf Tagesmütter, Kindergärten, Horte und andere Aufbewahrungsmöglichkeiten. Wenn es stimmt, was deutsche Eltern aller Orten zu Gehör bringen, dann ist es schwierig und teuer, sein Kind am geeigneten Ort unterzubringen. Ist es wirklich so schlecht um die Kinderbetreuung in Deutschland bestellt? Wenn du öfter mal den diesbezüglichen Nachrichten lauschst, hast du allen Grund, verwirrt zu sein. Schlagzeilen wie »Personalnot bremst den Kita-Ausbau« erzählen uns von Kürzungen und unzureichender Versorgungslage, andererseits soll die Betreuung ausgebaut werden, und alle Kinder ab drei Jahren haben einen rechtlichen Anspruch auf einen Kindergartenplatz, bis die Schulpflicht ruft. Wenn du dein Kind dann im Hort oder Kindergarten anmelden willst, sind die Plätze trotz des Anrechts knapp gesät und kosten, wenn du Pech hast und deine Kommune sie nicht ausreichend bezuschusst, ein kleines Vermögen. Soll dein Kind vor dem dritten Lebensjahr betreut werden, musst du es auf eine Warteliste setzen lassen oder selbst vorsorgen und es notfalls bei den Großeltern parken. Für Eike Ostendorf-Servissoglou vom Verband Berufstätiger Mütter (VBM) ist ganz klar: »Wenn es mehr Betreuungsangebote auch für Kinder unter drei Jahren geben würde, sodass alle Familien dadurch unterstützt werden, dann könnten Mütter ganz anders planen.« Und wie sollte diese Betreuung sein? »Kostenfrei. Für alle Kinder verbindlich. Und es müsste eine Instanz geben, die die Qualität überprüft. Immerhin ist auch der Kindergarten eine Bildungseinrichtung. Das müssten in Deutschland endlich alle zur Kenntnis nehmen.«

Doch Ganztagsfremdbetreuung ist in Alemania noch ein Fremdwort. Das bedeutet, du musst spätestens nachmittags selbst Hand ans Kind legen oder alternativ für bezahlte Aufpasser zu Hause sorgen, wenn das Kleine aus dem Kindergarten oder der Krippe entlassen wird. Das führt dazu, dass viele finanziell kapitulieren oder dass Mutti – seltener Vati – einen Großteil ihres Sauerverdienten gleich wieder für die Kinderbetreuung ausgibt, auf die sie angewiesen ist, weil sie arbeiten geht. Sie kann ihre Karriere knicken oder muss sehr gut organisiert sein und einen großen Teil ihres Gehalts in die Betreuung des Kindes stecken. Die meisten ihrer Versuche, trotzdem im Job zu bleiben, enden mit unbefriedigenden Kompromisslösungen. Für viele Mütter ist in den ersten Jahren nach der Geburt allenfalls eine reduzierte Stundenanzahl drin, bei der sie in einer Vielzahl von Fällen karrieretechnisch auf der Teilzeitstelle treten. Zu viele gut ausgebildete Frauen müssen sich mit einem oder zwei Minijobs herumschlagen, die das Puzzeln mit der Organisation und die reduzierte Zeit für die Familie nicht wert sind. Nicht gut für die Mütter – und auch nicht für die Arbeitgeber, die mittlerweile über den Fachkräftemangel klagen.

Teilzeitkräfte müssen mitunter sogar finanzielle Verluste in Kauf nehmen, um wieder arbeiten gehen zu können. Das Ehegattensplitting wirkt sich in diesem Fall negativ aus, genauso wie die hohen Kosten für die Kinderbetreuung. Das Fazit für werdende Berufsmütter: Es sieht schlecht aus, solange es keine finanziell annehmbaren Teilzeitstellen gibt, die auch den Fähigkeiten von Hochqualifizierten gerecht werden und den Bedürfnissen ihrer

Familien entgegenkommen. Wenn von Familienförderung die Rede ist, dann sollte sie für Mütter hier anfangen. Denn nur so könnte man mehr Ausgebildete und Akademikerinnen dazu bewegen, Kinder zu bekommen, und ihnen auch gesellschaftliche Anerkennung zukommen lassen. Dass es vor allem an Letzterer mangelt, hält nämlich immer noch viele vom Kinderkriegen ab. Das hat die französische Familienforscherin Dr. Jeanne Fagnani herausgefunden. Sie wollte wissen, warum im Vergleich mit ihrem Elternland Frankreich deutsche Mütter weniger Kinder bekommen und seltener in den Beruf zurückkehren als Französinnen: Neben unzureichenden Angeboten zur Betreuung spielen vor allem die bestehenden Wertvorstellungen eine große Rolle. »Die Deutschen haben, was die Erziehung von Kleinkindern angeht, immer noch sehr altmodische Vorstellungen. Vor allem bei Kindern unter drei Jahren glauben viele, dass das Alleinlassen die Entwicklung von Gefühlen und Erkenntnissen hemmt und dass die Mutter stark für diese Entwicklung verantwortlich ist.«

Sie hat festgestellt, dass deutsche Frauen es unmoralisch finden, sich als Mutter auch im Berufsleben zu tummeln, und deshalb glauben, sich entweder für Familie oder für den Beruf entscheiden zu müssen. »Da es immer mehr hochqualifizierte und gut ausgebildete Frauen gibt, die arbeiten wollen oder müssen, verzichten diese öfter auf Kinder als die Französinnen. Sie glauben, dass Beruf und Familie nicht zusammenpassen«, erklärt Fagnani. Viele Deutsche glauben, dass es für das Kind traumatisch sei, wenn es im Alter zwischen einem und drei Jahren öfter von der Mutter getrennt ist als unbedingt nötig. Einfach gesagt: Eine Frau gilt in Deutschland schnell als Rabenmutter, wenn sie mehr Kinderbetreuung fordert und nach der Geburt nicht Windeln wechseln, sondern weiterarbeiten und auch Karriere machen will. Was wir in Deutschland dringend nötig hätten, fragen wir Dr. Fagnani, und sie lächelt. »An Ihren Vorstellungen sollten Sie arbeiten – und daran, dass mehr gute und umfassende Kinderbetreuung angeboten wird.« Dieser Meinung ist auch Eike Ostendorf-Servissoglou vom VBM. Sie widerspricht dem Vorurteil, dass nur eine Vollzeitmutter eine gute Mutter sein kann: »Wollen wir denn auf die Eva-Herman-Schiene aufspringen? Dann heißt es als Nächstes: ›Wozu müssen Mädchen eigentlich Abitur machen?‹ Und wir landen wieder auf den Hauswirtschaftsschulen!«

Ein Grund für die deutsche Muttermisere ist, dass Rollenbilder aus der (gar nicht immer so) guten alten Zeit noch quicklebendig sind und die kostenfreie und mit bestens ausgebildeten, hoch motivierten und angemessen entlohnten Pädagoginnen und Pädagogen ausgestattete Kinderkrippe für Nachwuchs unter drei Jahren noch weitgehend Wunschtraum ist. Doch vielleicht sollten wir gar nicht darauf warten, dass jemand im Bundesministerium für »Familie, Frauen und Gedöns«* ein Allheilmittel erfindet. Denn wie man schon heute vieles besser machen kann, zeigen Projekte, bei denen Eltern, Unternehmer und Politiker die Initiative ergreifen und an einem Strang ziehen. Viele Unternehmen wie beispielsweise die Commerzbank bieten ihren Angestellten kostenlos Beratung zum Wiedereinstieg in den Beruf an, genauso wie eine Betreuung der Kinder über den hausinternen Kindergarten, der dann einspringt, wenn sich Betreuungslücken aller Art ergeben, zum Beispiel, wenn die Tagesmutter mal krank wird. Immerhin: Sechzig Prozent der Bankmütter steigen nach der Geburt wieder in den Job ein.

In Heilbronn wurde 2007 der erste Gratis-Kindergarten für alle eingeführt. Im gleichen Jahr wurde in Marburg auf Initiative des Tagesmüttervereins – einer Einrichtung, in der sich Tagesmütter zusammengeschlossen hatten, um gegenseitige Vertretung zu garantieren – ein Ganztagsbetreuungsmodell mit vierzig

* Bezeichnung des betreffenden Ministeriums nach Familienexperte und Ex-Kanzler Gerhard Schröder

neuen Plätzen und besseren Möglichkeiten für die Betreuung von unter Dreijährigen geschaffen. Die Stadt fand die Idee so gut, dass sie sie mit so genannten »Bambini-Geldern« fördert, die den Tagesmuttereinsatz für die Eltern finanziell realisierbar macht.

Wenn du also selbst mal in die Verlegenheit kommen solltest, in deinem Betrieb einen Kindergarten zu benötigen, gilt der einfache Grundsatz: Doof it Yourself! Weise deinen Personalchef mal darauf hin, dass es ein Projekt des Bundesministeriums für Familie, Senioren, Frauen und Jugend namens »Erfolgsfaktor Familie« (www.erfolgsfaktor-familie.de) gibt, das betriebliche Einrichtungen für Kids unter drei Jahren fördert, vielleicht tut sich dann was in eurer Firma.

Vorurteilscheck: 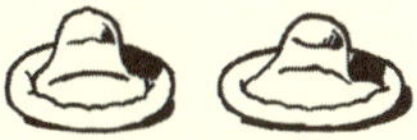

Vorurteil 5: Kinder machen einen Spießer aus mir

»Du, Papa, wenn ich groß bin, will ich auch mal Spießer werden!«
Werbeslogan

Ole und Kirstin, der Koch mit der Hornbrille und die coole Braut mit dem Doktortitel und dem Augenbrauenpiercing, sind ein Liebespaar. Er hört Drum'n'Bass und MinimalTechno, und sie ist in ihrer Freizeit voll am Freeclimben. Die beiden Wahlberliner wollten sich an eine, wie sie meinten, »total lässige Sache« wagen: Kinder. Sie dachten sich: Wir beweisen's euch! Von wegen piefiges Einfamilienhausmitgarten-Leben. Alles locker, alles klar, die Kinder laufen so mit und bringen überwiegend witzige Momente in unser ohnehin schon durchgestyltes Leben. Kinder sind nicht das Ende von Coolness. Im Gegenteil, sie sind voll coole kleine Erwachsene. Immerhin sind es ja unsere.

Doch nach der Geburt (sieben Stunden Wehen, dann ein Kaiserschnitt, als Kirstin nicht mehr konnte), sah plötzlich alles ganz anders aus. Vom Kindspech* bis zum Stillvorgang; es ging nur noch um den kleinen Ludwig. Aus Messengerbags von Freitag wurden Wickeltaschen von Diaperdude, und Ole joggt jetzt mit Trike und Ludwig drin. Kein Schritt ohne Baby, und alle Gespräche drehten sich so intensiv ums Kind, dass bald alle Nicht-Eltern im Freundeskreis die Freundschaft kündigten. Aber das stört Ole und Kirstin nicht, da sie jede freie Minute eh lieber schlafen, als sich unter Leute zu begeben, mit denen sie nichts mehr gemein haben. Muss das so sein?

Kinder verändern das eigene Leben, sie geben ihm einen neuen Rhythmus. Man könnte auch sagen, man wird spießig, aber es ist eher so, dass sich die Prioritäten verschieben. Schon in der Schwangerschaft gibt es Veränderungen: Werdende Eltern gehen weniger aus, vielleicht, weil die Mütter ohnehin keinen Alkohol mehr zu sich nehmen oder rauchen sollten, weil es das Kind schädigen kann. Laute Musik weckt das Kleine später auf, und mit der Liebe nachts um drei auf dem Küchenfußboden hat es sich auch erledigt, weil man durch die fordernden Schlafrhythmen seines Sprösslings nicht die nötige Muße dafür hat.

Um dir eine ganz persönliche Meinung über dieses Vorurteil zu bilden, solltest du zunächst überlegen, was Spießigkeit für dich ist. Der Duden erklärt das Wort Spießer mit »abwertend für engstirniger Mensch«. Ist man deswegen gleich spießig, weil man dem Kind gegenüber Verbote ausspricht? Nicht, wenn diese Verbote begründet sind: Man nehme das altgediente Beispiel mit der heißen Herdplatte. Ein Kind muss nicht unbedingt die Erfahrung machen, dass es wehtut und Brandblasen wirft, wenn man mit der Hand darauffasst.

* Für Geburtslaien: Das ist die erste Kinderkacke, ein zähes, dunkles Zeug, das aus Schleimhäuten, Galle und mit dem Fruchtwasser verschluckten Haaren und Hautzellen besteht.

Man ist erst dann spießig, wenn man Verbote und Regeln aufstellt, die keinen richtigen Hintergrund haben und nur etabliert werden, weil »man« es schließlich immer so gemacht hat.

Du kannst Mutter oder Vater sein und trotzdem mit deinen Kindern Computer spielen, wenn du ihnen vermittelst, dass dies in Maßen auch eine gute Sache sein kann. Du wirst im Laufe der Zeit außerdem feststellen, dass Kinder dich jung halten können. Denn auch wenn du jetzt glaubst, dass du immer up to date sein wirst – mit fortschreitendem Alter wird es zunehmend schwieriger, Trends zu erkennen. Da kann es schon mal praktisch sein, wenn das der Nachwuchs für dich erledigt. Aber Obacht: Wer so hip sein möchte, dass er mit seinem vierzehnjährigen Kind shoppen geht und dabei bei New Yorker die gleichen Teile anprobiert, der sollte seinen Kopf mal überprüfen lassen. Locker sein bedeutet nicht, sich bei den eigenen Kindern anzubiedern, und wenn die Eltern betont jugendlich sein wollen, finden das die meisten Kids einfach nur noch peinlich oder doof: Schließlich lässt du ihnen damit keine Möglichkeit, sich von der älteren Generation abzugrenzen. Wie soll man da noch vernünftig rebellieren?

Vorurteilscheck: 

Vorurteil 6: Je schlächter die Büldung desdo früher ein Braten in der Röhre

»Sexualität ist heute nur noch eine Sportart.« Karl Lagerfeld

Hauptschülerinnen haben mehr. Nicht nur mehr Schwierigkeiten, einen Job zu finden, sondern auch fünfmal mehr Potenzial, in jungen Jahren schwanger zu werden als Gymnasiastinnen, wie eine Studie von pro familia und der Bundeszentrale für gesundheitliche Aufklärung (BzgA) zeigt. Und sie tragen die Kinder auch häufiger aus. Regine Wlassitschau, Pressesprecherin von pro familia erklärt auch anhand anderer Studien: »Durch soziale Benachteiligung wird das Risiko von Jugendschwangerschaften größer, weil gravierende Lebensprobleme genau wie bei erwachsenen Frauen dazu führen, die Sorge um die Verhütung aufzuschieben oder zu vernachlässigen.«

In den meisten Fällen gesellt sich zum Laisser-faire auch blankes Unwissen. Denn auch wenn es in Zeiten von Porno-Rappern und Möchtegernfeministinnen in Musik und Literatur nur so wimmelt und einem gewöhnlichen Neunjährigen mehr Sex und Porno aus dem Mund kommt als Oswalt Kolle, ist laut Sexualforschern der Grund für frühe Schwangerschaft vor allem mangelnde Aufklärung. Je niedriger der Bildungsstand im Elternhaus, desto größer ist die Wahrscheinlichkeit, dass dort auch nicht aufgeklärt wird, das zeigt die Studie der BzgA.

Mit Sex ist es ein bisschen wie mit Politik: Wer viel darüber redet, hat nicht unbedingt mehr Ahnung. Viele von den Unaufgeklärten haben vermutlich zu selten Kondome über Bananen abgerollt, als dass sie dieses Wissen auch automatisch im Bett reproduzieren könnten, wenn es ernst wird und zur Sache geht. Wer noch Bildungslücken in dem Bereich hat und sich umfassend über Verhütung und anderen Spaß informieren möchte, der kann sich bei pro familia auf der Homepage Broschüren von D wie »Diaphragma« bis V wie »Verhütungspflaster« runterholen.

Aber auch wenn in der Boulevardpresse von immer jüngeren Eltern die Rede ist, wie zum Beispiel von der zwölfjährigen Patricia aus Hamburg oder von Ann-Katrin, die mit vierzehn Jahren schwanger wurde und im Juli 2008 deswegen bei Stern-TV ihren ersten Fernsehauftritt hatte, ist die schwangere Zwölfjährige nicht der deutsche Regelfall. Hier wird medienwirksam dramatisiert. Die Statistik zeigt, dass es in diesen Altersstufen nur sehr wenige Mädchen gibt, die Nachwuchs erwarten. Und auch wird oft verschwiegen, dass die Zahl der frühen Schwangerschaften in den Jahren nach 2001 gleichbleibend oder sogar ein wenig rückläufig ist.

Für vermehrungsbereite Jugendliche gibt es inzwischen außerdem die Möglichkeit, ihren Kinderwunsch an einem Babysimulator wie im Projekt »Babybedenkzeit« aus Delmenhorst auszuprobieren: Eine Puppe, die gehegt werden will wie ein echtes Baby, gefüttert, gewiegt und gewindelt. Nach einem solchen Experiment können Mädchen besser beurteilen, wann für sie der richtige Zeitpunkt für ein eigenes Kind ist. Zumal hinter dem frühen Kinderwunsch in vielen Fällen die eigene Bedürftigkeit steht, wie die Diplom-Pädagoginnen Edith Stemmler-Schaich und Uta Schultz-Brunn vom Projekt »Babybedenkzeit« erklären: »Ein Baby wünschen sich viele, weil sie sich nach etwas zum Liebhaben sehnen, nach jemandem, der bei ihnen bleibt, der ihre Sehnsüchte nach Nähe und Zuwendung erfüllt. All das, was sie in ihrem Leben vermissen und nie genug bekommen haben.«

Auch Elternkompetenzen müssen erlernt werden – am besten durch Vorbildlernen in der eigenen Familie. »Nicht alle Jugendlichen haben diese Chance«, sagt Stemmler-Schaich. »Viele

Aufgaben und Verantwortlichkeiten können Jugendliche auch in einem Elternpraktikum mit RealCare Baby erfahren. Mehr Wissen und Vorbereitung auf Elternschaft bedeutet eine bessere Eltern-Kind-Beziehung und Prävention vor elterlicher Überforderung.«

In Deutschland gibt es derzeit etwa fünfhundert Einrichtungen, die mit Babysimulatoren arbeiten. Mit solch engagierten Projekten sind wir zumindest ansatzweise auf einem guten Weg, den elterlichen Aufgaben und Verantwortlichkeiten die angemessene Wertschätzung entgegenzubringen. Grundsätzlich glauben wir in Deutschland, dass jeder über die nötige Kompetenz verfügt, um die Herausforderung Kind zu meistern. Deswegen werden die Familien mit der Vorbereitung auf die Vervielfältigung oft allein gelassen – und das geht nicht immer gut. Auch Elternsein muss man lernen dürfen.

Stammtischvorurteilscheck: 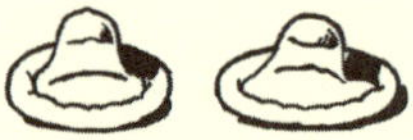

LEVEL 2
Rent-a-Kid – das Experiment. Eltern für einen Tag

Wir bewundern unsere Freunde Katrin und Tom. Nein, wirklich. Sie sind trotz Terrorbombern, Börsenmaklern, steigenden Benzinpreisen und potenziell psychotischen Aushilfen im Kinderparadies bei IKEA das Wagnis eingegangen, Kinder in die Welt zu setzen. Und das im zarten Alter von 35 und 37 Jahren.

Als wir Katrin und Tom vorschlagen, uns bei ihnen einzuquartieren, um für einen Samstag ihre Kinder zu betreuen, sind die beiden, nun ja, eher verhalten begeistert.

»Ihr beiden?!«, meint Tom mit einem maliziösen Lächeln. »Seid ihr denn gegen groben Unfug versichert?«

Katrin kriegt sich vor Lachen nicht mehr ein. »Die machen euch doch in der ersten Runde platt! Wie wollt ihr denn da einen ganzen Tag durchhalten?!«

Offen gesagt sind das nicht die Antworten, mit denen wir gerechnet haben. Eigentlich hatten wir als Dank für die großzügige Geste, ihnen einen freien Tag zu verschaffen, ein Fünf-Gänge-Menü mit persönlichem Service von Starkoch Jamie Oliver und einem umfangreichen Nachtischbuffet von Peggy Porschen erwartet.

Dass Tom und Katrin uns nicht zutrauen, für einen Tag auf ihre lieben Kleinen aufzupassen, stachelt unseren Ehrgeiz an.

Das kann doch nicht so schwierig sein. Es sind doch nur zwei kleine Zwerge. Elisa ist vier, Jonas ist sechs. Schließlich haben wir das skeptische Elternpaar so weit, dass sie der Idee zustimmen. Und wir sind uns sicher: Wenn wir ein paar Grundregeln beachten, dann müsste es uns gelingen, die Kinder nach Ablauf der Probezeit wohlbehalten oder wenigstens lebend zurück zum Hersteller zu bringen.

Die Idee zu diesem Experiment kam uns eines Abends bei einer Lesung von *Generation Doof* in einer Buchhandlung. Einer der Zuhörer fragte uns, wie wir denn über das Thema Erziehung schreiben könnten, wenn wir selbst noch keine Kinder hätten? Wir kamen ins Grübeln und beschlossen, die Probe aufs Exempel zu machen. Immerhin, dachten wir uns, ist die häufigste Frage, die Paare mit Kinderwunsch auf Partys stellen: Wie ist das wohl, wenn die Kleinen erst mal da sind? Können wir Erziehung? Wir nahmen uns vor, das herauszufinden.

Mit Fiebereifer bereiten wir uns auf den Tag vor. Wir sehen uns alle vergangenen Folgen der *Super Nanny* auf YouTube an. Wir lesen die Geschichte der Problemjugendlichen Max und Moritz, und wir studieren die Geschichten aus dem *Struwwelpeter*, vor allem die des ADHS-Philipp. Wir wikipedieren rund ums Kind. Wir sind präpariert. Der große Tag kann kommen.

»Man will das pflegeleichte und eben auch das selbstbewusste Kind. Dabei ist das ein Widerspruch.«

Jan-Uwe Rogge

Lektion 1: Invasion der Nutellafresser. Die Kinder kommen, die Gemütlichkeit geht

»Meint ihr wirklich, dass ihr klarkommt?«, fragt Tom zum wiederholten Male, während er Katrin in die Jacke hilft.

»Bestimmt«, versichern wir und versuchen, die Müdigkeit einfach wegzublinzeln. Es ist sieben Uhr achtunddreißig am Samstagmorgen. Viel zu früh. Als wir heute Morgen auf Couch und Luma in Katrins und Toms Wohnzimmer aufgewacht sind, ging uns erstmalig auf, dass unsere Idee mit dem Kinderhüten vielleicht doch kein gar so grandioser Einfall war. Denn vor unseren Betten standen zwei Kinder in Schlafanzügen. Ihre Eltern hatten sie an uns delegiert und sich selbst noch mal aufs Ohr gelegt. Seit kurz vor sieben haben wir uns schon einiges anhören müssen: Musik der Gewinner aus Popstars und Co., Nintendogs-Gebell und die Rufe »Marzipan!«, »Marzipan!«, um einen der elektronischen Hunde anzulocken, den Elisa auf den Namen der beliebten Weihnachtssüßigkeit getauft hat. Dazu Puppen und Autos, die Geräusche von sich geben, und das Schnarren der ferngesteuerten Puppe Kennedy auf ihren Rollerskates. Außerdem ist auf Jonas' Nintendo DS schon am frühen Morgen die *Mario Party* in vollem Gange.

Wir denken wehmütig an das vergangene Wochenende, als wir bis zehn im Bett lagen, um uns dann zum Frühstück im Café Fleur zu treffen und den Vormittag mit exzellentem Milchkaffee und frischen Croissants herumzubringen. Was du daraus lernst? Kinder sind immer da, und ihnen ist egal, ob du ausschlafen willst, einen Kater hast, oder sie dir an diesem besonderen Morgen einfach herzlich schnuppe sind.

Um Tom und Katrin zu beruhigen, lassen wir uns nichts von unserer Müdigkeit anmerken. »Heute Nachmittag fahren wir in den Freizeitpark, das wird bestimmt toll.«

Katrin sieht nicht überzeugt aus. »Denkt dran: keine Süßigkeiten und kein Junkfood für Elisa und Jonas«, sagt sie streng und sieht uns so an, als würde sie ihr gesamtes Barvermögen zwei Freizeitpokerspielern in die Hand drücken.

Ja, Mama.

Lektion 2: Der Krieg der Knirpse. Draußen kann gefährlich sein

»Was wollt ihr machen?«, fragen wir Elisa und Jonas, als die Tür hinter ihren Eltern ins Schloss fällt. Die beiden zerren uns in entgegengesetzte Richtungen.

»Pro Evoluschn Zocca!«, ruft Jonas und schwingt bereits das drahtlose Gamepad. Wir wussten gar nicht, dass er mit sieben Jahren bereits fließend Auswärts spricht. »My Scenes!«, ruft Elisa. Sie zeigt auf die Urenkelinnen von Barbie, die aussehen wie Zombies, denen man die Köpfe aufgepumpt hat.

Okay. Zum einen kann man sich fragen, was aus den guten alten vollständigen Sätzen geworden ist. Zum anderen muss man sich fragen: Wovon zum Teufel reden die?!

Wir versuchen, uns aufzuteilen. Anne widmet sich den mutierten Minifrauen aus Plastik, Stefan folgt Jonas zum Fernseher, bis ihm einfällt, dass Fernsehen keine gute Freizeitbeschäftigung für neun Uhr morgens ist. Wie erwartet gibt es ein großes Geheul, denn die meisten Sechsjährigen verstehen keinen Spaß, wenn sie ihren Joystick hergeben sollen.

»Habt ihr nicht Lust rauszugehen?«, fragen wir die beiden Kleinen und erwarten eigentlich schon kaum mehr, dass die unser Angebot willfährig aufnehmen.

»Nö«, sagt uns Jonas erwartungsgemäß. »Ist doch voll blöd.«

Das finden wir auch. Wir wollten euch schließlich nur einen Gefallen tun.

»Kann ich das Bobby Car?«, fragt Elisa hoffnungsvoll.

Wir überlegen, ob es dagegen irgendetwas einzuwenden geben könnte. Nein, Bobby Car war nicht unter den Verboten, die Katrin und Tom ausgesprochen hatten, und solange es nicht aus China kommt, ist es angeblich auch gesundheitlich unbedenklich.

»In Ordnung. Aber du musst einen Helm aufsetzen.«

»Willichabanich!«

»Du musst aber«, sagen wir und denken daran, dass in einem der Erziehungsratgeber stand, man sollte stets alles gut erklären, dann würden die Kinder schon einlenken. »Okay. Wenn du keinen Helm aufsetzt und hinfällst, tust du dir was. Und dann bist du selbst schuld.«

Sie überlegt einen Moment, dann setzt sie den gelben Helm auf. »Aber wenn ich hinfall und mir nicht wehtue, dann seid *ihr* schuld!«

Es dauert ein wenig, bis wir die Logik dieser Feststellung erfassen.

Mit einem widerstrebenden, trotzigen Jonas und einer in ihrer roten Bommeljacke und ihrem gelben Fahrradhelm recht putzig aussehenden Elisa trotten wir nach draußen.

Im lichten Morgennebel auf der Straße sind schon zwei andere Kinder. Prima, denken wir, die könnten unsere beiden Plagegeister für eine Weile beschäftigen, damit wir in Ruhe am Rand stehen und gähnen können. Die beiden Mädchen sind etwa sechs und acht Jahre alt und fahren mitten auf der Straße mit ihren viel zu kleinen Fahrrädern. Sie tragen keinen Kinderhelm.

»Mit denen spielen wir nicht«, erklärt Elisa entschlossen.

Bevor wir fragen können, warum, schaut das ältere Mädchen zu uns herüber und zeigt mit dem Finger auf Jonas und Elisa: »Ej, guck ma, da sind wieder die Spackos mit den Eierschalen auf dem Kopf!« Sie tritt gegen das Hinterrad des jüngeren Mädchens als Signal, sich in Bewegung zu setzen.

»Du Schlampe!«, ruft die solchermaßen im Verkehr behinderte.

»Fick dich selber!«, schreit die andere zurück und fährt los.

»Was ist ein Fick?«, will Jonas wissen.

Vielleicht ist draußen spielen doch überbewertet. Wir nehmen unsere Schutzbefohlenen in die Mitte und gehen. Dabei meiden wir Spielplätze und andere Kinder großflächig.

Lektion 3: Wer hat an der Uhr gedreht? Kinder haben heißt, besser planen müssen

Wir versuchen eine Weile, Elisa vom Freitod mit dem roten Bobby Car abzubringen, denn sie strebt immer wieder in Richtung der mäßig befahrenen Straße.

Jonas lässt sich gnädig dazu hinreißen, einen Ball mit uns ein paar Mal hin und her zu kicken, dann fragt er: »Kann ich wieder rein, Fernsehen gucken?«

»Nein, ist doch viel schöner hier draußen an der frischen Luft«, sagen wir und hoffen, dass es überzeugter klingt, als wir von der ganzen Sache tatsächlich sind. Der Vormittag schreitet in sehr langsamen Schritten voran. Wieso stehen Kinder so früh auf, wenn sie dann doch nichts Wichtiges vorhaben?

Als wir so müde sind, dass nur noch Kaffee helfen kann, gehen wir nach drinnen. Für die Kinder soll es noch einen kleinen Imbiss geben, bevor wir uns auf den Weg zum Freizeitpark machen, damit sie unterwegs nicht plötzlich Hunger bekommen. Unser Zeitplan ist ambitioniert, aber lange kann so ein Snack ja nicht dauern.

Elisa verlangt es nach Fanta. Nein, so früh am Morgen? Da sollte es doch lieber Kaffee sein, oder? Gerade noch rechtzeitig fällt uns ein, dass Kinder keinen Kaffee trinken. Wir einigen uns auf Multivitaminsaft mit Wasser. Jonas will einen Kakao.

Elisa kippelt auf ihrem Stuhl hin und her und hat mehr Schokokrem um die Mundwinkel als auf ihrem Brötchen. Jonas spielt mit der Katze, ihm fällt das Brötchen verkehrt herum auf den Boden, und er latscht mitten in den Fleck Marmelade hinein. Wie lange kann ein Tag dauern?

Während wir die Schäden der Essenszufuhr beseitigen, verzieht sich Jonas in sein Zimmer, wo er für einen Sechsjährigen viel zu laut Musik hört. Unsere Überredungskünste dringen kaum zu ihm durch, und wir kommen auch nicht weit, weil neben uns eine Feuerwehrsirene losgeht. Elisa hat sich bei einer Erkundungstour über den verkrümelten Küchenfußboden an der Tischplatte ein Ei in den Kopf gehauen und heult zum Erbarmen. Trösten lassen will sie sich nicht und schreit aus Leibeskräften: »Maammma! Maaamma!«

Wir bestücken sie mit Kuscheltieren und Decken und machen gefühlte hundert Millionen Faxen, damit sie ihren Schmerz würdig überwinden kann. Doch sie brüllt so lange weiter, bis wir Ohrenschmerzen bekommen. Nachdem sie in eine unmotiviertere Schreiphase übergegangen ist, lässt ein Bestechungsversuch sie aufhorchen.

»Komm schon, wir gehen auch mit dir ins Spielzeuggeschäft. Dann bekommst du etwas ganz Schönes!« Unser Angebot hat etwas Jammervolles. Auch Jonas hat das Geschrei seiner Schwester mitbekommen und steckt nun den Kopf zur Tür heraus. Spielzeug ist das Schlüsselwort. Er kommt auch mit, und wir erleben das Geschwister-Team zum ersten Mal als unproblematische Ausgänger.

Allerdings ahnen wir nicht, was wir uns da eingebrockt haben. Als wir fünf Minuten im Laden sind, haben wir uns schon zwei Feinde gemacht: Jonas und Elisa.

»Ich will die Puppe!«

»Ich will aber *Mario Kart*!« Verdammt, Kinder sind teuer. Was ist aus Murmeln und Flummis geworden? Und wie kommen wir aus der Nummer jetzt wieder raus? Es hilft nichts, wir müssen die Kreditkarte zücken. Jonas triumphiert mit einem Videospiel und einem Plastik-Laserschwert, Elisa hat neben der Puppe (die sie schon zwei Mal zu Hause hat, wie wir später feststellen) auch noch ein Arsenal an Accessoires für den todhässlichen Plastikwasserkopf abgestaubt.

Kaum haben wir den Laden verlassen, zupft Jonas Anne am Ärmel und macht große Augen: »Hunga?!« Verdammt, wie kann das sein? Die haben doch eben erst gegessen.

Elisa stimmt ein: »Au ja, wir geh'n zu MettDonelds!« Unter Androhung, dass wir sowohl Puppe als auch Videospiel dem Spielzeugverkäufer zurückgeben, setzen wir uns beim Thema Fastfood durch.

Zu Hause finden wir glücklicherweise die Zutaten für Spaghetti mit Tomatensoße, ein Klassiker der deutschen Kinderernährung, und nun bekommt Elisa endlich ihr Glas Fanta. Der kurze Imbiss hat uns anderthalb Stunden gekostet.

Lektion 4: Liebling, ich habe die Kinder erzogen! Selbst erziehen schützt vor Besserwissern

Der Freizeitpark wartet. Jonas hat sich schon die Jacke angezogen. Elisa hat sich auf ihr dünnes Sommermäntelchen kapriziert und will sich nicht mehr auf die rote Jacke mit den Bommeln einlassen. Wir insistieren. Auch der Hinweis darauf, dass es doch heute schon Geschenke gegeben hat und sie jetzt auch mal was für uns tun könne, bringt rein gar nichts. Es folgt ein wütender Aufschrei, der ungefähr so klingt wie von einem aufgebrachten Ferkelchen.

Eine Stunde später sitzen wir im Zug zum Magic Park Verden, der zu unseren Zeiten noch Märchenpark hieß. Wir überlegen laut, ob es dort wohl noch die Dinosaurierfloßfahrt und die Hüpfburg gibt. Bevor wir in alten Erinnerungen schwelgen können, mault Elisa, sie habe Hunger. Schon wieder?! Wir packen die belegten Brote aus.

»Leberwurst mag ich nicht.«

»Käse ist eklig.«

»Ich will Schokopaste.«

Schokopaste haben wir nicht. Elisa nimmt nach langer Überredung den Käse. Das Leberwurstbrot versiegeln wir in einer luftdichten Verpackung und versenken es in den bahneigenen Kippabfalleimern. So viel zu nostalgischem, aber müffelndem Brotaufstrich. Eine kleine Chipstüte hat uns Katrin noch mitgegeben, die die Kinder sich teilen dürfen. Doch Jonas will nicht mit seiner Schwester teilen. Erst hält er die Tüte hoch über seinem Kopf, bis Elisa anfängt zu schreien. Als wir ihn ermahnen, ihr etwas abzugeben, rotzt er in die Chipstüte. »Ihhhhhh!«, kreischt Elisa. Sie will jetzt nichts mehr von den Chips. Jonas isst genüsslich eine frittierte Kartoffelscheibe nach der anderen.

In der anderen Vierersitzgruppe nimmt ein Junge Platz, auf dessen T-Shirt der Bandname »Satans Offiziere« prangt. Er ist etwa fünfzehn. Auf der Nase von Satans Offizier wächst ein Pickel. Jonas, der gerade lesen gelernt hat, fragt gut hörbar: »Was ist ein Satansoffizier?« Gut, dass der Höllenoberst weiße In-ear-Kopfhörer trägt.

Jonas wartet unsere verschämte Antwort gar nicht erst ab. Das ist nicht schlecht, denn wir kennen die Band nicht näher und hätten ihm das sowieso nicht erklären können. Er steht auf und beginnt, auf dem Gang hin und her zu rennen. Elisa fällt in der Zwischenzeit unseren Sitznachbarn, einem älteren Ehepaar, auf die Nerven.

»Willst du dich nicht vielleicht hinsetzen? Bitte?«, versuchen wir zaghaft, Jonas von seinem Abteilmarathon abzubringen. Aber er lässt sich nicht stören. Wir fügen uns in unser Schicksal.

Der Freizeitpark ist nicht mehr das, was er mal war. Es gibt sie noch, die Dinosaurier, es gibt auch die Hüpfburg noch. Aber das Merchandising ist neu. Und auch das Gerät, von dem wir Elisa gar nicht mehr herunterkriegen. Verbissen schaukelt sie auf dem Plastikpferd, will nicht runter, strahlt aber auch keine Freude dabei aus. Obwohl zu zweit, sind wir vollauf beschäftigt, Jonas davon abzuhalten, die Märchenfiguren mit Papierknödeln zu bewerfen und Elisa vor gesundheitsgefährdender Überfressung zu bewahren, da sie an jeder Bude haltmachen und etwas zu sich nehmen will.

»Wer seine Kinder nicht im Griff hat, sollte nicht mit ihnen in so'n Park gehen. Verzogene Blagen«, raunt neben uns ein Ömchen mit drei wohlgeratenen Neidmonstern, und wir senken beschämt den Blick. Jonas und Elisa haben es nicht verdient, so schlecht wegzukommen. Gut, dass Thomas und Katrin nicht da sind. Wir dürfen nicht vergessen, die Kinder zu bestechen, damit sie nicht verraten, wie wir versagt haben. Wir überlegen, ob es vielleicht besser wäre, wenn wir unsere eigenen Kinder später erst in Ruhe zu Hause trainieren, bevor wir uns mit ihnen in die Öffentlichkeit wagen.

Lektion 5: Das Wunder von Verden. Kleine Erfolge fördern die Freundschaft

Als wir Stunden später aus dem Park treten, liegen unsere Nerven blank. Wir solidarisieren uns ohne Worte mit einer rothaarigen Frau, die resigniert auf ihre Tochter herabblickt, die im Eingangsbereich auf dem Boden liegt und heult. »Antonia«, fragt sie zum wiederholten Mal, »willst du mitkommen oder weiter hier mit deinem Bauch den Boden schrubben?« Antonia will weiterschrubben. Ihr Brüllen geht in ein schrilles Quieken über.

Wir müssen dringend was trinken und essen. Die beiden Kinder haben auch schon wieder Hunger. Wir entscheiden uns dafür, ein gutbürgerliches Restaurant aufzusuchen, obwohl Elisa und Jonas beide nur schwer von dem Gedanken an zwei geschwungene goldgelbe Bögen abzubringen sind.

In Peters Hirschstübchen ordern wir Gemüse. Wäre doch gelacht, wenn wir die beiden nicht mit etwas Gesundem gefüllt nach Hause bringen könnten. Jonas und Elisa tuscheln. Als die bunte Gemüsemischung kommt, läuft Jonas nach fünf Minuten zum Klo. Als er wiederkommt, springt seine Schwester auf.

Dann wieder der Junge. Da kann doch etwas nicht mit rechten Dingen zugehen!

»Habt ihr das Gemüse ins Klo gespuckt?«, fragen wir, als Jonas wiederkommt.

»Nöö-öö«, erklingt es zweistimmig, aber nicht sehr überzeugend.

Ohne viel Hoffnung auf Wahrheitsfindung gehen wir zur Toilette. Doch eines hat ihnen Katrin offenbar nicht beigebracht. Abziehen.

Schluss mit lustig. Wir zahlen und gehen hinaus. Unweit des Restaurants steht »Ralf's Wurstparadies« mit Deppenapostroph. Pommes zählen offenbar nicht als Gemüse, denn Elisa und Jonas gehen siegesgewiss voran. Sie freuen sich zu früh, wir haben uns eine kleine Aufgabe ausgedacht. Den ganzen Tag haben uns die beiden auf Trab gehalten, jetzt bringen wir sie mal auf Vordermann.

Fünfzig Meter vor der Wurstbude machen wir eine abrupte Vollbremsung. Die Geschwister drehen sich verwundert zu uns herum. »Passt auf«, wir winken die beiden zu uns und bücken uns zu ihnen herunter. »Hier sind zehn Euro. Dafür bekommt jeder von euch eine Pommes mit Mayo.«

»Wie?« Elisa schaut uns erschrocken an. »Sollen wir die selbst holen? Das machen doch Mama und Papa immer.« Genau, damit haben wir gerechnet. Jonas tritt nervös von einem Bein aufs andere.

»Die Pommes kosten zusammen fünf Euro. Ihr bekommt also fünf Euro Wechselgeld. Lasst euch einen Schein geben, dann wisst ihr, dass es stimmt. Der sieht so aus.« Wir zeigen ihnen zu Anschauungszwecken einen blau-grau-grünen Schein. Dann ziehen die beiden mit wackligen Knien davon.

Fünf Minuten später ist die Welt eine andere.

Elisa und Jonas, jeder eine stolze Pommes in der Hand, kommen zurück und grinsen dabei wie Poldi und Schweini, die gerade einen Hattrick versenkt haben. Elisa wedelt mit einem Fünf-

Euro-Schein. »Der wollte mir Münzen geben. Ich hab gesagt, ich nehm nur so einen hier!« Sie ist stolz auf sich. Jonas ist stolz auf seine Schwester. Wir sind stolz auf beide und fühlen uns wie Franz Beckenbauer nach dem Gewinn der Weltmeisterschaft. Wir haben den beiden tatsächlich etwas beigebracht. Cool.

Lektion 6: Toll, die Kinder von Bullerbü. Wo bekommt man die?

Katrin und Thomas sind schon wieder zu Hause, als wir ankommen. Wir sind rechtschaffen erledigt und freuen uns auf einen Abend mit hochgelegten Füßen. Kinder? Lieber einen Sack Flöhe hüten. Aber vielleicht ist es doch anders, wenn's die eigenen sind? In jedem Fall haben wir begriffen, dass Babysitten manchmal ist wie Schach gegen den Computer. Der Läufer kommt ständig unerwartet aus irgendeiner Ecke geschossen und macht die Dame platt oder setzt den König schachmatt. Und zwischendurch muss man auch mal ein Bauernopfer bringen, damit das Gemüse nicht im Klo landet.

Wir wollen uns schon die Jacken anziehen, um zu gehen, da schüttelt Katrin den Kopf. »Ihr seid noch nicht fertig«, meint sie schmunzelnd. »Erst müsst ihr die beiden noch ins Bett bringen. Das gehört auch dazu.«

Okay, das schaffen wir. Langsam gehen wir ins Wohnzimmer, bereiten uns innerlich schon auf einen harten Kampf mit Elisa und Jonas vor und legen uns gute Argumente zurecht, warum man irgendwann mal ins Bett gehen muss. Doch der erwartete Widerstand bleibt aus. Jonas ist schon auf dem Sofa eingepennt, und Elisa reibt sich die Augen.

»Ich hab die beiden lange nicht mehr so fertig erlebt«, sagt Thomas. »Ich wünschte, das wäre bei uns auch so einfach.«

Stefan trägt Jonas ins Kinderzimmer. Elisa folgt freiwillig. »Lest ihr uns noch was vor?«, fragt sie und gähnt. Vorlesen – klar, aber was denn? Wir haben seit Jahren keine Kinderbücher mehr gelesen. *Die Tore der Welt* oder *Der Herr der Ringe* scheinen uns nicht die passende Wahl zu sein. Wir entdecken im Bücherregal Otfried Preußlers Buch *Die kleine Hexe*. Hey, das kennen wir, daraus haben Eltern und Großeltern uns vorgelesen.

»Es war einmal eine kleine Hexe, die war erst einhundertsiebenundzwanzig Jahre alt, und das ist ja für eine Hexe noch gar kein Alter«, beginnt Anne zu lesen. Elisa zieht sich die Bettdecke bis zur Nase hoch und lauscht gespannt. Im Halbschlaf blinzelt uns Jonas noch einmal an.

»Das war voll gut heute«, murmelt er. »Kommt ihr bald wieder?«

Wir sehen uns erstaunt an und nicken dann.

»Cool. Dann will ich aber auch mal die Pommes bezahlen dürfen«, sagt Jonas noch, bevor er ganz einnickt. Wir lesen noch ein wenig abwechselnd vor, bis auch Elisa wegdöst.

Lektion 7: The day after. Gedanken am Tag danach

Am nächsten Morgen sitzen wir im Café Central und bringen unsere Erlebnisse vom Vortag zu Papier. Milchkaffee: schmeckt. Frühstück: großartig. Wir versuchen uns an einem Fazit: Wie ist es nun, wenn man Kinder hat? Auf jeden Fall anstrengend, oft frustrierend, selten erholsam, manchmal chaotisch. Und was noch?

Wir bemerken plötzlich, dass im Café außer dem Gequatsche der anderen Leute und dem Zischen des Wasserdampfs aus der Siebträgermaschine nicht viel zu hören ist. Kein Kindergeschrei, kein Echo von Kinderfüßen. Normalerweise würden wir davon nicht weiter Notiz nehmen, aber irgendwie sind uns Elisa und Jonas gestern ans Herz gewachsen. Wir vermissen sie. Denn es ist schon enorm: Die vergangenen neun Monate haben wir jeden Abend und jedes Wochenende mit Lesungen, Lektoratsjob und der Recherche für *Doof it Yourself* verbracht – am Schreibtisch, in Buchhandlungen oder am Telefon. Gestern haben wir den ganzen Tag über nicht daran gedacht. Nicht eine Sekunde. Unsere Prioritäten hatten sich gänzlich verschoben. Wenn Kinderhaben so ist, dann sind Kinder eine gute Sache.

Gleichzeitig haben wir auch viel über uns selbst gelernt: Dass es Mühe kostet, sich durchzusetzen und Kindern den richtigen – oder zumindest unfallfreien – Weg zu zeigen. Wir haben für ein paar Stunden in eine andere Welt geguckt und Verantwortung übernommen – fühlt sich ziemlich erwachsen an. Und wir haben in Erwägung gezogen, das Studentenleben nun endgültig aufzugeben, das wir stillschweigend über die Unizeit hinaus verlängert hatten.

Das Beste, da sind wir uns ausnahmsweise mal einig, war der Pommesstand. Nicht die fettigen Kartoffelstreifen, sondern das Gefühl, etwas weiterzugeben und zu beobachten, wie Elisa und Jonas mit kleinen Schritten die Welt für sich erobern und Selbstvertrauen tanken.

Kinder sind toll. Sie zu erziehen ist manchmal verdammte Scheiße. Doch es lohnt sich, da sind wir uns sicher. Schade nur, dass die Montage neun Monate dauert. Vor allem Stefan findet das und beendet das Frühstück entschlossen. Es ist Zeit, an seiner Freundin rumzuschrauben, findet er.

LEVEL ③

Bedienungsanleitung für kleine Tyrannen. Kinder und Experten, die sich damit auskennen

Wenn dich unser Experiment mit den Leihkindern nicht völlig verschreckt hat, planst du vielleicht in naher Zukunft selbst welche – oder du hast bereits für Nachwuchs gesorgt. So oder so: In diesem Level findest du praktischen Rat rund ums Kind. Bedienen, Pflegen, Stärken – wir haben für dich Experten befragt, die dir helfen, das Richtige zu tun im Umgang mit Daniel Karl, Lysander Fynn, Isabel-Anna-Charlotte, Felizia Juliana, Ciara Nora, Valentina Margarita, Lilly-Sue, Tino Leven, Chloe Anne, Matti Nils, Vivien Krissi, Mikesch, Franziska Larissa, Emilia Maxine, Tyler Mattis Tjorven, Laurinda, Leonor, Phila Fee, Jayanna Phillia, Helene Dorothea, Elli Sabin, Vincent Theo, Jamie-Joal, Alessio-Noél, Eduard, Lina René, Konstanza Natalie, Katie Cecile und Degenhard Benedict Markus.*

* Ist wirklich alles echt: die beliebtesten Vornamen der Woche auf Beliebtevornamen.de!

Wie kann ich ein Vorbild für mein Kind sein?

»Der seltsamste Moment für junge Eltern ist vielleicht der Punkt, an dem sie realisieren, dass die eigenen Marotten vom Nachwuchs auf Schritt und Tritt beobachtet werden und man sich jetzt benehmen sollte. Das heißt aber nicht, dass man gleich ein völlig anderer Mensch werden muss. Vorbild ist man für sein Kind dann, wenn man authentisch rüberkommt. Versuchen Eltern, zwischen sich und das Kind zwanghaft Maßstäbe zu schieben, die sie ›Erziehung‹ nennen, verlieren sich potenzielle Vorbildfunktionen. Kinder spüren immer, wenn ihnen etwas abverlangt wird, an das sich die Eltern selbst nicht halten. Es ist zum Beispiel gar nicht nötig, die Regeln des täglichen Lebens explizit festzulegen oder gar an eine Pinnwand zu hängen – viel besser ist es, sie seinem Kind im täglichen Miteinander vorzuleben. Fragen des Respekts, des Teilens, des Miteinanders beantworten sich so von selbst. Dabei kann man als Eltern auch glaubwürdig sein, wenn man Zweifel und Ungereimtheiten des eigenen Verhaltens zum Thema macht und mit seinen Kindern darüber spricht.

Kinder dürfen nicht alles, was Erwachsene dürfen. Ihnen müssen auch Grenzen aufgezeigt werden, aber wesentlich ist der respektvolle Umgang. Kinder werden dann automatisch das annehmen und aufgreifen, was das Leben für alle angenehm und friedlich macht. Wenn Eltern sich nicht sicher sind, ob sie ein Vorbild sind, dann ist das kein Grund, unsicher zu sein. Im Gegenteil, es ist ein Schritt in die richtige Richtung: Sie sind zur Selbstkritik bereit – das bedeutet, dass es Spielraum für Weiterentwicklung gibt und alle in ihre Rollen hineinwachsen können.«

Professor Michael Schulte-Markwort, Ärztlicher Direktor der Klinik und Poliklinik für Kinder- und Jugendpsychosomatik im Universitätsklinikum Hamburg-Eppendorf

Wie viel Süßigkeiten und Fastfood darf mein Kind essen?

»Eben noch selbst glühender Fastfood-Apostel, jetzt biederer Grünzeug-Befürworter? Keine Angst, wenn man Kinder hat, muss man nicht gleich seine ganze Ernährung umstellen. Burger und Pommes sind ein oder zwei Mal im Monat kein Problem, und Kinder dürfen auch mal Süßigkeiten naschen. Wichtig ist jedoch, dass sie regelmäßig und täglich Obst und Gemüse essen und viel trinken – möglichst Wasser und keine gezuckerten Säfte.

Eine einfache Formel: Dick wird, wer durch Essen mehr Energie aufnimmt, als er durch Bewegung verbraucht. Oder anders gesagt: Wer mehr als sechzig Gramm Fett am Tag zu sich nimmt, nimmt zu. Wer abnehmen muss oder will, sollte auf nicht mehr als dreißig Gramm Fett am Tag kommen. Dies ergänzt durch regelmäßige Bewegung, also mindestens drei Mal in der Woche eine halbe bis ganze Stunde in der Natur, das wäre die beste Voraussetzung für Gesundheit und Gleichgewicht.

Da muss dann halt mal die Glotze, der Computer oder die Playstation ausgeschaltet und die ›Bande‹ raus auf die Straße ge-

schickt werden. Wir Eltern müssen in der Praxis Mut zur Erziehung zeigen.

Mit Verboten erreicht man bei Kindern und Jugendlichen wenig. Entscheidend ist, dass sie positive Vorbilder haben und Werte, wie beispielsweise gemeinsame Mahlzeiten, vermittelt bekommen. Wenn Kinder erst einmal zehn oder zwanzig Kilo Übergewicht haben, leiden sie, werden von anderen Kindern verspottet, werden chronisch krank, haben Diabetes und orthopädische Probleme und später auf dem Ausbildungs- und Arbeitsmarkt geringere Chancen.

Diäten helfen hier überhaupt nichts, selbst ärztlich geleitete Therapien weisen nur minimale kurzfristige Erfolge auf. Deshalb habe ich das web 2.0 basierte Internetportal www.fatwatch.de initiiert, um die Kinder und Jugendlichen dort abzuholen, wo sie sind, am Computer. Die Politik hat bisher leider keine umfassende Strategie, um diese Epidemie des 21. Jahrhunderts in den Griff zu bekommen, sie lässt sich noch von den Interessen der Industrie leiten. Fazit: Bildung, Aufklärung und Information wären die beste Prävention.«

Edmund Fröhlich, Vater von vier Kindern, Unternehmensberater, ehemaliger Klinik-Geschäftsführer, Diplom-Pädagoge und Autor von Generation Chips. Computer und Fastfood – was unsere Kinder in die Fettsucht treibt (mit Susanne Finsterer).

Wie viel Fernsehen ist gut für mein Kind? Und muss ich immer dabei sein?

»Sind Kinder erst einmal so alt, dass sie aufrecht auf dem Sofa sitzen können, ist es aus mit langen Fernsehabenden – der Nachwuchs schaut mit, und nicht alles, was wir sehen, ist auch für ihn geeignet. Es ist schwer zu sagen, ab wie viel Stunden und

Minuten Fernsehen tatsächlich schädlich für ein Kind ist. Wenn aber das Fernsehen zur bestimmenden Freizeitbetätigung wird, wenn sich Erzählungen und Gespräche nur noch um Fernsehsendungen oder deren Helden drehen, dann ist es höchste Zeit, den Vielsehern Grenzen zu setzen. Anregende Alternativen im echten Leben sind dabei immer noch der beste Weg. Eltern sind Vorbilder, was den Fernsehkonsum angeht. Wer den Fernseher zum Mittelpunkt des Familienlebens macht und den Kindern keine Alternativen zum Medienkonsum bietet, macht definitiv etwas falsch.«

Angela Abert von Flimmo TV, der Programmberatung für Eltern e.V., www.flimmo.de

Muss ich meinem Kind alles kaufen, damit es im Kindergarten und in der Schule mithalten kann?

»Nein, das muss nicht sein – auch wenn wir selbst manchmal meinen, wir müssten uns die trendigsten Klamotten leisten, um mit den Kollegen im Büro Schritt zu halten. Bei Kindern ist das noch anders: Im Kindergartenalter akzeptieren sie noch ein deutlich ausgesprochenes Nein. Eine klare Ansage genügt: ›Bei Sophie zu Hause ist das vielleicht so, dass die Turnschuhe ein Markenzeichen haben, sie Fernsehen darf und Computerspiele spielt, aber in unserer Familie ist das anders. Wir möchten das nicht.‹

Das stärkt den Familienzusammenhalt und ist somit ein erster Schritt, sich später gegen Mobbing wehren zu können. Denn damit Kinder selbst stark werden, brauchen sie starke Eltern, die eine klare Linie vertreten und eine eigene Meinung haben. Nur so lernen Kinder, ihre eigene Meinung zu äußern und sich, wenn nötig, gegen andere durchzusetzen.

Gerade im Teenageralter wird das wichtig, wenn es darum geht, beispielsweise ein klares Nein zu Drogen auszusprechen.

Natürlich möchten vor allem Schulkinder am liebsten so aussehen und auch so sein wie alle anderen. Ihnen sollte man erklären, warum man etwas nicht kaufen möchte oder kann. Mangelt es am Geld, kann man den Herzenswunsch auf die Liste für den Geburtstag setzen. Kinder freuen sich mit Sicherheit mehr und länger an Dingen, auf die sie warten müssen, als wenn alles immer sofort gekauft wird.

Es ist natürlich schwer, Kinder ausschließlich durch gute Worte zu erziehen, denn sie ahmen das nach, was ihre Eltern vorleben. Sie beobachten genau, ob Papa zu Hause Bescheidenheit predigt, dann aber im Elektromarkt dem neuesten ›Spielzeug‹ verfällt. Darum heißt es: Vorbild sein! Zufrieden leben, sich an freier Zeit füreinander freuen und gemeinsam so etwas wie einen Fahrradausflug mit Picknick zum nächstgelegenen See unternehmen: Das hat nichts mit Kaufen zu tun, macht eine Menge Spaß und ist der beste Schutz vor der Konsumfalle!«

Gabriela Jehn, selbst Mutter und Redakteurin des Spiel und Zukunft Online-Portals für Eltern und alle Fragen rund ums Spielen, www.spielundzukunft.de

Wie viel Taschengeld ist gut fürs Kind?

»Spätestens, wenn wir uns vom eigenen Gehalt den ersten Familiengroßraumwagen leisten können, sind die Erinnerungen an das eigene Taschengeld weit weg. Wie viel Taschengeld ›normal‹ ist, hängt vom Lebensumfeld der jeweiligen Familie ab. Die wichtigsten Kriterien zur Höhe des Taschengelds sind das Alter des Kindes und das Familieneinkommen. Zwei gut verdienende Angestellte werden ihren Kindern mehr zur Verfügung stellen können als Eltern, die auf Hartz-IV-Leistungen angewiesen sind. Die Empfehlungen des Stuttgarter Jugendamts bewähren sich bei meinen Kindern (elf und sieben Jahre) bislang recht gut. Auch die Umstellung von wöchentlicher auf monatliche Auszahlung beim Übergang in die weiterführende Schule hat sich als unproblematisch und passend erwiesen.

Alter	**Summe pro Monat**	**Auszahlung**
5 bis 6	2,50 EUR	wöchentlich
7 bis 9	6-10 EUR	wöchentlich
10 bis 12	12-17 EUR	ab jetzt monatlich
13	17-20 EUR	kleinere Nebenverdienste erkunden
14	25 EUR	
15	25-30 EUR	
16 bis 17	30-40 EUR	
18	50 EUR bzw. nach Absprache	

Durch das Taschengeld können Kinder erste eigene Erfahrungen im Umgang mit Geld und Konsum machen. Deshalb ist es wichtig, es ihnen tatsächlich zur freien Verwendung zu überlassen. Im Gegenzug müssen Kinder mit den Konsequenzen ihres Finanzverhaltens leben, um daraus lernen zu können. Wer zu früh alles ausgibt, muss eben eine finanzielle Durststrecke überwinden. Gut gemeinte Nachbesserungen ziehen falsche Lerneffekte nach sich. Ebenso wenig eignen sich Taschengeldkürzungen als Disziplinarmaßnahmen, auch wenn sie wegen ihrer deutlichen Wirkung verlockend erscheinen. Taschengeld dient dem Erwerb von Finanzkompetenz. Diesen Prozess sollten Eltern als verlässliche, kritische Ratgeber begleiten, nicht als brachiale Zwangsvollstrecker im Dienste ihrer sonstigen Erziehungsziele.

Damit Kinder etwas über den Umgang mit Geld und dessen Stellenwert lernen können, ist es sinnvoll, sie ihrem Alter entsprechend und im angemessenen Rahmen in die finanziellen Verhältnisse der Familie einzuweihen. Wenn ich meinen Kindern sage, wie lange ich arbeiten muss, um einen Familienurlaub zu finanzieren, oder wie hoch die monatlichen Stromkosten im Verhältnis zu ihrem Taschengeld sind – ein beliebtes Thema, wenn überall das Licht angelassen wird –, dann beginnen sie frühzeitig ein Gespür für das Verhältnis von Einnahmen und Ausgaben zu entwickeln.

Das Thema Schulden ist schwierig und oft mit zu viel moralischem Ballast überfrachtet, um es Kindern adäquat näherzubringen. Ein kleiner Test, der auch von den Eltern Charakterstärke erfordert, ist es, einen brandheißen Wunsch sofort zu finanzieren und den über das übliche Taschengeld hinausgehenden Betrag in den folgenden Monaten davon abzuziehen. Diese Kreditvergabe wird oft die – zwischenzeitlich leider nicht mehr sehr verbreitete – Erkenntnis fördern, dass es klüger und lustvoller ist, vor dem Kauf zu sparen als danach.«

Uwe Hopf, Schuldnerberatung Stuttgart

»Sie bekommen wie andere Kinder Taschengeld. Zwei Euro in der Woche, die können sie dann sparen oder sich Sachen davon kaufen.«

Michael Schumacher über seine Kinder

Was tun gegen Eltern-Burnout?

»Burnout kennen wir eigentlich nur aus dem Büro. Doch auch als Eltern kann man einen Punkt erreichen, an dem nichts mehr geht und wir nicht mehr weiter wissen. Die beste Strategie dagegen ist natürlich die Prävention. Es soll erst gar nicht dazu kommen, dass Eltern – zumeist die Mütter – psychisch und physisch am Ende sind. Das bedeutet in der Regel: klare Aufgaben- und Rollenverteilung der Partner (wer ist wann wofür zuständig?) und eine realistische Zeitplanung, die jedem Elternteil eigene Freizeit ohne Arbeit und Kinder lässt: Das ist nicht nur zur Entspannung wichtig, sondern auch zur Pflege von Freundschaften und Kontakten außerhalb der eigenen vier Wände.

Dabei ist nicht zu vergessen, dass das Elternpaar ebenso gemeinsame Zeiten braucht, um die Partnerschaft zu pflegen und gemeinsam etwas zu unternehmen – ein Abend oder ein Wochenende ohne Kind(er) wirkt Wunder. Bewährt haben sich Monats- und Wochenpläne, die in gleicher Weise einen Abgleich mit den Erfordernissen am Arbeitsplatz und den Notwendigkeiten im familiären Tagesablauf ermöglichen. Empfehlenswert, weil oft überlebensnotwendig, ist die Unterstützung durch Großeltern, Nachbarn und Freunde. Solche Hilfe in Anspruch zu nehmen ist legitim, um sich selbst zu schützen. Sollte der Burnout allerdings mit gesundheitlichen Probleme einhergehen, sollten gestresste Eltern mit einem Arzt über die Möglichkeit einer zeitweiligen sozialpädagogischen Familienhilfe oder über eine Kur (mit und ohne Kinder) reden. Burnout ist nicht zwangsläufig. Man kann etwas dagegen tun: vorher!«

Peter Musall, Direktor des Burckhardthauses, einem evangelischen Institut für Jugend-, Kultur- und Sozialarbeit, und Autor von Eltern-Burnout. Wege aus dem Familienstress *(mit Bettina Mähler).*

Wie mache ich meine Bude kindersicher?

»Mit einem Kind im Haus oder in der Wohnung ändert sich alles: Die eben noch muckelige Kuschelhöhle für zwei wird plötzlich zum Gefahrenparcours. Der Haushalt hält für Kinder viele – teils lebensbedrohliche – Fallen parat. Je nach Alter tappen unsere Kleinen dabei in höchst unterschiedliche Fettnäpfchen: Für Babys ist zum Beispiel die größte Gefahr, dass sie sich verbrühen (Mama trinkt heißen Tee beim Stillen, das Badewasser ist heißer als 37 Grad, beim Baden wird heißes Wasser dazugeschüttet) oder zu stürzen (Baby liegt unbeaufsichtigt auf dem Wickeltisch, dreht sich und fällt auf den Boden).

Kann das Kind erst einmal krabbeln, kommen neue Gefahren dazu: ungesicherte Steckdosen zum Beispiel oder in der Küche herunterhängende Kabel von Wasserkochern und anderen Geräten, die mit heißer Flüssigkeit gefüllt sind (Friteuse, Kaffeemaschine). Kinder, die neugierig an den Kabeln ziehen, können sich schwerste Verbrühungen zuziehen.

Vergiftungsgefahr besteht bei Haushaltschemikalien und Reinigungsmitteln in Reichweite der Kinder, etwa unter dem Spültisch oder Waschbecken. Sicherheitshalber gehören Tabletten oder andere Medikamente in einen verschließbaren Medikamentenschrank – und nicht auf den Nachttisch oder in die Küchenschublade.

Besonders gefährlich für Kleinkinder sind Gartenteiche, Feuchtbiotope, Wassertonnen oder Vogeltränken – im eigenen Garten oder im Garten von Nachbarn, Verwandten oder Freunden. Ein wirksamer Schutz sind reißfeste Netze oder Baustahlmatten, die knapp unterhalb der Wasseroberfläche befestigt werden.«

Dr. Susanne Woelk von der Aktion DAS SICHERE HAUS (DSH) ist seit 2003 Mutter eines Sohnes. Er wuchs bisher natürlich unter höchsten Sicherheitsvorkehrungen auf. www.das-sichere-haus.de

Wir schütze ich mein Kind vor Gefahren im Internet?

»Wir sind heute alle online, und die meisten von uns haben das Internet ganz gut im Griff. Das glauben wir zumindest. Welche Gefahren dort für jeden persönlich lauern, wissen allerdings nur die wenigsten von uns. Noch weniger Ahnung haben wir davon, in welche dunklen Ecken sich unsere Kinder bei ihrem neugierigen Streifzug durch die virtuelle Welt verirren können.

Kritiker sind nicht gerne gesehen und gelten schnell als Außenseiter und ewig Gestrige. Doch wer weiß schon, dass alle Kinder und Jugendlichen, die Chatforen besuchen, jeden Tag Kontakte haben, die nur eines zum Ziel haben: Sex – ›Willste fic....?‹ oder ›Haste schon Titten?‹ bis hin zum Angebot, sich zu treffen, ›um es zu machen‹. Suchten hier bis vor einigen Jahren vor allen Dingen männliche Erwachsene ihr ›Glück‹, so findet man heute auch viele Jugendliche und Frauen, die ziemlich flott zur Sache gehen und klar zum Ausdruck bringen, was sie vom kindlichen Gegenüber erwarten, um sich sexuell zu befriedigen. Von zehn neuen Chatpartnern, die ein Kind kennenlernt, wollen fünf bis sieben Sex. Dieser Trend zum kindlichen Sexobjekt spiegelt sich im reichhaltigen Angebot der Kinderporno-Szene komplett wider. Der Markt boomt: Nicht nur Sex sells, insbesondere Kindersex sells.

Und wer von uns ahnt, dass Menschen, die sich für Kinder interessieren, oft gar nicht an kinderpornografischen Darstellungen interessiert sind? Das Bild aus dem alltäglichen Leben eines Kindes, Bilder von Schul- oder Privathomepages oder auch Einträgen in Chats und Foren sind für diese Klientel oft genauso wertvoll. So wird das vermeintlich harmlose Onlineprofil unseres Kindes in einer Community schnell zur Zielscheibe.

Ebenso wenig kennen wir die Seiten, auf denen unser Kind Sex and Crime frei Haus konsumieren kann. Wo es sich mal ansehen kann, wie ›anal‹ geht, oder wie 'ne Leiche aus dem Kosovo-Krieg nach der Verstümmelung durch feindliche Truppen so aussieht. Wie Leute Sex machen, die nur mit der ›Plastiktüte überm‹ Kopf können ...

Auch andere brenzlige Themen sind für unseren Nachwuchs nur einen Mausklick entfernt. Kinder und Jugendlichen schließen sich obskuren Gemeinschaften aus der Anorexie- oder Bulimie-Szene an. Tipps und Tricks zum richtigen Abmagern sind noch das Harmloseste, was man in diesen Foren findet. Sektenähnliche Gemeinschaften nehmen einen gerne auf, wenn man sich verloren fühlt und vielleicht nur mal ein paar Kilos abspecken wollte. Schnell ist man drin im Sog und findet keinen Weg mehr hinaus.

Man könnte die Liste noch beliebig fortführen ... von den vergewaltigten Kindern erzählen, die im Chat leider dem falschen Chatfreund folgten. Den Kids, die plötzlich in der Schule absackten, weil sie nächtelang vor dem PC als Avatar in ein viel besseres Lebens abtauchten. Was nun? Stecker ziehen? In manchem Fall ist das sicher angebracht. Eltern sollten sich jedoch erst einmal sachlich fragen: Wie viel neue Medien braucht mein Kind, um gesund erwachsen zu werden? Wie viel, um für die Zukunft gut gerüstet zu sein? Eltern sollten sich schlau machen, sich einmal die gesamte Bandbreite dessen im Internet ansehen, was ihren Kindern dort zugänglich ist. Und, ganz wichtig: ›Wo im Netz für Kinder draufsteht, ist noch lange nicht für Kinder drin.‹ Deshalb: Selbst ran – Eltern wie Lehrer!«

Beate Krafft-Schöning – Journalistin und Autorin des Buches Nur ein Mausklick bis zum Grauen: Jugend und Medien. *Weitere Infos: www.kindersindtabu.de*

Was tun, wenn ich auf dem Handy meines Kindes ein Gewaltvideo entdecke?

»Eltern sollten ihr Kind darüber aufklären, dass das Vorführen und Weiterleiten gewalthaltiger Videos strafbar sein kann. Wichtig ist, dass die Eltern die Fähigkeit des Kindes zur Empathie fördern. Ebenso sollte deutlich gemacht werden, dass gefilmte Gewalttaten nicht normal und cool sind. Falls die Kinder selbst in solche Produktionen von Handyvideos verstrickt sind, darf dies nicht toleriert werden: Die Grenzen zwischen echter und medialer Gewalt sind fließend. Eltern und Lehrer sollten das Unrechtsbewusstsein der Kinder hinsichtlich Gewaltvideos stärken!«

Professor Petra Grimm, Hochschule der Medien, Dekanin der Fakultät Electronic Media in Stuttgart

Was sollten Kinder an Bildung zu Hause mitbekommen?

»Die neunte Gymnasialklasse einer süddeutschen Großstadt, alles Schüler aus so genannten guten Elternhäusern, besucht mit ihrer Deutschlehrerin eine moderne Theaterinszenierung eines Kleist-Werks, das zuvor im Unterricht behandelt wurde. Ein Beispiel dafür, dass es so schlecht um die Bildung in unserem Land nicht steht? Weit gefehlt! In der Aufführung kommt es zum Eklat, später zu erbitterten Auseinandersetzungen zwischen Schule und Eltern. Weil die Schauspieler ihre Arbeit mehrfach unterbrechen und um Ruhe bitten müssen. Auch das Publikum ist empört, was die jungen Gymnasiasten jedoch keineswegs veranlasst, ihr Verhalten zu ändern. Sie unterhalten sich laut, legen ihre Füße auf die Lehnen des Vordersitzes und kommentieren das Bühnengeschehen unflätig. Sie ignorieren geflissentlich alle Anweisungen der Pädagogin. Schüler und Eltern (!) zeigen sich auch danach uneinsichtig: Die Lehrerin sei schuld. Sie habe schließlich versäumt, die Schüler darauf hinzuweisen, dass man sich im Theater nicht laut unterhalten dürfe, und hätte die Kinder damit arg überfordert. Auch schmälere es in unzumutbarer Weise die Persönlichkeitsrechte der Schüler, wenn Baseballkappen abgenommen werden sollten. Denn mit den eigenen Rechten nimmt man es genau.

Dieses Beispiel macht deutlich, was Eltern ihren Kindern mitgeben müssen, weil die Schule sonst keine Bildung vermitteln kann: Höflichkeit und Respekt vor anderen Menschen und ihren Leistungen. Neugierde auf Ungewohntes. Toleranz. Die Bereitschaft sich zusammenzureißen, anstatt sich immer nur zu produzieren. Sich nicht immer für großartig und überlegen zu halten. Die Bereitschaft zu überlegen, wie das eigene Verhalten auf andere wirkt. Einfach auch mal etwas zu machen, weil es einem gesagt wird, selbst wenn es keinen Spaß macht und der Sinn sich nicht unmittelbar erschließt. Nur so können Schüler ein Buch lesen, auch wenn es Wikipedia gibt, oder ein Musikinstrument mühevoll erlernen, auch wenn es mp3 gibt. Und der eigenen wie anderen Kulturen mit Neugierde und Offenheit begegnen. Nur so sind sie bereit, die minimalen Höflichkeitsregeln Mitteleuropas einzuhalten, statt sie wegzudiskutieren. Eigentlich ganz einfach.«

Andrea Kilian, ehemalige Schulleiterin, Erziehungs- und Schulberaterin

Was mache ich, wenn mein Kind ein Tyrann ist?

»Die Extremfälle von ungezogenen Kindern bei der Super Nanny sind vor allem eines: Extremfälle. Sie sind nicht repräsentativ für den Alltag mit Kindern, aber man sollte sich nicht täuschen:

Kinder können auf die eine oder andere Art schon einmal wie Tyrannen sein. Sie nutzen gnadenlos jede Schwäche aus – wobei die Situationen selten so eskalieren wie man es im Fernsehen schon mal sieht. Mitgemacht hat das wohl jeder schon einmal, schlimmstenfalls täglich das Gleiche: Am Tisch ›Das mag ich nicht!‹ oder das Kind will abends nicht ins Bett oder kann nicht einschlafen. ›Nur noch ein Viertelstündchen, ich muss noch was trinken‹, heißt es dann, oder: ›Bitte lies mir noch eine zweite Geschichte vor!‹ Alternativen, die in die gleiche Richtung gehen, sind: ›Mir ist kalt, kannst du mich wärmen?‹, ›Ich habe Angst, bleibst du bei mir?‹ Oder wenn das Kind nachts mehrfach ruft, gar schreit oder manchmal vor dem Bett steht, mit der immer gleichen Frage ›Kann ich bei dir schlafen?‹. Und das alles so lange, bis es endlich klappt. Wenn man dann am nächsten Morgen gerädert arbeiten muss, der Partner zum Schlafen ins Kinderzimmer umgezogen ist, ja dann kommt einem das tatsächlich wie Terror vor.

Noch unangenehmer ist es, wenn aggressive Trotzreaktionen hinzukommen. Das kennt man aus dem Supermarkt: Auf dem Boden liegt eine schrill schreiende kleine Zicke, die sogar einen Klaps in Kauf nimmt, wenn sie nur ihre Milchschnitte oder ihr Ü-Ei kriegt.

In solchen Momenten gibt es ein Zauberwort der Erziehung: ›konsequent‹. Und das heißt nicht, dass man zu extremen Maßregelungen greifen muss. Wichtiger ist, dass Sie selbst eine klare Entscheidung treffen und dazu stehen. Diese müssen Sie nicht erst mit dem Kind verhandeln, langatmig verbalisieren und diskutieren. Denn damit ist es komplett überfordert. Das Kind ist kein kleiner Erwachsener. Es kann nicht vorausschauend denkend Risiken kalkulieren, Wesentliches von Unwesentlichem unterscheiden, zumal es noch wenig Lebenserfahrung hat. Auf seiner ständigen Entdeckungsreise nach allem Neuem und dem, was es kann, was es darf und was nicht, braucht es einfache, klare Regeln und Grenzen für sein tägliches Tun.

Ein Vorschulkind lebt beispielsweise weite Teile des Tages in einer Welt voller Phantasie und denkt egozentrisch: ›Jeder andere sieht, hört und denkt so wie ich.‹ Es hat schon ein erstaunlich gutes Kurzzeitgedächtnis – wie oft hört man seine eigenen Worte und Weisheiten vom Vortag –, aber ein schlechtes Langzeitgedächtnis. In einer akuten Problemsituation muss man daher klare Regeln aufstellen, eine Entscheidung automatisch nach bekannten Regeln fällen und dies auch kurz begründen, aber nicht die Entscheidung vertagen (›Das muss ich erst mit dem Papa besprechen ...‹) und dann erst in einem schlauen Buch nachlesen, was zu tun ist. Das verstehen Kinder nicht, und später ist es Schnee von gestern. Vor Fehlentscheidung sollte man sich nicht fürchten, die kann man korrigieren und beide daraus lernen, das wird verziehen. ›Nobody is perfect.‹ Mal ehrlich: Was würden Sie sagen, wenn ein Arzt Ihnen auf eine konkrete Frage und der Bitte um einen fachmännischen Rat immer mehrere Möglichkeiten anbietet und dann sagt: ›Das müssen Sie entscheiden!‹

›Sind Sie der Arzt oder ich?‹, würden Sie wohl empört fragen.

Genauso geht es Kindern in der Erziehung. Also geben Sie Ihren Kindern eine Hilfestellung, indem Sie erkennbar, gleich bleibend und souverän handeln.

Ein paar einfache Beispiele: Um acht Uhr abends geht es ins Bett. Das ist heute und morgen so, ohne eine neuerliche tägliche Diskussion. Wer nicht mehr essen mag, hat genug, dann kommt der Teller weg, es gibt aber auch keine Ersatzleckereien. Ein gesundes Kind nimmt übrigens nicht so einfach ab. Daher Gewicht kontrollieren!«

Dr. Jörg Schriever, Arzt für Kinder- und Jugendmedizin, aktiver Betreuer von vier Enkeln

Ausleitung

Das Ende ist nahe. Das solltest du immer im Auge behalten. Einen Ratschlag für das Afterlife* haben wir noch parat:

Wann und warum sollte ich ein Testament machen – und gibt es auch ein virtuelles Testament für meinen Avatar?

»Ohne Testament gilt das Gesetz – die dort festgelegte Erbfolge führt aber oft zu bösen Überraschungen: So muss sich der Ehepartner eines Verstorbenen manchmal die Erbschaft mit dessen Eltern teilen. Das Gesetz weiß schließlich nicht, was für ein Mensch Schwiegermutter wirklich ist. Auch Kinder oder Neffen bekommen ohne Testament sofort ihren Anteil. Andererseits geht das lieb gewonnene Stiefkind leer aus, sofern es denn nicht adoptiert wurde. Mit einem Testament kann man ein gutes Stück weit selbst steuern, wer erbt und wer nicht. Das Erbe kann auf mehrere Personen verteilt werden, sogar das Vermächtnis einzelner Gegenstände ist möglich: Das Einrad für Jens, das Schlangenterrarium für Klara. Auch eine Stiftung oder die Kirche kann auf diese Weise bedacht werden. Insofern lohnt sich die Mühe, sobald etwas zum Vererben da ist.

Am sogenannten ›Pflichtteil‹ für Kinder, Eltern und Ehepartner führt allerdings kein Weg vorbei – es sei denn, diese wollten den Erben umbringen oder Ähnliches. Das Erbe des Kindes kann

* Nicht das, was du jetzt wieder denkst.

aber herausgezögert werden, wenn die Ehepartner sich gegenseitig als Vollerben einsetzen. Dann erbt das Kind erst, wenn auch der überlebende Elternteil gestorben ist (›Berliner Testament‹). Wichtig: Der ›Letzte Wille‹ muss grundsätzlich mit der Hand aufgeschrieben werden.

Im Virtuellen Raum hingegen ist der Tod meist vorübergehender Natur. Andere Spieler plündern Leichen meist umgehend, werden dann aber ihrerseits von den Zurückgekehrten geschröpft – ein Kreislauf mit Grausamkeit und ohne Erbrecht. Schwierig wird's, wenn der steuernde Mensch selbst seinen letzten Klick getan hat: Juristisch existiert ein Nutzungsvertrag mit dem jeweiligen Spielbetreiber. Den übernimmt im Todesfall der Erbe, auch wenn der sich nicht für Games interessiert. Immerhin, manch einer bietet auf Ebay Hunderte Euro für einen guten Spieleaccount. In einem heutigen Testament sollte daher ein Satz wie dieser nicht fehlen: ›Meinen Level 80 Kampfzwerg Rudolf vermache ich meinem Kampfgefährten Martin Menzel.‹ Die Weitergabe von Spielkonten ist zwar oft verboten. Ein verständiger Betreiber drückt hier aber wohl ein Auge zu – und lässt den geerbten Kampfzwerg weiterhin durch die Verliese streifen.«

Hendrik Wieduwilt, Redakteur und Jurist, www.rechtreal.de

Das zeigt: Wer vorbereitet ist, den erwarten keine bösen Überraschungen. In diesem Sinne: **Doof it Yourself!**

Weiterlesing

Benecke, Mark: *Lachende Wissenschaft. Aus den Geheimarchiven des Spaß-Nobelpreises.* Bergisch Gladbach 2005.

Benecke, Mark: *Warum man Spaghetti nicht durch zwei teilen kann. Und andere neue Erkenntnisse vom Spaß-Nobelpreis.* Bergisch Gladbach 2009.

Bergmann, Wolfgang/Hüther, Gerald: *Computerspielsüchtig: Kinder im Sog der modernen Medien.* Düsseldorf 2006.

Ebert, Vince: *Denken Sie selbst! Sonst tun es andere für Sie.* Reinbek bei Hamburg 2008.

Fagnani, Jeanne/Fine-Davis, Margret/Giovannini, Dino/Højgaard, Lis/Clarke, Hilary: Fathers and Mothers: *Dilemmas of the Work-Life Balance: A Comparative Study in Four European Countries.* Dordrecht 2004.

Fröhlich, Edmund/Finsterer, Susanne: *Generation Chips. Computer und Fastfood – was unsere Kinder in die Fettsucht treibt.* Wien 2007.

Gille, Martina/Sardei-Biermann/Gaiser, Wolfgang/de Rijke, Johann: *Jugendliche und junge Erwachsene in Deutschland. Lebensverhältnisse, Werte und gesellschaftliche Beteiligung 12- bis 29-Jähriger.* Schriften des Deutschen Jugendinstituts: Jugendsurvey 3. Wiesbaden 2006.

Grimm, Petra/Rhein, Stefanie: *Slapping, Bulling, Snuffing! Zur Problematik von gewalthaltigen und pornografischen Videoclips auf Mobiltelefonen von Jugendlichen.* Berlin 2007.

Grimm, Petra/Rhein, Stefanie/Clausen-Muradian, Elisabeth: *Gewalt im Web 2.0: Der Umgang Jugendlicher mit gewalthaltigen Inhalten und Cyber-Mobbing sowie die rechtliche Einordnung der Problematik.* Berlin 2008.

Grüsser, Sabine M./Thalemann, Ralf: *Computerspielsüchtig? Rat und Hilfe für Eltern.* Bern 2008.

Hanisch, Horst: *Knigge für Beruf und Karriere.* Planegg b. München 2008.

Hanisch, Horst: *Körpersprache – und ihre Geheimnisse: Was die Sprache des Körpers verrät – und wie sie gedeutet werden kann.* o.O 2008.

Konsalik, Heinz G.: *Die Bucht der schwarzen Perlen.* Bergisch Gladbach 1989.

Korsten-Reck, Ulrike: *So lernt mein Kind, sich richtig zu ernähren.* Freiburg 2007.

Krafft-Schöning, Beate/Richard, Rainer: *Nur ein Mausklick bis zum Grauen: Jugend und Medien.* Schriftenreihe der Medienanstalt Sachsen-Anhalt (Hrsg.). MSA-Band 7. Berlin 2007.

Mähler, Bettina/Musall, Peter: *Eltern-Burnout. Wege aus dem Familienstress.* Reinbek bei Hamburg 2006.

Maier, Corinne: *No Kid. 40 Gründe, keine Kinder zu haben.* Reinbek bei Hamburg 2008.

Müller, Meike: *Rendezvous am Arbeitsplatz. Liebe und Sex im Büro. Wie Sie damit souverän umgehen.* München 2001.

Musall, Peter: *Kinder brauchen Erwachsene. Neue Ansätze für die beziehungsorientierte Arbeit mit Kindern.* Offenbach 1997.

Poppelreuter, Stefan/Mierke, Katja: *Psychische Belastungen am Arbeitsplatz: Ursachen - Auswirkungen – Handlungsmöglichkeiten.* Berlin 2008.

Renz, Florian: Praktiken des Social Networking: *Eine kommunikationssoziologische Studie zum online-basierten Netzwerken am Beispiel von openBC (Xing).* Boizenburg 2007.

Roche, Charlotte: *Feuchtgebiete.* Köln 2008.

Schulte-Markwort, Michael/Diepold, Barbara: *Psychische Störungen im Kindes- und Jugendalter. Ein psychodynamisches Fallbuch.* Stuttgart 2001.

Senftleben, Phillip von: *Das Geheimnis des perfekten Flirts: So werden Sie unwiderstehlich.* Reinbek bei Hamburg 2008.

Siggelkow, Bernd/Büscher Wolfgang: *Deutschlands sexuelle Tragödie. Wenn Kinder nicht mehr lernen, was Liebe ist.* Asslar 2008.

Sigman, Aric: *Remotely Controlled: How Television is Damaging Our Lives.* o.O. 2007.

Sow, Noah: *Deutschland Schwarz Weiß. Der alltägliche Rassismus*. München 2008.

Speck, Hendrik: *Networking und Social Networks. Eine kleine Bestandsaufnahme*. München 2008.

Sprenger, Reinhard K.: *Gut aufgestellt. Fußballstrategien für Manager*. Frankfurt a.M. 2008.

Wieduwilt, Hendrik: »Cheatbots in Onlinespielen – eine Urheberrechtsverletzung?«, in: Multimedia und Recht MMR 2008, 715-719.

Wunsch, Albert: *Abschied von der Spaßpädagogik. Für einen Kurswechsel in der Erziehung*. München 2007.

Wunsch, Albert: *Die Verwöhnungsfalle: Für eine Erziehung zu mehr Eigenverantwortung*. München 2008.

Zeus, Sascha/Wirbitzky, Michael: *Fieses Mobbing in 11 leichten Lektionen: Die besten Tipps für ein Leben ohne Freunde*. Bergisch Gladbach 2009.

Liebeserklärung

Es ist Zeit, Danke zu sagen! Zum zweiten Mal gaben Nicola Bartels und Marco Schneiders uns grünes Licht für eine Buchidee und stellten uns alle Werkzeuge zur Verfügung, die wir brauchten, um einen Erste-Hilfe-Kasten für die Generation Doof zusammenzubasteln. Rolf Woschei, den wir mit den ständigen Änderungswünschen und Ergänzungen zu Generation Doof nicht in die Flucht schlagen konnten, begrüßte dies zwar nicht ausdrücklich, fügte sich aber in die ehrenvolle Aufgabe. Danke – deine Geduld ist eine Zierde des menschlichen Daseins!

Einen immensen Dank schulden wir den Talenten, die dafür gesorgt haben, dass der Text keine Bleiwüste ist: Unserem versierten und souveränen Lektor Steffen Geier, den auch der beknackteste Zeitplan der Verlagsgeschichte niemals aus den fair gehandelten Turnschuhen hauen konnte. Unserer aufopferungsvollen Redakteurin Anke Stockdreher, die unter allen und in anderen Umständen bis zuletzt durchgehalten hat – Havannatorte soll gut fürs Stillen sein, wir kommen dann noch mal vorbei! Dem genialen Illustrator Harald Oehlerking, der unter anderem bestens mit den Items vertraut ist, mit denen man Zombies in die Flucht schlägt. Haarbürsten funktionieren bei Autoren nicht. Einen ganz herzlichen Dank auch an den Layouter mit dem perfekten Blick, Guido Klütsch! Liebe Grüße und Dank an Ulla Lindenau, die den ganzen Wahnsinn mitgemacht hat und bei allen Korrekturen den Überblick behielt.

Danke an Uli Kreifels für die wunderbaren Fotos der beiden Autoren. Großen Dank an Meike Klünter, Janina Müller und Andrea Pollmeier, die uns bei der Recherche in der knappen Zeit sehr tatkräftig und kundig unterstützt haben!

Dank gebührt auch Beate Stefer und Nadine Littig, die dem Goldfisch die Haifischflosse umgeschnallt haben, und unseren Pressegirls Barbara Fischer, Sonja Lechner, Sonja Taszies, Momke Zamhöfer und Michaela Kossmann, die uns von Kerner bis Stelter das Händchen gehalten und zahlreiche Lesungen und Interviewtermine möglich gemacht haben. Tausend Dank an unseren tatendurstigen und umsichtigen Vertrieb und die Kollegen vom Außendienst, die der Generation Doof in die Regale geholfen haben. Ihr seid eine wirklich zauberhafte Truppe – wäre der Verlag ein Formel1-Team, ihr wärt Ferrari und Herr Eckloff säße drin!

Danke auch an die Marketingabteilung, vor allem Ricarda Witte-Masuhr, Mathias Siebel und Rolf Hörner, die eine optimale Seite für die Paperbackvorschau gebastelt haben.

Danke an Christian Müller und Erich Relovsky, die die Idee hatten, der Generation Doof endlich zu dem zu verhelfen, was wir immer angestrebt haben: eine eigene Bühne. Unmögliches hat Thomas Lienenlüke vollbracht: Ihm gelang es, daraus keine Büttenrede werden zu lassen. Lieben Dank an Tina Damm von wild & frei, stimmlich ein Wunder und eine tolle Videokünstlerin. Danke an Horst Liebetrau für die wunderbare Webseite und die Einladung zu den Webby Awards.

Danke an die nettesten Interviewpartner und Experten der Welt: Angela Abert, Professor Mark Bauerlein, Hans Bayartz, Dr. Mark Benecke, Vince Ebert, Dr. Jeanne Fagnani, Edmund Fröhlich, Wolfgang Gaiser, Professor Petra Grimm, Horst Hanisch, Uwe Hopf, Gabriela Jehn, Andrea Kilian, PD Dr. Ulrike Korsten-Reck, Beate Krafft-Schöning, die uns auch bei den Internettipps aus Seite 256 beraten hat, Dr. Lothar Loch, Christa Merfert-Diete, Professor Meinhard Miegel, Meike Müller, Peter Musall, Nadine Nebert, Eike Ostendorf-Servissoglou, Dr. Stefan Poppelreuter, Robert Regn, Florian Renz, Professor Michael Schulte-Markwort, Uta Schultz-Brunn, Phillip von Senftleben, Dr. Jörg Schriever, Noah Sow, Professor Hendrik Speck, Dr. Reinhard K. Sprenger, Hendrik Wieduwilt, Susanne Wittmair, Regine Wlassitschau, Susanne Woelk, Dr. Albert Wunsch, Sascha Zeus & Michael Wirbitzky.

Danke an Nicola Bartels, Anneke Brüning, Sabine Cramer, Dr. Claudia Müller, Juliane Müller, Ruggero Leò, Uli Kreifels, Ednor Mier, Lothar Pietsch, Verena Roelvink, Dr. Gerhard Schmidt, Barbara Schramm, Dr. Isabelle Schwarz, Mathias Siebel und Beate Textor für wertvolle Anregungen und Tipps.

Danke an Christian Stüwe, der den pinken Fisch wieder orange eingefärbt hat. Danke an alle Leserbriefschreiber und Innen und an alle, die auf den Lesungen so freundlich Fragen gestellt haben, sowie alle Buchhändler, Firmen und VHS-se für die schmucken Einladungen und die Autorenbetreuung vom Feinsten.

Ganz besonders liebevolle Grüße gelten Rúgèrò Léò und seinen zweihundertsiebzig Fischbabys aus der Zucht »Brote, Welse und Lebendfutter für andere Fische«, seiner reizenden Schwester Sonia und seinem stets Geburtstag feiernden Schwager Manfred sowie natürlich Renate Leò. Sportliche Grüße an die Kicker von den TUS-Neldas und unsere fußballverrückte Cheflektorin Claudia »Dr. Fuß« Müller und den Organisator Andreas »Park it« Pütz. Grüße an unseren Hausheiligen Lothar Pietsch. Ein besonders lieber Gruß an Isabelle Schwarz und Juliane Müller. Anne sagt: Ohne euch geht gar nix! Liebe Grüße gelten Astrid Frerichs und David Erdmann samt possierlichem Nachwuchs, Lars Niehaus, Petra Düker, Gritt Putzar und Stefan Bauer, dem besten Koch und – neben unserem sehr geschätzten LI Helmut »die Espressomaschine« Feller – diplomatischsten Menschen diesseits von Saar und Rhein. Grüße nach Süden an Elmar Klupsch – seit du weg bist, hat die geistreiche und kluge Unterhaltung in Raum 105 stark abgenommen. Liebe Grüße an Kerstin Arnold, Carlos Ascaso Martín, Andrea Blohm, Stefan Bornhorst, Anne Braun und Ulf Fröhlich, Clara Drechsler und Harald Hellmann, Michael Glomb, Gerke Haffner und Sebastian Klein, Christine Limmer, Ingrid und Ulrich Mennicken, Dietmar Sahlmann, Anja Schlüter, Stefan Siegert, Ulrich Weber und die gesamte FFK. Dr. Helmut »the Lexikon« Pesch danken wir für einen außerordentlich netten Abend mit Bier im Studentenclub – und dafür, dass du uns nie auslachst, wenn wir dank mangelhafter Allgemeinbildung mal wieder keinen blassen Schimmer haben, wovon du gerade sprichst. Außerordentlich liebe Grüße an Gabriele und Karl-Maria Schwarz, Ursula »Internet-Oma« Geithner, Markus Müller sowie Madita und Fiona, die liebsten, klügsten und schnucklichsten Nichten der Welt. Liebe Grüße auch an Christa, Sebastian, Rabea und Theo Reuter sowie Brigitte und Bernhard Schwarz.

Außerdem einen ganz besonderen Gruß an Ursula Schroeter und Renate Rottländer, Barbara Peuse und Dagmar Battle, die uns entlastet, aufgemuntert und betütert haben. Danke, Danke!

Ein besonders großes, liebes Dankeschön für alles und den besten Caffè Italiano im Bergischen Land an Edda »das ist meiner« Wielpütz und Giovanni Milo. Vielen Dank für die beständige Telefonseelsorge und sonnige Grüße nach Marbella an Rienk H. Kamer. Für die Unterstützung in vielfacher Hinsicht großer Dank an Kapitän KS1 Jürgen Jacobs – die stete Versorgung mit Päffgen-Kölsch wirkt Wunder! Grüße an Marcel Hollstein, Ulrich Stranzenbach, Martin Zensheim, Klaus Nagelschmidt, Jan Tim Jacobs und Ingo Kohlhoff. Ich hoffe, ihr wisst noch, wie ich aussehe – nach all dem Ginger Ale. Gegrüßt fühlen sich außerdem Marilies, Michael, Meike und Mechthild Gottschlich und natürlich Frank Langer, der die amüsanteste Zahnziehung der deutschen Geschichte an lebenden Autoren in der Endabgabephase unternommen hat. Und wir danken Nick Geretshauser, dessen Rat wir sehr schätzen!

Stefans liebster Dank gilt Marion Gottschlich, die ein zweites Buch, zwei Umzüge, zwei Jahre Dauerarbeit, zwei Wohnungen, zwei Staubsauger, zwei Sofas und mindestens zwei Heiratsanträge ertragen hat. Der Wasserkocher ist übrigens in Herkenrath … oder doch in Köln? HDGDLMLMUDJHWVSP! Und Projekt Butihondo läuft.

Unser spezieller Dank gilt Stefan Lübbe, der zwei Koi-Karpfen nach uns benannt hat. Wir freuen uns, denn diese Ehre wurde noch nicht einmal dem Dalai Lama zuteil.

Sonya's Secrets – alles rund um das Drama mit der verflixten Schönheit!

Sonya Kraus
BAUSTELLE BODY
Sonya's Secrets
Originalausgabe
320 Seiten
Klappenbroschur,
zweifarbig
ISBN 978-3-7857-6003-1

Als Insiderin aus dem Showbiz verrät Sonya Kraus in diesem Buch das Know-how der Beauty-Profis: die Tricks von Models, Stars und Stylisten. Schonungslos ehrlich und mit viel Humor erzählt das Ex-Model unfassbare Anekdoten aus der Welt des Showbiz, von der Garderobe bis zur Bühne, von Schlauchbootlippen bis Lockeneisen-branding. Dazu gibt's einen Einblick in den Werkzeugkasten der Experten: Von A wie Anal Bleaching (Ja, Sie haben richtig gelesen!) bis Z wie Zaubercremes – die Kraus kennt alle gut gehüteten Geheimnisse. BAUSTELLE BODY ist die Beauty-Bibel, die schmunzelnd verrät, wie Tuning funktioniert. So wird Uschi Unscheinbar mit wenigen Handgriffen zu Grace Glamour. Zur Nachahmung dringend empfohlen!

luebbe